연구 논문을 위한

R과 파이썬 머신러닝 어프로치

R AND PYTHON FOR RESEARCH PROJECTS
MACHINE LEARNING APPROACH

| 강병서 지음 |

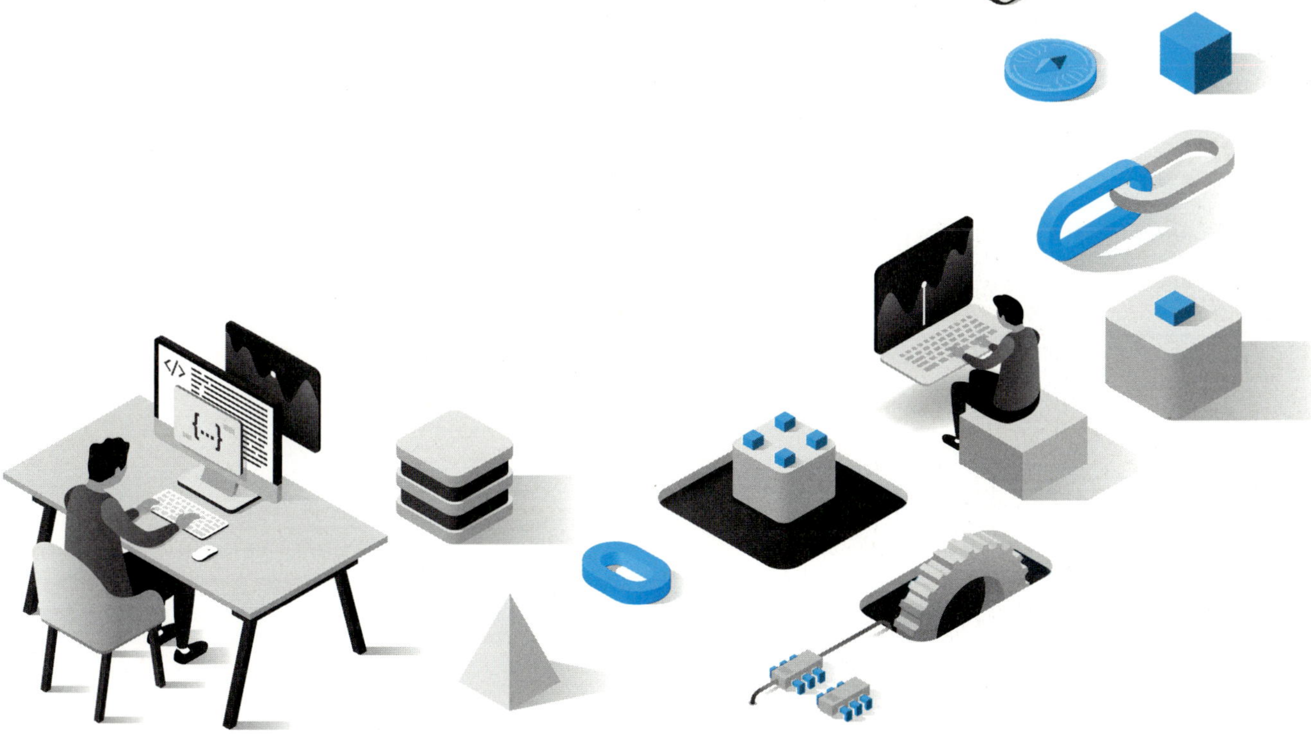

한 경 사

저자 ::: **강병서** bskang@khu.ac.kr

서울대학교 상과대학 경영학과 졸업 그리고 University of South Carolina에서 경영학 박사 학위를 취득하였다. 경희대학교 경영대학 교수로 재직하였고, 서비스운영관리 분야를 가르치며 저술하고 연구하였다. 최근 ICT 교육 및 빅데이터 컨설팅 프로젝트에 참여했었으며, 청소년 코칭과 코딩 교육에 관심을 가지고 있다.

연구 논문을 위한
R과 파이썬 머신러닝 어프로치

저 자 강병서
발 행 일 2020년 5월 30일 1쇄
발 행 처 **한경사**
발 행 인 이계남
등록사항 제10-1951호 2000년 4월 14일
주 소 서울시 마포구 신수로 59-1 3층
전화번호 02_717_7264~5
팩스번호 02_717_7226
홈페이지 hankyungsa.co.kr
전자우편 hankyungsa@hanmail.net
I S B N 978-89-6844-226-1 (93320)
가 격 35,000원

머리말

본서는 고급수준의 연구 논문을 이해하는 데에 도움을 주기 위해 쓰여졌다. 연구란 문제 해결을 목적으로 현상을 체계적이고 실증적으로 조사하고 분석하는 것을 뜻한다. 문제 해결 수준에는 보고, 기술, 설명, 예측 등이 있다. 예측은 연구의 최종단계로서 모형을 통하여 현상의 평가 또는 미래의 변화 방향 등을 제시한다. 본서는 설명과 예측을 주로 다루고 있으나, 기초 통계학 및 수학 지식만 있으면 쉽게 접근할 수 있도록 하였다.

탁월한 연구는 이론 습득과 자료 분석 경험에서 나온다. 우선 지적인 호기심을 가지고 선행 이론을 검토할 필요가 있다. 이론은 현상에 대해 체계적인 견해를 제공하므로 연구자는 올바른 연구 주제를 얻을 수 있다. 다음으로 아무리 작은 자료라도 직접 분석을 시도할 필요가 있다. 분석 경험은 연구자에게 자신감을 주기 때문이다.

본서는 실전 경험을 중시한다. 다양한 자료 분석을 위해 R과 파이썬(Python)을 함께 이용한다. 동일한 자료를 두 분석 언어로 비교해 보는 것도 흥미있는 일이다. R은 직접 이용가능하나 파이썬 접근법은 여러 가지이다. 본서에서 파이썬은 아나콘다(Anaconda)의 주피터 노트북(Jupiter Notebook)이라는 웹기반 환경에서 이용한다.

R과 파이썬의 특성은 유사하다. 효율적인 고수준 자료구조를 갖추고 있으며, 효과적인 객체 지향 프로그래밍 접근법을 갖추고 있다. 우아한 문법, 인터프리팅 환경, 동적인 결과를 제공한다. 그리고 머신러닝같은 자료 분석에서 일어나는 반복 작업을 신속하고 손쉽게 처리해 준다. 본서는 초보자라도 머신러닝에 대한 어프로치가 가능하도록 R과 파이썬을 기초부터 정리·제시했다.

최근 머신러닝은 산업이나 학계에서 주요 주제로 떠오르고 있다. 여기서 머신은 프로그래밍 가능한 컴퓨터를 말하고, 러닝은 컴퓨터가 학습하는 것을 뜻한다. 예컨대 일기예보 시스템을 개발하여 지역의 날씨를 예측한다고 하자. 이를 위해 과거 날씨 정보를 수집한다. 과거 경험인 자료에 근거하여 일기예보를 얼마나 정확하게 예측하는가는 시스템 과업이다. 이 과업은 예측력이 좋아질수록 성능이 향상되고 따라서 성공적으로 배우고 있다고 볼 수 있다. 학습은 경험이라는 자료를 시스템적으로 이해하고 다루는 절차이다. 구체적으로 말해서 표현·평가·최적화의 노력 과정이다.

본서의 특징은 다음과 같다.

첫째, 동일한 주제를 놓고 R과 파이썬 두 언어로 해결하는 방법을 이해한다. 두 언어는 마치 영어와 스페인어처럼 유사하다. 두 언어를 배우면 동질감과 이질감의 맛을 느낄 수 있다. 예컨대 회귀분석을 R에서 해 보고 파이썬에서도 시도한다면 전문성을 갖는 데에 유리할 것이다. 그리고 주피터 노트북(파이썬)에서도 R 분석이 가능하도록 설명하였다.

둘째, 논문을 쓰기 위한 분석 과정에서 논리적이고 통계학적인 경험을 다양하게 얻는다. 머신러닝 분석 방법에는 크게 지도학습과 비지도학습이 있다. 각 장에서는 하나의 자료뿐만 아니라 다른 여러 자료를 경험하도록 제시하고 있다. 그리고 유의확률과 유의수준 개념을 알면 결과 해석이 가능하다.

셋째, 다양한 자료 원천에서 기초 자료를 획득하고 정제하는 방법을 배운다. 기본적으로 R(datasets)이나 파이썬(scikit-learn)에는 많은 자료가 내장되어 있다. 이뿐만 아니라 UCI(University of California Irbine) Machine Learning Repository, 머신러닝 10대 블로그 등에 자료가 넘치고 있다. 그런데 이러한 자료들은 원천마다 특징이 있고 분석을 위해 정제해야 한다. 본서는 이 방법을 상세하게 설명하고 있다.

본서를 통하여 연구자들은 문제해결 능력을 높이고 새로운 환경에 적응하는 신기술을 연마하기 바란다. 본서의 코딩은 한경사 홈페이지 공지사항 게시판에 들어가면 다운받을 수 있다. 코딩 작업은 벽돌을 한 장씩 쌓는 작업이다. 한꺼번에 드래그하고 싶은 욕망이 있어도 참아야 한다. 인내심은 자신감이라는 보상을 제공한다. 비록 본서는 입문 수준의 책이지만 끝까지 가면 자신만의 깨달음을 얻을 수 있을 것이다.

2020년 5월에

저자 드림

차례

R 세계

1부 R에 들어가기

3부 R 비지도학습

python 세계

4부 파이썬에 들어가기

5부 파이썬 지도학습

R 세계

PART 1

R에 들어가기

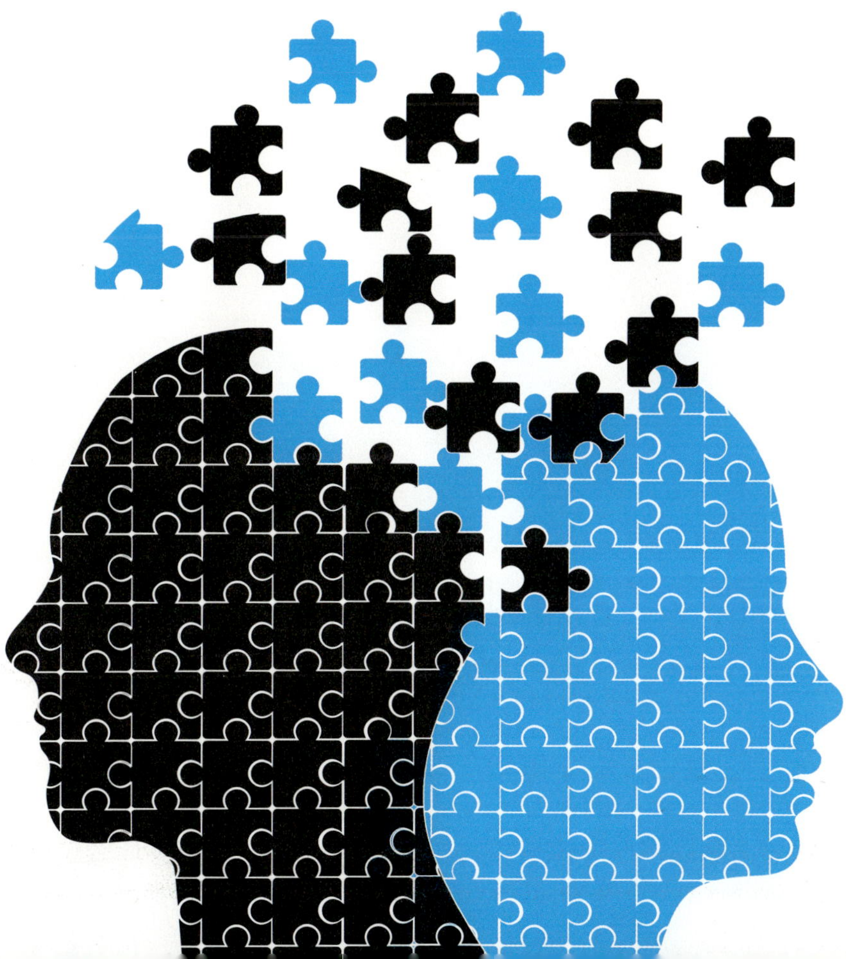

CHAPTER 01
R 준비하기

제1절 R 언어 설치하기
제2절 R 프로젝트 만들기

제1절 R 언어 설치하기

R은 통계 관련 자료 분석, 그래픽 표현 등에 널리 사용되는 프로그래밍 언어다. 이 언어는 뉴질랜드 오클랜드 대학의 로버트 젠틀맨과 로스 이하카에 의해 시작되었고 R 코어 팀이 지속적으로 개발하고 있다. R의 문법과 통계처리 부분은 AT&T 벨 연구소가 개발했던 S를 참고했고, 데이터 처리부분은 스킴(scheme: 일종의 프로그래밍 언어)으로부터 영향을 받았다. 현재 R 재단은 비영리 단체다. R은 오프 소스로서 무료로 다운받을 수 있다.

이 언어는 많은 패키지(라이브러리)로 구성되어 있으며, 다양한 통계 분석과 해석 기법을 지원한다. 그리고 사용자가 제작한 패키지를 추가하여 기능을 확장할 수 있다. 패키지 개발이 용이해 계속 진화하고 있다. 핵심적인 패키지는 R과 함께 설치되며, CRAN(the Comprehensive R Archive Network)을 통해 만여 개의 패키지를 내려 받을 수 있다. R 프로그램은 방대한 빅데이터 자료를 다룰 수 있을 뿐만 아니라, 외부 자료 소스에도 접근이 가능하다.

여기서는 R을 통하여 머신러닝의 고급 과정을 제시하며, 전통적인 통계학 책과 다른 차원의 내용을 보여준다. 계산방식만 소개하는 기존 책들과 다르게, 다양한 과제를 제시하고 알고리즘으로 해결하는 과정을 설명한다.

R은 어떻게 설치하는가? 이 언어는 R 프로그램과 RStudio 프로그램으로 구성되어 있어, 두 프로그램을 차례대로 설치하면 된다. 이들 프로그램은 논리적 프로세스의 알고리즘 그리고 데이터를 만들고 가공하는 구조를 포함한다. 사용자는 RStudio 프로그램을 이용하여 입력 코딩, 파일 관리, 결과 표현 등을 작업할 수 있다. 이 프로그램은 상호작용하는 대화형 소프트웨어 특성을 가지고 있다.

R 언어는 [도표 1.1]과 같이 2단계로 설치한다.

[도표 1.1] R 언어 설치하기

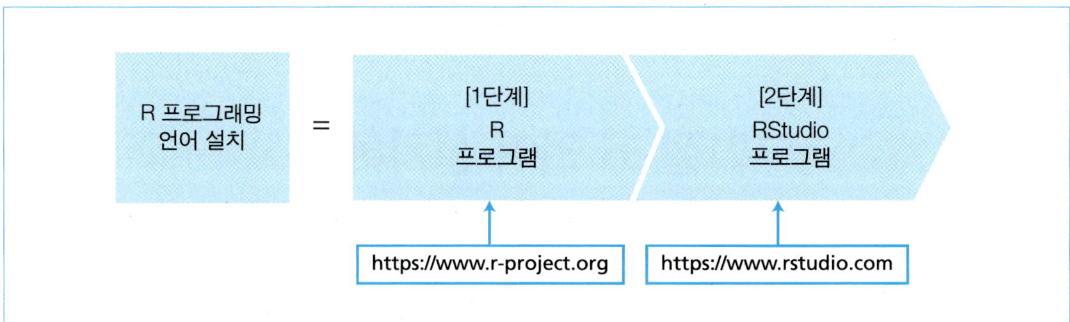

[1단계] R 프로그램 설치하기

(1) 크롬(또는 인터넷 익스플로러)에서 https://www.r-project.org를 입력한 후 엔터를 치면, 다음 화면을 얻는다.

(2) 위 화면에서 [CRAN]을 선택하면 [CRAN Mirrors] 창이 나온다. 여기서 Korea를 찾으면 다섯 종류의 사이트가 있고, 임의로 하나를 선택한다.

(3) 이후 계속 진행하면 된다.

이 R 프로그램은 다음의 RStudio 프로그램을 지원하기 때문에 필수적이다.

[2단계] RStudio 프로그램 설치하기

(1) 다시 크롬 또는 인터넷 익스플로러에서 https://www.rstudio.com에 접속한 후, 다음을 클릭한다.

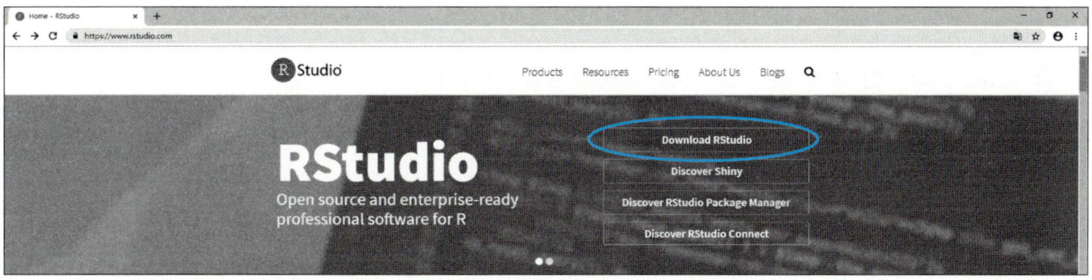

(2) R Studio 화면의 하단에 가서 적절한 컴퓨터 사양을 선택한다.

(3) 화면 좌하단에 실행파일을 얻어 클릭하고 계속 진행하면 된다.

요약하면, RStudio는 R을 편리하게 사용하기 위해 개발된 프로그램이다. 코딩 작업은 주로 RStudio에서 진행한다. 본서는 RStudio를 통칭 R로 표기한다.

이제 내 컴퓨터 화면 좌하단의 시작 단추 ()를 눌러 RStudio를 찾거나, 화면에서 단축 아이콘 을 누르면 [도표 1.2]와 같은 초기 화면이 나온다.

R 코드 입력은 주로 좌상의 [소스 창]에서 하며, 언제든지 수정이 가능하고, 본격적인 코딩 작업에 쓰인다. 작업 결과는 좌하의 [콘솔 창]에 나타난다.

[도표 1.2] RStudio 초기화면과 4개의 창

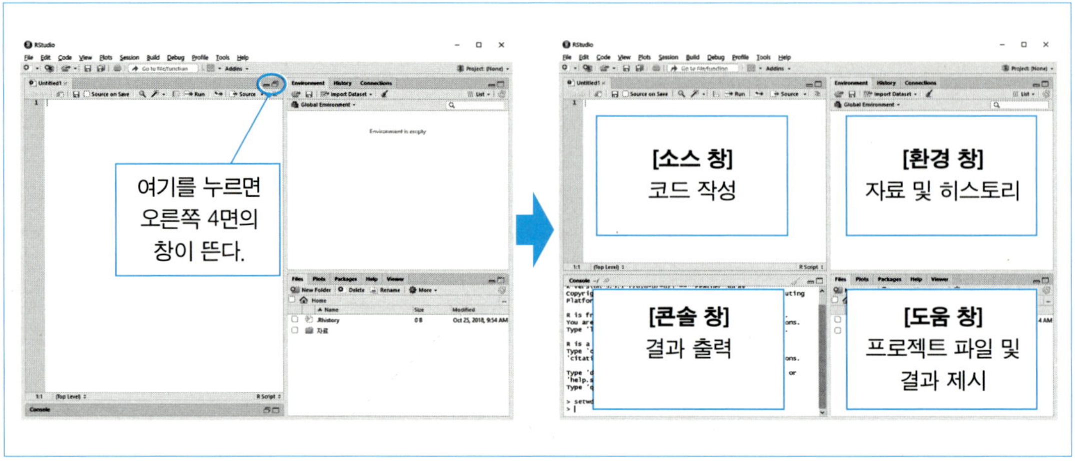

[도표 1.3]은 [소스 창]에서 간단한 산술 프로그램을 입력하고, 그 결과를 다음 쪽 [도표 1.4]의 [콘솔 창]에 보여주고 있다. [콘솔 창]에는 프롬프트 (>) 부호가 보인다.

[도표 1.3] [소스 창]의 프로그램 입력

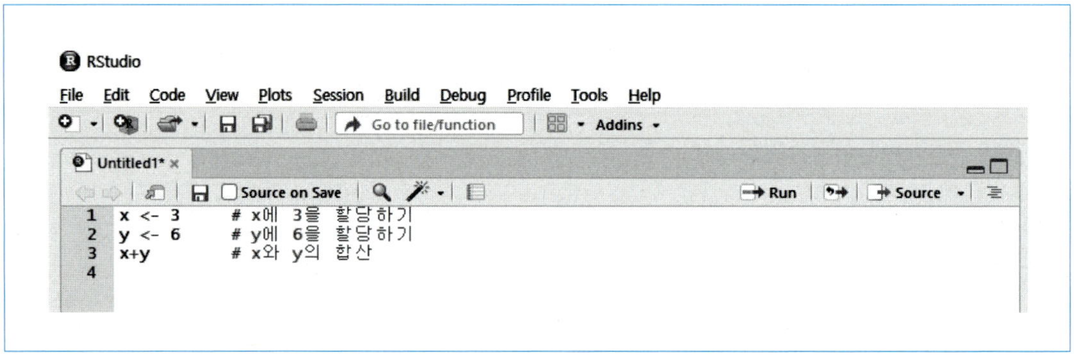

[소스 창]에서 명령문을 실행하는 데에는 다음의 세 가지 방법이 있다.

① 커서를 명령문 아무 곳에나 위치시키고 Ctrl + Enter 단추를 동시에 누르기.

② 실행 명령문을 모두를 마우스 왼쪽으로 드래그하고 나서 Ctrl + Enter 단추를 동시에 누르기.

③ 커서를 원하는 명령문 또는 마우스 왼쪽으로 드래그한 채, [소스 창] 상단 오른쪽의 Run 단추 누르기.

참고

[소스 창]의 부호 (<-)는 오른쪽의 값을 왼쪽 변수(객체)에 할당(대입)한다는 뜻이다. 프로그램에서 (=) 부호를 사용해도 무방하지만, 본서는 전자의 방식에 따른다.

주의

부호(#)는 R 문장을 설명한다는 뜻이며, 이것은 실행되지 않는다. R에서 한글은 깨지기 쉬우므로 영어로 입력하는 것이 좋다.

힌트

[소스 창]에서 한글 입력이 안 되는 경우가 간혹 있는데, 이때는 화면 오른쪽 최상단에 있는 화면 줄이기 단추를 누른다. 전체 화면을 축소시켰다가 다시 원상태로 복구하면 한글입력이 가능해진다.

[콘솔 창]은 프로그램 실행 결과를 보여주며, 수정할 수는 없다. 여기서는 프롬프트 부호 (>)로 시작하여 결과를 보여준다.

[도표 1.4] [콘솔 창]의 실행 결과

```
> x <- 3                                  # x에 3을 할당하기
> y <- 6                                  # y에 6을 할당하기
> x+y                                     # x와 y의 합산
[1] 9
>
```

(주) 본서에서는 [콘솔 창]의 결과를 파란색 사각면으로 표시한다.

[환경 창]은 코딩 실행 결과로 생성된 자료를 우상단에서 전역적(global)으로 보여준다.

[도움 창]은 여러 기능을 가지고 있다(도표 1.5 참고).

[도표 1.5] [도움 창]

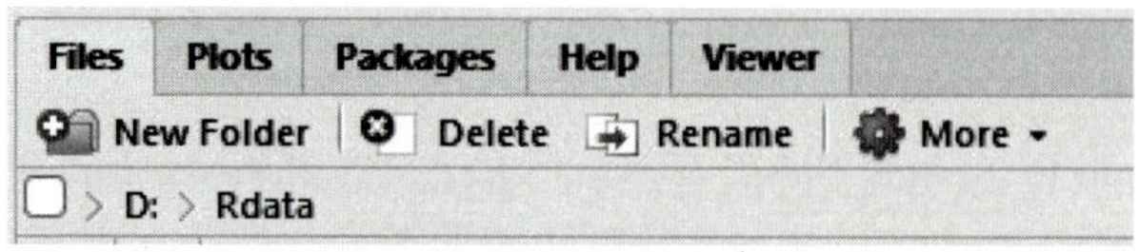

① Files: 프로젝트와 폴더 상황을 보여준다.

② Plots: 그림표를 보여준다.

③ Packages: 현재 설치되어(install) 있는 패키지들을 보여준다.

④ Help: 궁금한 것이 있으면 설명해 준다.

⑤ Viewer: HTML 같은 웹문서의 실행 결과를 보여준다.

제2절 R 프로젝트 만들기

R 프로젝트는 폴더(또는 디렉토리)와 동일한 개념이며, 흔히 말하는 과제의 뜻은 아니다. 이것은 작업장(working directory)이며, 사용자는 [소스 창]의 프로그램, 이미지, 문서, 외부 자료 등을 체계적으로 관리한다. R에서 이것은 매우 중요하다.

프로젝트(폴더)를 만드는 방법을 알아보자. 화면 왼쪽 상단 [소스 창]에 Untitled1 이라는 붉은 글씨의 파일이 저장을 기다리고 있다. RStudio에서 저장 파일을 만들려면 R Project를 다음과 같이 생성 관리한다.

[1단계] 초기 화면에서 File ⇒ New Project 단추를 클릭하면, 저장할 것인지 물어본다. 여기서 Don't Save 를 선택하면, 다음과 같은 창이 뜬다.

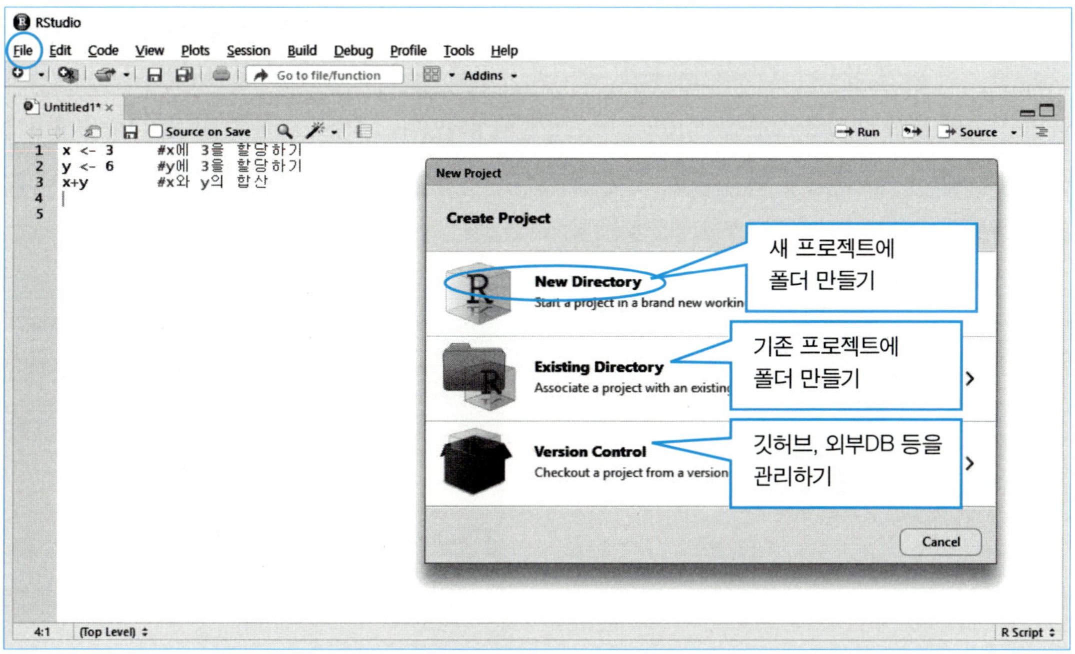

참고

화면 상단 우측의 [환경 창]에 있는 도구상자의 Project: (None) 단추를 눌러도 된다.

[2단계] [New Project] 창에서 New Directory ⇒ New Project 를 계속 선택한다. 그러면 다음과 같은 화면이 나오고, Browse… 에서 적절한 폴더(D:/)를 선택한다. 그리고 RPy로 정한다.

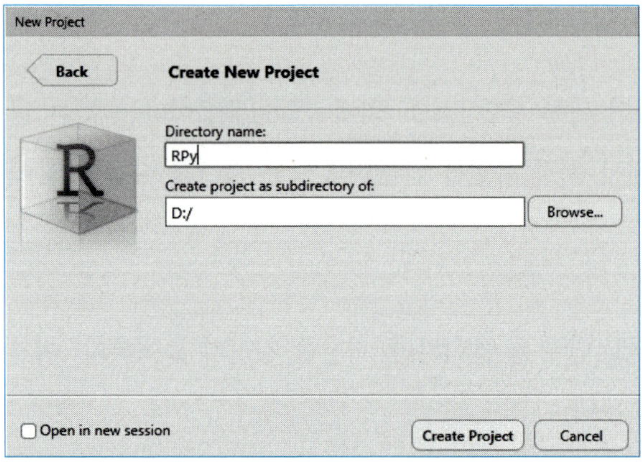

[3단계] 위 화면 하단의 Create Project 단추를 누르면 다음과 같이 시작 화면이 나온다. 아래 화면 상단의 툴바 왼쪽과 오른쪽에 RPy project가 생성되었다. 그리고 오른쪽 하단의 [도움 창] 메뉴의 Files에서는 D 폴더에 RPy.Rproj 가 만들어졌다. 이것을 누르면 언제든지 RPy 프로젝트에 갈 수 있다.

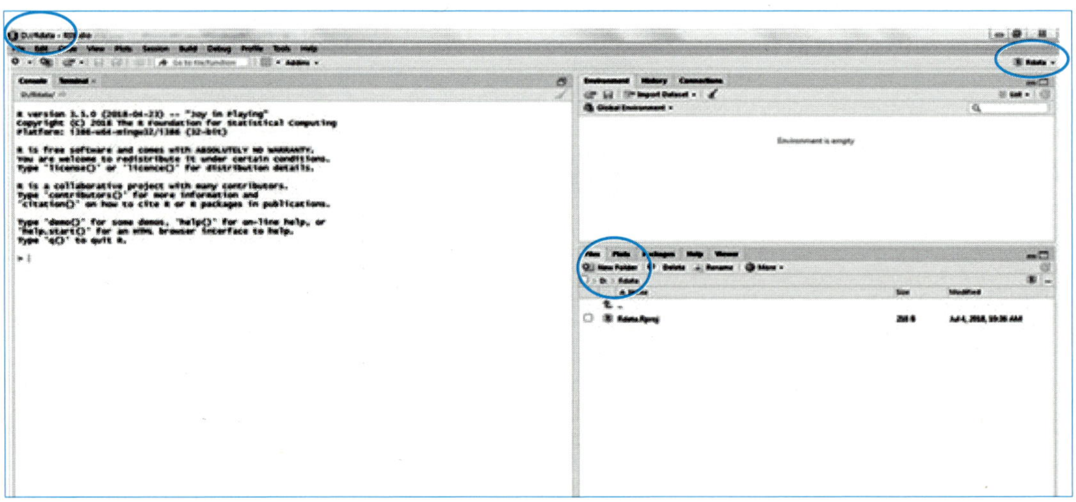

주의

이 화면의 세 곳에 프로젝트 (예를 들어: RPy) 이름이 일치해야 한다. 그래야 파일 관리가 수월하다. 특히 툴바 양쪽의 프로젝트 이름의 일치는 중요하다. 세 곳의 이름이 일치하지 않아도 실행되지만, 나중에 파일 관리가 복잡해진다.

[4단계] [소스 창]의 오른쪽 상단의 축소 단추를 클릭하면, 4개의 초기화면으로 복귀한다(도표 1.2 참조).

[5단계] [소스 창]에서 코드를 입력하고, [파일]이나 단추를 눌러 저장한다.

CHAPTER 02
자료 유형과 자료구조

제1절 자료 유형 알아보기

일반적으로 자료는 숫자를 의미하지만, R에서는 문자, 이미지 등도 포함한다. 여기서는 세 가지 자료 유형(data type)을 먼저 알아본다.

자료가 나올 때, 그것이 어떤 유형인지 알아보려면 mode() 함수를 이용한다. 다음을 [소스 창]에서 실행해 보자. 문자는 모두 따옴표 안에 집어 넣는다.

```
mode(3)
mode("3")
mode(T)
mode("T")
```

[표 2.1] 자료 유형

종류	설명	예
숫자형(numeric)	실수(double)	4.32
	정수(integer)	3
	지수	4e+3(4*10^3 = 4000), 5e−4 (5*10^{-4} = 0.0005)
문자형(character)	문자, 문자열	"company", "봄 여름 가을 겨울", "3"
논리형(logical)	참, 거짓	TRUE(또는 T), FALSE(또는 F)

(주) R에서는 실수(實數)를 얻으려면 double()이라는 함수(명령문)를 이용한다.

그러면 [콘솔 창]에서 다음과 같은 결과를 얻는다.

```
> mode(3)
[1] "numeric"
> mode("3")
[1] "character"
> mode(T)
[1] "logical"
> mode("T")
[1] "character"
```

여기서 [1]은 출력 행의 첫줄을 의미한다.

참고

본서에서는 [소스 창]의 입력 코딩 내용은 실선 사각형 안에, [콘솔 창]의 결과 내용은 파란 사각면에 표시한다. [콘솔 창]은 코딩 프로그램과 결과를 모두 보여주는 셈이다.

R에는 논리형이라는 독특한 자료가 있다.

```
> 3>2                                                    # 3이 2보다 크냐?
[1] TRUE
> 3>5                                                    # 3이 5보다 크냐?
[1] FALSE
> mode(3>2)
[1] "logical"
> mode(T)
[1] "logical"
> as.double(TRUE)                              # TRUE는 숫자로 하면 1이다.
[1] 1
> as.logical(0)
[1] FALSE
```

이러한 자료 유형을 모아 놓은 구조물을 자료구조(data object)라고 부른다. R에서는 이를 객체(object)라고도 한다. 본서에서는 자료구조 또는 객체로 표기한다. 자료구조의 종류에는 벡터, 행렬, 배열, 데이터프레임, 리스트, 데이블 등 여러 가지가 있다. 이에 대해 차례로 알아보자.

제2절 벡터 구조: c() 함수 이용

벡터는 동일한 유형의 속성을 가진 것들을 1차적으로 나열한 구조이다. 아래 코딩은 [소스 창]이고 그 다음 것은 [콘솔 창]의 결과이다.

```
x <- c(1, 2, 3)
y <- c(4, 5, 6)
z <- x + y
z
xy <- x*y
xy
ww <- c("male", "female")                    # 문자형은 반드시 곧은 큰따옴표 부착
ww
```

(주) 부호(<-)는 오른쪽의 값을 왼쪽 변수에 할당한다는 의미이다.

```
> x <- c(1, 2, 3)
> y <- c(4, 5, 6)
> z <- x + y
> z
[1] 5 7 9
> xy <- x*y
> xy
[1] 4 10 18
> p <- c("male", "female")
> p
[1] "male"  "female"
```

(주) 여기서 c()는 combine(결합)을 뜻한다.

주의

문자를 큰 따옴표에 싸는 경우 R에서 직접 입력하기 바란다. hwp 파일에서 옮기는 경우 굽은 큰따옴표(“ ”)가 만들어지기 때문에 에러가 난다. R에서는 곧은 큰따옴표(" ")를 사용해야 한다. 모양이 비슷해서 실수하기 쉽다.

다음은 벡터 코딩 문장의 실행 결과이다([콘솔 창]의 것).

```
> x <- seq (1, 10)                                    # sequence
> x
[1]  1  2  3  4  5  6  7  8  9  10
> y <- seq (3, 10, by = 2)                            # 3부터 시작, 공차 2
> y
[1]  3  5  7  9
```

벡터에서 위치(인덱스)를 알려면 대괄호 [ ]를 이용한다.

```
> y[3]                                                # 3번째 원소의 값
[1] 7
> y[-3]                                               # 3번째 원소를 제외한 나머지 값
[1]  3  5  9
> y[c(1, 3)]                                          # 1번째와 3번째 원소들의 값
[1]  3  7
> length(y)                                           # 벡터의 길이(원소 갯수)
[1]  4
> y == max(y)                                         # 최댓값 찾기
[1]  FALSE  FALSE  FALSE  TRUE
> y[y==max(y)]                                        # TRUE 위치의 원소값
[1]  9
> max(y)                                              # 최댓값 찾기
[1]  9
> y[max(y)]                                           # y의 9번째 숫자로 인식
[1]  NA
> y[4] <- 90                                          # 4번째 원소 값을 90으로 대체
> y
[1]  3  5  7  90
> y[5] <- 100                                         # 5번째 원소에 100을 대입
> y
[1]  3  5  7  90  100
```

주의

(1) 새 변수(또는 객체)의 이름을 예전 것으로 재사용하는 경우, 자칫 혼란을 일으킬 수 있다. 이 때는 변수 이름을 다르게 쓰는 것이 바람직하다. 예를 들어, x 대신에 x1을 사용한다.

(2) 또는 기존의 변수 값을 모두 지우고 그대로 x를 이용한다. 명령문은 rm(list=ls())로 하면 된다(rm은 remove의 뜻). 이때 [환경 창]의 변화를 눈여겨보자.

그리고 [소스 창]에 자료를 입력하기 전에 언제나 [콘솔 창]의 프롬프트 (>) 부호를 확인해야 한다. 이것은 입력 또는 출력 대기를 뜻한다.

제3절 행렬 구조: matrix() 함수 이용

행렬은 동일한 원소 유형을 2차원 평면에 배열한 구조물(mxn: m_by_n)이다. 기본 구조에 대해 알아보자.

```
> x1 <- c(1, 2, 3, 4, 5, 6)
> mat_x1 <- matrix(x1, 2, 3)                          # 2x3 행렬, 원소배열은 행 먼저 채움
> mat_x1
      [,1]   [,2]   [,3]
[1,]   1      3      5
[2,]   2      4      6
> tmax_x1 <- t(mat_x1)                                 # transpose(전치행렬, 3x2)
> tmax_x1
      [,1]   [,2]
[1,]   1      2
[2,]   3      4
[3,]   5      6
> mat_xr <- matrix(x1, ncol=3, byrow=T)                # 원소 배열이 열로 진행
> mat_xr
      [,1]   [,2]   [,3]
[1,]   1      2      3
[2,]   4      5      6
```

행렬 원소의 위치 좌표는 (x, y)이다. 결과의 쉼표(,)를 잘 살펴보자.

이제 행렬의 속성을 이해하였으므로, 이것을 응용해 보기로 한다. 알타 식품회사에서는 세 곳에서 식료품 매장을 열고 있다. 이 회사는 주로 육류와 채소류를 취급한다. 다음은 작년도 매출(단위: 억 원) 자료이다.

매장	품목	
	육류	채소류
서울	60	30
부산	50	20
광주	40	10

이 자료를 이용하여 간단하게 행렬을 만들고, 여러 과제를 수행하기로 한다.

① 행렬을 만든다.

```
육류 <- c(60, 50, 40)
채소류 <- c(30, 20, 10)
mat <- matrix(c(육류, 채소류), 3, 2)                    # 3x2 행렬
mat
```

```
> mat
     [,1]  [,2]
[1,]  60    30
[2,]  50    20
[3,]  40    10
```

위 행렬에 매장과 품목의 변수 이름을 넣어보자.

```
mat1 <- matrix(mat, nrow=3, dimnames = list(c("서울", "부산", "광주"), c("육류", "채소
류")))                                                  # 행의 수를 3으로 지정
mat1
dimnames(mat1)                                          # 행렬의 변수 이름
```

```
> mat1
     육류  채소류
서울  60    30
부산  50    20
광주  40    10
```

```
> dimnames(mat1)
[[1]]
[1] "서울" "부산" "광주"

[[2]]
[1] "육류"  "채소류"
```

② 매장별, 품목별 매출 합계를 구한다.

이 행렬에서 합계를 구하려면 rowSums(), colSums() 함수를 이용하면 된다. 그런데 행과 열이 각각 하나씩 추가되므로 다음과 같이 cbind()와 rbind() 함수를 활용한다.[1]

```
> mat2 <- cbind (mat1, rowSums(mat1))
> mat2
        육류     채소류
서울     60       30       90
부산     50       20       70
광주     40       10       50
> mat3 <- rbind (mat2, colSums(mat2))
> mat3
        육류     채소류
서울     60       30       90
부산     50       20       70
광주     40       10       50
        150       60      210
```

이제 mat3에서 매장합계와 품목합계라는 이름을 추가해 mat4를 만들어 보자.

```
> mat4 <- matrix(mat3, nrow=4, dimnames = list(c("서울", "부산", "광주", "품목합계"),
c("육류", "채소류", "매장합계")))
> mat4
        육류     채소류    매장합계
서울     60       30       90
부산     50       20       70
광주     40       10       50
품목합계 150      60      210
```

1 R에는 괄호 부호 ( )로 연결되는 내장함수가 풍부하게 있다.

참고

(1) mat4의 문장이 너무 길어 화면에서 마냥 오른쪽으로 나가는 경우가 있다. 이 때에는 엔터를 치고 줄바꾸기한 후 입력하면 된다.

(2) 그러나 툴바에서 다음과 같이 실행하면 화면에서 자동으로 줄이 바뀐다.
[Tool] ⇒ [Global Options] ⇒ [Code] ⇒ [Soft-wrapt R source files] ⇒ [OK]

③ 행렬 mat4에서 원소들의 위치를 입력하고 매출액을 알고 싶으면 대괄호 [ ]을 이용한다. 이것은 이미 벡터에서도 설명하였다.

```
> mat4 [3,1]                                  # 3행 (광주)의 1열(육류) 매출액
[1] 40
> mat4 [2,]                                   # 2행 (부산)의 육류와 채소류 매출액
     육류     채소류     매장합계
     50       20         70
> mat4 [,2]                                   # 2열 (채소류)의 세 매장 매출액
     서울     부산       광주      품목합계
     30       20         10        60
> mat4 [, "매장합계"]
     서울     부산       광주      품목합계
     90       70         50        210
```

참고

행렬 구조에서 함수 apply()를 이용하면 행과 열의 합을 쉽게 구한다.

```
> apply(mat1, 1, sum)                         # 함수 apply()를 이용한 행의 합
  서울   부산   광주
  90     70     50
> apply(mat1, 2, sum)                         # 함수 apply()를 이용한 열의 합
  육류   채소류
  150    60
```

(주) sum 대신에 mean을 이용하면 평균을 구할 수 있다.

제4절 배열 구조: array() 함수 이용

배열(配列, array)은 동일한 종류의 자료들이 여러 개 변수의 구조(m_by_n_by_p)로서, 행렬을 확장한 개념이다. 예를 들어, 1~12 숫자가 있다고 할 때, 행렬은 2차원 평면에서 정리하지만, 배열은 array() 함수를 이용하여 3차원 이상으로 나아갈 수 있다.

```
> (mat8 <- matrix(1:12, 3, 4))
     [,1] [,2] [,3] [,4]
[1,]    1    4    7   10
[2,]    2    5    8   11
[3,]    3    6    9   12
> (arry <- array(1:12, dim=c(2, 3, 2)))
, , 1

     [,1] [,2] [,3]
[1,]    1    3    5
[2,]    2    4    6

, , 2

     [,1] [,2] [,3]
[1,]    7    9   11
[2,]    8   10   12
```

(주) 입력 문장의 양쪽에 양괄호 부호()를 쓰면, 실행 결과를 직접 보여준다.

다음은 알타기업의 라면 신제품에 대한 고객들의 반응을 서울 지역의 강남과 강북으로 나누어 고객들의 성별 및 관심을 정리한 것이다. 이것을 배열로 나타내 보자. 여기에 투입된 변수는 관심정도, 성별, 지역 등의 순서이다. 배열은 마지막 변수인 "지역" 기준으로 정렬한다.

	강남		강북	
	남자	여자	남자	여자
관심있음	50	100	150	100
관심없음	60	100	140	100
잘 모르겠음	80	120	120	80

① 배열을 만들려면 우선 행렬로 정리한다.

```
> (강남 <- matrix(c(50, 60, 80, 100, 100, 120), ncol=2, dimnames=list(c("관심있음", "관심없음", "잘모르겠음"), c("남", "여"))))
           남    여
관심있음    50   100
관심없음    60   100
잘모르겠음  80   120
> (강북 <- matrix(c(150, 140, 120, 100, 100, 80), ncol=2, dimnames=list(c("관심있음", "관심없음", "잘모르겠음"), c("남", "여"))))
           남    여
관심있음   150   100
관심없음   140   100
잘모르겠음 120    80
```

② 두 행렬을 하나의 배열로 묶어보자. 배열에서 중요한 개념은 변수의 나열 순서이다. 여기서는 관심정도(3) x 성별(2) x 지역(2)이 된다. 다시 강조하면 마지막 변수인 "지역"에 유의하자.

```
> arry1 <- array(data=c(강남, 강북), dim=c(3,2,2), dimnames=list(c("관심있음", "관심없음", "잘모르겠음"), c("남", "여"), c("강남", "강북")))
> arry1
, , 강남

           남    여
관심있음    50   100
관심없음    60   100
잘모르겠음  80   120
```

```
, , 강북

            남        여
관심있음     150      100
관심없음     140      100
잘모르겠음   120       80
```

이 배열에서 다음의 문제를 생각해 보자.

① arry1[2, 1, 1] = (관심없음, 남, 강남)의 고객 수

② arry1[, 2, 2] = (관심정도, 여, 강북)의 고객 수

③ arry1[3 , , 1] = (잘모르겠음, 남녀, 강남)의 고객 수

④ sum(arry1[, 1, 1]) = (남자, 강남) 합계

⑤ sum(arry1[1, 2,]) = (관심있음, 여자) 합계

⑥ sum(arry1[, , 2]) = (강북) 합계

```
> arry1[2, 1, 1]                                    # (관심없음, 남, 강남)의 고객 수
[1] 60
> arry1[ , 2, 2]                                    # (관심정도, 여, 강북)의 고객 수
  관심있음   관심없음   잘모르겠음
    100        100         80
> arry1[3 , , 1]                                    # (잘모르겠음, 남녀, 강남)의 고객 수
     남         여
     80        120
> sum(arry1[ , 1, 1])                               # (남자, 강남) 합계
[1] 190
> sum(arry1[ 1, 2, ])                               # (관심있음, 여자) 합계
[1] 200
> sum(arry1[ , , 2])                                # (강북) 합계
[1] 690
```

(주) mean() 함수는 평균을 구해준다.

제5절 데이터프레임 구조: data.frame()[2] 함수 이용

1. 기본 구조

데이터프레임(data.frame)은 R 자료구조에서 가장 중요한 객체이다. 데이터프레임은 여러 종류의 벡터를 결합하여 만들 수 있어 유용하다. 이것은 마치 데이터베이스의 테이블과 유사하다. 다음은 알타기업의 작년 월 매출액(단위: 억 원) 자료를 모아 데이터프레임 구조로 만든 것이다.

```
month <- c("1월", "2월", "3월", "4월", "5월", "6월")
sales <- c(3.2, 2.5, 10.2, 5.5, 6.7, 7.9)
sales_df <- data.frame(month, sales)
sales_df
```

```
    month    sales
1    1월      3.2
2    2월      2.5
3    3월     10.2
4    4월      5.5
5    5월      6.7
6    6월      7.9
```

sales_df 객체의 자료 유형과 자료구조 등 여러 특성을 알아보자.

```
> class(sales_df)                                  # 자료구조 알아보기
[1] "data.frame"
> dim(sales_df)                         # 자료의 차원(dimension) 알아보기
[1] 6  2
> length(sales_df)                        # 자료의 성분(변수) 개수 알아보기
[1] 2
```

---

2 data와 frame 사이에 점 부호(.)가 있다.

자료 구조의 종류를 알려면 함수 class()를 이용한다. 자료의 차원(dimension)은 행과 열의 수를 뜻한다. 여기서 행은 가로줄의 멤버(관찰대상)이며, 열은 세로줄 month, sales 같은 변수들이다. 따라서 6_x_2(six_by_two)가 된다. length는 열의 수를 가리키며 변수(혹은 성분)의 개수다.

```
> head(sales_df, 3)                          # [헤드], 앞에서부터 3개 자료를 보여 줌
   month    sales
1   1월       3.2
2   2월       2.5
3   3월      10.2
```

(주) tail()은 자료의 뒷부분을 보여준다.

```
> mode(sales_df$month)                       # month는 숫자형
[1] "numeric"
> class(sales_df$month)                      # month는 요인(factor)구조, 추후 설명
[1] "factor"
```

```
> mode(sales_df$sales)                       # sales는 숫자형
[1] "numeric"
> class(sales_df$sales)                      # sales는 숫자구조
[1] "numeric"
```

2. 자료 분석

데이터프레임 구조의 자료에 대해 분석해 보자. 먼저 summary() 함수를 이용하면 자료를 한눈에 요약해 준다. 최솟값, 최댓값, 평균, 중위값 등을 보여준다. sales 변수 자료의 특성을 알아보기 위해 파일 다음에 부호($)를 붙였다.

```
> summary(sales_df$sales)
   Min.   1st Qu.   Median    Mean   3rd Qu.    Max.
  2.500    3.775    6.100    6.000    7.600   10.200
```

요약 결과, 이 회사 월매출은 2.5~10.2(만 원) 사이에 있으며, 평균은 6이다. 그리고 오름차순의 경우 상위 25%(1st Qu.[3])는 3.775이고 상위 75%(3rd Qu.)는 7.6이다. 그리고 중간값(Median; 미디언, 50%)은 6.1이다.

자료를 오름차순으로 정리하면 위 요약을 잘 이해할 수 있다.

```
> sort(sales_df$sales)
[1]  2.5        3.2        5.5        6.7        7.9        10.2
```

참고

내림차순: decreasing

```
> sort(sales_df$sales, decreasing = TRUE)
  [1]    10.2    7.9    6.7    5.5    3.2    2.5
```

다음에서는 대괄호([ ])를 이용하여 원하는 자료를 추출해 보자.

```
> sales_df[3, 2]                                    # 3번째 행, 2번째 열의 값
[1] 10.2
> sales_df[3:5, ]                                   # 3~5번째 행 자료(콤마가 있음)
      month    sales
3       3월      10.2
4       4월       5.5
5       5월       6.7
> sales_df[2:4, 1]                                  # 2~4번째 행, 1번째 열(변수: month)
[1] "2월" "3월" "4월"
> sales_df[2:5, 2, drop=FALSE]                      # 데이터프레임 구조를 유지하게 함
      sales
2       2.5
3      10.2
4       5.5
5       6.7
```

(주) 데이터프레임 자료는 행렬처럼 행과 열 사이에 콤마(,)로 구분한다.

3 Qu.은 Quantile(4분의 1)라는 뜻이다.

3. 데이터프레임에 관찰대상 또는 변수 추가하기

(1) 행(멤버) 추가하기: rbind() 함수이용

"7월"에 매출액 5.4를 추가하려고 한다.

```
> new <- data.frame(month="7월", sales=5.4)
> sales_df_new <- rbind(sales_df, new)                    # 데이터프레임에 추가
> sales_df_new
     month   sales
1     1월     3.2
2     2월     2.5
3     3월    10.2
4     4월     5.5
5     5월     6.7
6     6월     7.9
7     7월     5.4
```

만약 "7월"과 "8월" 두 달을 추가한다면, new 객체에서 month=c("7월", "8월"), sales = c(5.4, 4.5)를 이용하여 입력한다.

(2) 열(변수) 추가하기: 함수 data.frame() 또는 cbind() 이용

추가하는 행은 데이터프레임과 관찰대상의 크기가 동일해야 한다. sales_df 객체에 season 변수를 추가해 보자.

```
> season <- c("winter", "winter", "spring", "spring", "spring", "summer")
> sales_df_season <- data.frame (sales_df, season)
> sales_df_season
     month   sales   season
1     1월     3.2    winter
2     2월     2.5    winter
3     3월    10.2    spring
4     4월     5.5    spring
5     5월     6.7    spring
6     6월     7.9    summer
```

여기서 잠시 계절(season)별 매출액 평균을 구해 보자. 패키지 "dplyr"(a Grammar of Data Manupulation)은 집단별 평균을 구하는 데에 유용하다.

```
> mode(sales_df_season$season)
[1] "numeric"
> class(sales_df_season$season)                                  # season은 요인(factor) 구조
[1] "factor"
> install.packages("dplyr")                                       # 이미 설치되어 있으면 불필요함
> library(dplyr)
> sales_df_season %>% group_by(season) %>% summarise(mean_season = mean(sales))
# A tibble: 3 x 2
      season      mean_season
      <fct>          <dbl>
1     spring          7.47
2     summer          7.9
3     winter          2.85
```

(주) 파이프 연산자 (%>%)는 수도관처럼 물길을 내어 함수를 연결한다. 초기 자료의 변형 없이 필요한 명령문을 연결해 준다. 이 부호를 사용하려면 패키지 dplyr이 필요하다.

또는 cbind() 함수를 이용하여 데이터프레임을 만들 수도 있다.

```
> season <- c("winter", "winter", "spring", "spring", "spring", "summer")
> sales_df_season1 <- cbind(sales_df, season)
> sales_df_season1
      month    sales    season
1       1월      3.2     winter
2       2월      2.5     winter
3       3월     10.2     spring
4       4월      5.5     spring
5       5월      6.7     spring
6       6월      7.9     summer
```

참고

데이터프레임 sales_df에 새로운 문자벡터가 결합되었다. 데이터프레임 구조에서는 문자변수에 대해 조심해야 한다. 데이터프레임() 함수는 내부에서 문자벡터를 범주형 자료로 자동 변환시키고, 변수 결합 과정에서 요인(factor)으로 된다. 만일 변수를 문자형으로 바꾸는 것이 필요하다면, 미리 stringsAsFactor = FALSE를 추가하면 된다.

4. 두 데이터프레임 결합: merge() 함수 이용

```
month <- c("1월", "2월", "3월", "4월", "5월", "6월")
sales <- c(3.2, 2.5, 10.2, 5.5, 6.7, 7.9)
sales_df <- data.frame(month, sales)
sales_df
```

```
month <- c("1월", "2월", "3월", "4월", "5월", "6월")
profit <- c(0.2, 1.2, 2.3, -0.5, 0.3, -2.9)
profit_df <- data.frame(month, profit)
profit_df
```

```
> (merge_df <- merge(sales_df, profit_df, by = "month"))
      month   sales   profit
1      1월      3.2     0.2
2      2월      2.5     1.2
3      3월     10.2     2.3
4      4월      5.5    -0.5
5      5월      6.7     0.3
6      6월      7.9    -2.9
```

다음에서는 within() 함수를 이용하여 매출원가(salescost = sales-profit)를 계산하고, 오름차순으로 정렬해 보자. 기존 자료의 변수들을 가공하여 새로운 변수를 만드는 경우에는 within() 함수를 사용할 수 있다. 참고로 with() 함수는 외부 DB에 접근할 때 사용하며 within() 함수도 가능하다.

```
> merge_df_rank <- within(merge_df, {
+   salescost <- sales - profit
+   s_rank <- rank(salescost)
+   })
> merge_df_rank
      month   sales   profit  s_rank    salescost
1       1월     3.2      0.2       2          3.0
2       2월     2.5      1.2       1          1.3
3       3월    10.2      2.3       5          7.9
4       4월     5.5     -0.5       3          6.0
5       5월     6.7      0.3       4          6.4
6       6월     7.9     -2.9       6         10.8
```

참고

rank()나 order() 함수는 값의 위치를 제시하지만, sort() 함수는 값을 직접 나열한다.

제6절 리스트 구조: list() 함수 이용

1. 기본 구조

리스트(list)는 벡터의 확장 개념이다. 일반 벡터는 동일 유형의 원소들만으로 구성되지만, 리스트는 다양한 유형의 자료, 즉 숫자와 문자를 동시에 포함시킬 수 있다. 리스트는 앞에서 설명한 데이터 프레임과 객체지향 프로그래밍 등의 기본을 형성하는 중요한 역할을 한다. 한번 더 강조하면, 데이터프레임은 리스트로 이루어져 있다.

예를 들어, 김길동의 근무부서는 영업부서이고 연봉 4천만 원, 노조에 가입한 직원이라고 할 때, 이것을 리스트로 나타내 보자.

```
> lst <- list(name="Kim Gildong", dept="sales", salary=40000000, union=T)
> lst
$`name`
[1] "Kim Gildong"
$dept
[1] "sales"
$salary
[1] 4e+07
$union
[1] TRUE
> lst$salary
[1] 4e+07
> length(lst)                                          # 리스트의 성분(변수)개수
[1] 4
> class(lst)
[1] "list"
```

리스트 구조에서 구성 원소들에 접근하는 방법은 여러 가지가 있으니, 다음을 참고하기 바란다.

```
> lst$salary
[1] 4e+07                                                    # 4 x 10^7
> lst[["salary"]]
[1] 4e+07
> lst[3]
$`salary`
[1] 4e+07
> lst[[3]]
[1] 4e+07
```

여기서 lst[3]의 사용도 무방하지만 lst[[3]]과의 차이점을 살펴보자. 전자 [ ]는 원래 리스트가 부분 리스트로 된다. 부분집합 원소가 변수 salary로 이루어진 다른 리스트로 반환된 것이다. 반환의 의미는 [ ]도 함수의 역할을 하기 때문이다. 한편, 후자의 경우 [[]]는 단지 해당 원소값만 불러 온다.

2. 리스트에서 원소 추가 또는 삭제하기

리스트에서 원소를 추가하거나 삭제할 일은 의외로 많이 일어난다. 특히 리스트로 이루어진 데이터프레임에서 그러하다. 예를 들어, 김길동의 성별을 추가한다고 하자.

```
lst2 <- list(name="Kim Gildong", dept="saless", salary=40000000, union=T)
lst2$gender <- "male"
lst2
```

다음으로 부서이름을 삭제한다고 하자. 이때 NULL을 이용한다. 결과 출력은 생략한다.

```
lst2$dept <- NULL
lst2
```

```
lst3 <- c(lst2, dept="Marketing")                          # 부서이름을 바꿈
lst3
```

제7절 테이블 구조: table() 함수 이용

테이블(table, 표)은 복잡한 자료를 시각적으로 요약 정리해 주기 때문에 통찰력 있는 분석이 가능하다. R의 내장 자료는 데이터프레임이나 테이블 구조로 저장되어 있다. 그리고 테이블 함수 table()은 빈도수를 나타낸다.

다음은 1~100 사이의 난수를 10개 만든 후 50보다 크거나 같으면 1, 작으면 2로 표시하고 각각의 개수를 테이블(표)에 정리한 코딩이다.

```
> set.seed(123)                              # 초기 난수를 고정함. 이 값이 없으면 매번 달라짐
> y <- round(runif(10, 1, 100))              # 10개의 정수 난수를 구함
> y
 [1] 29 79 41 88 94 6 53 89 56 46
> z <- ifelse(y>=50, 1, 2)                   # 50 이상이면 1, 아니면 2
> z
 [1] 2 1 2 1 1 2 1 1 1 2
> table(z)                                   # table() 함수는 빈도수 계산
z
1 2
6 4
```

위에서 테이블 z로 최종 정리하였다. 50 이상의 숫자가 6회, 그 미만은 4회 나타났다.

이제 "Titanic" 자료를 살펴보자. 타이타닉호는 북대서양 횡단 여객선으로서 1912년 영국에서 미국으로 첫 항해할 때, 빙산과 충돌하여 3시간 만에 침수되어 침몰하였다. 사고 당시 전체 승선인원 2,201명중 1,490명, 67.7%가 사망했고, 711명, 32.3%가 구조되었다. 어떤 사람들이 사망했으며 또한 구조되었을까? 흥미있는 자료 분석이 될 것이다.

Titanic 자료의 변수는 선실(Class: 4) x 성별(Sex: 2) x 연령(Age: 2) x 생존 여부(Survive: 2) 등으로 나열되어 있다.

```
> Titanic                                                    # 결과 생략
> data ("Titanic")
> class(Titanic)
[1] "table"
> str(Titanic)
 'table' num [1:4, 1:2, 1:2, 1:2] 0 0 35 0 0 0 17 0 118 154 ...
 - attr(*, "dimnames")=List of 4
  ..$ Class    : chr [1:4] "1st" "2nd" "3rd" "Crew"
  ..$ Sex      : chr [1:2] "Male" "Female"
  ..$ Age      : chr [1:2] "Child" "Adult"
  ..$ Survived : chr [1:2] "No" "Yes"
> Titanic[]
, , Age = Child, Survived = No
           Sex
Class   Male    Female
1st       0        0
2nd       0        0
3rd      35       17
Crew      0        0
, , Age = Adult, Survived = No
           Sex
Class   Male    Female
1st      118       4
2nd      154      13
3rd      387      89
Crew     670       3
, , Age = Child, Survived = Yes
           Sex
Class   Male    Female
1st       5        1
2nd      11       13
3rd      13       14
Crew      0        0
, , Age = Adult, Survived = Yes
           Sex
Class   Male    Female
1st      57      140
2nd      14       80
3rd      75       76
Crew    192       20
```

```
> Titanic[, 2, 2,]                                          # 성인 여성 생존자와 사망자
        Survived
Class   No    Yes
1st      4    140
2nd     13     80
3rd     89     76
Crew     3     20
> Titanic[, 1, 2,]                                          # 성인 남성 생존자와 사망자
        Survived
Class   No    Yes
1st    118     57
2nd    154     14
3rd    387     75
Crew   670    192
> mosaicplot(Titanic[, 1, 2, ], color=TRUE)
```

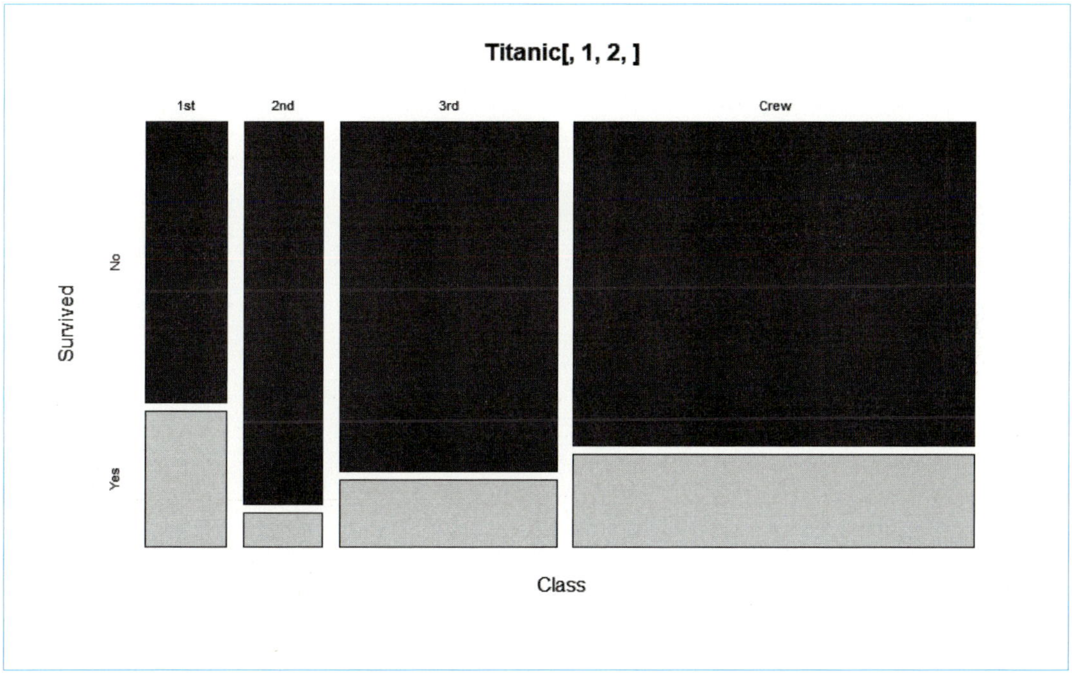

R 생각

자료 유형과 자료 구조는 R 문법의 기본이다. 자료 유형에는 숫자형, 문자형, 논리형 등이 있다. 숫자 자료에서 summary() 함수를 이용하면 평균, 최솟값, 최댓값 등을 알 수 있다. 자료 구조에는 벡터, 행렬, 배열, 데이터프레임, 리스트, 테이블 등을 설명하였다. 자료구조에서는 행(行, row)과 열(列, column)의 개념을 확실하게 이해할 필요가 있다. 객체의 이름은 sales_df, sales_df_new, sales_df_season처럼 의미있는 것으로 만들어야 나중에도 이해하기 쉽다. 그리고 동일한 이름을 반복해서 쓰지 않도록 한다. R은 기억력이 좋기 때문이다.

CHAPTER 03

제어문과 함수

제1절 조건문

제어문은 코딩 흐름과 처리 순서를 통제하며, 조건문과 반복문이 있다. 먼저 조건문을 살펴보자. 조건문에서는 조건식이 참일 때 실행문이 수행되며, 거짓이면 기각되어 분기되어 나간다. 조건문 네 종류에 대해 살펴본다.

1. if 문

if 문은 가장 기본적인 조건문이다. 조건이 단 하나인 경우에만 사용한다.

```
if (조건식) 진실일 때의 실행문
```

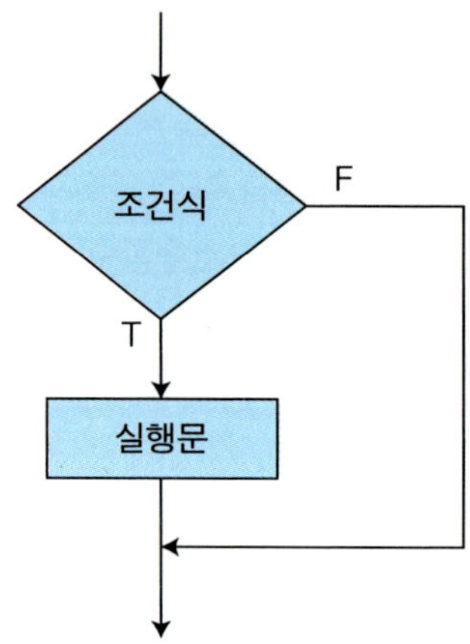

예를 들어, 점수가 80점 이상인 경우만 시험에 합격한다고 하자.

```
> x <- 90
> if (x>=80) cat("합격")                          # cat()는 출력용 함수
합격
```

(주) cat를 print로 바꾸어 실행하면, 출력이 어떻게 변하는지 각자 알아보자.

2. if~else 문

이 구문은 위의 if문과 마찬가지로 조건이 하나만 제시된다. 그러나 조건이 거짓일 실행문을 하나 더 추가한다.

```
if (조건식) 진실일 때의 실행문1 else 거짓일 때의 실행문2
```

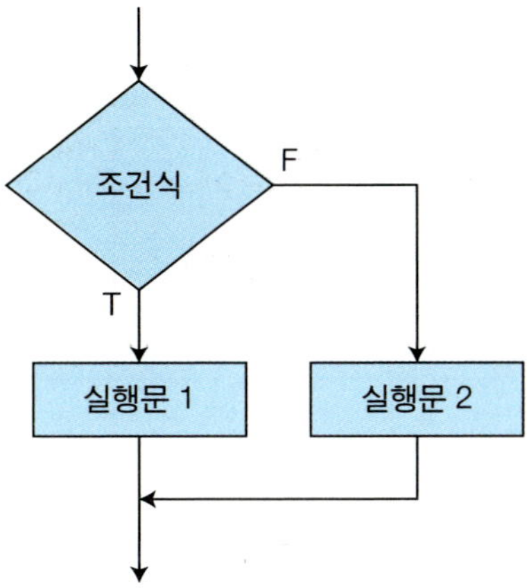

만일 시험 점수가 78점인 경우는 이전 코딩에는 명시되어 있지 않다. 여기서는 "불합격"을 명시하기로 한다. 다음 78점인 사람의 처리 과정이다.

```
> x <- 78
> if (x>=80) "합격" else "불합격"                # cat() 함수 없어도 무방
[1] 불합격
```

다음에서는 숫자의 홀짝을 표현한다.

```
> x <- 7
> if (x %%2 == 0) "짝수" else "홀수"            # 부호 (%%)는 나눗셈의 나머지만 보여줌
[1] 홀수
```

3. ifelse 문

이 구문은 if~else문과 유사하다. 차이점은 나중에 설명한다.

```
ifelse (조건식, 진실일 때의 실행문1, 거짓일 때의 실행문2)
```

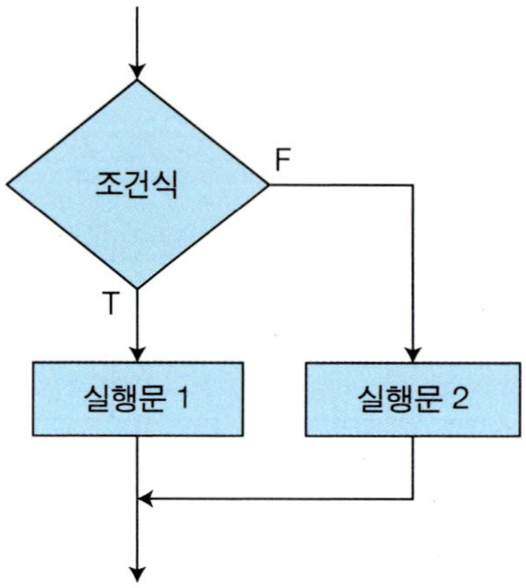


```
> x <- c(3:-3)                                  # 3~-3 사이의 수열
> x
[1]  3  2  1  0  -1  -2  -3
> ifelse(x>0, x, -x)                            # 절댓값 구하기
[1]  3  2  1  0  1  2  3
```

참고

ifelse문은 앞의 if~else문과 조건에서는 동일하다. 그러나 ifelse문은 입력 자료가 벡터인 경우 유용하게 처리한다.

```
> x <- c(80, 67, 89)
> x <- ifelse(x>=80, "합격", "불합격")
> x
[1]  "합격"    "불합격"    "합격"
```

if~else문은 단 하나의 사례만 처리할 수 있을 뿐이다.

```
> x <- c(80, 67, 89)
> if (x>=80) "합격" else "불합격"                                # 경고: 첫 원소만 처리함
[1] "합격"
Warning message:
In if (x >= 80) "합격" else "불합격":
   the condition has length > 1 and only the first element will be used
```

4. if~else~if~else 문

이 구문은 if~else 문을 더 확장한 개념이다.

```
if (조건식1) 진실일 때의 실행문1 else 거짓일 때
                              if(조건식2) 진실일 때의 실행문2 거짓일 때 실행문3
```

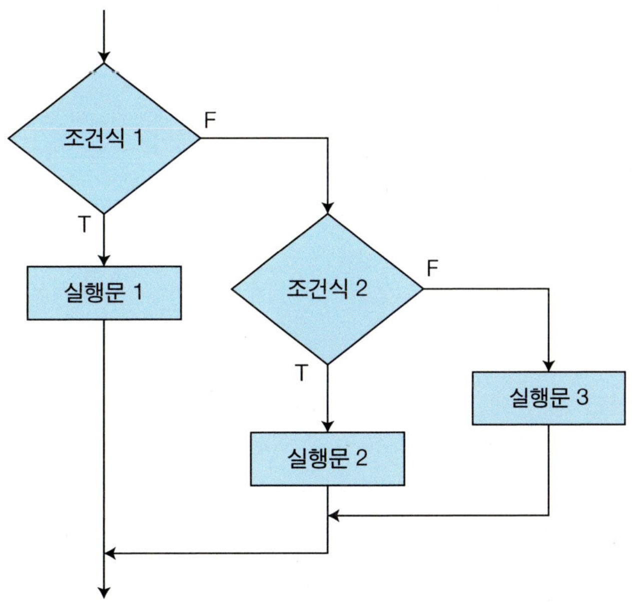

```
> x <- 78
> if (x>=90) "A" else if (x>=80) "B" else "C"

> score <- c(92, 50, 82, 75, 90)
> decision <- ifelse(score>= 90, "A", ifelse(score>=80, "B", "C"))
> decision
[1] "A" "C" "B" "C" "A"
```

만일 시험 점수가 90점 이상인 경우 A, 80점 이상인 경우 B, 그 미만인 경우에는 C로 처리한다고 하자. if~else~if~else문과 ifelse~ifelse문을 함께 실행해 보자.

제2절 반복문

알고리즘을 코딩할 때 특정 프로그램을 반복해야 하는 경우가 많이 발생한다. 반복문으로서 for와 while 문을 설명한다. 다음은 1~10까지 숫자를 합하는 두 가지 방식을 반복문으로 보여준다. 결과는 모두 동일하지만 반복문을 익히는 좋은 기회가 된다. 중괄호 부호({})는 여유 있게 쓰도록 한다.

1. for 문과 while 문

(1) for 문

for 문은 범위 안에서 인덱스 i를 이용하여 계속 계산을 수행한다. 이 제어문은 코딩에서 가장 많이 사용되므로 중요한 개념이다.

```
for (인덱스i in 범위) {실행문}
```

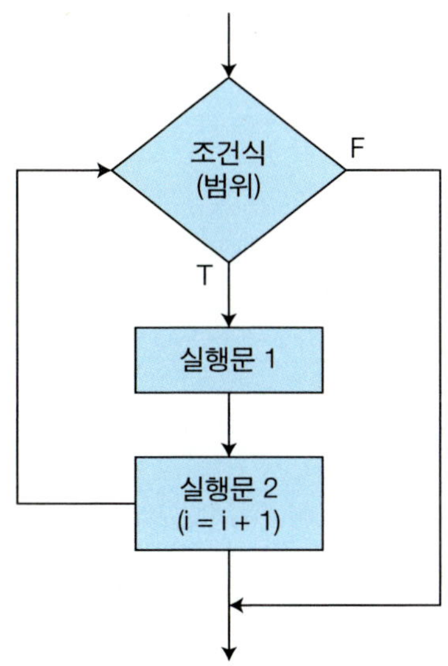

```
> total <- 0                                              # 초기값
> for (i in 1:10) {
+    total <- total + i
+    }
> total
[1] 55
> i
[1] 10
```

마지막 i 값은 10으로 끝났다.

(2) while 문

while 문은 조건식이 진실(TRUE)인 경우에는 계속 진행한다. 일종의 조건적인 반복문인 것이다.

```
while (조건식) {실행문}
```

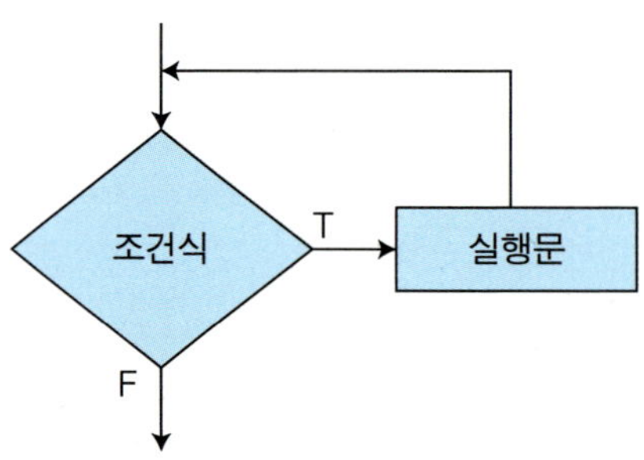


```
> total <- 0                                              # 초기값
> i <- 1                                                  # 초기값
> while (i <= 10) {
+    total <- total + i
+    i <- i+1
+    }
> total
[1] 55
```

(주) 부호 (<=)는 작거나 같음.

```
> i
[1] 11
```

(주) [소스 창]에서 입력할 때 각 코드 첫 열의 부호(>, +)는 생략한다.

마지막 i 값은 while 문에서 11일 때 루프(loop) 밖으로 빠져 나왔고, for 문은 10에서 끝났다.

2. 루프 탈출문

위에서 보는 바와 같이 반복 수행 루프에서 조건을 만족하면 반복을 종료하고 그 다음에서 분기한다. 이 방식은 수치 해석이나 시뮬레이션에서 유용하다. 여기서는 break문과 next문에 대해서 알아본다.

(1) break 문

다음은 1~10까지의 합을 구하는 구문이지만 i = 5까지 합산하고 나서 분기한다.

```
> total <- 0                                             # 초기값
> for (i in 1:10) {
+   total <- total + i
+   if (i==5) break
+   }
> total
[1] 15
> i
[1] 5
```

구구단을 각자 실행해 보고, break 문에 대해 더 알아보자.

```
for(i in 2:9) {
  for(j in 1:9) {
    cat(i, "*", j, "=", i*j, "\n")
    if (j==3) break
    }
cat("\n")
if (i==5) break
}
```

(주) 부호 (\n)은 줄바꾸기를 나타낸다.

(2) next 문

프로그램 수행 도중에 이 구문을 만나면 현재 상태에서 중단하고 조건문의 처음으로 넘어가서 그 다음 반복문을 수행한다. break문은 반복 루프를 빠져나가지만, next문은 실행을 계속하는 셈이다. 여기서는 if 문과 while 문의 예시를 하였는데, 모두 i=3에서 출력을 생략하고 있다.

```
> for(i in 1:5) {
+   if (i==3) next
+   cat(i, "=>", sum(1:i), "\n")                    # "\n"는 줄바꾸기(개행)
+ }
1 => 1
2 => 3
4 => 10
5 => 15
```

```
> i <- 0
> while (i<5) {
+   i = i+1
+   if (i == 3) next
+   cat(i, "=>", sum(1:i), "\n")
+   }
1 => 1
2 => 3
4 => 10
5 => 15
```

제3절 함수 이용하기

R 함수에는 내장함수, 사용자 정의함수 등 여러 종류가 있다. 이 함수들은 코딩작업을 쉽게 구조화하고 모듈화하는데 유용하다. 한 가지 주의할 것은 R에서 함수는 객체라는 점이다.

1. 내장함수

R에 이미 내장되어 있는 sum(), mean() 같은 기본 함수들을 이용하면 계산을 쉽게 한다.

```
> x <- c(20, 30, 40, 50)
> sum(x)                                              # 합계 구하기
[1] 140
> mean(x)                                             # 평균 구하기
[1] 35
> sqrt(x)                                             # 제곱근 구하기
[1] 4.472136 5.477226 6.324555 7.071068
> print(seq(1, 10))
 [1]  1  2  3  4  5  6  7  8  9  10
```

더 많은 in-built function 보기 url:
https://cran.r-project.org/doc/contrib/Short-refcard.pdf

2. 사용자 정의함수

사용자 정의 함수는 특정 목적을 가지고 개별적인 작업 단위별로 수행하는 프로그램 코드의 집합체이다. 작업자는 필요에 따라 함수를 직접 정의해서 사용하고, 반복적이고 조건적일 때 유용하게 쓸 수 있다. 함수는 동일한 프로그램을 매번 반복해서 기입할 필요가 없으며 간결하여 이해하기 쉬우며, 객체로 지정된다. 즉, 복잡한 알고리즘을 독립적으로 구현하여 가독성을 높인다.

함수의 구조는 다음과 같다.

```
함수 이름 <- function (인수) {함수 몸체, 반환 값}
```

① 함수 이름은 식별자로서 변수 이름과 동일한 방식으로 정의된다. 함수의 실질적인 이름이다.

② 인수(argument)는 함수의 기능을 선택적으로 조정한다. 인수에는 반드시 필요한 필수 인수(required argument)와 그렇지 않은 선택 인수(optional argument)가 있다. 그리고 인수를 전혀 사용하지 않는 경우도 있다.

③ 함수 몸체(body)는 함수가 무엇을 수행할 것인가를 정의하는 명령문 집합체이다.

④ 반환 값은 return 함수를 이용하여 계산한 결과를 마지막에 반환한다. 이 출력은 [콘솔 창]에 표시되거나 함수가 사용될 때마다 객체에 지정된다. 그러나 그림표 출력, 입출력 조작 등과 같이 입출력에 관련된 것에서는 함수 값을 반환하지 않는다.

함수 사용의 여러 경우를 차례로 알아보자. 여기서는 인수와 결과 값 반환의 유무에 따라 나눠서 설명한다.

① 함수가 인수를 가지면서 결과 값을 반환하는 경우

```
> x <- function(a, b) {                                    # 함수 정의
+   sum = a + b
+   return(sum)
+   }
> y <- x(10, 20)                               # 인수 값을 제공하는 x 함수
> y
[1] 30
```

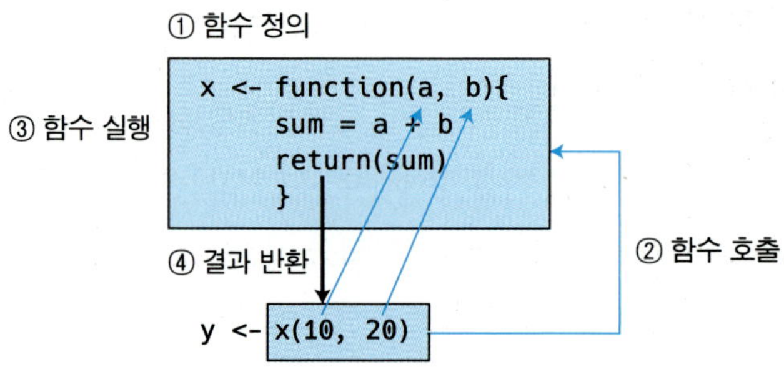

함수를 정의한 후, 다른 함수의 인수로 전달해 함수 내에서 수행하게 함으로써 복잡한 수식을 계산할 수 있다. 이렇게 하면 코드의 중복과 복잡함을 줄일 수 있다. 특정 함수를 한번 선언하고 필요한 만큼 실행한다. 위 함수는 인수를 가지면서 동시에 결과 값 sum을 반환하고 있다. 따라서 y는 30을 얻는다. 두 인수를 동시에 실행해야 한다.

다음 예는 제곱함수를 만든다.

```
> square <- function(x) {
+   return(x^2)
+   }
>
> square(c(20, 30, 40))
[1]  400  900  1600
```

다음 제곱하기 함수를 위와 비교하여 보자.

```
> square <- function(x) {
+   for(i in 1:x) {
+   a <- i^2
+   print(a)
+   }
+   }
> square(5)
[1] 1
[1] 4
[1] 9
[1] 16
[1] 25
```

다음은 직각삼각형의 피카고라스 정리를 나타내는 함수이다.

```
> ce <- function(a, b) {
+   c = sqrt(a^2 + b^2)
+   return(c)
+   }
> ce(30, 40)
[1] 50
```

② 함수가 인수를 갖지 않는 경우

여기서는 인수 리스트에 아무것도 지정하지 않았다.

```
> insa <- function() {
+   cat("안녕하세요?", date(), "\n")
+   }
> insa()
안녕하세요? Mon Apr 15 09:12:43 2019
```

(주) 입력 코드 "\n"은 다음 출력에서 줄바꾸기(개행: 改行)하라는 뜻이다.

③ 함수가 결과 값을 반환하지 않는 경우

```
> avg <- function(data) {
+   cat("Data = ", data, "\n")
+   cat("Average= ", mean(data), "\n")
+   }
> avg(1:10)
Data =    1 2 3 4 5 6 7 8 9 10
Average= 5.5
```

다음은 숫자에 대해 양수 또는 음수를 판별하는 식이다.

```
> f <- function(x) {
+   if(x>0) {ans <- "양수"}
+   else    {ans <- "음수"}
+   return(ans)
+   }
```

```
> f(3)
[1] "양수"
> f(-2)
[1] "음수"
> f(c(-3, 2, 1))                                  # 첫수만 출력, 나머지는 경고, 개선 필요
```

다음에서 화씨를 섭씨로 바꾸어 보자. 섭씨의 범위가 0~100(100등분)이라면 화씨는 32~212도(180등분)가 된다. 따라서 c = (f − 32)/(180/100)이다. 예컨대, 화씨 80도은 약 27도가 된다.

```
> temper<- function(f) {
+   c <- (f-32)/1.8
+   return(c)
+   }
> temper(80)                                      # 화씨 80도 입력
[1] 26.66667
> temper(0)                                       # 화씨 0도 입력
[1] -17.77778
```

④ 함수를 인수로 전달하기

```
> num_avg <- function(data) {
+   n <- length(data)
+   sum <- 0
+   for (i in 1:n) sum <- sum + data[i]
+   return (sum/n)
+   }
> x <- 1:10
> num_avg(x)
[1] 5.5
```

3. 재귀호출함수

재귀호출함수(recurcive call function)는 함수 자신을 다시 호출하는 함수이다. 프로그램이 직관적이 되고 이해하기 쉬워진다.

```
> c_sum <- function(n) {
+   tot <- 0
+   if (n==0) return (tot)
+   else tot <- n + c_sum(n-1)
+   return(tot)
+   }
> c_sum(0)
[1] 0
> c_sum(10)
[1] 55
```

다음은 함수 안에서 새로운 함수를 생성 정의한다. 이 경우 새롭게 생성된 함수의 사용 범위도 함수 내에 국한되는 지역(local)객체이다.

```
> m_mean <- function(x) {
+   total <- sum(x)
+   size <- function(x) {                          # 함수 안에서 함수 생성
+   len <- length(x)
+   return(len)
+   }
+   return (total/size(x))                         # 생성한 함수 호출
+   }
> m_mean(1:10)                                     # 5.5
[1] 5.5
```

```
> a_cube <- function(n) {
+   sq <- function() n*n                           # sq 함수 정의
+   n*sq()                                         # sq 함수 호출
+   }
> a_cube(10)                                       # 10^3
[1] 1000
```

CHAPTER 04

신뢰구간과 가설검정

제1절 확률분포의 이해

1. 확률

확률(probability)은 어떤 사건이 일어날 가능성을 말한다. 오늘 비올 확률이 50%라고 한다면 우산을 준비해야 하는가 또는 아닌가? 오늘의 일기예보는 지난 수십 년 동안 날씨 관련 자료를 수집 분석해서 얻은 결과이다. 확률 계산은 미래를 바라보면서 과거를 해석한 것으로서 이중적 의미를 지닌다. 지식에 소망을 결합시킨 개념이다. 나의 새로운 사업은 성공할 것인가? 북한은 과연 핵을 쏠 것인가? 등의 문제는 확률적으로 판단하기 어렵다. 일기예보보다 훨씬 어려운 과제이다. 그럼에도 불구하고 사건 발생의 가능성을 확률적으로 판단해야 대비할 수 있다.

다음의 예를 살펴 보자. 알타 회사에서는 신제품을 개발하고 남녀별로 이에 대한 구매의사를 조사하였다.

[도표 4.1] 신제품 구매 의견 조사

성별 \ 의견	그렇다 (B1)	아니다 (B2)	모르겠다 (B3)	합계
남(A1)	100	200	200	500
여(A2)	300	150	50	500
합계	400	350	250	1,000

[도표 4.1]에서 확률에 관한 몇 가지 개념을 공부해 보자.

① 결합확률(joint probability): 이것은 두 사건이 동시에 일어날 확률을 말한다. 여자이면서 구매의사를 밝힌 사람의 수는 300명이고 이것을 확률로 계산하면 300/1000 = 0.3이다. 확률공식으로 보면 다음과 같다.

$$P(A2 \cap B1) = 300/1000 = 0.3$$

② 한계확률(marginal probability): 신제품에 대해 구매 의사를 표시한 사람을 확률로 계산하면 400/1000 = 0.4이다. 이 때 합계로 표시한 숫자 400 = 100 + 300으로서 남자와 여자의 숫자를 합한 것이다. 공식은 다음과 같다.

$$P(B2) = P(A1 \cap B2) + P(A2 \cap B2) = 0.10 + 0.30 = 0.40$$

확률이 변두리에 있다고 해서 한계확률이라는 이름을 붙인다.

③ 조건부 확률(conditional probability): 위의 두 확률은 일상생활 속에서 별다른 제약 없이 없을 때 발생한다. 그러나 미래를 예측하려면 어떤 가상적인 조건을 제시하는 것이 현명한 경우가 많다. 확률은 미래에 관한 것이기 때문이다. 조건부 확률은 어느 사건이 일어날 확률이 다른 연관 사건이 일어나야 하는 조건이 뒤따른다. 당신이 나에게 잘 하면 나도 당신에게 잘하겠다는 표현은 매우 조건적이다. 이 공식은 P(A\B)로 표기하며, 사건 B가 일어나는 조건 하에서 사건 A가 일어날 확률인데(the probability of A given B), 사실은 두 사건이 동시에 발생하는 개념이다. 이것을 수식으로 표현하면 다음과 같다.

$$P(A \backslash B) = \frac{P(A \cap B)}{P(B)} = \frac{\text{결합확률}}{\text{한계확률}}$$

예를 들어, 여자가 구매의사를 밝힐 확률은 P(A2∩B1) = 0.3이지만, 어떤 사람이 여자인 조건 하에서 구매의사가 있을 확률은

$$P(B1 \backslash A2) = \frac{P(B1 \cap A2)}{P(A2)} = \frac{300}{500} = 0.6$$

이 된다. 따라서 이 제품 홍보는 일반 소비자보다는 여성에 집중하는 것이 더 효과적일 수 있다고 해석된다. 조건적인 경우 "~~라면(한다면)"과 "~~일(할) 때"는 동일한 의미이다.

2. 베이즈 정리

영국의 베이즈(Bayes; 1702~1761) 학자는 관찰된 표본 자료에서 그 모집단의 특성을 파악하는 추론 방식을 연구하였다. 그는 관찰된 결과로부터 원인을 알아내려는 역순 방식으로 확률을 계산하여 의사결정 문제 해결에 기여하였다.

베이즈 정리는 조건부 확률을 확장한 개념이다. 예를 들어 알타 회사의 콜센터에 걸려오는 전체 통화 중 1%가 불만 전화라고 하자. 불만전화는 주로 제품(B1) 또는 서비스(B2)에 관한 것이다. 어느 한 통화를 선택하였을 때, 이 통화가 제품 불량일 확률이 얼마나 되는지 계산하는 방식이다. 이 회사에 걸려오는 전화 중 P(제품 관련 전화) = P(B1) = 0.80이며, P(서비스 관련 전화) = P(B2) = 0.20라고 하자. 이 두 확률을 미리 알려진 사전확률(prior probability)이라고 부른다.

그런데 이 회사의 "제품 관련" 전화 중에서 클레임이 걸리는 경우는 P(C\B1) = 0.01이다. 그리고 "서비스 관련" 전화 중 클레임 보상해 주는 경우는 P(C\B2) = 0.05이다. 만일 한 클레임 사건이 발생했다고 했을 때, 그것이 서비스에서 발생할 확률은 얼마나 되는가를 계산해 보자. 이것은 P(B2\C)를 계산하는 문제와 같다. 이 확률을 사후확률(posterior probability)이라고 부른다.

조건부 확률에 근거한 베이즈 정리는 다음과 같다.

$$P(B2 \backslash C) = \frac{P(C \cap B2)}{P(C)} = \frac{P(C \cap B2)}{P(C \cap B1) + P(C \cap B2)}$$

$$= \frac{P(B2) \backslash P(C \backslash B2)}{P(B1) \backslash P(C \backslash B1) + P(B2) \backslash P(C \backslash B2)}$$

요컨대, 베이즈 정리는 사전확률을 바탕으로 사후확률을 구하는 것이다. 따라서,

$$P(B2\backslash C) = \frac{0.2\times0.05}{0.8\times0.01 + 0.2\times0.05} = \frac{0.01}{0.018} = 0.556$$

이다. 따라서 서비스에 대해 클레임이 걸려오는 확률은 제품의 경우(0.444)보다 더 높다고 할 수 있어, 이에 대해 적절한 대책을 강구해야 할 것이다.

3. 확률분포

확률분포는 자료의 패턴을 이해하는데 쓰이는 중요한 개념이다. 확률변수의 확률 값이 일정한 패턴을 보이고, 그것을 모두 나열한 것을 확률분포라고 부른다. 이 때 모두 나열한 확률값을 합하면 표본공간에서 1이 된다. 이것을 하나의 수학적인 함수로 표현할 수 있는데 확률밀도함수(probability density function: pdf)라고 부른다.

[도표 4.2] 주요 확률분포의 종류

종류	R 함수이름	모수	함수의 인수	확률변수
정규분포	norm	μ, σ	평균, 표준편차	연속
t분포	t	df	자유도	연속
카이제곱분포	chisq	df	자유도	연속
F 분포	f	df1, df2	자유도1, 자유도2	연속
이항분포	binom	n, p	표본크기, 성공확률	이산
푸아송분포	pois	λ	평균	이산
지수분포	exp	1/λ	평균	연속

여러 분포 중에서 가장 흔하게 발견되는 것이 정규분포이다. 정규분포는 종모양의 대칭분포로서 일반 자료에 광범위하게 적용되는 분포이다. 정규분포 변수는 연속확률변수의 대표이며, 자료 분석에서 가장 중요한 개념이다.

확률변수 X가 평균 μ=100, 분산 σ^2=25인 정규분포를 하면, 간단히 X~N(100, 25)로 표기한다. 이 분포의 확률밀도함수는 다음과 같으며, 각자 실행해 보자.

```
μ <- 100; σ <- 5
f <- function(x) (1/sqrt(2*pi*σ^2)*exp(-((x-μ)/σ)^2/2))
curve(f, from=μ-3*σ, to=μ+3*σ)
plot(f, from=μ-3*σ, to=μ+3*σ)                          # 위와 동일한 그림표
```

[도표 4.3] 정규확률분포의 R함수(정규분포 예)

접두사	영어	의미
dnorm	density	밀도함수(확률) 값
pnorm	cumulative probability	누적 확률 값
qnorm	quantile	백분위수
rnorm	random number generation	난수 발생

(주) 다른 함수들도 위의 접두사를 붙여서 사용한다.

정규분포는 다음에서 설명하는 통계적 추론에 중요한 개념이다. 이 분포에 관한 자세한 내용은 다른 통계학 책을 참고하기 바란다.

제2절 신뢰구간 만들기

모집단의 통계적 추론은 표본정보를 근거로 하여 모수를 유추한다. 유추 방법에는 추정(estimation)과 가설검정(hypothesis test)이 있다. 먼저, 추정이란 관심있는 모수에 대하여 거의 아는 지식이 없는 상태에서 추정치를 얻는 방법으로서 점추정과 구간추정이 있다. 전자는 표본 평균을 구하여 모집단 평균으로 대체한다. 후자인 구간추정은 평균이 포함될 확률, 일반적으로 95%로 정한 후에 구간을 설정한다. 다음으로, 가설검정은 추정과 달리 모수의 특성에 대한 진술문(가설)을 가지고 시작하며, 모집단으로부터 추출된 표본의 통계량을 이용하여 그 가설의 채택·기각 여부를 결정한다.

먼저, 신뢰구간 추정에 대해서 설명해 보자. 신뢰구간은 구간 추정에 있어 일정한 확률 범위 내에 모수(예를 들어, 모평균)가 포함될 가능성이 있는 구간이다. 이것은 하한값과 상한값으로 표기한다. 추정치 구간에 모수가 포함될 확률을 신뢰수준(confidence level)이라 하며 $100(1-\alpha)\%$로 표기한다. 여기서 α는 오류를 범할 확률로서 100%에서 신뢰수준을 뺀 값이다. 예를 들어, 95% 신뢰수준에서 신뢰구간을 100개 만든다고 할 때에, 그 중에서 95개는 μ를 포함하리라 기대하고 나머지는 α(포함되지 않을 확률)이다.

신뢰수준은 연구목적에 따라 90% 또는 99%를 이용할 수 있으나, 95%가 가장 많이 공통적으로 쓰인다. 따라서 95% 신뢰구간의 개념과 구축 방법을 이해하는 것이 중요하다. 95% 신뢰구간은 모수가 표함될 확률이 95%이며, 오류는 α=5%라는 것을 뜻한다. 신뢰구간을 구하는 공식은 표본이 큰 경우와 작은 경우로 나누어 설명한다.

1. 대표본의 경우(n≥30)

모집단이 정규분포가 아니더라도 표본크기 $n \geq 30$이면 중심극한 정리에 의하여 정규분포로 가정할 수 있다. 대표본의 경우에는 모집단의 분포 모양에 관계없이 표본으로부터 평균($\overline{X}$)와 표준편차(S)를 구하여 신뢰구간을 만들 수 있다.

대표본의 95% 신뢰구간

$$\mu \in \overline{X} \pm Z_{\frac{\alpha}{2}} \cdot S_{\overline{x}} = \overline{X} \pm (1.96)\frac{S}{\sqrt{n}}$$

참고

90% 신뢰구간: z=1.65

99% 신뢰구간: z=2.57

알타 회사에서는 형광등을 제조하여 판매하고 있다. 제품의 진정한 평균수명 시간을 구간추정하기 위하여 50개의 형광등을 추출하였다. 조사결과 표본으로 뽑힌 형광등 50개의 평균수명은 2,000시간, 그리고 표준편차는 100시간이었다. 모평균 μ의 95% 신뢰구간을 구하라.

[풀이] X = 2,000시간, S=100, n=50 이고 $Z_{\frac{\alpha}{2}}$ = 1.96이므로

$$\mu \in 2{,}000 \pm (1.96)\ (\frac{100}{\sqrt{50}})$$

$$= 2{,}000 \perp 27.72$$

$$= [1{,}972.28,\ 2{,}027.72]$$

따라서 이 회사 형광등의 평균수명은 95% 신뢰수준에서 볼 때 1,972.28시간에서 2,027.72시간 사이에 있다고 할 수 있다.

2. 소표본의 경우(n < 30)

모분산을 모르는 상태에서 소표본의 신뢰구간 설정은 대표본의 경우와 다르다. 모집단이 정규분포이지만 그 모분산을 알 수 없으므로 표본분산 S^2을 계산하고 이것을 이용한다. 그런데 이 경우에 표본통계량 $\frac{\overline{X} - \mu}{S/\sqrt{n}}$은 자유도가 n−1인 t분포를 한다고 알려져 있다. t분포는 종모양의 대칭분포로서 자유도(degree of freedom)에 따라 모양이 결정된다. 표본이 작으면 납작해지고, 반대로 표본이 커지면서 점차 정규분포 모습에 접근한다. 자유도란 간단히 말해서 표본(n)에서 자유롭게 뽑

힐 수 있는 개수를 말하며, 마지막에 남은 것은 자동으로 정해지게 되므로 자유도가 (n − 1)이 된다. 예를 들어, 표본크기 10인 경우 자유도는 10 − 1 = 9인 셈이다.

소표본의 95% 신뢰구간

$$\mu \in X \pm t(\tfrac{\alpha}{2}, n-1) * \frac{S}{\sqrt{n}}$$

알타 통조림 제조회사는 통조림 무게를 알아보기 위하여 제조된 통조림 7개를 표본으로 임의추출하였다. 그 무게를 달아보니 다음과 같았다(단위: g).

400, 415, 418, 409, 382, 391, 406

이 회사 모집단 통조림의 무게가 정규분포로 가정된다고 할 때, μ의 95% 신뢰구간을 구하라.

[풀이] 표본추출된 통조림의 평균무게와 표준편차를 계산하면 $\overline{X}$ =403, S=12.96이다. 그리고 통계학책의 t분포표에서 $t_{(\frac{0.05}{2}, 7-1)}$ =2.447이다. 따라서 μ의 95%신뢰구간은 다음과 같다.

$$\begin{aligned}
\mu &\in X \pm t \cdot \frac{S}{\sqrt{n}} \\
&= 403 \pm (2.447)\ (\frac{12.96}{\sqrt{7}}) \\
&= 403 \pm 11.99 \\
&= [391.01, 414.99]
\end{aligned}$$

제3절 가설검정

가설검정이란 일정한 기준(임계치)에서 모수에 대한 가설을 채택할 것인가 혹은 기각할 것인가를 결정하는 절차이다. 가설은 모집단의 특성을 잠정적으로 기술한 것으로서 귀무가설과 대립가설이 있다. 귀무가설(H_0)과 연구가설(H_1)은 상반된 진술이다. 2개의 상반된 가설 중에서 어느 것을 귀무가설로 정하고 어느 것을 연구가설로 정할 것인가 하는 문제는 일반적으로 다음과 같다. 귀무가설은 현재까지 주장되어 온 것으로 정하거나 또는 현존하는 모수값에 새로운 변화 또는 효과가 존재한다는 것을 배제하거나 완화시키는 경우를 귀무가설로 정한다. 반면에, 연구자가 기존상태로부터 새로운 변화 또는 효과가 존재한다는 주장은 연구가설로 정하게 된다.

귀무가설과 연구가설을 쉽게 이해하려면 범죄 용의자를 체포하여 재판하는 경우를 생각해 보면 된다. 비록 그 피의자가 죄를 지었다는 심증이 가더라도 법정에서 선고공판이 있기까지는 우선 무죄로 추정한다. 따라서 귀무가설은 "당신은 무죄다"라고 세우게 된다. 한편, 재판부의 검사는 이 귀무가설을 반증하기 위하여 가능한 한 최대로 증거를 수집, 분석한 후에 연구가설로서 "당신은 유죄다"라고 할 것이다.

가설검정 절차는 가설을 설정함으로써 시작된다. 그런데 가설 세우기는 연구자의 관심 내용에 따라 달라진다. 통조림 회사의 예를 들어 연구자가 통조림의 무게가 정확하게 400g인지 여부를 알고 싶어 한다면, 양측검정을 실시하게 된다. 그러나 평균무게에 변화가 있어 무게의 증감 방향을 밝히고 싶다면, 단측검정을 실시한다. 무게가 감소한다는 심증이 있다면 왼쪽꼬리검정, 반대로 증가하다고 생각하면 오른쪽꼬리검정을 실시한다. 연구자 자신의 연구관점에서 보아 세 가지 종류의 가설검정에서 적절한 한 방법을 채택하여 실시해야 한다. 여기서는 주로 양측검정을 다루기로 한다.

가설검정 순서는 엄격한 절차에 따라 수행한다.

가설검정의 순서

① 귀무가설(H_0)와 연구가설(H_1)설정
② 유의수준(α)과 임계치 결정
③ H_0의 채택영역과 기각영역의 결정
④ 통계량의 계산
⑤ 통계량과 임계치의 비교 및 결론

여기서는 양측검정을 실시한 과정을 서술한다.

우유 자동판매기의 우유용량이 150ml가 되도록 설계되어 있다고 하자. 이 자판기 주인은 기계에서 나오는 우유용량이 기준치와 다르다고 믿고 있다. 이를 조사하기 위해 8개의 컵을 표본추출하였다. 조사결과는 다음과 같다.

160, 153, 150, 160, 141, 155, 147, 150

위의 자료를 이용하여 $\alpha = 0.05$에서 자판기의 우유용량을 150ml라고 할 수 있는지 검정하여 보자.

[풀이] 검정하기에 앞서 먼저 평균과 표준편차를 구해 보자.

$$\bar{X} = \frac{1}{8}(160 + 153 + \cdots 150) = 152$$

$$S^2 = \frac{1}{8-1}\{(160-152)^2 + (153-152)^2 + \cdots + (150-152)^2\} = 41.71$$

$$S = \sqrt{41.71} = 6.46$$

t통계량은 자유도 $8 - 1 = 7$인 t분포를 한다(표본수 $n < 30$인 경우). 이제 검정의 절차를 보면 다음과 같다.

① $H_0 : \mu = 150$

$H_1 : \mu \neq 150$

② $\alpha = 0.05$, 양측검정, $t_{(\frac{0.05}{2},\, 8-1)} = 2.365$

③ $-2.365 \leq t \leq 2.365$이면 H_0 채택

$t < -2.365$ 또는 $t > 2.365$이면 H_0 기각

④ $t = \dfrac{152 - 150}{6.46/\sqrt{8}} = 0.88$

⑤ $-2.365 \leq t \leq 2.365$ 이므로 H_0 채택한다. 그러므로 $\alpha = 0.05$에서 자판기의 우유용량을 150ml 라고 할 수 있다.

위의 문제를 95% 신뢰구간을 이용하여 가설검정을 실시하여 보자.

$$
\begin{aligned}
\mu \quad &\in \overline{X} \pm t_{(\frac{\alpha}{2}, n-1)} \frac{S}{\sqrt{n}} \\
&= 152 \pm (2.365) \frac{6.46}{\sqrt{8}} \\
&= 152 \pm 5.4 \\
&= [146.6, 157.4]
\end{aligned}
$$

귀무가설의 $\mu = 150$이 이 신뢰구간 안에 있으므로 H_0을 채택하게 된다.

연습문제

표본크기 n=36, 평균과 표준편차가 동일하다고 가정하고, $\alpha = 0.05$에서 검정해 보자(z=1.96).

제4절 R의 가설검정

1. 단일 집단의 경우

위의 우유 자판기 자료를 이용해서 R 가설검정을 실시해 보자.

```
> milk <- c(160, 153, 150, 160, 141, 155, 147, 150)
> length(milk)                                          # 표본 수(n)
[1] 8
> class(milk)
[1] "numeric"
> mean (milk)
[1] 152
> sum(milk)
[1] 1216
> sum(milk)/length(milk)                                # 평균계산
[1] 152
> mean(milk, na.rm=TRUE)                                # NA 제거 후 평균
[1] 152
> mean(milk, trim = 0.1)        # 자료의 10%를 제거한 후 평균 (극단값 제거), 여기서는 영향이 없음.
[1] 152
> var(milk)
[1] 41.71429
> sum((milk-mean(milk))**2)/(length(milk)-1)            # 분산 공식 이용
[1] 41.71429
> sd(milk)
[1] 6.45866
> sdm <- sqrt(var(milk))                                # 표준편차 공식 이용
> sdm
[1] 6.45866
> sd(milk) == sdm
[1] TRUE
> sem <- sdm/sqrt(length(milk))                         # 표준오차 계산
> sem
[1] 2.283481
> round(sem, 2)                      # 소수점 둘째자리까지(셋째자리에서 반올림)
[1] 2.28
```

```
> summary (milk)
   Min.   1st Qu.   Median    Mean    3rd Qu.    Max.
  141.0    149.2    151.5    152.0     156.2    160.0
```

```
> boxplot(milk)
```

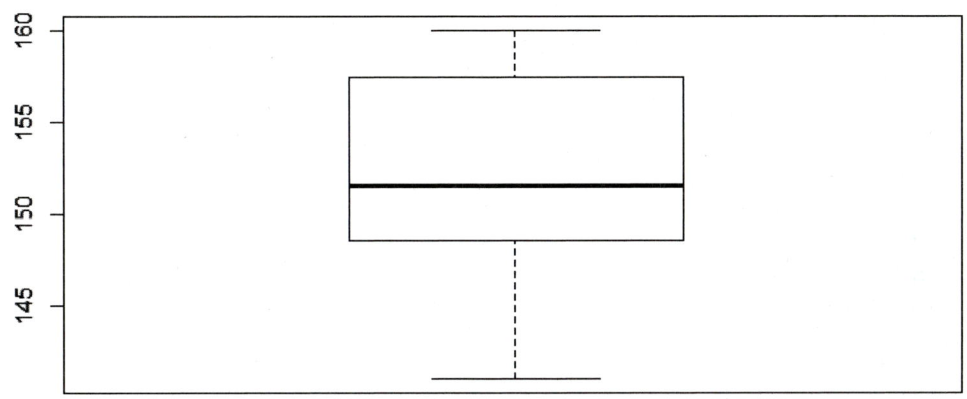


```
> t.test (milk, mu=150)

    One Sample t-test

data: milk
t = 0.87586, df = 7, p-value = 0.4102
alternative hypothesis: true mean is not equal to 150
95 percent confidence interval:
 146.6004 157.3996
sample estimates:
mean of x
      152
```

우리는 위 결과 분석에서 p-value = 0.41을 눈여겨 볼 필요가 있다. 이것은 유의확률(significance probability)이라고 하며, 귀무가설이 참이라는 전제 하에서 연구자가 구한 표본 통계량의 값이 실제로 발생할 가능성을 나타낸다. 이 값이 0에 가까울수록 발생 가능성이 작고, 1에 가까울수록 발생 가능성이 크다. 다시 말해서,

$p \geq 0.05$ 이면 귀무가설 채택

$p < 0.05$ 이면 귀무가설 기각

여기서는 0.41이므로 귀무가설을 채택한다. 따라서 유의수준 $\alpha = 0.05$에서 우유의 평균 용량은 150이라고 할 수 있다. 그리고 신뢰구간을 보면, 가설 목표치(target value)인 150이 포함되므로 귀무가설을 채택을 지지한다.

참고

유의수준(significance level)은 제1종 오류(올바른 가설을 기각시킴)를 범할 확률의 최대치를 뜻한다. 사회과학에서는 일반적으로 유의수준 α=0 .05로 설정한다.

2. 두 집단의 평균 차이에 대한 가설 검정

두 모집단의 비교는 매우 홍미있는 주제이다. 평균을 비교함으로써 어느 쪽이 더 우월한가를 알 수 있다. 예를 들어, 두 치맥 가게의 서비스를 비교하기 위해 고객주문에 응대하는 시간을 조사한다고 하자.

두 치맥가게의 평균 응대시간을 비교하기 위해서 6회에 결쳐 자료를 수집하였다(단위: 분).

갑 치맥: 40, 40, 30, 50, 40, 40

을 치맥: 30, 30, 30, 40, 20, 30

두 가게의 응대시간이 같은지 여부를 $\alpha = 0.05$에서 검정하라.

```
> gab <- c(40,40,30,50,40,40)
> eul <- c(30,30,30,40,20,30)
> mean (gab)
[1] 40
> sd (gab)
[1] 6.324555
> mean (eul)
[1] 30
> sd (eul)
[1] 6.324555
> t.test (gab, eul, var.equal = TRUE, alternative = 'two.sided')
```

[풀이] 먼저 귀무가설과 연구가설을 세워보자.

$$H_0 : \mu_1 = \mu_2 \ (\mu_1 - \mu_2 = 0)$$
$$H_1 : \mu_1 \neq \mu_2 \ (\mu_1 - \mu_2 \neq 0)$$

```
Two Sample t-test

data: gab and eul
t = 2.7386, df = 10, p-value = 0.02088
alternative hypothesis: true difference in means is not equal to 0
95 percent confidence interval:
  1.863987  18.136013
sample estimates:
mean of x mean of y
       40        30
```

(주) 왼쪽꼬리검정: alternative= 'less'; 오른쪽꼬리검정: alternative = 'greater'

가설검정 이전에 평균을 구하면 갑=40(분), 을=30(분)이며 10분이라는 큰 차이가 있는 것으로 보인다.

$p = 0.02 < 0.05$ 이므로 귀무가설을 기각하고 $\alpha = 0.05$에서 두 평균은 유의한 차이를 보인다고 할 수 있다. 을의 서비스가 갑보다 훨씬 우수한 것이다. 그리고 두 평균 차이의 신뢰구간을 보면,

$$1.86 < \mu_1 - \mu_2 < 18.34$$

이므로, 0을 포함하고 있지 않다. 따라서 귀무가설 (H_0: $\mu_1 - \mu_2 = 0$) 기각을 합리화시킨다.

R 생각

지금까지 자료들은 임의적으로 얻어진 것으로 보인다. 그러나 실제 세계에서는 무작위로 자료가 주어지며, 어떤 확률법칙에 의하여 자료가 발생한다. 이를 알기 위해서는 확률분포의 이해가 필요한 것이다. 특히 사회과학 자료 대부분이 정규분포를 따른다고 간주하면 된다. 자료 분석의 최종 종착역은 모수를 파악하는 일이다. 작은 표본 자료의 분석 방법, 즉 추론을 이해하는 것은 빅데이터 분석의 첫걸음이다.

CHAPTER 05
분산-공분산행렬

제1절 평균과 분산

데이터세트는 크게 두 가지 특성을 갖는다. 어느 한 곳에 가장 많이 몰려있는가와 어느 정도 넓게 산포되어 있는가를 나타낸다. 전자는 평균으로 후자는 분산(또는 표준편차)으로 나타낸다.

기초개념이지만 평균에 대해 알아보자. 이것은 자료의 중심위치를 알려주는 데에 가장 많이 사용되는 추정량이다. 표본의 평균(mean)을 구하는 공식은 다음과 같다.[1]

표본 평균

$$\overline{X} = \frac{1}{n}(X_1 + X_2 + \cdots + X_n) = \frac{1}{n}\sum X_i$$

(주) 표본평균은 X-bar라고 읽는다.

---

1 모집단평균은 μ[mju:]라고 읽으며, 표본 평균과 동일한 방식으로 계산한다. 통계학에서는 모집단과 표본의 특성을 나타내는 부호 사용에 유의하기 바란다.

잘 아는 바와 같이 평균은 관찰치를 모두 합한 후 개체 수로 나눈 값이다. 이러한 계산은 평균의 의미 해석에서 가끔 혼란을 일으킨다. 일반적으로(정규분포적으로) 평균의 의미는 자료에서 가장 흔하게 발견되는 즉, 빈도수가 가장 높은 값이라고 생각하면 된다. 어떻게 보면 평균은 최빈값과 같은 동일한 특성을 갖고 있는 셈이다. 예를 들어 반평균이 80점이라고 하면 그 점수대에 사람이 많이 몰려있다는 의미 정도이다.

다음으로 분산(variance) 또는 표준편차(standard deviation)는 산포(흩어짐)의 정도를 나타내는 중요한 개념이다. 표본 n개의 관찰치를 가지는 평균을 $\overline{X}$라고 할 때, 분산 S^2과 표준편차 S를 구하는 공식은 다음과 같다.[2]

표본의 분산

$$S^2 = \frac{1}{n-1}\sum(X_i - \overline{X})^2$$

표본의 표준편차

$$S = \sqrt{\frac{1}{n-1}\sum(X_i - \overline{X})^2}$$

위의 공식에서 보는 바와 같이 표본의 분산이나 표준편차를 구하는 경우에는 편차제곱의 합을 n이 아니라 n−1로 나눈다는 사실에 유의하기 바란다. 그 이유는 전자보다는 후자의 방식으로 계산한 결과가 모집단의 분산을 더 가깝게 추정된다는 통계학적 이론에서 나왔다. 일명 자유도(degrees of freedom)라고 부른다. 이에 대한 증명은 일반 통계학 교재를 참고하기 바란다. 표본이 큰 경우에는 n이나 n−1은 별 차이가 없으나, 작은 표본($n < 30$)에서는 차이가 있으므로 유의해야 한다.

이 분산 계산 공식을 "the second moment-generating function"이라고 부른다. 평균이 "the first moment"이기 때문이다. 분산 계산은 알기 쉽다. 편차 제곱의 합을 평균적으로 본 것이다. 즉, 분산은 평균적인 제곱거리의 개념이다. 그리고 표준편차는 단순히 분산의 제곱근이다. 분산을 계산하기 위해서 편차를 제곱하는 것은 그 값을 모두 양수로 가지기 위함이다. 분산이 0에 가까울수

2 모집단 분산은 σ^2 표준편차는 σ로 표기하며 편차제곱의 합을 모집단 수(N)로 나눈다.

록 자료는 평균치에 가깝게 있다는 것을 나타내며, 다시 말해서 자료의 변동이 작다는 것을 의미한다.

그런데 모집단 평균과 분산은 모수(parameter)이므로 변함이 없다. 왜냐하면 모수는 모집단의 특성치로서 조사대상 전체를 상대로 하기 때문이다. 그리고 표본 평균과 분산은 표본추출마다 그 값이 달라진다. 그래서 평균의 표본분포(sampling distribution of means)를 이해하는 것이 중요하다(일반 통계학 교재를 참고).

다음은 A, B 치맥가게의 최근 고객주문 배달에 관한 표본자료(단위: 분)이다.

A 가게: 28, 30, 32, 28, 32

B 가게: 30, 40, 20, 40, 20

두 가게의 평균과 표준편차를 비교하고, 어느 가게의 서비스응대가 더 좋은가를 판단하라.

[풀이] 두 가게의 평균은 30분으로 동일하다. 그리고 표준편차를 계산하기 위해 편차 제곱의 합을 (n−1)로 나눈 값에 제곱근을 구하면 다음과 같다.

$S_A = 2$

$S_B = 10$

평균값으로 서비스응대의 품질을 비교하는 것은 초보적인 발상이다. 표준편차를 이용하여, 자료 변동이 적은 A 가게가 더 우수하다고 말하는 것이 올바른 분석이다. 표준편차는 품질관리의 중요한 개념이다. 그리고 A 가게의 모집단 자료 범위와 평균의 95% 신뢰구간을 보면 다음과 같다(정규분포 가정).

모집단 자료 범위 = $\overline{X} \pm 3S = [30 \pm 3(2)] = [24, 36]$

평균의 95% 신뢰구간 = $\overline{X} \pm 2S = [30 \pm 2(2)] = [26, 34]$[3]

각자 B 가게의 경우를 계산하고 A와 비교해 보기 바란다.

---

3 정규분포에서 정확하게 1.96이다. 따라서 30 ± 1.96(2)이다. 그렇지만 2도 사용 가능하다.

제2절 평균벡터와 분산-공분산행렬

지금까지 단일 변수에 대한 통계량을 구해 보았다. 변수가 여러 개(다변량)인 경우를 생각해 보자. 여기서는 서로 간에 "관계"가 발생한다. 이 관계를 선형적이라고 가정하면 정비례, 반비례, 무비례로 설명이 가능하다. 공분산(covariance)은 두 변수 간의 이러한 관계를 설명해 준다. 예를 들어 키와 몸무게 간의 관계는 비례적이라고 할 수 있다. 키가 클수록 몸무게는 더 무거워지고, 그 역도 성립한다.

분산과 마찬가지로 공분산도 자료가 평균으로부터 얼마나 떨어져 있는지를 나타낸다. 공분산은 평균 위치와 관찰치 위치를 연결하는 사각형의 면적 개념이다. 그러나 공분산의 경우에는 자료의

[도표 5.1] 공분산의 개념

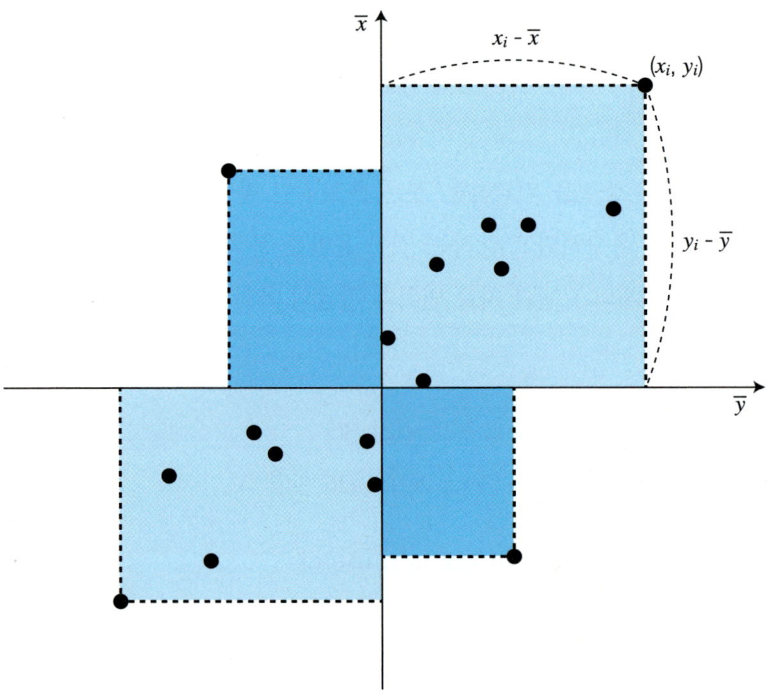

위치에 따라 이 값의 부호가 달라진다. 데이터가 1사분면이나 3사분면에 있는 경우에는 양수가 되고 데이터가 2사분면이나 4사분면에 있는 경우에는 음수가 된다. 따라서 공분산의 부호는 편차의 부호에 따라 두 변수가 동일하게 + 혹은 −를 가지면 양수, 반대 부호를 가지면 음수를 갖는다. 이것은 변수의 관계를 나타내기 때문에 [도표 5.1]의 그림을 흥미있게 살펴 볼 수 있다.

공분산은 두 변수 간의 관계를 설명하므로, 수학적으로 두 변수의 편차를 마주 곱하고 합한 후에 자유도(n−1)로 나눈다. 다음 표본 자료에서 키와 몸무게의 분산 및 공분산을 구해 보자.

	사원1	사원2	사원3	사원4	사원5
키	180	165	175	169	171
몸무게	80	55	60	66	69

$$\text{키의 분산: } S_{11} = 33$$

$$\text{몸무게의 분산: } S_{22} = 90.5$$

$$\text{키와 몸무게의 공분산: } S_{12} = \frac{1}{5-1}\{(180 - 172)(80 - 66) + \cdots + (171 - 172)(69 - 66)\} = 42$$

공분산이 양수라는 것은 두 변수 간의 관계가 양의 관계, 다시 말해서 정비례적인 관계에 있다는 것을 시사한다. 그러나 얼마나 더 강한가는 보여주지 못하고 척도에 따라 값이 달라지므로 해석 시 주의를 요한다.

상관계수 개념은 이 문제를 잘 해결해 준다. 상관계수 r은 공분산을 각각의 표준편차로 나눈 값이다. 따라서

$$r = \frac{S_{12}}{\sqrt{S_{11}}\sqrt{S_{22}}} = \frac{42}{\sqrt{33}\sqrt{90.5}} = 0.77$$

이며, 두 변수 간의 관계는 매우 강하다고 해석한다.[4] 상관계수는 어떤 값(공분산)을 표준편차로

---

4 상관계수의 해석:

1.0~0.7 (−1.0~−0.7)의 경우 : 매우 강한 관계
0.7~0.4 (−0.7~−0.4)의 경우 : 상당한 관계
0.4~0.2 (−0.4~−0.2)의 경우 : 약간의 관계
0.2~0.0 (−0.2~−0.0)의 경우 : 관계가 없음

나눈 값이므로 표준화된 값이 되고 척도에 관계없이 사용이 가능하다. 이것을 "표준화된 공분산"이라고 부른다. 상관계수는 해석이 쉽고, 계산도 복잡하지 않으므로 강력한 분석 도구가 된다.

다음으로, 평균과 분산 및 공분산을 이용하여 평균 벡터와 분산-공분산행렬(약칭 공분산행렬이라고 함)을 표기하면 다음과 같다.

$$\text{평균벡터: } V = \begin{bmatrix} \overline{X}_1 \\ \overline{X}_2 \end{bmatrix} = \begin{bmatrix} 172 \\ 66 \end{bmatrix}$$

$$\text{공분산행렬: } S = \begin{bmatrix} S_{11} & S_{12} \\ S_{21} & S_{22} \end{bmatrix} = \begin{bmatrix} 33 & 42 \\ 42 & 90.5 \end{bmatrix}$$

통계분석은 평균벡터보다는 공분산행렬에 더 집중해야 함을 잊지 말기 바란다. 추가로 상관행렬을 구하면 다음과 같다.

$$\text{상관행렬: } R = \begin{bmatrix} 1 & r \\ r & 1 \end{bmatrix} = \begin{bmatrix} 1 & 0.77 \\ 0.77 & 1 \end{bmatrix}$$

두 행렬은 모두 대칭행렬이다.

제3절 행렬의 재검토

행렬은 숫자나 문자의 정돈된 사각형 배열을 말한다. 행렬 A는 다음과 같이 표시하기도 한다.

$A = [a_{ij}]$ (i = 1, 2, ⋯ p; j = 1, 2, 3, ⋯, n)

행렬 A는 p개의 행(row)과 n개의 열(column)을 가지고 있어 (pxn) 행렬이라고 부른다(여기서 x는 by로 읽음). 행렬에 관한 여러 개념을 간단히 알아보자.

① 전치행렬(transpose matrix): 행렬 A의 행을 열로 열을 행으로 바꾼 행렬이다. A′(A 프라임) 또는 A^T로 표기한다.

$$S = \begin{bmatrix} 3 & 2 \\ 4 & 9 \end{bmatrix}, \quad S' = \begin{bmatrix} 3 & 4 \\ 2 & 9 \end{bmatrix}$$

② 대칭행렬(symmetric matrix): 정방행렬(square matrix)이면서 모든 ij에 대해 $a_{ij} = a_{ji}$이다. 공분산행렬은 대칭행렬이라서 전치행렬이 원래행렬과 동일하다.

③ 항등행렬(identity matrix): 정방행렬로서 대각선 원소는 모두 1이고, 나머지 원소는 0이다. 이 행렬은 실수 1의 개념이며 행렬의 차원 확장을 위해 사용되기도 한다. 이 행렬은 I로 표기한다. 단위행렬(unit matrix)이라고도 한다.

④ 역행렬(inverse matrix): 두 행렬 A, B가 있어 AB = BA = I일 때, B는 A의 역행렬이라고 부르고 B= A^{-1}로 표기한다. 실수에서 역수 개념이다.

$S = \begin{bmatrix} 33 & 42 \\ 42 & 90.5 \end{bmatrix}$에서 역행렬 S-1를 구해 보자. (2x2) 행렬에서 계산해 보면,

$$S^{-1} = \frac{1}{33*90.5 - 42*42}\begin{bmatrix} 90.5 & -42 \\ -42 & 33 \end{bmatrix} = \begin{bmatrix} 0.074 & -0.034 \\ -0.034 & 0.027 \end{bmatrix}$$

일반적으로 (2x2) 대칭행렬에서 역행렬을 구하려면 대각선 원소들의 자리를 맞바꾸고 비대각선원소들에 음수부호를 붙인다. 그리고 모든 원소들을 행렬식[5]으로 나누어주면 된다.[6]

역행렬 여부를 검산하고 싶으면 두 행렬을 곱해 본다.

$$SS^{-1} = \begin{bmatrix} 33 & 42 \\ 42 & 90.5 \end{bmatrix} \begin{bmatrix} 0.074 & -0.034 \\ -0.034 & 0.027 \end{bmatrix} = \begin{bmatrix} 1 & 0 \\ 0 & 1 \end{bmatrix}$$

$a_{11} = 33\times(0.074) + 42\times(-0.034) \fallingdotseq 1$

$a_{12} = 33\times(-0.034) + 42\times(0.027) \fallingdotseq 0$

$a_{21} = 42\times(0.074) + 90.5\times(-0.034) \fallingdotseq 0$

$a_{22} = 42\times(-0.034) + 90.5\times(0.027) \fallingdotseq 1$

⑤ 행렬식(determinant): 정방행렬이 갖는 고유한 스칼라(scalar) 값을 의미한다. 앞의 공분산행렬에서 계산한 "33×90.5 − 42×42 = 1222.5"이며, 이것은 마주보는 대각선 원소들을 곱한 후에 뺀 값이다. 행렬식은 |A|로 표기하며, 이것은 일반적으로 행렬의 두 벡터 $\begin{bmatrix} 33 \\ 42 \end{bmatrix} \begin{bmatrix} 42 \\ 90.5 \end{bmatrix}$가 이루는 평행사변형의 면적과 동일한 개념이다. 행렬식은 수식이 아니라 특정값이다.

5 행렬식은 다음에서 설명한다.

6 정식으로 역행렬을 구하려면 "여인수"를 공부하면 된다.

제4절 고유치와 고유벡터

공분산행렬이나 상관행렬은 관찰치의 수에 관계없이 변수의 차원으로 축소되는 멋진 구조를 보여준다. 예를 들어, 백만명의 개체를 두 변수로 정리하면 2x2 행렬로 요약된다. 여기서 행렬의 특성인 고유치와 고유벡터에 대해 알아보기로 한다.

고유치(characterisitc root 또는 eigenvalue)란 정방행렬 A(nxn)가 있어, 상수 λ(lambda)에 대해 다음 방정식의 해를 구했을 때, 그 해를 행렬 A의 고유치라고 부른다.

$$|A - \lambda * I| = 0$$

여기서 | | 부호는 절댓값이 아니고 행렬식(determinant)을 나타내며, 행렬 I는 항등행렬(identity matrix)이다.

행렬 $A = \begin{bmatrix} 3 & 2 \\ 1 & 4 \end{bmatrix}$의 고유치를 구해 보자.

$$|A - \lambda * I| = \left| \begin{bmatrix} 3 & 2 \\ 1 & 4 \end{bmatrix} - \lambda \begin{bmatrix} 1 & 0 \\ 0 & 1 \end{bmatrix} \right| = \begin{vmatrix} 3-\lambda & 2 \\ 1 & 4-\lambda \end{vmatrix} = 0$$

$$(3 - \lambda)(4 - \lambda) - 1*2 = 0$$

$$\lambda^2 - 7\lambda + 10 = 0$$

$$(\lambda - 5)(\lambda - 2) = 0$$

따라서 행렬 A의 고유치 $\lambda_1=5$, $\lambda_2=2$이다. 만일 인수분해가 안 되면 근의 공식을 이용한다.

고유치는 다음의 특성을 가지고 있다.

① 고유치를 서로 곱하면 행렬식의 값과 같다. 여기서는 10을 보여준다.

② 고유치를 모두 합하면 행렬 A의 대각선 원소를 합한 것과 같다. 여기서는 3+4=7이다. 이것은 tr(A)로 나타내며(trace), 공분산행렬에서는 총분산이라고 부른다.[7]

③ 대각행렬(대각선 원소가 실수(實數)이고 나머지 원소는 모두 0인 행렬)의 고유치는 대각선 원소와 같다.

④ 행렬 A의 고유치가 양수이면 역행렬의 고유치는 역수($\frac{1}{\lambda}$)이다.

⑤ 실수대칭행렬의 고유치는 실수이다.

다음으로 고유벡터에 대해 알아보자. 고유벡터(characteristic vector 또는 eigenvector)란 정방행렬 A와 각 고유치가 있어, 다음 방정식을 만족시키는 벡터를 뜻한다. 단, 고유벡터는 영벡터가 될 수 없다.

$$(A - \lambda^* I)V = 0 \quad \text{또는} \quad AV = \lambda V$$

앞에서 행렬 $A = \begin{bmatrix} 3 & 2 \\ 1 & 4 \end{bmatrix}$의 고유치는 각각 5, 2임을 알았다. 먼저 λ_1=5의 고유벡터를 구해 보자.

$$\begin{bmatrix} 3 & 2 \\ 1 & 4 \end{bmatrix}\begin{bmatrix} x_1 \\ x_2 \end{bmatrix} = 5\begin{bmatrix} x_1 \\ x_2 \end{bmatrix}$$

이 식을 정리하면,

$$3x_1 + 2x_2 = 5x_1$$
$$1x_1 + 4x_2 = 5x_2$$

이고, 두 방정식을 풀면 $x_1=x_2$, x_2=임의의 수이다. 그러므로 λ_1=5의 고유벡터는

$$V_1 = \begin{bmatrix} x_1 \\ x_2 \end{bmatrix} = \begin{bmatrix} x_2 \\ x_2 \end{bmatrix} = x_2\begin{bmatrix} 1 \\ 1 \end{bmatrix}$$

이다. x_2에 임의의 숫자 1을 선택하면 고유벡터 $V_1 = \begin{bmatrix} 1 \\ 1 \end{bmatrix}$를 구할 수 있다. 동일한 방식으로 고유치 λ_2=2에 대해 고유벡터를 구하면, $V_2 = \begin{bmatrix} -2 \\ 1 \end{bmatrix}$이 된다.

---

7 $tr(A) = \sum_{i=1}^{n} a_{ij} \quad (i = j)$

사실 고유벡터는 고유한 값을 갖지 않는다. 이에 대한 적절한 조치로서 벡터의 길이가 1이 되게 한다. 이를 벡터의 정규화(normalize)한다고 말한다. 정규화된 고유벡터는 다음과 같이 구한다.

$$nV1 = \begin{bmatrix} \frac{1}{\sqrt{1^2+1^2}} \\ \frac{1}{\sqrt{1^2+1^2}} \end{bmatrix} = \begin{bmatrix} \frac{1}{\sqrt{2}} \\ \frac{1}{\sqrt{2}} \end{bmatrix} = \begin{bmatrix} 0.707 \\ 0.707 \end{bmatrix}$$

$$nV2 = \begin{bmatrix} \frac{-2}{\sqrt{(-2)^2+1^2}} \\ \frac{1}{\sqrt{(-2)^2+1^2}} \end{bmatrix} = \begin{bmatrix} \frac{-2}{\sqrt{5}} \\ \frac{1}{\sqrt{5}} \end{bmatrix} = \begin{bmatrix} -0.894 \\ 0.447 \end{bmatrix}$$

고유벡터의 특성을 알아보자. 행렬 A를 공분산행렬로 염두에 둔다면 이것이 대칭행렬임을 알게 된다. 대칭행렬 $A = \begin{bmatrix} 2 & 2 \\ 2 & 5 \end{bmatrix}$가 있을 때, 고유치 λ_1=6, λ_2=1 이며, 고유벡터는 $V_1 = \begin{bmatrix} \frac{1}{\sqrt{5}} \\ \frac{2}{\sqrt{5}} \end{bmatrix}$, $V_2 = \begin{bmatrix} \frac{-2}{\sqrt{5}} \\ \frac{1}{\sqrt{5}} \end{bmatrix}$ 가 된다. 이 V_1을 전치시킨 후에 V_2를 곱하면

$$V_1^T * V_2 = 0$$

이므로 두 벡터는 직교한다. 이 두 벡터를 한꺼번에 모아 행렬로 표기하면 직교행렬(orthogonal matrix)이라고 부른다.

지금까지 설명한 공분산행렬 S에 대한 내용을 R에서 구현해 보자.

```
> ht <- c(180, 165, 175, 169, 171)
> wt <- c(80, 55, 60, 66, 69)
> df <- data.frame(ht, wt)
> (S <- cov(df))                                          # 공분산행렬
        ht          wt
ht      33        42.0
wt      42        90.5
> cor(df)                                                 # 상관행렬
        ht          wt
ht   1.0000000   0.7685428
wt   0.7685428   1.0000000
```

```
> t(S)                                                    # 전치행렬
        ht          wt
ht      33          42.0
wt      42          90.5
> det(S)                                                  # 행렬식
[1] 1222.5
> (S_inv <- solve(S))                                     # 역행렬
        ht          wt
ht  0.07402863  -0.03435583
wt -0.03435583   0.02699387
> round(S%*%S_inv, 2)                     # 두 행렬의 곱셈: 역행렬 확인
        ht          wt
ht       1           0
wt       0           1

> diag(S)                                                 # 대각선 원소
        ht          wt
      33.0        90.5
> sum(diag(S))                            # 대각선 원소 합; tr(S)와 동일
[1] 123.5

> (S_eigen <- eigen(S))                                 # 고유치와 고유벡터
eigen() decomposition
$values
[1]  112.64757  10.85243

$vectors
          [,1]        [,2]
[1,] 0.4664440  -0.8845507
[2,] 0.8845507   0.4664440

> sum(S_eigen$values)                          # 고유치의 합, tr(s)와 동일
[1] 123.5
> t(S_eigen$vectors[,1]) %*% S_eigen$vectors[,1]   # 첫 번째 벡터의 정규화 증명
      [,1]
[1,]     1
> t(S_eigen$vectors[,2]) %*% S_eigen$vectors[,2]   # 두번째 벡터의 정규화 증명
      [,1]
[1,]     1
> t(S_eigen$vectors[,1]) %*% S_eigen$vectors[,2]             # 두 벡터는 직교
      [,1]
[1,]     0
```

제5절 라그랑지 승수법

라그랑지 승수법(method of Lagrange multiplier)은 높은 수준의 수학에서 유용한 개념이다. 이것은 등호를 갖는 제약조건 하에서 목적함수의 최적해를 구하는 방법이다. 여기서는 다음 예제를 통하여 직접 이해하도록 하자.

극소화: $f(x_1, x_2) = 4x_1^2 + 3x_2^2 - x_1x_2$

제약조건: $x_1 + 2x_2 = 21$

함수 $f(x_1, x_2)$의 최소치를 구하라.

[1단계] 목적함수와 제약조건식을 하나의 라그랑지 함수 L로 변형한다. 여기서 라그랑지 승수 λ를 도입한다.

$$L(x_1, x_2, \lambda) = 4x_1^2 + 3x_2^2 - x_1x_2 - \lambda(x_1 + 2x_2 - 21)$$

[2단계] 이 함수의 1차 편도함수(偏導函數)를 구해서 0으로 놓는다.[8] 편도함수는 다변수 함수에서 한 변수의 변화에 대한 변화율이다. 해당 변수를 제외한 다른 모든 변수들은 상수로 취급된다. 예를 들어 함수 $f=4x^2y+5$에서 x에 대한 편도함수는 $f_x=8xy$, 그리고 y에 대한 편도함수는 $f_y=4x^2$이다. 따라서

$$L_{x1} = 8x_1 - x_2 - \lambda = 0$$

$$L_{x2} = 6x_2 - x_1 - 2\lambda = 0$$

$$L_\lambda = x_1 + 2x_2 - 21 = 0$$

세 방정식을 풀면 다음과 같이 해를 구할 수 있다.

8 미분계수가 0이라는 것은 기울기가 0임을 의미하므로 함수에서 국부적으로 최고점 또는 최저점을 나타낸다.

$x_1 = 4$

$x_2 = 8.5$

$\lambda = 23.5$

그런데 $\lambda = 23.5$를 갖는 라그랑지 함수가 $x_1 = 4$, $x_2 = 8.5$에서 국부적인 최소치(극솟값)를 갖는지 확인해야 한다.

[3단계] 2차 편도함수를 구해서 다음의 조건을 만족시키면 극솟값을 갖는다고 판정을 내릴 수 있다.

$L_{x1x1} = 8 > 0$, $L_{x2x2} = 6 > 0$, $L_{x1x2} = -1$이며
$(L_{x1x1})(L_{x2x2}) - (L_{x1x2})^2 = 8*6 - (-1)^2 = 47 > 0$

이므로, 라그랑지 함수는 극솟값을 갖는다. 만일 라그랑지 함수가 극댓값을 가지려면 $L_{x1x1} < 0$, $L_{x2x2} < 0$ 이어야 한다. 두 조건의 부호가 서로 다른 경우에는 극소 또는 극대를 결정할 수 없다.

[4단계] 목적함수의 극솟값을 구한다.

$f(x1, x2) = 4(4)^2 + 3(8.5)^2 - 4*8.5 = 246.75$

행렬 대수의 선형결합, 2차형식, 미적분 등에 대해 추가로 공부할 것을 권고한다.

PART 2

R 지도학습

CHAPTER 06
머신러닝의 이해

제1절 머신러닝의 개념

21세기에 들어와 인간처럼 보고, 듣고, 말하고, 생각하고, 행동하는 인공지능은 괄목할만한 수준으로 성장하고 있다. 2016년 서울에서 열린 알파고와 이세돌의 바둑 대결 결과는 세인들에게 큰 충격을 주었다. 불과 3년의 학습으로 30년 이상 수련한 최고수를 4승1패로 꺾었던 것이다. 바둑은 경우의 수가 체스보다 구골(Googol, 10의 100제곱) 이상 많은 것으로 알려졌다. 제1기 알파고는 10만여 개 바둑 기보(棋譜)를 학습하였다. 3년 동안 24시간 365일 현존하는 모든 바둑 기보를 학습하고 분석해서 자신의 지식으로 만들었다. 특정 상황에서 어떻게 대응하는지 프로기사들의 전략적 행동 패턴을 학습한 뒤 최적의 수를 찾았다. 이뿐 아니라 알파고 프로그램끼리 서로 대국 승리한 판수에 가중치를 부여하였다.

그러다가 알파고 2.0은 기보 없이 스스로 바둑을 학습하기 시작하였다. 수많은 경우의 수를 입력하는 대신 바둑을 스스로 배우는 딥러닝 과정을 통해 정확성이 높아졌다는 평가를 받았다. 딥러닝은 머신러닝(기계학습)의 하나로 비지도학습을 통해 컴퓨터가 스스로 패턴을 찾고 학습하고 판

[도표 6.1] 인공지능, 머신러닝 그리고 딥러닝

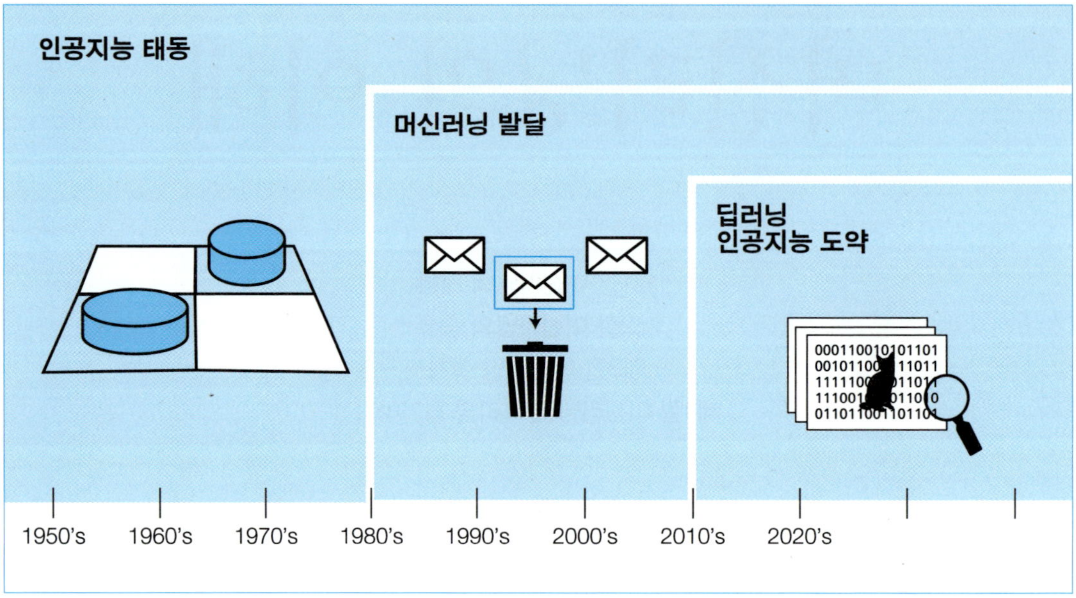

출처: https://blogs.nvidia.com

단하는 알고리즘을 가지고 있다. 인간이 별도의 기준을 정해 주지 않으며 대신 방대한 데이터를 기반으로 컴퓨터가 스스로 분석하며 학습하게 되었다. 2019년 AI 한돌은 2점 치수의 이세돌을 상대로 1승 1패를 기록하기도 하였다.

인공지능의 수준은 가히 인간의 상상력을 초월하는 수준에 도달한 것이다. [도표 6.1]에서 보면 사람처럼 생각하고 행동하는 인공지능은 머신러닝과 딥러닝을 통해 지속적으로 진화하고 있다. 오늘의 인공지능 기술은 컴퓨터 공학뿐만 아니라 철학, 심리학, 수학, 생명공학 등 거의 모든 학문을 아우르는 문자 그대로 만물 상자가 되었다. 학문은 문제해결을 위해 "가설 → 증명 → 구현 → 개선" 과정을 거치면서 발전하고, 이것이 집대성된 결과가 인공지능으로 나타났다. 예를 들어 사물인터넷(Internet of Things; IoT)은 센서들이 원하는 모든 사물에 RFID(Radio Frequency IDentification)을 부착하여 인터넷에 연결하여 언제 어디서나 제어할 수 있는 시스템이다. RFID 시스템은 반도체 칩이 내장된 태그, 라벨, 카드 등의 저장된 데이터를 무선주파수를 이용하여 비접촉으로 읽어내는 무선인식 시스템이다.

인공지능 발전은 머신러닝(machine learning)을 통해서 진행되고 있다. 여기서 머신은 프로그래밍 가능한 컴퓨터를 말하고, 러닝은 문자 그대로 컴퓨터가 학습하는 것을 말한다. 미국의 톰 미첼 교수는 컴퓨터 프로그램이 "작업 T 수행 시 성능 P에 대해 경험 E를 보이면 학습했다"고 정의한다. 다시 말해서 학습은 표현하고, 평가하고, 최적화시키려는 노력이다. 표현은 입력된 자료를 어떻게 결과로 나타낼 것인지를 결정하는 방법이다. 예를 들어, 키와 몸무게 같은 신체 조건을 입력하여 남녀를 어떻게 구분할 것인지를 결정한다. 평가는 과제를 얼마나 정확하게 수행하였는지 판단하는 기준을 설정한다. 다음으로 최적화는 훈련자료를 만족시키는 조건을 찾아서 학습 모형에 적용한다. 학습이 완료되면 새로운 개체에 대한 예측을 일반화시킬 수 있다. 이와같이 머신러닝은 컴퓨터의 행동을 변경하고 적응하여 새로운 상황에 적합한 행동을 취할 수 있게 해 준다.

머신러닝은 통계학의 데이터 마이닝과 동일한 방식, 다시 말해서 분류, 예측, 군집 같은 알고리즘과 모형을 이용한다. 이것은 컴퓨터를 이용하여 더 효율적으로 문제를 해결하는 노력이다. 굳이 차이점을 본다면, 데이터 마이닝은 자료에서 현상과 특성을 발견하며 머신러닝은 기존 자료를 통하여 학습을 시킨 후 새로운 자료에 대한 예측을 수행한다.

그리고 딥러닝은 머신러닝의 한 분야로서 자기학습을 통하여 문제를 해결한다. 알파고는 머신러닝에서 딥러닝 수준으로 진화 발전하였다. 딥러닝은 인간 뇌 속의 뉴런을 모방한 인공신경망을 여러 층으로 겹쳐서 정보를 처리하는 기술이다. 이를 통해 이미지 생성 및 분류, 물체 인식, 분할, 이미지 변환, 기계 번역, 초해상 등이 가능하다. 본서는 머신러닝 수준의 내용을 전한다.

제2절 머신러닝의 종류

머신러닝은 데이터와 알고리즘으로 연구모형의 타당성을 확인하고 실행 가능한 결과를 제공한다. 알고리즘은 문제 해결을 위한 절차들의 논리적인 집합이며, 독특하게 마련되어야 한다. 범용적인 알고리즘은 존재하지 않는다. 마치 모든 요리에 조리법이 다르듯이, 상황에 적합한 알고리즘을 개발해야 한다. 머신러닝은 학습 당사자인 컴퓨터 입장에서 사람의 간섭을 받는가 아니면 스스로 수행할 수 있는가에 따라 달라진다. 전자를 지도학습(supervized learning), 후자를 비지도학습(unsupervized learning)이라고 부른다.

지도학습 알고리즘은 훈련자료와 정답을 가지고 추론 학습한 결과에서 얻은 특성치를 활용한다. 여기에는 회귀 알고리즘, 분류 알고리즘 등이 포함된다. 회귀 알고리즘은 훈련자료에서 모형의 적합성을 확인하고 이 모형을 통하여 예측 가능한 결과를 얻는다. 선형 회귀, 로지스틱 회귀 등이 있다. 분류 알고리즘은 학습 자료를 통해 개체들을 기존 집단에 분류하고, 새로운 개체의 특성을 판별하여 집단에 귀속시켜 분류를 완성한다. kNN, 의사결정나무 등이 있다. 지도학습에서 연구자

[도표 6.2] 머신러닝의 종류

종류	알고리즘	예
지도학습	예측 알고리즘	회귀(Regression) 모형 로지스틱(Logistic Regression) 회귀 모형
	분류 알고리즘	kNN (k Nearest Neighbor) 써포트 벡터 머신(Support Vector Machine: SVM) 의사결정나무(Decision Tree) 판별분석(Discriminant Analysis)
비지도학습	군집 알고리즘	계층적 군집분석 비계층적 군집분석 차원 축소 알고리즘
	연관 알고리즘	장바구니 분석 연관규칙 분석

는 알고리즘에 입력과 기대되는 출력을 제공하고 알고리즘은 입력된 자료에서 원하는 목표 값을 지향한다.

다음으로 비지도학습 알고리즘은 미리 지도(계획)된 해답 없이 자료에서 발생하는 패턴과 변수들 간의 관계를 발견한다. 여기에는 군집 알고리즘과 연관 알고리즘이 있다. 군집 알고리즘은 분류 알고리즘과 다르게 출력 정보가 사전에 알려져 있지 않으며, 계층적 군집분석, 비계층적 군집분석 등이 있다. 연관 알고리즘은 장바구니 분석, 연관규칙 분석 등이 포함되며, 훈련자료의 학습처럼 테스트 과정을 거치지 않고 입력된 자료를 분석하여 연관성을 확인한다. 비지도학습은 결과에 대한 기대 없이 알고리즘이 입력된 자료의 유사성을 파악하여 분류 체계를 확립한다.

비록 본서에서는 다루지 않지만 강화학습(reinforcement learning)은 지도학습과 비지도학습의 중간에 속한 것으로서 자기비판을 통해 다양한 가능성을 정답으로 얻는다. 이 때 알고리즘은 보상을 최대화하는 행동을 선택한다.

제3절 머신러닝 절차

연구자가 주어진 문제를 해결하기 위해 머신러닝은 알고리즘을 선택하고 적용, 평가하는 과정을 다음과 같이 수행한다.

[1단계] 자료 수집과 준비하기

자료는 조직의 연료이다. 조직이 경영 목표를 달성하려면 땔감 모으듯이 자료를 수집하는 일이 최우선이다. 우량 기업과 비우량 기업의 차이는 자료의 품질 수준에 달려 있다. 유감스럽게도 많은 기업의 자료들은 정리되어 있지 않거나 사장되어 있다. 자료들을 수집했다 해도 오류로 인한 결측치나 이상치가 있는지 여부를 살펴봐야 한다. 그리고 먼저 작은 자료를 모으고 이를 사용해서 실험해 보는 것이 중요한 시작이다. 자료가 원하는 답을 줄 수 있는지, 자료의 특성은 무엇이며 우수한 예측을 할 수 있는지 등을 염두에 두어야 한다. 연구목적에 합당한 자료 준비가 우선이다.

[2단계] 연구목적에 합당한 알고리즘 선택하기

연구모형은 목적에 적합하게 현실을 축약시켜 표현한 것이다. 연구모형은 도형 또는 수식으로 추상적으로 표현한다. 이때 적절한 목적 변수와 설명변수를 포함해야 한다. 이들을 연결하여 하나의 전체적인 모습을 갖춘 것이 모형이다. 연구모형은 통합적이고 시스템적인 사고를 보여줘야 한다.

문제 해결과 연구모형에 적합한 알고리즘을 선택한다. 분석 방법이 예측인가 혹은 분류인가를 결정해야 한다. 알고리즘은 이미 알려진 사례를 바탕으로 일반화된 모형을 만들어 자동화된 의사결정 프로세스가 가능하도록 한다. 이 때 알고리즘에 대한 평가를 염두에 두어야 한다.

[3단계] 모수 결정하기

모형 적용에서 때로는 모수(파라미터)가 관련되는 경우가 있다. 이 때 적절한 값을 결정하여 투입한다.

[4단계] 훈련자료와 검정자료 투입하기

지도학습의 경우 알고리즘과 모수가 정해지면 모형에 훈련자료(train data)를 적용하여 학습시킨다. 그리고 검정자료(test data)를 이용하여 최종적으로 확인한다. 비지도학습에서는 검정자료 없이 훈련자료를 직접 투입한다.

[5단계] 성과 평가하기

적절한 지표를 이용하여 새로운 자료에 대한 검증을 확인하고 평가한다. 다음 절에서 상세히 살펴보기로 하자.

제4절 머신러닝의 결과 평가

머신러닝의 알고리즘은 예측을 얼마나 정확하게 하느냐에 따라 품질 수준이 결정된다. 지도학습의 경우 훈련자료에 대해 얼마나 오류 정도가 낮으며 또한 일반화 가능성이 높은가에 따른다. 머신러닝은 검정자료를 이용하여 실제 출력 예측값과 목표치를 비교한다. 이를 통하여 알고리즘의 학습 능력이 얼마나 우수한가를 판단한다. 그러나 현실적으로 여러 문제에 부딪힌다. 다음에서 차례로 살펴보자.

1. 과적합

알고리즘의 일반화는 훈련과정에서 보여준다. 사실 과적합(overfitting)은 알고리즘이 봉착하는 하나의 문제이다. 수집된 자료의 분산이 생각보다 크면 자료에 과적합 문제가 발생한다. 그리고 더 복잡해지는 모형은 일반화되기 어렵다. 예를 들어, 선형 회귀 알고리즘은 지극히 간단하므로 이것 대신에 복잡한 2차 또는 3차 함수를 이용한다고 하자. 그 모형 적합도는 상승하고 예측 오류가 감소한다 하더라도, 그 모형은 일반화되기 어렵다.

2. 혼동행렬

분류모형에서 혼동행렬(confusion matrix)은 훈련 알고리즘 적용의 결과를 평가하는 데 크게 도움이 된다. 발생 가능한 클래스의 값을 행렬에 배치하고 알고리즘이 예측한 결과를 상부에 그리고 실제 목표 값을 왼편에 배치한다. 행렬 원소(i, j)가 얼마나 적절하게 클래스i 입력 값이 알고리즘에 의해 클래스j로 예측되었는지 여부를 나타낸다. 다음 가상행렬에서 관찰대상의 암수를 구분한 결과를 나타내었다고 하자.

		예측 값	
		C1(암)	**C2(수)**
클래스	R1(암)	90	10
	R2(수)	14	86

이 혼동행렬에서 대각선에 나타낸 값은 정답을 맞힌 경우이다. 따라서 R1은 100마리 중 90마리, R2는 86마리가 올바르게 분류하였다. 정확도(accuracy)를 계산하면 다음과 같이 88%가 된다. 이 기준을 얼마로 잡아야 하는지는 연구자의 목표에 달려 있을 것이다.

$$\frac{90 + 86}{90 + 10 + 14 + 86} = 88(\%)$$

3. 정확도 지표

알고리즘의 평가 지표인 정확도에서 더 상세한 분석이 가능하다. 알고리즘을 바이러스 감염 검사방법에 비유해 보자. 검사의 목표는 감염환자를 발견하는 것이다. 검사에서 감염(positive) 반응인 경우를 참(true)과 거짓(false), 정상(negative) 반응인 경우도 마찬가지로 참과 거짓으로 나누어 볼 수 있다. C1(감염 예측)으로 분류한 경우 R1(실제 감염)으로 판정되면 참 양성(true positive: TP), R2(실제 정상)로 판단되면 거짓 양성(false positive: FP)이 된다. C2(정상 예측)으로 분류한 경우 R2(실제 정상)은 참 음성(true negative: TN), R1(실제 감염)은 거짓 음성(false negative: FN)이 된다.

바이러스 감염 검사 결과에서 오류가 되는 것은 FP와 FN일 것이다. FP는 긍정 오류로서 감염 환자로 인식하지 말아야 하는데 감염으로 판단한다. 이것을 제1종 오류라고 부른다. 그리고 FN은 부정 오류로서 감염 환자로 인식했어야 하는데 감염을 발견하지 못한 것이다. 이를 제2종 오류라고 한다. 이 오류는 일종의 위험천만한 일이다.

		예측	
		C1(감염 예측)	**C2(정상 예측)**
실제	R1(감염)	TP(참 양성)	FN(거짓 음성)
	R2(정상)	FP(거짓 양성)	TN(참 음성)

다시 말해서, 분류 모형의 판단 결과가 맞은 경우, 즉 실제 양성을 양성이라고 판단하거나 실제 음성을 음성이라고 판단한 경우에는 참이라 한다. 판단 결과가 틀린 경우, 즉 실제 양성을 음성이라고 판단하거나 실제 음성을 양성이라고 판단한 경우에는 거짓이라고 한다.

TP: 실제 감염을 감염이라고 올바르게 판단

TN: 실제 정상을 정상이라고 올바르게 판단

FP: 실제 감염을 정상이라고 그릇되게 판단

FN: 실제 정상을 감염이라고 그릇되게 판단

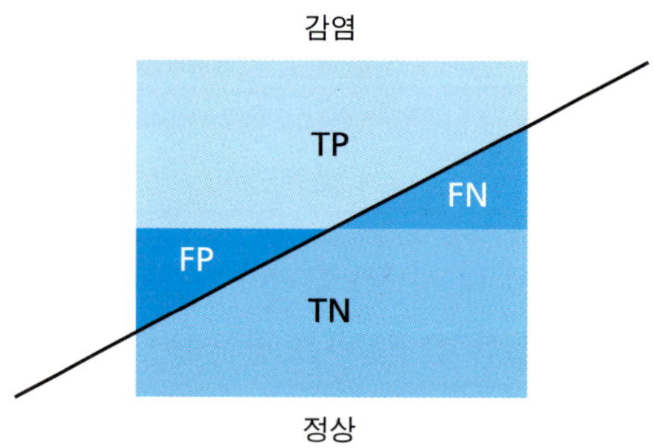

알고리즘의 경우 정확도 지표는 자료의 분류를 포괄적으로 나타내기 때문에 정보의 효과성이 떨어진다. 이를 극복하기 위해 민감도(sensitivity), 특이도(specificity), 정밀도(precision), 재현율(recall)을 계산한다. 각각의 계산 공식에서 앞의 혼동행렬의 값을 대입하여 계산해 보자.

① 민감도 $= \frac{TP}{TP + FN} = \frac{90}{90 + 10} = 90.0(\%)$

② 특이도 $= \frac{TN}{TN + FP} = \frac{86}{86 + 14} = 86.0(\%)$

③ 정밀도 $= \frac{TP}{TP + FP} = \frac{90}{90 + 14} = 86.5(\%)$

④ 재현율 $= \frac{TP}{TP + FN} = \frac{90}{90 + 10} = 90.0(\%)$

재현율은 양성 표본의 비율로서 민감도와 동일한 개념이고, 정밀도와 함께 사용한다. 민감도는 통계학 용어이며, 다른 분야에서는 hit rate라는 용어로도 사용된다. 검사방법의 유효성은 민감도와 특이도로 측정한다. 전자는 검사받은 사람이 감염(양성)으로 나올 확률이며, 후자는 정상(음성)으로 나올 확률이다.

이 개념들은 다음의 벤다이어그램에서 알기 쉽게 보여준다.

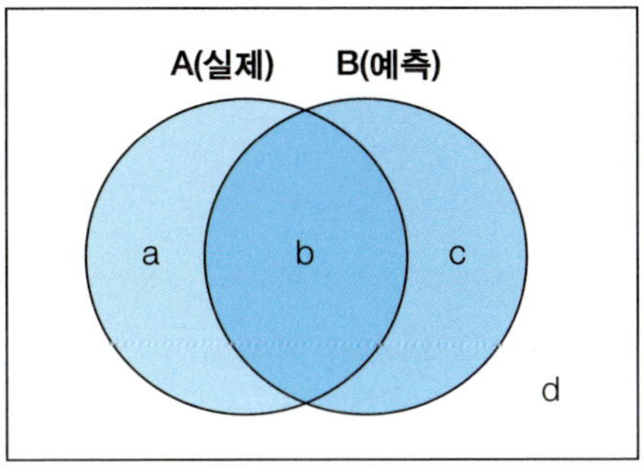

여기서 A는 실제 감염자이고 B는 감염이라고 예측한 것이다. 그리고 b는 올바르게 예측한 영역이다. 정밀도와 재현율은 다음과 같다.

$$정밀도 = \frac{b}{b+c}$$

$$재현율 = \frac{b}{a+b}$$

그리고 F1 점수는 정밀도와 재현율의 평균이다. 정밀도와 재현율이 모두 1인 경우 이 점수에 2를 곱해서 1이 되게 한다.

$$F1 = \frac{2}{\frac{1}{P} + \frac{1}{R}}$$

 # confusion matrix 참고 url

http://en.wikipedia.org/wiki/Confusion_matrix

http://en.wikipedia.org/wiki/Sensitivity_and_specificity

http://en.wikipedia.org/wiki/Precision_and_recall

http://en.wikipedia.org/wiki/Accuracy_and_precision

https://uberpython.wordpress.com/2012/01/01/precision-recall-sensitivity-and-specificity/

https://stackoverflow.com/questions/31324218/scikit-learn-how-to-obtain-true-positive-true-negative-false-positive-and-false

4. 불균형한 자료 분포

자료는 일반적으로 정규분포를 가정하고 분석이 가능하다. 그러나 간혹 왼쪽꼬리 분포나 오른쪽 꼬리 분포를 보이는 경우가 있다. 이 경우에는 더 신중하게 알고리즘을 적용해야 한다. 균형화된 정확도(balanced accuracy)는 민감도와 특이도의 값을 2로 나눈 것이다. 더 정확하게 말하면 매튜 상관계수(Mattew's Correlation Coefficient)라고 부른다. 자료가 정규분포에서 벗어난 경우에는 표준화 작업을 실행하거나 분포에 적합한 분석을 찾아봐야 할 것이다.

R 생각

R에서는 최적화된 패키지가 내장되어 있어 머신러닝 기법을 다양하게 활용하는 것이 가능하다. 다음은 머신러닝 패키지이다.

패키지	설명
caret	분류회귀법(classification and regression training); 예측 모형 수축을 위한 머신러닝 알고리즘 모음
randomForest	분류 회귀법에 쓰이는 랜덤포리스트 구축
rpart	회귀 구획 및 의사결정나무
glmnet	라소(lasso)와 탄력망(elastic-net) 정규화 회귀 모형
e1071	푸리에 트랜스폼(fourier transform), 클러스터링, 서포트 벡터 머신(support vector machine: svm) 등을 포함한 감시/비감시형 알고리즘 제공
party	재귀 분할 패키지
arules	연관규칙 학습 알고리즘 제공
recommenderlab	추천 엔진 구현 알고리즘 제공
nnet	신경망 예측 모형 구축
h2o	그래디언트 부스팅과 딥러닝 알고리즘 제공

출처: R 예제로 배우는 머신러닝, p. 73.

CHAPTER 07
회귀분석

제1절 trees 자료 분석
제2절 housing 자료 분석

제1절 trees 자료 분석

1. 단순 회귀분석

회귀분석(regression analysis)은 머신러닝의 가장 대표적인 지도학습 알고리즘이다. 선형 회귀분석은 회귀모형의 1차 함수적인 관계를 뜻한다. 이 회귀분석은 독립변수(설명변수, 원인변수)가 종속변수(예측변수, 반응변수)에 미치는 영향력의 크기를 파악하여, 독립변수의 일정한 값에 대응되는 종속변수의 값을 예측하기 위한 분석 기법이다. 예를 들어, 매출액이 광고비에 의해 영향을 받는 관계를 발견할 수 있으며, 또한 광고비 수준이 결정되면 회귀식을 통하여 매출액을 예상할 수 있다. 이와 같이 회귀분석은 주로 변수들 간의 인과관계를 설명하는 기술(記述) 목적과 예측(豫測) 목적을 가진다. 회귀분석은 독립변수가 하나인 단순 회귀분석과 여러 개인 중회귀분석으로 나눈다.

여기에 사용된 R 자료는 trees이다. 이 자료는 3개의 변수와 표본 수 31개로 구성된 데이터프레임이다.

```
> data(trees)
> str(trees)
'data.frame': 31 obs. of 3 variables:
 $ Girth:   num 8.3 8.6 8.8 10.5 10.7 10.8 11 11 11.1 11.2 ...
 $ Height:  num 70 65 63 72 81 83 66 75 80 75 ...
 $ Volume:  num 10.3 10.3 10.2 16.4 18.8 19.7 15.6 18.2 22.6 19.9 ...
> summary(trees)
             Girth              Height              Volume
 Min.     :  8.30      Min.    : 63       Min.    : 10.20
 1st Qu.  :  11.05     1st Qu. : 72       1st Qu. : 19.40
 Median   :  12.90     Median  : 76       Median  : 24.20
 Mean     :  13.25     Mean    : 76       Mean    : 30.17
 3rd Qu.  :  15.25     3rd Qu. : 80       3rd Qu. : 37.30
 Max.     :  20.60     Max.    : 87       Max.    : 77.00
```

(주) 이 자료에 대해 더 상세하게 알고 싶으면 ?trees를 입력하면 된다.

먼저 단순 회귀모형으로서 Volume(반응변수)이 Girth(설명변수)에 의해 어느 정도 영향을 받는가를 조사하고자 한다. 이 회귀분석 알고리즘을 단계적으로 살펴보자.

[1단계] 자료를 수집하고 산점도를 그린다. 그리고 두 변수 간의 관계를 육안으로 살펴본다(결과는 [3단계]에서 제시).

```
library(ggplot2)
qplot(Girth, Volume, data=trees)
```

[2단계] 산점도에서 회귀모형을 결정한다. 데이터분석과 관련된 회귀모형은 선형(직선형; linear)과 비선형(비직선형; nonlinear)으로 나눈다. 대부분의 회귀모형은 직선 형태를 가지므로 선형 모형이라고 말한다. 이것의 판단 기준은 우선 연구자의 안목이며, 나중에 적합도를 계산해서 채택 여부를 결정한다.

단순 회귀직선모형

$$Y = \beta_0 + \beta_1 X + \varepsilon$$

여기서, Y = 반응변수
β_0 = 절편
β_1 = 기울기
X = 설명변수
ε = 오차

이 직선 회귀모형을 아래에 제시한 산점도 위에 대충 적합시켜도 별 무리 없어 보인다. 모형의 간명성 덕분에 두 변수의 관계를 알기 쉽게 설명하고 있다. 다음 그림은 산점도와 회귀선을 그은 것이다.

```
qplot(Girth, Volume, data=trees) + geom_smooth(method="lm")
```

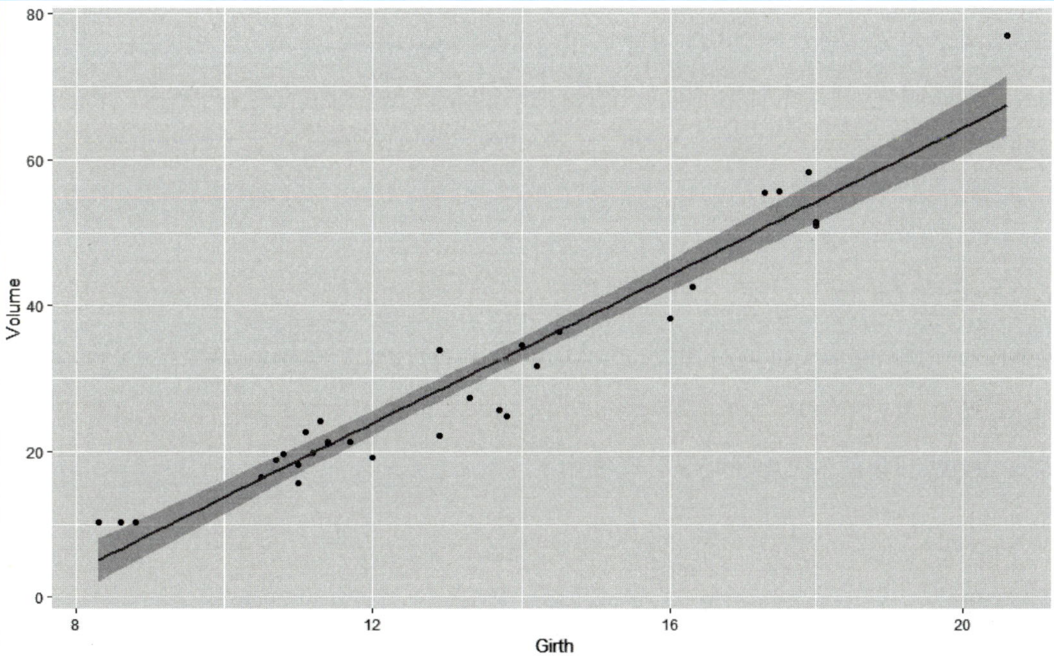

참고

다음도 산점도에 회귀직선을 그리게 한다(결과 생략).

```
plot (Volume ~ Girth, data=trees)
tmodel <- lm(Volume ~ Girth, data=trees)
abline (tmodel, col="blue")
```

[3단계] 회귀계수 구하기

회귀모형에서는 Y값을 예측하는 것이 목적이므로 이 모형의 기댓값인 $E(Y) = \beta_0 + \beta_1 X$(오차의 기댓값은 0으로 가정함)에서 값을 구한다. 그리고 주어진 표본 자료에서 절편과 기울기를 구하기 위해 다음과 같이 표기한다.

$$\hat{Y} = b_0 + b_1 X$$

여기서 b_0와 b_1은 각각 β_0와 β_1의 추정치가 된다(예측치는 $\hat{Y}_i$(Y-hat)으로 표기). 표본에 대하여 회귀모수 β_0와 β_1의 추정량을 발견하기 위해서, 최소제곱법(least square method)을 이용한다. 최소제곱법은 잔차(residual) 제곱의 합을 최소화시키는 공식이며, 이 알고리즘의 핵심이다. 잔차는 다음과 같다.

잔차 = 관찰치 − 예측치

$$e_i = Y_i - \hat{Y}_i$$

잔차를 최소화시킨다는 것은 회귀직선을 관찰치 위에 적합시킴을 뜻한다. 다음 방정식에서 잔차 제곱의 합을 최소화시키는 b_0와 b_1에 관한 편미분 방정식을 풀면 절편(b_0)과 기울기(b_1)를 구할 수 있다. 상세한 내용은 일반 통계학을 참고 바란다.

$$\min Q = \sum(e_i)^2 = \sum(Y_i - \hat{Y}_i)^2 = \sum(Y_i - b_0 - b_1 X_i)^2$$

```
> summary (tmodel)
Call:
lm(formula = Volume ~ Girth, data = trees)
```

```
Residuals:
    Min      1Q  Median      3Q     Max 
 -8.065  -3.107   0.152   3.495   9.587 

Coefficients:
            Estimate Std. Error t value Pr(>|t|)    
(Intercept) -36.9435     3.3651  -10.98 7.62e-12 ***
Girth         5.0659     0.2474   20.48  < 2e-16 ***
---
Signif. codes: 0 '***' 0.001 '**' 0.01 '*' 0.05 '.' 0.1 ' ' 1

Residual standard error: 4.252 on 29 degrees of freedom
Multiple R-squared: 0.9353,  Adjusted R-squared: 0.9331
F-statistic: 419.4 on 1 and 29 DF,  p-value: < 2.2e-16
```

위 결과에서 회귀식은

$\hat{Y} = -36.9435 + 5.0659X$

여기서 $\hat{Y}$ = Volume의 예측치

X = Girth

가 된다. 이 식에서 기울기 설명이 가장 중요하다. Girth가 1단위(inch) 증가하면 Volume은 약 5.1만큼 증가한다. 이 기울기는 매우 유의함을 보여준다. 왜냐하면, $Pr = 2(10)^{-16} < 0.05$ 이므로 아래 가설검정에서 귀무가설을 기각한다.

$H_0: \beta_1 = 0$

$H_1: \beta_1 \neq 0$

만일 Girth = 10 이라면, 예상 Volume $\hat{Y} = -36.9 + 5.1(10) = 14.1$(inch)로 예측된다. 그리고 절편은 X=0인 경우, Y의 예측값으로서 −36.9이다. 그러나 여기서는 의미없는 값이다. 예시한 산점도에서 보면 확실하게 알 수 있다.

[4단계] 모형의 설명력을 뜻하는 결정계수를 구한다. 모형의 결정계수 R^2 = 0.9353이 되어, 이 회귀식은 자료에 대한 설명력이 93.53%가 된다.[1] 일반적으로 50% 이상이면 회귀식은 상황 예측에 상당히 쓸모 있는 모형으로 간주한다. R^2을 적합도라고 부르기도 한다.

[5단계] 회귀모형의 적합성을 검정한다. 이를 위해 귀무가설(H_0)과 연구가설(H_1)을 세우면 다음과 같다.

H_0: 이 회귀모형은 유의하지 않다.

H_1: 이 회귀모형은 유의하다.

F분포의 p-value = $2.2(10)^{-16} < 0.05$이므로, 귀무가설을 기각한다. 따라서 "이 회귀모형은 유의하다"고 할 수 있다. 이미 앞에서 설명한 바와 같이, 기울기가 유의하므로 전체 모형의 귀무가설 기각을 지지한다. 아래 분산분석표(anova table)는 회귀모형에 대해 전체적으로 설명하고 있다. 특히 결정계수 값으로 7581.8/(7581.8 + 524.3) = 0.9353을 구할 수 있다.

```
> anova(tmodel)
Analysis of Variance Table

Response: Volume
           Df   Sum Sq   Mean Sq   F value     Pr(>F)
Girth       1   7581.8    7581.8    419.36   < 2.2e-16 ***
Residuals  29    524.3      18.1
---
ignif. codes: 0 '***' 0.001 '**' 0.01 '*' 0.05 '.' 0.1 ' ' 1
```

[6단계] 모형의 잔차를 검정한다. 회귀모형은 회귀계수항과 오차항으로 이루어져 있다. 나머지 오차항의 특성에 대하여 알아보자. 회귀식에서 모집단의 오차는 정규분포를 하며, 평균은 0이라고 가정한다.

---

1 상관분석은 두 변수 간에 상호 영향을 주고 받는 상황에서 분석하는 기법이다. 예를 들어 체중과 키의 관계를 들 수 있다. 키가 크면 체중이 무겁고, 반대로 체중이 무거우면 키다 크다고 할 수 있다. 이 관계는 상관계수 r = cor(Volume, Girth)을 구하면 된다. 여기서는 0.97을 얻었고, 이를 제곱하면 결정계수의 값과 동일하다(단순 회귀분석에서만 값이 일치함). 일반적으로 $r \geq 0.70$이면 매우 밀접한 관계, 0.4~0.7이면 상당한 관계가 있다고 평가한다. 0.4 미만이면 별로 관계가 없다고 한다.

$$\varepsilon_i = \text{오차이며 분포는 } N(0, \sigma^2)$$
$$Cov(\varepsilon_i, \varepsilon_j) = 0 \quad (\text{단 } i \neq j)$$

다음은 R에서 모집단의 오차항에 대한 가정을 검정한다. 오차의 표본인 잔차에 대해서는 최소제곱법에서 설명하였다.

```
par(mfrow=c(1, 2))                    # 1 행에 2개의 그림을 병렬로 넣기
plot(tmodel, which=2)                 # 두 번째 그림을 넣기
plot(tmodel, which=1)                 # 첫 번째 그림을 넣기
par(mfrow=c(1, 1))                    # 병렬 그리기 원위치
```

(주) plot(tmodel)은 자동으로 4개의 그림을 제시하지만(이 경우, par(mfrow=c(2, 2))로 함), 여기서는 앞의 2개면 충분하다.

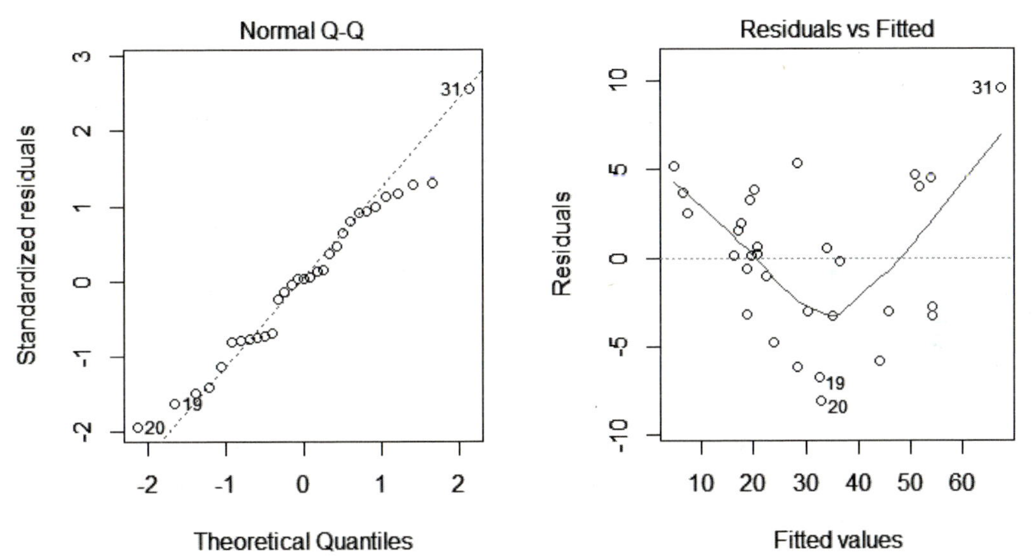

위 왼쪽 그림에서 보면, 표준화된 잔차가 거의 대각선 상에 있으므로 오차항의 정규분포에 접근한다고 볼 수 있다. 그리고 오른쪽의 잔차 그림은 0을 기준으로 어느 정도 무작위(random)로 산포되어 있다고 본다. 그런데 약간 엄격하게 중위값 근처에서 곡선을 제시하고 있어, 비선형 회귀모형을 선택한다고 하자. 예를 들어,

$$\hat{Y} = b_0 + b_1X + b_2X^2$$

이면, 결정계수는 0.9673이 된다. 그러나 이 값은 0.032 증가에 그치므로, 별로 권할 것이 못된다. 모형의 매력은 간편성에 있기 때문이다. 두 모형의 통계학적 비교는 125쪽을 참고하기 바란다.

참고

```
tpmodel <- lm(Volume ~ Girth + I(Girth^2), data=trees)
summary (tpmodel)
```

여기서 lm() 함수는 부호(^)를 특수문자가 아닌, 연산자로 해석한다.

잔차의 산점도에 더 관심있다면 다음을 진행해도 좋다. 여기서는 두 결과 모두 무작위적인 산포를 보이며 특별한 패턴을 보이지 않는다(그림 생략).

```
Residuals <- residuals(tmodel)
plot(Residuals~Volume, trees)
plot(Residuals~Girth, trees)
```

다음은 참고로 ggplot2 패키지에서 잔차의 히스토그램 및 예측치와 관찰치 산포도를 보여준다. 히스토그램은 정규분포의 모양을 보여주며, 산포도는 회귀모형이 잘 적합되어 있어 보인다(결과 생략).

```
trees_res <- residuals(tmodel)
trees_pred <- predict(tmodel)
qplot(trees_res, binwidth=3, color=I("blue"), full=I("grey"))          # 잔차 히스토그램
qplot(trees$Volume, trees_pred) + geom_smooth(method="lm")       # 예측치와 관찰치 산포도
```

2. 중회귀분석

중회귀분석(multiple regression analysis)은 종속변수의 수가 하나이며, 독립변수의 수가 여러 개인 경우로서, 이들 독립변수가 하나의 종속변수에 미치는 영향력의 크기를 분석한다.

중회귀모형

$$Y = \beta_0 + \beta_1 X_1 + \beta_2 X_2 + \cdots + \beta_k X_k + \varepsilon$$

여기서, Y = 반응변수
β_0 = 절편
β_i= 기울기
X_i = 설명변수
ε = 오차

계속해서 나무의 Volume이 Girth 이외에 Height에 의해 영향을 받는다고 하자. 다음과 같이 진행한다.

```
data(trees)
str(trees)
summary(trees)
pairs(trees, lower.panel = panel.smooth, upper.panel = panel.cor, diag.panel =
panel.hist, main = "Trees")
ghmodel <- lm(Volume ~ Girth + Height, data=trees)
summary (ghmodel)
```

```
> summary (ghmodel)

Call:
lm(formula = Volume ~ Girth + Height, data = trees)

Residuals:
    Min      1Q  Median     3Q     Max
-6.4065 -2.6493 -0.2876 2.2003 8.4847
```

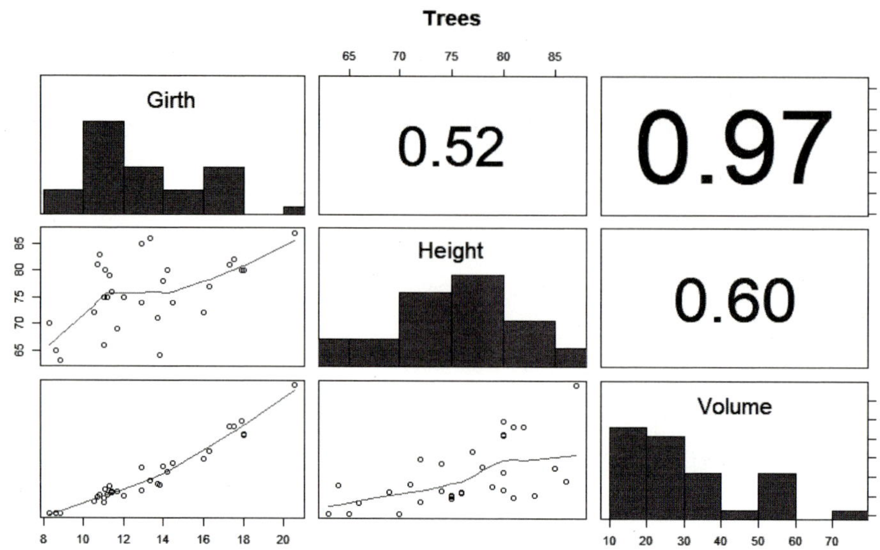

(주) 상관계수가 클수록 숫자도 커진다.

```
Coefficients:
            Estimate Std.  Error      t value     Pr(>|t|)
(Intercept)  -57.9877     8.6382      -6.713    2.75e-07 ***
Girth          4.7082     0.2643      17.816     < 2e-16 ***
Height         0.3393     0.1302       2.607      0.0145 *
---
Signif. codes: 0 '***' 0.001 '**' 0.01 '*' 0.05 '.' 0.1 ' ' 1

Residual standard error: 3.882 on 28 degrees of freedom
Multiple R-squared: 0.948,  Adjusted R-squared: 0.9442
F-statistic:  255 on 2 and 28 DF,  p-value: < 2.2e-16
```

이 회귀모형에서 Girth와 Height 모두 유의하다. 그러나 전자는 후자보다 10배(4.71/0.34) 이상의 영향력을 미치고 있다. 결정계수 R^2은 0.9353(단순 회귀분석)에서 0.948로 상승했으나, 이것은 설명변수 Height의 추가 덕분이다. 회귀분석에서는 설명변수를 추가할수록 결정계수가 올라간다. 그것은 결정계수의 무조건 상승을 막아주는 수정(Adjusted) R^2 값이 약간 증가했다는 것을 보면 알

수 있다. 변수 추가는 신중을 기하는 것이 좋다.[2]

이제 두 모형인 단순모형(tmodel)과 중회귀모형(ghmodel) 간에 통계적으로 유의한 차이가 있는지 여부를 알기 위해 가설을 세우고 F 검정을 해 보자.

H_0: 두 모형은 차이가 없다.

H_1: 두 모형은 차이가 있다.

```
> anova(tmodel, ghmodel, test="Chisq")
Analysis of Variance Table

Model 1: Volume ~ Girth
Model 2: Volume ~ Girth + Height
      Res.Df     RSS       Df    Sum of Sq    Pr(>Chi)
1       29     524.30
2       28     421.92       1      102.38    0.009145 **
---
Signif. codes: 0 '***' 0.001 '**' 0.01 '*' 0.05 '.' 0.1 ' ' 1
```

Pr(> Chi) < 0.05이므로 귀무가설을 기각하며, 두 모형은 유의한 차이가 있다고 할 수 있다. 따라서 Height 변수의 기여도는 유의하다.

다음에서 names() 함수를 이용하면 ghmodel이 제시하는 다양한 정보를 얻을 수 있다.

```
> class(ghmodel)
[1] "lm"
> names(ghmodel)
 [1] "coefficients"  "residuals"  "effects"  "rank"   "fitted.values"  "assign"
 [7]      "qr"       "df.residual" "xlevels"  "call"      "terms"        "model"
```

(주) ghmodel$residuals 또는 plot(ghmodel$residuals)을 각자 실행해 보자.

---

2 수정 R^2 통계량은 기본적으로 R^2와 동일한 개념이지만, 모형에 새로운 변수가 추가되면 그 변수가 독립변수와 강한 상관관계를 보이지 않는 한 값이 오히려 감소한다(n=표본의 수, k=변수의 수).

$$\text{수정 } R^2 = \frac{(1-R^2)(n-1)}{n-k-1}$$

즉, 변수 추가로 인한 R^2의 무한 증가를 막아주는 모형의 품질 평가 척도이다.

변수들 가운데에서 회귀계수(coefficients)를 선택하여 Girth=20, Height=50인 나무의 Volume을 예측해 보자.

```
> b <- ghmodel$coefficients
> b
   (Intercept)        Girth       Height
   -57.9876589      4.7081605   0.3392512
> yhat = b[1] + b[2] *20 + b[3] *50
> yhat
   (Intercept)
     53.13811
```

그리고 다른 두 경우를 포함해서 95% 신뢰구간을 구해 보면 다음과 같다.

```
> newtrees <- data.frame(Girth=c(20, 20, 30), Height=c(50, 60, 60))
> newtrees$predictions <- predict(ghmodel, newtrees, interval="confidence",
level=0.95)
> newtrees
    Girth    Height    predictions.fit    predictions.lwr    predictions.upr
1     20       50         53.13811           43.66416           62.61207
2     20       60         56.53063           49.47485           63.58640
3     30       60        103.61223           91.66918          115.55528
```

그리고 관찰치와 예측치 사이의 차이를 조사하기 위해 그림표에 그려 보았다.

```
> pred<-predict(ghmodel, data=trees, type="response")
> plot(trees$Volume, pred, xlab="Observed Values", ylab="Predicted Values")
> abline(a=0, b=1)
```

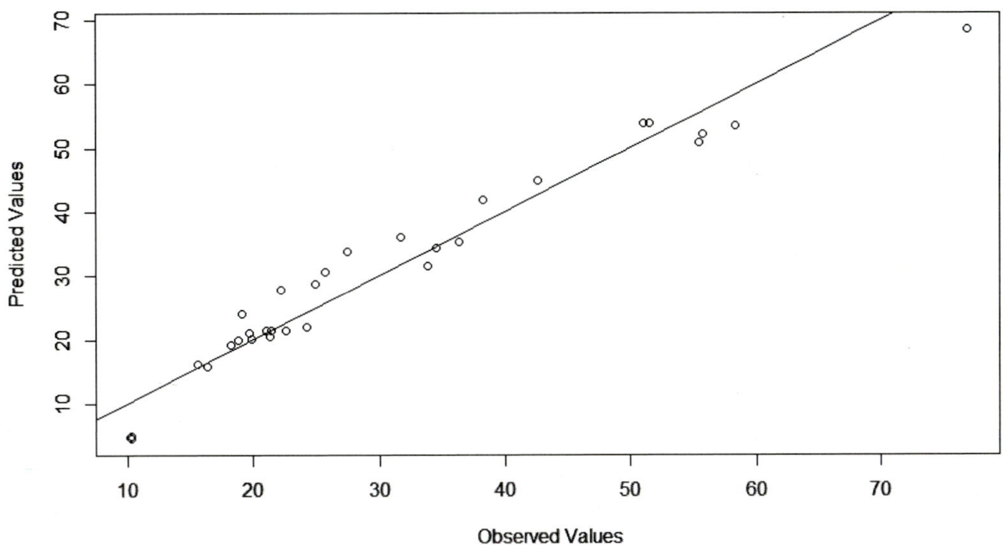

예측치가 y=x 선상의 실제 값에 상당히 근접해 있다.

제2절 housing 자료 분석

여기서는 Jared Lander의 자료저장소에 있는 "housing" 자료를 이용한다. 이 자료는 결측치와 이상치를 포함하고 있어 이를 해결하는 방법을 제시한다.

[1단계] 다음 url에서

http://www.jaredlander.com/datasets

초기화면이 나오면 [Data]에서 "housing"을 선택한다.

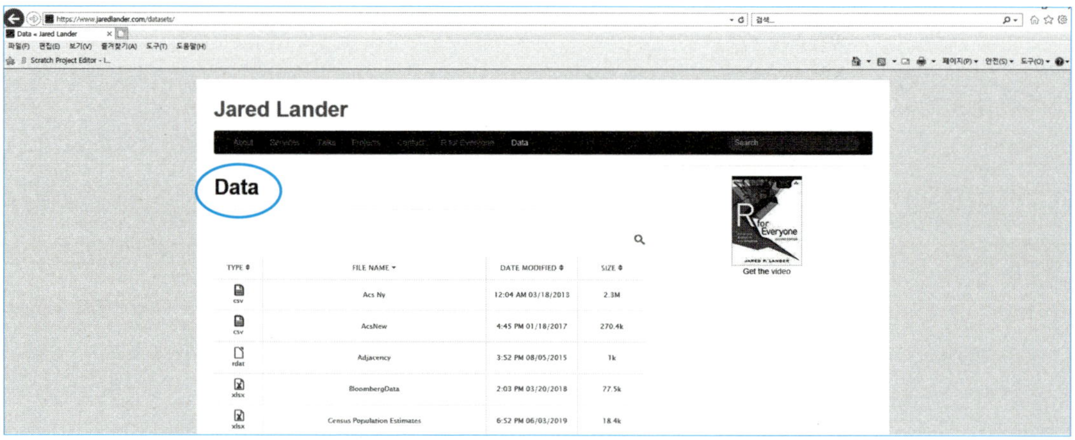

csv	HealthcareSpending2008 2014 by State	6:15 PM 06/03/2019	155k
csv	Housing	5:01 PM 03/01/2013	261.6k
csv	Housing1	6:43 PM 08/04/2015	276.9k
csv	HousingNew	10:56 PM 03/06/2013	10.7k

[2단계] PC 화면 좌하단에 housing.csv 실행파일을 선택하면 다음의 엑셀 화면이 뜬다.

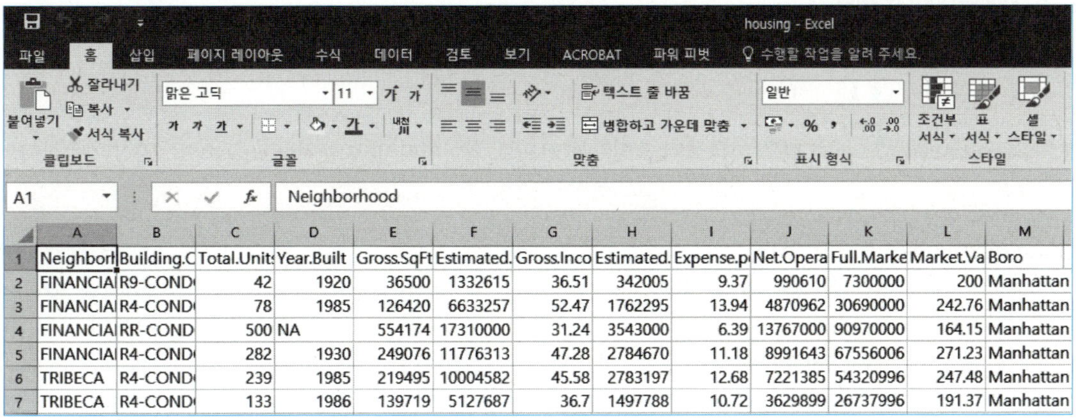

	A	B	C	D	E	F	G	H	I	J	K	L	M
1	Neighborl	Building.C	Total.Unit	Year.Built	Gross.SqFt	Estimated.	Gross.Inco	Estimated.	Expense.p	Net.Opera	Full.Marke	Market.Va	Boro
2	FINANCIA	R9-COND	42	1920	36500	1332615	36.51	342005	9.37	990610	7300000	200	Manhattan
3	FINANCIA	R4-COND	78	1985	126420	6633257	52.47	1762295	13.94	4870962	30690000	242.76	Manhattan
4	FINANCIA	RR-COND	500	NA	554174	17310000	31.24	3543000	6.39	13767000	90970000	164.15	Manhattan
5	FINANCIA	R4-COND	282	1930	249076	11776313	47.28	2784670	11.18	8991643	67556006	271.23	Manhattan
6	TRIBECA	R4-COND	239	1985	219495	10004582	45.58	2783197	12.68	7221385	54320996	247.48	Manhattan
7	TRIBECA	R4-COND	133	1986	139719	5127687	36.7	1497788	10.72	3629899	26737996	191.37	Manhattan

여기서 [파일] → [다른 이름으로 저장]하여 "d:/RPy/housing.csv"로 저장한다.

[3단계] R에서 자료를 확인한다.

```
> house <- read.table("d:/RPy/housing.csv", sep=",", header=T, stringsAsFactors=F)
> str(house)
'data.frame'             : 2626 obs. of 13 variables:
 $ Neighborhood          : chr "FINANCIAL" "FINANCIAL" "FINANCIAL" "FINANCIAL" ...
 $ Building.Classification: chr "R9-CONDOMINIUM" "R4-CONDOMINIUM" "RR-CONDOMINIUM"
"R4-CONDOMINIUM" ...
 $ Total.Units           : int 42 78 500 282 239 133 109 107 247 121 ...
 $ Year.Built            : int 1920 1985 NA 1930 1985 1986 1985 1986 1987 1985 ...
 $ Gross.SqFt            : int 36500 126420 554174 249076 219495 139719 105000
87479 255845 106129 ...
 $ Estimated.Gross.Income : int 1332615 6633257 17310000 11776313 10004582
5127687 4365900 3637377 11246946 4115683 ...
 $ Gross.Income.per.SqFt  : num 36.5 52.5 31.2 47.3 45.6 ...
 $ Estimated.Expense      : int 342005 1762295 3543000 2784670 2783197 1497788
1273650 1061120 2440761 1231096 ...
 $ Expense.per.SqFt       : num 9.37 13.94 6.39 11.18 12.68 ...
 $ Net.Operating.Income   : int 990610 4870962 13767000 8991643 7221385 3629899
3092250 2576257 8806185 2884587 ...
 $ Full.Market.Value      : int 7300000 30690000 90970000 67556006 54320996
26737996 22210281 19449002 66316999 21821999 ...
 $ Market.Value.per.SqFt  : num 200 243 164 271 247 ...
```

```
 $ Boro                     : chr "Manhattan" "Manhattan" "Manhattan" "Manhattan" ...
> table(house$Boro)
      Bronx     Brooklyn     Manhattan      Queens     Staten Island
         69          717          1380         434                26
```

(주) stringsAsFactors=F는 변수 이름들이 요인(factor)으로 인식되지 않고 문자(character)로 인식되게 한다.

```
> head(house)
  Neighborhood Building.Classification Total.Units Year.Built Gross.SqFt Estimated.Gross.Income Gross.Income.per.SqFt
1 FINANCIAL   R9-CONDOMINIUM    42    1920    36500    1332615    36.51
2 FINANCIAL   R4-CONDOMINIUM    78    1985   126420    6633257    52.47
3 FINANCIAL   RR-CONDOMINIUM   500      NA   554174   17310000    31.24
4 FINANCIAL   R4-CONDOMINIUM   282    1930   249076   11776313    47.28
5  TRIBECA    R4-CONDOMINIUM   239    1985   219495   10004582    45.58
6  TRIBECA    R4-CONDOMINIUM   133    1986   139719    5127687    36.70
 Estimated.Expense Expense.per.SqFt Net.Operating.Income Full.Market.Value Market.Value.per.SqFt Boro
1  342005     9.37     990610     7300000     200.00  Manhattan
2  1762295   13.94    4870962    30690000     242.76  Manhattan
3  3543000    6.39   13767000    90970000     164.15  Manhattan
4  2784670   11.18    8991643    67556006     271.23  Manhattan
5  2783197   12.68    7221385    54320996     247.48  Manhattan
6  1497788   10.72    3629899    26737996     191.37  Manhattan
> tail(house)                                                       # 결과 생략
```

[4단계] 연구자는 본격적으로 위 자료(2626 x 13)를 이용하여 집매매가격(Full.Market.Value)을 예측하고자 한다(condominium은 미국에서 아파트형 집을 뜻함). 이 예측 모형을 위해 적절한 변수를 선택하면 다음과 같다.

매매가격 = f(평당가격, 집크기, 건축연도, 단지크기, 지역)

그리고 본 연구를 위해 선택할 원본자료의 변수 이름과 수정할 변수 이름은 다음과 같다.

매매가격: Full.Market.Value ⇒ h_price

평당가격: Market.Value.per.SqFt ⇒ SqFt_price

집크기: Gross.SqFt ⇒ h_size

건축연도: Year.Built ⇒ age

단지크기: Units ⇒ unit

지역: Boro ⇒ region

```
> install.packages("dplyr")                                    # 이미 설치되어 있으면 설치 생략
> library(dplyr)
> house1 <- house %>% select(Full.Market.Value, Market.Value.per.SqFt, Gross.
SqFt, Total.Units, Year.Built, Boro)                                      # 필요한 변수 선택
> summary(house1)
Full.Market.Value  Market.Value.per.SqFt  Gross.SqFt        Total.Units       Year.Built       Boro
Min.   :    30000  Min.   : 10.66         Min.   :    478   Min.   :   1.00   Min.   : 1825   Length:    2626
1st Qu.: 1677750   1st Qu.:  74.63        1st Qu.:  18704   1st Qu.:  15.00   1st Qu.: 1926   Class :character
Median : 4026500   Median : 112.22        Median :  38456   Median :  30.00   Median : 1986   Mode  :character
Mean   :12977808   Mean   : 131.19        Mean   :  82763   Mean   :  70.18   Mean   : 1967
3rd Qu.:13136752   3rd Qu.: 187.49        3rd Qu.:  90626   3rd Qu.:  75.00   3rd Qu.: 2005
Max.   :295182007  Max.   : 399.38        Max.   :3364977   Max.   :3378.00   Max.   : 2010
                                                                              NA's   :   96
```

선택된 자료에서 결측치(NA)를 제거하고 변수 이름을 수정한다.

```
> house1_nona <- na.omit(house1)                                          # 결측치 제거
> house1_nona$age <- 2011 - house1_nona$Year.Built                          # 집의 연수
> names(house1_nona)<- c("h_price", "SqFt_price", "h_size", "unit", "Year.Built",
"region", "age")
> summary(house1_nona)
h_price            SqFt_price        h_size            unit              Year.Built       region
Min.   :    30000  Min.   : 10.66    Min.   :    478   Min.   :   1.00   Min.   : 1825   Length:    2530
1st Qu.: 1760250   1st Qu.:  75.10   1st Qu.:  19043   1st Qu.:  15.00   1st Qu.: 1926   Class :character
Median : 4272500   Median : 114.89   Median :  39176   Median :  31.00   Median : 1986   Mode  :character
Mean   :13320573   Mean   : 133.17   Mean   :  84262   Mean   :  71.52   Mean   : 1967
3rd Qu.:13859749   3rd Qu.: 189.91   3rd Qu.:  92587   3rd Qu.:  77.75   3rd Qu.: 2005
Max.   :295182007  Max.   : 399.38   Max.   :3364977   Max.   :3378.00   Max.   : 2010

            age
 Min.    :   1.00
 1st Qu. :   6.00
 Median  :  25.00
 Mean    :  43.54
 3rd Qu. :  85.00
 Max.    : 186.00
```

```
> table(house1_nona$region)
      Bronx     Brooklyn     Manhattan      Queens     Staten Island
       69         626          1379          432            24
```

그리고 이상치(異常値)를 제거한다. 이것은 앞의 결과 summary()에서 Max 값을 보면 판단할 수 있다. 예를 들어 매매가격(h_price), 집크기(h_size), 단지(unit) 등은 이상치를 가지고 있음을 알 수 있다. 이를 제거하기 위해 다음과 같이 코딩 작업을 한다.

```
install.packages("ggplot2")                                # 이미 설치되어 있으면 설치 생략
library(ggplot2)
ggplot(house1_nona, aes(x=h_price, fill=region)) + geom_histogram(bins=10) +
labs(x="Price")                                                      # 하나에 전체 포함
```

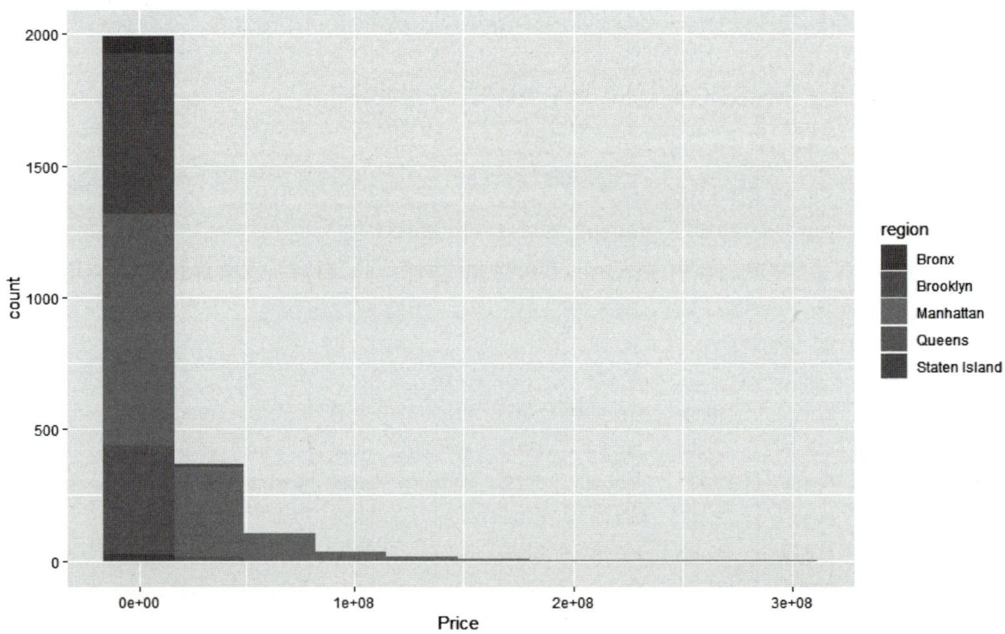

```
ggplot(house1_nona, aes(x=h_price, fill=region)) + geom_histogram(bins=10) +
labs(x="Price") + facet_wrap(~region)                                    # 지역별로 그림
```

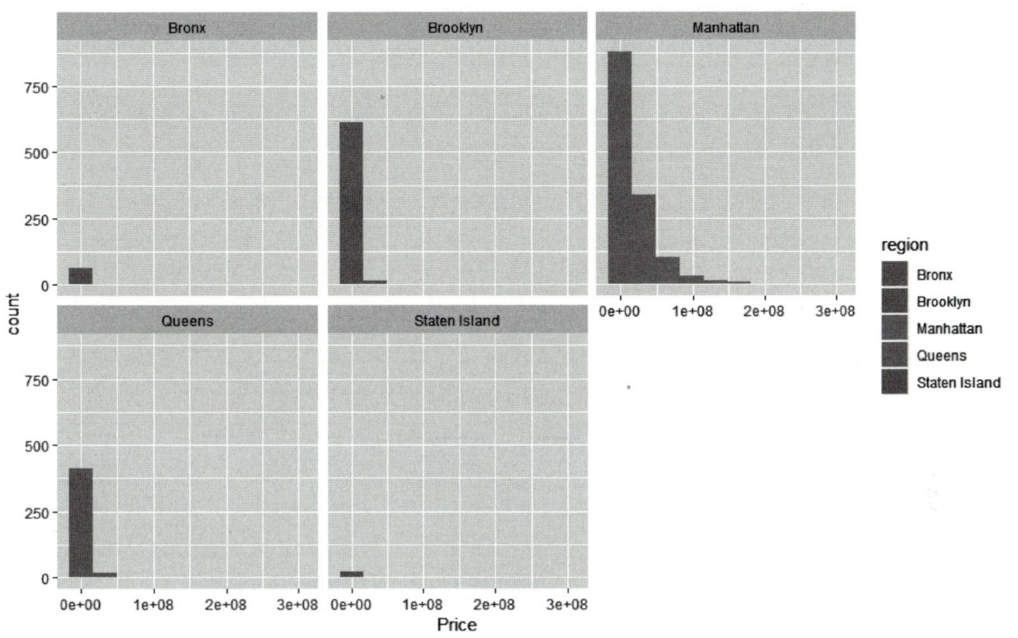

위 그림표에서 Manhattan 지역에 이상치가 많이 발견된다. 별도로 Mahattan 자료를 참고로 검색해 보면 다음과 같다.

```
> Manhattan <- house1_nona %>% filter(region=="Manhattan")
> summary(Manhattan$h_price)
    Min.     1st Qu.     Median      Mean      3rd Qu.      Max.
   184000    4235004    10483000   21381716   25276498   295182007
```

이제 전체 자료에서 boxplot() 함수를 이용하여 이상치를 제거해 보자.

```
> h <- boxplot(house1_nona$h_price)
> h$stats
          [,1]
[1,]     30000
[2,]   1760000
[3,]   4272500
[4,]  13859998
[5,]  31896000
```

(주) 상자그림표에서 [1,] 최솟값; [2,] 1사분위수(하위 25% 위치); [3,] 중앙값(하위 50% 위치); [4,] 3사분위수(하위 75% 위치); [5,] 최댓값 등을 나타낸다.

```
> temp <- house1_nona[house1_nona$h_price <= 31896000, ]          # 최댓값 이하 자료 선택
> temp <- temp[ , -5]
> summary(temp)
h_price            SqFt_price        h_size          unit             region              age
Min.    :   30000  Min.    : 10.66   Min.   :   478  Min.   :  1.00   Length:      2247  Min.   :  1.00
1st Qu.: 1548000   1st Qu. : 72.30   1st Qu.: 17281  1st Qu.: 14.00   Class  :character  1st Qu.:  6.00
Median : 3377001   Median  : 105.68  Median : 32796  Median : 26.00   Mode   :character  Median : 25.00
Mean   : 6496228   Mean    : 122.72  Mean   : 51924  Mean   : 45.06                      Mean   : 44.89
3rd Qu.: 8815500   3rd Qu. : 174.66  3rd Qu.: 67688  3rd Qu.: 57.00                      3rd Qu.: 89.00
Max.   :31896000   Max.    : 399.38  Max.   :842968  Max.   : 618.00                     Max.   :186.00
```

계속적으로 다른 변수들에 대해서도 최댓값 하위의 자료를 선택한다. 결과 제시는 생략한다.

```
temp1<- boxplot(temp$h_size)
temp1$stats
temp <- temp[temp$h_size <= 142626, ]
summary(temp)

temp2 <- boxplot(temp$unit)
temp2$stats
temp <- temp[temp$unit <= 104,]
summary(temp)

temp3 <- boxplot(temp$age)
temp3$stats
temp <- temp[temp$age <= 186,]
summary(temp)                                         # 최종 자료의 요약
```

이제 최종자료의 요약 결과를 다음에서 살펴본다.

```
>summary(temp)
h_price            SqFt_price         h_size            unit             region              age
Min.   :   30000   Min.   : 10.66     Min.   :   478    Min.   :  1.00   Length:     2013   Min.   :  1.00
1st Qu.: 1442001   1st Qu.: 72.95     1st Qu.: 15972    1st Qu.: 13.00   Class :character   1st Qu.:  6.00
Median : 2855000   Median : 104.81    Median : 28560    Median : 23.00   Mode  :character   Median : 24.00
Mean   : 5170621   Mean   : 122.92    Mean   : 38579    Mean   : 31.24                      Mean   : 45.07
3rd Qu.: 6633998   3rd Qu. : 174.18   3rd Qu.: 55190    3rd Qu.: 44.00                      3rd Qu.: 91.00
Max.   :31818001   Max.   : 399.38    Max.   : 141562   Max.   : 104.00                     Max.   :186.00
```

다음은 회귀분석의 결과이다. 이 도표에서, 모든 설명변수는 유의하며, 결정계수 R^2은 0.8954로서 상당히 높은 설명력을 가지고 있다.

```
> fit <- lm(h_price ~., data=temp[c(-5, -6)])
> summary(fit)

Call:
lm(formula = h_price ~ ., data = temp[ , -5]

Residuals:
     Min        1Q      Median        3Q         Max
  -9077491   -948043     38637      945812     9189201

Coefficients:
               Estimate Std.   Error       t value     Pr(>|t|)
(Intercept)    -5.010e+06    1.058e+05     -47.34     <2e-16 ***
SqFt_price      4.457e+04    6.856e+02      65.02     <2e-16 ***
h_size          1.565e+02    2.508e+00      62.40     <2e-16 ***
unit           -3.041e+04    3.002e+03     -10.13     <2e-16 ***
age            -8.532e+03    1.003e+03      -8.51     <2e-16 ***
---
Signif. codes: 0 '***' 0.001 '**' 0.01 '*' 0.05 '.' 0.1 ' ' 1

Residual standard error: 1855000 on 2008 degrees of freedom
Multiple R-squared: 0.8954,  Adjusted R-squared: 0.8952
F-statistic: 4297 on 4 and 2008 DF,  p-value: < 2.2e-16
```

그리고 다음에서는 자료를 표준화(scale)하여 회귀계수의 영향력을 조사하였다. 매매가격에 영향을 가장 많이 미치는 것은 집크기(h_size)이며, 평당가격(SqFt_price)보다 1.6배 가까이 크다. 그리고 단지크기(unit)가 클수록 집값이 낮아지고 또한 집 연수(age)보다 더 크게 부정적인 영향을 미치고 있다.

```
> temp_scale <- scale(temp[, -5])
> temp_scale_df <- as.data.frame(temp_scale)
> fit_scale <- lm(h_price ~., data= temp_scale_df)
> summary(fit_scale)

Call:
lm(formula = h_price ~ ., data = temp_scale_df)

Residuals:
     Min        1Q      Median       3Q         Max
  -1.58425   -0.16546   0.00674   0.16507    1.60374

Coefficients:
               Estimate    Std. Error   t value     Pr(>|t|)
(Intercept)    7.650e-17   7.216e-03     0.00          1
SqFt_price     4.961e-01   7.630e-03    65.02      <2e-16 ***
h_size         8.025e-01   1.286e-02    62.40      <2e-16 ***
unit          -1.270e-01   1.254e-02   -10.13      <2e-16 ***
age           -6.271e-02   7.368e-03    -8.51      <2e-16 ***
---
Signif. codes: 0 '***' 0.001 '**' 0.01 '*' 0.05 '.' 0.1 ' ' 1

Residual standard error: 0.3238 on 2008 degrees of freedom
Multiple R-squared: 0.8954,  Adjusted R-squared: 0.8952
F-statistic: 4297 on 4 and 2008 DF,  p-value: < 2.2e-16
```

이 회귀모형의 가정에 대한 정규성(normality), 독립성(independence), 선형성(linearity), 등분산성(homoscedacity) 등에 대한 설명은 생략한다. 다만 설명변수들 간의 다중공선성(multicollinearity)에 대해서만 설명한다. 중회귀분석에서 설명변수(독립변수)들 간에는 상관관계 없이 독립적이어야 한다. 잔차들이 관찰치에 따라 랜덤하게 나열되면 이것을 감지할 수 있다. 그러나 VIF(variance inflation factors) 값이 10보다 작으면 이러한 염려가 없다고 판정한다.

$$VIF_i = \frac{1}{1 - R_i}$$

```
> vif(fit)
 SqFt_price    h_size       unit        age
   1.117430  3.175266  3.016986   1.042046
> sqrt(vif(fit)) > 3
 SqFt_price    h_size       unit        age
      FALSE     FALSE      FALSE      FALSE
```

여기서는 별문제가 발견되지 않는다.

새로운 자료에서 예측을 해 보자. 결과는 생략한다. 이전의 [1단계]로 가면 HousingNew 파일이 보인다. 이것을 다운받아서 실행한다.

```
# predict

houseNew <- read.table("d:/RPy/housingNew.csv", sep=",", header=T,
stringsAsFactors=F)
str(houseNew)

houseN <- houseNew %>% select(Value, ValuePerSqFt, SqFt, Units, YearBuilt, Boro)
head(houseN)
summary(houseN)

houseN_nona <- na.omit(houseN)
houseN_nona$age <- 2011 - houseN_nona$YearBuilt

names(houseN_nona)<- c("h_price", "SqFt_price", "h_size", "unit",
"YearBuilt","region", "age")
summary(houseN_nona)

head(houseN_nova)

houseN_pred <- predict(fit, newdata=houseN_nona, interval="confidence",
level=0.95)                                                    # 95% 신뢰구간
head(houseN_pred)
```

다음은 시세와 회귀분석의 예측치 및 95% 신뢰구간을 보여준다.

```
> head(houseN_nona$h_price)
[1]   868000  2242996 11693000 10864000  1969004  4792003
> houseN_pred <- predict(fit, newdata=houseN_nona, interval="confidence",
level=0.95)
> head(houseN_pred)
        fit          lwr         upr
1   441313.9    305773.9     576854
2  3200578.8   2991570.4    3409587
3 10041410.5   9440064.2   10642757
4  9079138.3   8730312.9    9427964
5  1934884.3   1799403.3    2070365
6  5949002.5   5808050.0    6089955
```

연습문제

다음은 조직에서 관리자의 태도에 관한 자료이다. 회귀분석을 실시해 보고, 나중에 주성분분석과 요인분석(15장 참조)도 각자 시도해 보자.

```
> ?attitude
> data(attitude)
> str(attitude)
'data.frame'     : 30 obs. of 7 variables:
 $ rating        : num 43 63 71 61 81 43 58 71 72 67 ...
 $ complaints    : num 51 64 70 63 78 55 67 75 82 61 ...
 $ privileges    : num 30 51 68 45 56 49 42 50 72 45 ...
 $ learning      : num 39 54 69 47 66 44 56 55 67 47 ...
 $ raises        : num 61 63 76 54 71 54 66 70 71 62 ...
 $ critical      : num 92 73 86 84 83 49 68 66 83 80 ...
 $ advance       : num 45 47 48 35 47 34 35 41 31 41 ...
> fit <- lm(rating ~., data=attitude)
> summary(fit)
```

다음은 자동차 도로주행 검사 결과 자료이다. mpg에 관하여 회귀분석을 실시해 보자.

```
> ?mtcars
> library(car)
> data(mtcars)
> str(mtcars)
'data.frame'  : 32 obs. of 11 variables:
 $ mpg        : num 21 21 22.8 21.4 18.7 18.1 14.3 24.4 22.8 19.2 ...
 $ cyl        : num 6 6 4 6 8 6 8 4 4 6 ...
 $ disp       : num 160 160 108 258 360 ...
 $ hp         : num 110 110 93 110 175 105 245 62 95 123 ...
 $ drat       : num 3.9 3.9 3.85 3.08 3.15 2.76 3.21 3.69 3.92 3.92 ...
 $ wt         : num 2.62 2.88 2.32 3.21 3.44 ...
 $ qsec       : num 16.5 17 18.6 19.4 17 ...
 $ vs         : num 0 0 1 1 0 1 0 1 1 1 ...
 $ am         : num 1 1 1 0 0 0 0 0 0 0 ...
 $ gear       : num 4 4 4 3 3 3 3 4 4 4 ...
 $ carb       : num 4 4 1 1 2 1 4 2 2 4 ...

> head(mtcars)
                  mpg  cyl  disp  hp   drat  wt    qsec   vs    am    gear carb
Mazda RX4         21.0  6   160   110  3.90 2.620 16.46  0     1     4     4
Mazda RX4 Wag     21.0  6   160   110  3.90 2.875 17.02  0     1     4     4
Datsun 710        22.8  4   108   93   3.85 2.320 18.61  1     1     4     1
Hornet 4 Drive    21.4  6   258   110  3.08 3.215 19.44  1     0     3     1
Hornet Sportabout 18.7  8   360   175  3.15 3.440 17.02  0     0     3     2
Valiant           18.1  6   225   105  2.76 3.460 20.22  1     0     3     1
> fit_cars <- lm(mpg ~ dis + hp + wt + dist, data=mtcars)
```

R 생각

회귀분석은 설명변수가 반응변수에 미치는 영향력을 조사할 뿐만 아니라, 반응변수의 예측치를 계산할 수 있어 편리하고 유익한 기법이다. 이 기법은 트렌드를 예측하는데 자주 이용된다. 조심할 점은 설명변수의 올바른 선택과 회귀모형의 잔차에 대한 엄격한 가정이 있다는 사실이다. 고급 수준의 연구에서는 설명변수들의 관계나 잔차에 대한 검증이 요구된다. 그러나 일반적으로 문제 해결에 대한 통찰력을 갖기를 원한다면 비교적 자유롭게 활용해도 무방하다.

CHAPTER 08

로지스틱 회귀분석

제1절 로지스틱 회귀분석의 개념

로지스틱 회귀분석(logistic regression analysis)은 종속변수 Y가 1, 0 상황에서 유용한 분석 기법이다. 현실적으로 이러한 사례는 도처에서 발견된다. 예를 들어, 환자의 질병 검사에서 양성 또는 음성 반응을 보인다든지, 특정 제품에 대한 구매 경험 여부, 자가(自家) 소유 여부, 스포츠 경주에서 승패 등은 모두가 1, 0의 범주에 들어간다. 이 때 Y를 다음과 같이 정의한다.

$$Y = \begin{cases} 1, & \text{만일 성공으로 간주하면} \\ 0, & \text{만일 실패로 간주하면} \end{cases}$$

예를 들어, 알타 야구팀의 최근 8경기에서 득점과 승부가 [도표 8.1]과 같다고 하자.

[도표 8.1] 야구경기 결과

득점	결과	득점	결과
6	승리(1)	8	승리(1)
4	패배(0)	10	승리(1)
4	승리(1)	3	패배(0)
5	승리(1)	2	패배(0)

이것을 산점도와 회귀직선을 그린다면 다음과 같이 된다.

```
x <- c(6, 4, 4, 5, 8, 10, 3, 2)
y <- c(1, 0, 1, 1, 1, 1, 0, 0)
plot(x, y)
model <- lm(y~x)
abline(model)
```

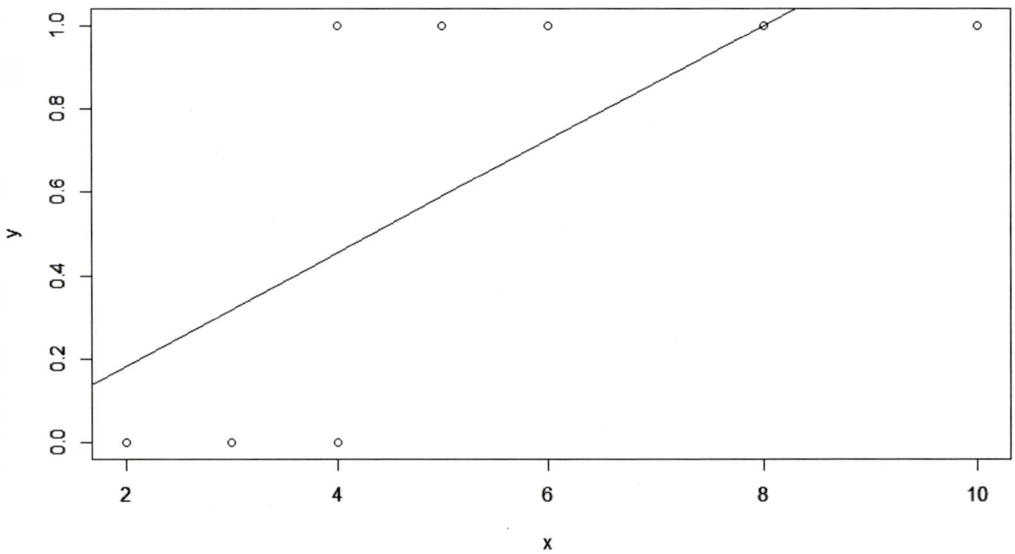

단순 회귀모형($Y = \beta_0 + \beta_1 X + \varepsilon$)에서 $\beta_0 + \beta_1 X$은 [0, 1]의 범위를 벗어날 수 있고 오차항 ε의 분포가 정규분포가 아닌 경우도 있다. 이러한 문제점을 극복하기 위해 로지스틱 회귀분석을 공부할 필요가 있다.

독립변수가 하나인 경우 [0, 1] 사이에서 연속적이고 증가하는 값을 갖는 함수 $\pi(X)$에 대해

$$\pi(X) = P(Y=1 \backslash X) = \pi(\beta_0 + \beta_1 X)$$

으로 모형화할 수 있다. 이 때 연결함수의 형태에 따라

$$\pi(X) = \frac{\exp(\beta_0 + \beta_1 X)}{1 + \exp(\beta_0 + \beta_1 X)}$$

이면 로지스틱 모형이라고 부른다. 만일

$$\pi(X) = \exp(-\exp(X))$$

이면 검벨(gumbel) 모형, $\pi(X)$가 표준정규분포이면 프로빗(probit) 모형이라고 부른다.

로지스틱 모형은 로짓함수(logit function)에서 파생되었다. 로짓함수는 성공(1)과 실패(0) 여부를 예측하기 위한 확률 비율을 다음과 같이 정의한다.

$$\frac{\text{성공할 확률}}{\text{실패할 확률}} = \frac{\pi(X)}{1 - \pi(X)}$$

이 식에서 $\pi(X)$ 대신에 함수를 넣고 정리한 후, 양변에 자연로그를 취하면

$$\ln\left(\frac{\pi(X)}{1 - \pi(X)}\right) = \beta_0 + \beta_1 X = \ln(Y)$$

이다. 이 회귀식의 Y값을 승산비(odds ratio; 오즈비)이라고 부른다. 이것은 X가 한 단위 증가할 때 Y=1일 확률과 Y=0일 확률의 비율을 나타낸다. 로그로 표현되었기 때문에 결과값은 앤티로그를 취한다.

로지스틱 회귀모형은 독립변수의 효과를 측정하며, 1과 0의 발생확률에 관심을 갖는다. 종속변수인 Y는 실패(0)와 성공(1) 사이에서 확률값을 갖는다. [도표 8.1]은 두 변수 사이의 관계를 그림으로 나타낸다.

[도표 8.1] 로지스틱 반응함수

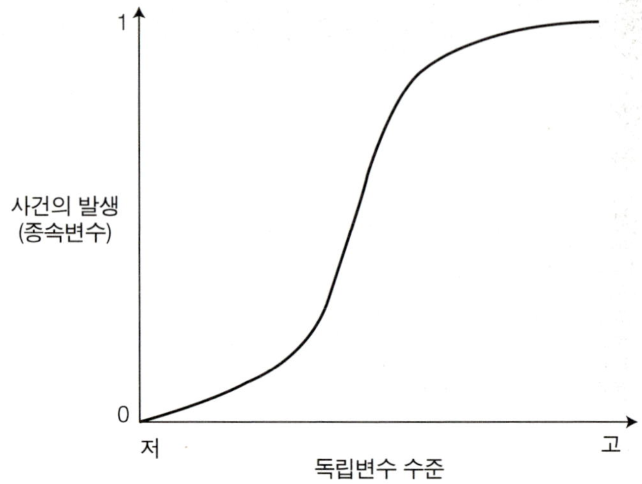

이 함수의 S자 모양은 시그모이드 형태라고 부르며, 두 변수 간의 관계는 비선형적이다. 독립변수의 수준이 낮으면 실패(0), 높으면 성공(1)할 가능성을 보인다.

앞에서는 독립변수가 하나인 경우 단순 로지스틱 선형모형을 설명하였다. 독립변수가 k 개인 경우 로지스틱 반응함수는 비선형이므로 자연로그를 통해 로짓변환을 사용한다. 따라서

$$\ln\left(\frac{\pi(X_i)}{1-\pi(X_i)}\right) = \beta_0 + \beta_1 X_1 + \beta_2 X_2 + \cdots + \beta_k X_k$$

여기서 X_1 변수의 회귀계수는 다른 독립변수들의의 수준이 일정하다고 가정할 때, X_1 변수가 한 단위 증가하면 반응변수는 $\exp(\beta_1)$만큼 증가한다고 해석할 수 있다.

제2절 로지스틱 모형의 계수 추정

이항분류 문제에서 로지스틱 회귀모형의 계수 추정은 우도함수를 이용한다. 단순 로지스틱 모형의 우도함수(likelihood function)는

$$L(\beta_0, \beta_1) = \prod_{i=0}^{n} \pi(\beta_0 + \beta_1 X_i)^{Yi}(1 - \pi)(\beta_0 + \beta_1 X_i))^{1-Yi}$$

이다. 여기서 $\pi(X) = \exp(X)/(1+\exp(X))$이다. 양변에 로그를 취하면

$$\ln(\beta_0, \beta_1) = \sum_{i=0}^{n} (Y_i \ln(\pi(\beta_0 + \beta_1 X_i)) + (1 - Y_i) \ln((1 - \pi)(\beta_0 + \beta_1 X_i)))$$

이다. 이 함수는 계수에 대한 비선형함수이므로 이를 최대화하는 최대우도함수(maximum likelihood) 추정치를 구할 수 있다. 이 모형에 대한 우도값의 유의성은 카이제곱 검정을 실시한다.

이제 실제 자료를 이용하여 로지스틱 회귀분석을 실시해 보자.

제3절 엑셀자료 분석

다음은 종교(유=1, 무=0)를 갖는 설명변수로서 월평균 소득(income), 친구 수(friend), 성별(gender; 남=1, 여=0), 연령대(age; 30대, 40대, 50대)에 관한 가상 자료를 엑셀에 입력한 것이다. 연령대는 가변수(dummy variable)로 변환하여 aD1과 aD2를 만들어서 표기하였다.

[도표 8.2] 종교와 설명변수의 가상 자료

	A	B	C	D	E	F	G
1	religion	income	friend	gender	age	aD1	aD2
2	1	260	2	1	50	0	1
3	1	150	3	1	50	0	1
4	1	200	4	1	30	0	0
5	1	400	5	1	40	1	0
6	1	350	3	1	40	1	0
7	1	380	2	0	30	0	0
8	1	450	2	0	50	0	1
9	1	230	3	0	50	0	1
10	1	400	2	0	50	0	1
11	1	300	5	0	50	0	1
12	0	350	0	1	30	0	0
13	0	200	1	1	30	0	0
14	0	210	2	1	30	0	0
15	0	310	2	1	30	0	0
16	0	350	0	1	40	1	0
17	0	500	1	0	40	1	0
18	0	400	3	0	40	1	0
19	0	420	5	0	30	0	0
20	0	220	2	0	30	0	0
21	0	240	1	0	50	0	1

로지스틱 회귀분석을 위해 다음 단계로 진행한다.

[1단계] 완전모형 분석 → **[2단계]** 축소모형 분석 및 비교 → **[3단계]** 새 자료의 예측 → **[4단계]** 로지스틱 모형 적합선

[1단계] 완전모형의 분석

다음은 로지스틱 회귀분석을 위한 완전모형(full model)이다.

$$P(Y=1\backslash X) = \pi(\beta_0 + \beta_1 X_1 + \beta_2 X_2 + \beta_3 X_3 + \beta_4 aD1 + \beta_5 aD2)$$

그리고 R glm(generalized linear model) 명령문은 다음과 같다.

```
install.packages("readxl")
library(readxl)
rel <- read_excel("D:/RPy/logist.xlsx", sheet=1)
fit_full <- glm(religion ~., family=binomial(), data=rel[-5])          # age 변수 제외
summary(fit_full)
confint(fit_full)
```

```
> summary(fit_full)
Call:
glm(formula = religion ~ ., family = binomial(), data = rel)
Deviance Residuals:
     Min         1Q       Median       3Q        Max
  -1.45035   -0.47438   -0.01184   0.44812    2.44838
Coefficients:
              Estimate    Std. Error     z value    Pr(>|z|)
(Intercept)  -8.029214    4.874692      -1.647     0.0995 .
income        0.007654    0.010845       0.706     0.4803
friend        1.087305    0.548292       1.983     0.0474 *
gender        2.744870    2.177674       1.260     0.2075
aD1           0.227546    1.932548       0.118     0.9063
aD2           4.759871    2.315130       2.056     0.0398 *
---
Signif. codes: 0 '***' 0.001 '**' 0.01 '*' 0.05 '.' 0.1 ' ' 1

(Dispersion parameter for binomial family taken to be 1)
     Null deviance : 27.726 on 19 degrees of freedom
 Residual deviance : 13.869 on 14 degrees of freedom
AIC: 25.869
Number of Fisher Scoring iterations: 5
```

```
> confint(fit_full)
Waiting for profiling to done...
                   2.5%          97.5%
(Intercept)  -20.80123812    -0.22633362
income        -0.01248131     0.03380407
friend         0.19836256     2.47602729
gender        -0.87678536     8.30480795
aD1           -3.80312782     4.35139210
aD2            1.21889656    11.17167092
```

설명변수들 중에서 α=0.05보다 작은 유의확률을 갖는 변수는 친구(friend)와 연령대 가변수(aD2)로 나타났다. 친구의 회귀계수는 1.087이므로 승산비(odds ratio)는 exp(1.087) = 2.97이다. 다른 변수들의 값을 고정시키고, 친구가 1명 늘어나면 종교를 가질 확률은 안 가질 확률보다 2.97배 증가하는 것으로 해석할 수 있다. 다음으로 가변수의 해석은 주의를 요한다. 가변수 aD1의 회귀계수는 유의하지 않으므로 40대와 30대의 종교 유무는 별차이가 없다. 그러나 aD2의 회귀계수는 4.76이므로 승산비는 exp(4.760) = 116.75 이다. 따라서 50대가 종교를 가질 확률은 30대보다 116.75배 높다. 이 경우 가변수 해석은 30대를 기준으로 비교하였지만, 40대를 기준으로 한다면 코딩을 다르게 하면 된다. 물론 회귀계수는 달라지지만, 상대적이 승산비는 일정하므로 해석에 차이가 없다.

그리고 회귀계수가 1이라는 값은 독립변수가 종속변수에 영향을 미치지 않는다는 뜻이다. 다시 말해서 신뢰구간 안에 1이 포함되면 그 계수는 유의하지 않다. 이것은 마치 일반 회귀계수의 0과 동일한 개념이다. exp(0)=1이기 때문이다.

추정 회귀식의 AIC(Akaike Information Criterion) = 25.869 값은 주어진 자료에 대한 모형의 품질을 나타낸다. 값이 낮을수록 모형이 개선된 것을 보여준다.

다음은 잔차에 대한 그림표이다.

```
layout(matrix(c(1, 2, 3, 4), 2, 2))
plot(fit_full)
par(mfrow = c(1, 1))
```

아래 상단 표에서 보면, 표본 20개의 잔차값은 평균을 0을 중심으로 무작위로 산포되어 있다. 좌하단의 표는 잔차의 정규분포 가정을 보여주는 것으로서, 표준화된 잔차가 대각선에 따라 가는 모습을 보이고 있어 잔차의 정규성 가정을 위반하지 않고 있다. 다른 그림에서도 특이한 점이 발견되지 않고 있다.

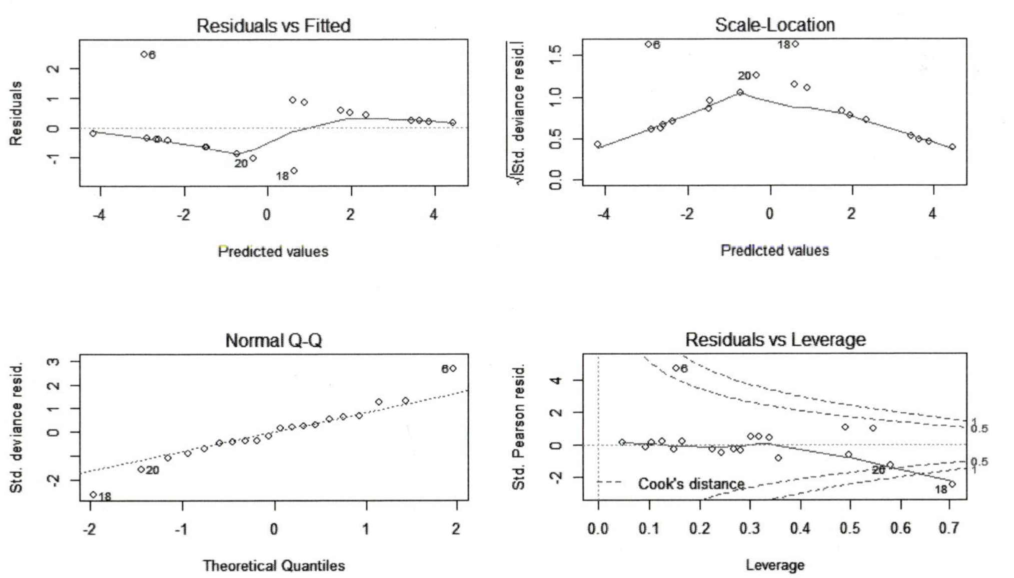

[2단계] 축소모형의 분석과 비교

여기서는 유의한 변수 friend와 aD2만을 활용한 축소모형(reduced model)을 먼저 분석한다.

```
> fit_reduced <- glm(religion~ friend+aD2, family=binomial(), data=rel)
> summary(fit_reduced)

Call:
glm(formula = religion ~ friend + aD2, family = binomial(), data = rel)
Deviance Residuals:
     Min         1Q       Median        3Q        Max
  -1.89391   -0.63230   -0.05056    0.60309    1.84836
Coefficients:
              Estimate    Std. Error      z value     Pr(>|z|)
(Intercept)   -3.5882       1.7413        -2.061      0.0393 *
friend         1.0399       0.5476         1.899      0.0575 .
aD2            3.1205       1.4614         2.135      0.0327 *
---
Signif. codes: 0 '***' 0.001 '**' 0.01 '*' 0.05 '.' 0.1 ' ' 1

(Dispersion parameter for binomial family taken to be 1)
     Null deviance : 27.726 on 19 degrees of freedom
 Residual deviance : 16.174 on 17 degrees of freedom
AIC: 22.174
Number of Fisher Scoring iterations: 5
```

위 결과에서 friend는 α=0.01에서 상당히 유의하며, aD2는 α=0.05에서 유의하다고 볼 수 있다.

이제 두 모형 완전모형과 축소모형 간의 통계적인 차이가 있는지 여부를 알기 위해 가설을 세우고 검정해 보면 다음과 같다.

H_0: 두 모형은 차이가 없다.

H_1: 두 모형은 차이가 있다.

```
> anova(fit_full, fit_reduced, test="Chisq")
Analysis of Deviance Table

Model 1: religion ~ income + friend + gender + aD1 + aD2
Model 2: religion ~ friend + aD2
  Resid. Df    Resid. Dev    Df    Deviance    Pr(>Chi)
1      14        13.869
2      17        16.174      -3     -2.3052     0.5115
```

Pr(> Chi) > 0.05이므로 귀무가설을 채택한다. 두 모형은 차이가 없다고 할 수 있다.

참고

다음은 MASS 패키지의 AIC 관련 함수를 이용하여 완전모형에서 최적모형을 구하는 과정을 보여준다. 여기서 최적모형 fit_best는 위의 fit_reduced 축소모형과 동일하다. 결과는 생략한다.

```
library(MASS)
(fit_best <- stepAIC(fit_full))
summary(fit_best)
rel_pred <- predict(fit_best, type="resp")
(tb_best <- table(religion=rel$religion, pred=round(rel_pred)))
1-sum(diag(tb_best)/sum(tb_best))                              # 오분류 비율
anova(fit_full, fit_best, test="Chisq")
```

[3단계] 새 자료에 대한 예측

다음과 같은 새로운 사람들이 있을 때, 이들이 종교를 가질 확률을 구해 보자.

	A	B	C	D	E	F
1	income	friend	gender	age	aD1	aD2
2	400	2	0	50	0	1
3	150	3	0	50	0	1
4	230	1	1	30	0	0
5	400	0	1	40	1	0
6	350	3	1	40	1	0

```
> test_data <- read_excel("D:/RPy/logist.xlsx", sheet=2)
> test_data$prob <- predict(fit_full, newdata=test_data, type="response")
> test_data
# A tibble: 5 x 7
    income  friend  gender   age    aD1    aD2    prob
     <dbl>   <dbl>   <dbl> <dbl>  <dbl>  <dbl>   <dbl>
1      400       2       0    50      0      1   0.877
2      150       3       0    50      0      1   0.758
3      230       1       1    30      0      0   0.0804
4      400       0       1    40      1      0   0.120
5      350       3       1    40      1      0   0.708
```

5명 중에서 1, 2, 5번째 사람은 종교를 가질 확률이 70%이상이며, 3와 4번째 사람은 그 확률이 매우 낮다. 친구의 수(friend)가 종교에 미치는 영향이 유의하기 때문에 이러한 결과를 보여준다.

[4단계] 로지스틱 회귀모형 적합선

로지스틱 회귀모형 적합선을 그리려면 다음과 같은 명령문을 입력하고 실행하면 된다. 여기서는 ggplot2 패키지를 설치하고 friend 변수를 활용한다.

```
install.packages("ggplot2")
library(ggplot2)
rel <- read_excel("D:/RPy/logist.xlsx", sheet=1)
ggplot(data=rel, aes(x=friend, y=religion)) + geom_point() + stat_
smooth(method="glm", method.args=list(family="binomial"), color="blue",
se=FALSE)
```

아래 그림에서 시그모이드 형태는 완만하게 보인다.

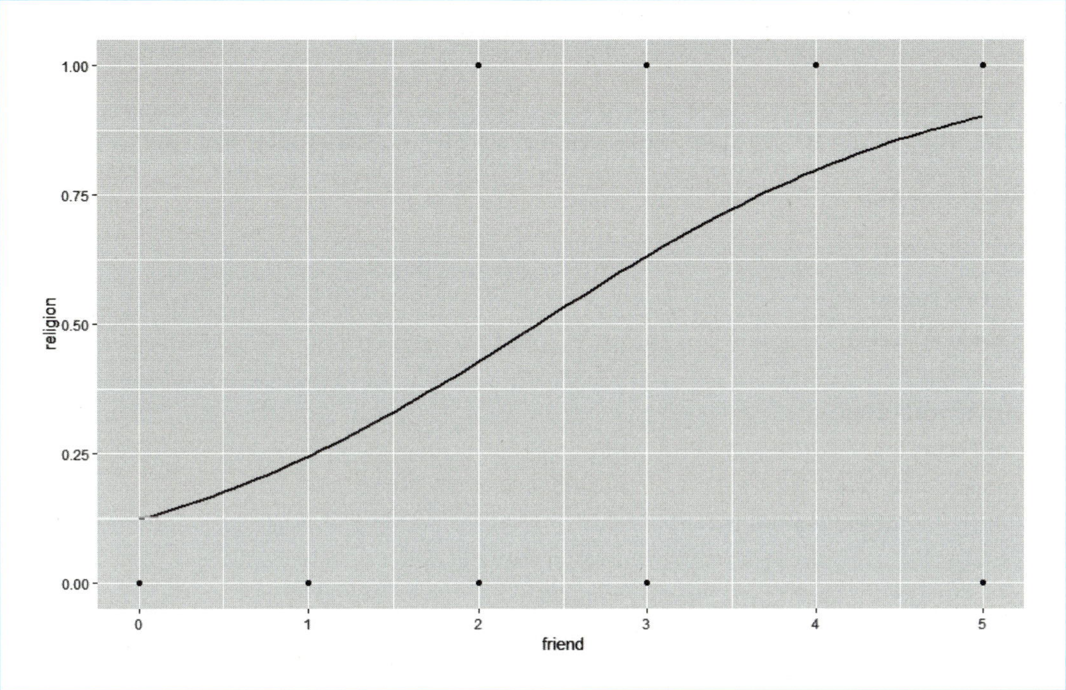

제4절 Titanic 자료 분석

여기서는 Titanic 자료를 이용하여 생사(生死) 갈림길에 있었던 승무원과 승객에 대해 로지스틱 회귀분석을 실시한다.

```
> data (Titanic)
> class(Titanic)
[1] "table"
> dimnames(Titanic)
> str(Titanic)                                                    # 결과 생략
 'table' num [1:4, 1:2, 1:2, 1:2] 0 0 35 0 0 0 17 0 118 154 ...
 - attr(*, "dimnames")=List of 4
 ..$ Class     : chr [1:4] "1st" "2nd" "3rd" "Crew"
 ..$ Sex       : chr [1:2] "Male" "Female"
 ..$ Age       : chr [1:2] "Child" "Adult"
 ..$ Survived  : chr [1:2] "No" "Yes
```

```
> ftable(Titanic)
                  Survived     No      Yes
Class   Sex         Age
1st     Male        Child       0        5
                    Adult     118       57
       Female       Child       0        1
                    Adult       4      140
2nd     Male        Child       0       11
                    Adult     154       14
       Female       Child       0       13
                    Adult      13       80
3rd     Male        Child      35       13
                    Adult     387       75
       Female       Child      17       14
                    Adult      89       76
Crew    Male        Child       0        0
                    Adult     670      192
       Female       Child       0        0
                    Adult       3       20
```

```
> Titab1 <- margin.table(Titanic, c(2,4))                        # 2=Sex, 4=Survived
> Titab1
        Survived
Sex       No      Yes
Male    1364      367
Female  126       344

> chisq.test(Titab1)

        Pearson's Chi-squared test with Yates' continuity correction

data: Titab1
X-squared = 454.5, df = 1, p-value < 2.2e-16

> fisher.test(Titab1)

        Fisher's Exact Test for Count Data

data: Titab1
p-value < 2.2e-16
alternative hypothesis: true odds ratio is not equal to 1
95 percent confidence interval:
  7.97665 12.92916
sample estimates:
odds ratio
    10.1319
```

독립성 검정을 위한 카이제곱 검정에서 $p < 0.05$이므로, 귀무가설(H_0: 두 요인은 독립적이다)을 기각한다. 따라서 성별과 생존에는 서로 연관이 있다. Fisher 검정에서 승산비(odds ratio)는 10.1319로서 1보다 유의하게 크므로 동일한 결과를 보여준다.

이제 로짓분석을 위해 원본 테이블자료를 데이터프레임으로 바꾸고 실행해 보자.

```
> Titanic_df <- as.data.frame(Titanic)
> head(Titanic_df)
    Class    Sex      Age    Survived    Freq
1    1st     Male     Child     No        0
2    2nd     Male     Child     No        0
3    3rd     Male     Child     No        35
4    Crew    Male     Child     No        0
5    1st     Female   Child     No        0
6    2nd     Female   Child     No        0
```

```
> tail(Titanic_df)
   Class    Sex     Age   Survived  Freq
27  3rd    Male    Adult    Yes      75
28  Crew   Male    Adult    Yes     192
29  1st    Female  Adult    Yes     140
30  2nd    Female  Adult    Yes      80
31  3rd    Female  Adult    Yes      76
32  Crew   Female  Adult    Yes      20
```

Survived 변수의 No와 Yes 기준으로 전체 자료를 반으로 나눈다.

```
> (T_df1 <- Titanic_df[c(1:16), ])                              # 결과 생략
> (T_df2 <- Titanic_df[c(17:32),])                              # 결과 생략

> (T_df <- data.frame(T_df1, T_df2$Freq))                       # 결과 생략
> (T_df <- rename(T_df, "No"= "Freq", "Yes"= "T_df2.Freq"))     # 결과 생략
> T_df <- T_df[, -4]
> head(T_df)
     Class   Sex     Age    No    Yes
1    1st     Male    Child  0     5
2    2nd     Male    Child  0     11
3    3rd     Male    Child  35    13
4    Crew    Male    Child  0     0
5    1st     Female  Child  0     1
6    2nd     Female  Child  0     13
> tail(T_df)
     Class   Sex     Age    No    Yes
11   3rd     Male    Adult  387   75
12   Crew    Male    Adult  670   192
13   1st     Female  Adult  4     140
14   2nd     Female  Adult  13    80
15   3rd     Female  Adult  89    76
16   Crew    Female  Adult  3     20
```

이제 T_df를 분석해 보자.

```
> Tmodel <- "cbind(No, Yes) ~ Class*Sex + Age"                          # 모형 구축
> Tfit <- glm(Tmodel, family=binomial(logit), data=T_df)
> summary(Tfit)

Call:
glm(formula = Tmodel, family = binomial(logit), data = T_df)

Deviance Residuals:
      1        2        3       4        5        6        7       8
      9       10       11      12       13       14       15      16
-2.2841  -5.1564   1.0917  0.0000  -0.1406  -1.1625   2.5433  0.0000
 0.3259   1.8814  -0.4503  0.0000   0.0050   0.1998  -1.0832  0.0000

Coefficients:
                    Estimate   Std. Error     z value    Pr(>|z|)
(Intercept)         -0.3784    0.2734         -1.384     0.16633
Class2nd             1.2323    0.2688          4.584     4.56e-06 ***
Class3rd             1.0229    0.1991          5.139     2.77e-07 ***
ClassCrew            0.5746    0.1776          3.235     0.00122 **
SexFemale           -4.2331    0.5310         -7.972     1.56e-15 ***
AgeAdult             1.0537    0.2304          4.573     4.81e-06 ***
Class2nd:SexFemale   0.4483    0.6460          0.694     0.48772
Class3rd:SexFemale   2.8625    0.5633          5.082     3.73e-07 ***
ClassCrew:SexFemale  1.0862    0.8197          1.325     0.18516
---
Signif. codes: 0 '***' 0.001 '**' 0.01 '*' 0.05 '.' 0.1 ' ' 1

(Dispersion parameter for binomial family taken to be 1)

       Null deviance: 671.962 on 13 degrees of freedom
   Residual deviance: 45.899 on 5 degrees of freedom
AIC: 110.52

Number of Fisher Scoring iterations: 5
```

1등실에 대비한 2등실과 3등실의 승산비 값을 비교하면 다음과 같다.

```
> exp(1.2323)                                              # 2등실 대비
[1] 3.429107
> exp(1.0229)                                              # 3등실 대비
[1] 2.781249
```

1등실 생존의 승산비는 2등실 생존의 승산비에 3.4배가 되며, 3등실 승산비에 2.8배가 된다. 그리고 2등실 생존 승산비와 3등실 생존 승산비를 계산하면, 약 1.2배가 된다.

```
> exp(1.2323)/exp(1.0229)
[1] 1.232938
```

참고로, 선실 종류에 따라 생존 여부를 비교해 보면 다음과 같다.

```
> Titab <- margin.table(Titanic, c(1,4))
> Titab
      Survived
Class   No   Yes
  1st   122  203
  2nd   167  118
  3rd   528  178
  Crew  673  212

> round(Titab/rowSums(Titab), 2)
      Survived
Class   No    Yes
  1st   0.38  0.62
  2nd   0.59  0.41
  3rd   0.75  0.25
  Crew  0.76  0.24
```

그리고 남성 생존의 승산비는 여성 생존의 승산비에 0.014배 밖에 되지 않는다. 이것은 반대로 여성 생존의 승산비가 남자에 비해 약 69배가 된다.

```
> exp(-4.2331)
[1] 0.01450735
> 1/exp(-4.2331)
[1] 68.93059
```

남자와 여자의 생존비율을 비교해 보면 이해가 된다.

```
> Titabs <- margin.table(Titanic, c(2,4))                    # 2=Sex, 4=Survived
> Titabs
          Survived
   Sex      No     Yes
  Male    1364     367
Female     126     344

> row_total <- rowSums(Titabs)
> round(Titabs/row_total, 2)
          Survived
   Sex      No     Yes
  Male    0.79    0.21
Female    0.27    0.73
```

아래의 ANOVA 검정에서 세 독립변수와 하나의 상호작용변수는 모두 유의함을 보여 준다.

```
> anova(Tfit, test="Chisq")
Analysis of Deviance Table

Model: binomial, link: logit
Response: cbind(No, Yes)
Terms added sequentially (first to last)

             Df    Deviance Resid.   Df    Resid. Dev   Pr(>Chi)
NULL                                 13    671.96
Class        3     180.90            10    491.06       < 2.2e-16 ***
Sex          1     359.64            9     131.42       < 2.2e-16 ***
Age          1     18.85             8     112.57       1.413e-05 ***
Class:Sex    3     66.67             5     45.90        2.206e-14 ***
---
Signif. codes: 0 '***' 0.001 '**' 0.01 '*' 0.05 '.' 0.1 ' ' 1
```

연습문제 1

다음은 1973년 UC Berkeley 대학의 상위 6개 학과 입학지원 자료이다. 로지스틱 회귀분석을 실시해 보자.

```
> data(UCBAdmissions)
> str(UCBAdmissions)
 'table' num [1:2, 1:2, 1:6] 512 313 89 19 353 207 17 8 120 205 ...
 - attr(*, "dimnames")=List of 3
  ..$ Admit  : chr [1:2] "Admitted" "Rejected"
  ..$ Gender : chr [1:2] "Male" "Female"
  ..$ Dept   : chr [1:6] "A" "B" "C" "D" ...
> UCBAdmissions                                          # 결과 생략
```

연습문제 2

German Credit 자료의 로지스틱 회귀분석을 실시해 보자. 이 자료는 유럽 Statlog 프로젝트의 데이터베이스에 들어 있다. 다음 url에 들어가면 자료 접근이 가능하다.

http://archive.ics.uci.edu/ml/datasets/statlog+(German+Credit+Data)

이 자료의 로지스틱 회귀분석 과정은 다음 책에 잘 나와 있으며 Python과 R을 이용하여 설명하였다.

머신러닝과 통계, 프라탑 단게티 지음, 이병욱 옮김, 에이콘, 2018, pp. 121-140.

우선적으로 R 부분에 도전해 보기 바란다. 아마도 본서의 186쪽 또는 530쪽을 참고하면 도움을 얻을 수 있을 것이다.

CHAPTER 09
판별분석

제1절 판별분석이란

판별분석(discriminant anlaysis)은 개체가 여러 집단 중 어느 집단에 소속되어 있는가를 알기 위한 분류 알고리즘이다. 예를 들어, 은행 조사부에서 대부 신청서를 검토할 때 기업의 재무 상태에 따라 위험이 높고 낮음을 결정해야 할 때가 있다. 또한 보험회사에서는 보험 가입자가 지속적으로 보험료를 지불할 것인지 여부에 대해 판단하고 싶어한다. 그리고 식물학자는 새로이 발견한 식물을 이미 알려진 종류 중의 하나로 분류되는지 여부를 알고자 한다.

이러한 경우에 연구자는 원래 자료의 복잡한 차원의 공간보다는 간단한 함수를 이용하여 분류하면 더 용이하다. 다시 말해서 지도학습의 일환으로 훈련자료에서 학습한 후 검정자료에 적용하는 것이다. 판별분석 함수의 목적은 독립변수들을 선형 결합하여 종속변수의 분류를 기술하고 예측한다. 이것은 일종의 회귀 알고리즘을 닮고 있지만, 차이점은 종속변수가 범주이면서 분류에 목적을 두고 있다는 점이다.

이와 같이 판별 알고리즘은 종속변수가 범주변수이고, 독립변수가 정량변수일 때 적절한 통계기법이다. 이 때 범주는 2개 이상의 집단으로 나눌 수 있다. 지도학습 문제에서는 모형의 예측과 해석 능력이 중요하다. 그런데 상황에 따라 이보다 더 중요한 의사결정 문제가 생기기도 한다. 예컨대 고객유치에 대해서는 기대를 포함한 예측이 더 중요시 되며, 신용평가에서는 심사결과 부적격 판정이 나오는 경우 고객이 수긍할 수 있을 정도로 설명해야 하는 해석이 중요하다.

[도표 9.1]은 판별 알고리즘을 적용하는 경우에 적절한 변수들을 예시하였다.

[도표 9.1] 판별 알고리즘의 종속변수들

모집단 분류	종속변수
대학 졸업생과 중퇴생	입학시험성적, 고등학교성적, 부모 소득 등
신용카드 발급대상의 적격자와 부적격자	소득, 나이, 성별, 신용카드 보유수, 가족 수 등
신상품 구매의 즉시 구매자와 느린 구매자	나이, 소득, 교육, 가족 수 등
도산기업과 건전 기업	수익성, 활동성, 안전성 등

제2절 엑셀자료 분석

알타 보험회사에서는 보험가입자들의 보험료 지불기간이 2년 연속 지속될지 여부에 관심을 가지고 있다. 과거 자료에 의하면, 일단 13회차를 넘으면 2년 이상 지속되는 것으로 간주한다. 보험가입자에 대한 예측 모형으로 초기 가입시의 재산 수준과 지식 수준에 따라 보험료 지불의 유지 혹은 해지가 결정된다고 판단하였다. 다음은 가입자의 보험 유지(keep) 혹은 해지(cancel)에 따른 과거 자료이다(10점 만점).

가입자	유지 여부	재산 수순	지식 수준
1	유지	6	8
2	유지	7	7
3	해지	9	6
4	유지	3	7
5	유지	4	8

가입자	유지 여부	재산 수순	지식 수준
6	해지	2	6
7	유지	5	6
8	해지	8	6
9	해지	6	4
10	해지	6	5

위의 자료를 엑셀에 옮겨 보았다.

	A	B	C	D
1	고객명단	유지여부	재산수준	지식수준
2	고객1	keep	6	8
3	고객2	keep	7	7
4	고객3	cancel	9	6
5	고객4	keep	3	7
6	고객5	keep	4	8
7	고객6	cancel	2	5
8	고객7	keep	5	6
9	고객8	cancel	8	6
10	고객9	cancel	6	4
11	고객10	cancel	6	5

```
> library(rJava)
> library(readxl)
> discr <- read_excel("d:/RPy/disc.xlsx", sheet=1)
> str(discr)
Classes 'tbl_df', 'tbl' and 'data.frame': 10 obs. of 4 variables:
 $ 고객명단: chr "고객1" "고객2" "고객3" "고객4" ...
 $ 유지여부: chr "keep" "keep" "cancel" "keep" ...
 $ 재산수준: num 6 7 9 3 4 2 5 8 6 6
 $ 지식수준: num 8 7 6 7 8 5 6 6 4 5
> summary(discr)
     고객명단              유지여부              재산수준           지식수준
  Length : 10          Length : 10          Min.   : 2.00     Min.   : 4.00
 Class : character    Class : character    1st Qu. : 4.25    1st Qu. : 5.25
 Mode : character     Mode : character     Median : 6.00     Median : 6.00
                                            Mean   : 5.60     Mean   : 6.20
                                           3rd Qu. : 6.75    3rd Qu. : 7.00
                                            Max.   : 9.00     Max.   : 8.00
```

```
> attach(discr)                                                    # discr 파일 열기
The following objects are masked from discr (pos = 3):

    고객명단, 유지여부, 재산수준, 지식수준

> plot(재산수준, 지식수준, type= "n", xlab="재산수준", ylab= "지식수준", xlim=c(1, 10),
ylim=c(1,10))
> customer_keep <- discr[유지여부 == "keep",]
> c_k <- customer_keep[c(3, 4)]
> points(c_k, pch=1)
> customer_cancel <- discr[유지여부 == "cancel",]
> c_c <- customer_cancel[c(3, 4)]
> points(c_c, pch=17)
> legend(9, 9, c("keep", "cancel"), cex=1.2, pch=c(1, 17))
> abline(a=5, b=0.15, lty=3)
> detach(discr)                                                    # discr 파일 닫기
```

[도표 9.2]에 10명의 고객을 유지와 해지의 관점에서 산점도로 나타내 보았고, 분류를 위해 직선을 임의로 그어 보았다. 직선의 상부는 유지, 하부는 해지로 잘 구분되어 보인다.

[도표 9.2] 산점도

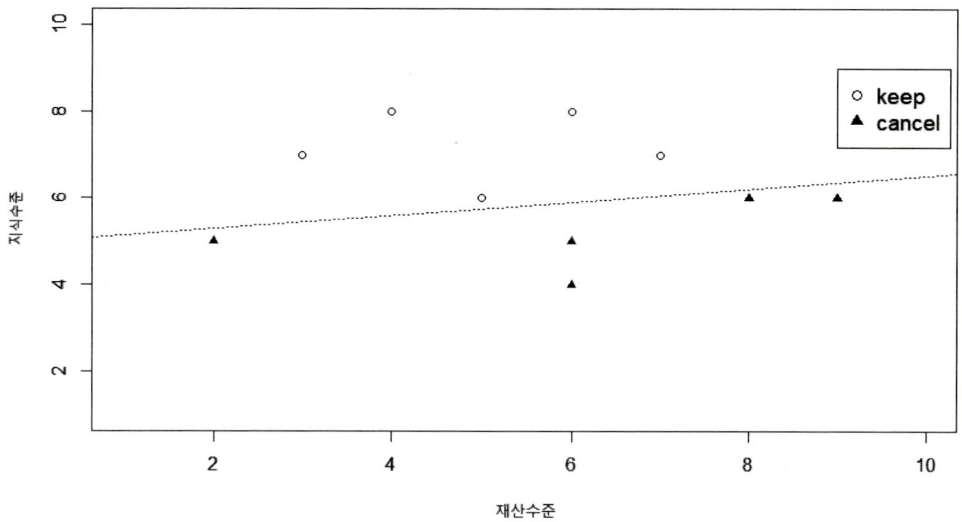

참고

다음의 명령문도 산점도와 분포도를 그려준다.

```
install.pakages("car")
library(car)
scatterplotMatrix(discr[c(3, 4)])
```

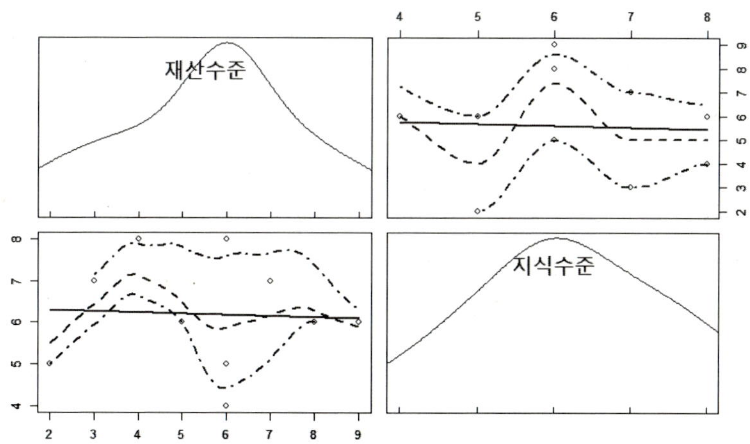

앞 산점도에서 직선을 방정식으로 나타내면,

$$ax + by + c = 0$$

이며, 여기서 좌변에 z를 놓으면

$$z = ax + by + c$$

이다. 이것은 xy 평면에 직선으로 나타나는 3차원 공간에서의 초평면이 된다. [도표 9.3]을 보면 알 수 있다.

[도표 9.3] z 초평면

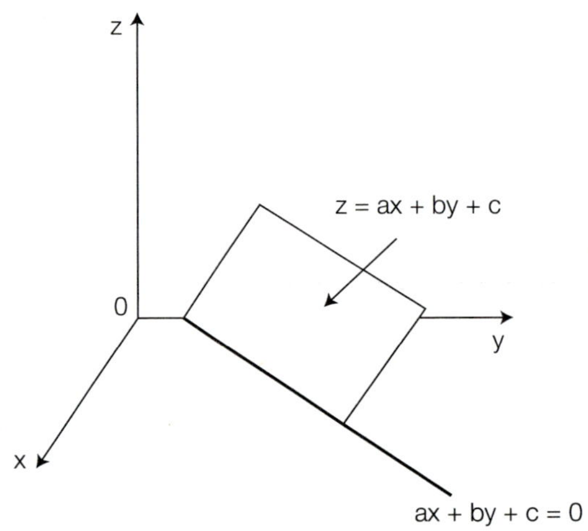

이 도표에서 $z \geq 0$이면 유지 집단, $z < 0$이면 해지 집단으로 분리한다. 따라서 직선 방정식 $ax + by + c = 0$과 1차판별함수 $z = ax + by + c$를 구하는 것은 동일한 의미이다. 이때 z를 판별점수라고 부른다.

[도표 9.4] 유지집단과 해지집단의 분리

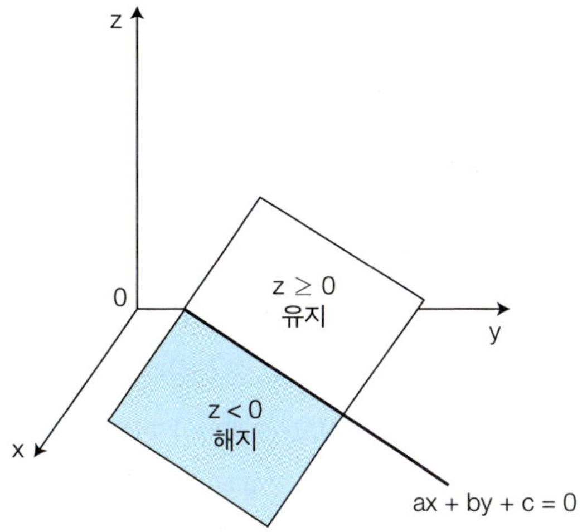

이 선형 판별함수에 새로운 개체k의 (x, y)값을 대입하여 z값을 계산하면 그 결과로 k가 어느 부류에 속하는지 알게 된다.

이제 lda() 함수(linear discriminant analysis)를 이용하여 판별함수를 구해 보자.

```
> library(MASS)
> disc_lda <- lda(유지여부 ~ 재산수준 + 지식수준, data=discr)
> disc_lda
Call:
lda(유지여부 ~ 재산수준 + 지식수준, data = discr)

Prior probabilities of groups:
      cancel   keep
        0.5     0.5

Group means:
           재산수준   지식수준
cancel       6.2       5.2
keep         5.0       7.2

Coefficients of linear discriminants:
             LD1
재산수준  -0.2426525
지식수준   1.2394308
```

두 집단(유지와 해지)의 개체 수가 각각 50% 차지하며, 재산수준과 지식수준의 각 평균을 계산하였다. 그리고 선형 판별함수는

D = −0.24(재산수준) + 1.24(지식수준)

이다. 이 함수의 계수에서 지식수준은 재산수준 보다 5배정도 영향력이 크다. 따라서 재산수준보다 지식수준이 높은 가입자가 보험가입을 유지할 확률이 더 높다고 할 수 있다.

다음으로 고객에 대한 점수를 판별함수에 입력하여 판별점수를 구했다. 여기서 판별점수가 0보다 크거나 같으면 유지집단, 0보다 작으면 해지집단으로 분류한다. 예를 들어, 고객1은 +2.13을 기록하고 유지집단에 속할 확률은 0.997이 된다. 그리고 고객10의 판별점수는 −1.58이며, 해지집단에 속할 확률은 0.988이다. 전체적으로 10명 중 9명을 정확하게 예측하여 90%의 정확도를 보이고 있다(고객7은 실제 유지집단이지만, 해지집단으로 예측함).

```
> (disc_lda_pred <- predict(disc_lda))                              # 결과 생략
> summary(disc_lda_pred)
            Length     Class      Mode
class         10       factor     numeric
posterior     20       -none-     numeric
x             10       -none-     numeric
> disc_lda_pred$class
 [1] keep  keep  cancel  keep  keep  cancel  cancel  cancel  cancel  cancel
Levels: cancel keep
> disc_lda_pred$posterior
            cancel          keep
1       0.0027020525   0.9972979475
2       0.1411705871   0.8588294129
3       0.9512927246   0.0487072754
4       0.0110497750   0.9889502250
5       0.0007058835   0.9992941165
6       0.8455562503   0.1544437497
7       0.5703699733   0.4296300267
8       0.9088633940   0.0911366060
9       0.9995993717   0.0004006283
10      0.9877366063   0.0122633937
```

```
> disc_lda_pred$x
          LD1
1     2.1339144
2     0.6518312
3    -1.0729046
4     1.6224411
5     2.6192194
6    -0.6137680
7    -0.1022947
8    -0.8302521
9    -2.8238087
10   -1.5843779
```

위 결과를 산점도에 나타내면 다음과 같다.

```
> plot(disc_lda_pred$x[,1])
> abline(h=0, lty=3)                                    # line type: 점선
> text(disc_lda_pred$x[,1], cex=0.7, pos=4, col="blue")
```

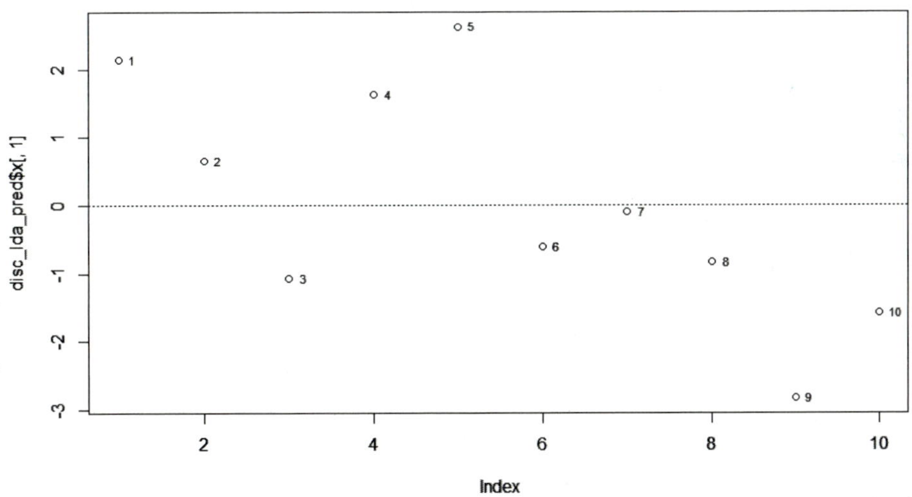

끝으로, 훈련자료에 근거해서 학습된 모형을 이용하여 검정자료의 개체들을 판별하여 보면 다음과 같다.

```
> disc_test <- read_excel("d:/RPy/disc.xlsx", sheet=2)
> disc_test
# A tibble: 5 x 3
  고객명단  재산수준  지식수준
  <chr>    <dbl>    <dbl>
1 고객11     3        9
2 고객12     9        4
3 고객13     5        5
4 고객14     6        8
5 고객15     7        7

> pred <- predict(disc_lda, newdata=disc_test)
> summary(pred)
          Length    Class     Mode
class       5       factor    numeric
posterior  10       -none-    numeric
x           5       -none-    numeric
> pred$class
[1] keep  cancel  cancel  keep  keep
Levels: cancel keep
> pred$posterior
          cancel           keep
1      1.164303e-05    9.999884e-01
2      9.999466e-01    5.335176e-05
3      9.762617e-01    2.373834e-02
4      2.702053e-03    9.972979e-01
5      1.411706e-01    8.588294e-01
> pred$x
       LD1
1   4.1013026
2  -3.5517661
3  -1.3417254
4   2.1339144
5   0.6518312
```

신규 가입자 5명 중에서 3명은 유지하고 나머지 2명은 해지할 것으로 예측하고 있다.

제3절 iris 자료 분석

다음 예제는 R에 내장되어 있는 그 유명한 iris(붓꽃) 자료이다. 이 자료를 이용하여 판별분석을 실행해 보자. 영국의 유전학자 Fisher(1890~1962)는 붓꽃의 세 종류(그림순서: setosa, versicolor, virginica)에 따라 꽃 크기에 차이가 있는지 여부를 조사하였다. 이를 위해 각각 50개의 표본을 선택하고 꽃받침(sepal)의 길이와 너비, 꽃잎(petal)의 길이와 너비 등 4개의 변수를 측정하였다(단위: cm).

```
> class(iris)
[1] "data.frame"
> str(iris)
'data.frame'    : 150 obs. of 5 variables:
 $ Sepal.Length : num 5.1 4.9 4.7 4.6 5 5.4 4.6 5 4.4 4.9 ...
 $ Sepal.Width  : num 3.5 3 3.2 3.1 3.6 3.9 3.4 3.4 2.9 3.1 ...
 $ Petal.Length : num 1.4 1.4 1.3 1.5 1.4 1.7 1.4 1.5 1.4 1.5 ...
 $ Petal.Width  : num 0.2 0.2 0.2 0.2 0.2 0.4 0.3 0.2 0.2 0.1 ...
 $ Species      : Factor w/ 3 levels "setosa","versicolor",..: 1 1 1 1 1 1 1 1 1 1 ...
```

```
> set.seed(123)
> train_data <- sample(1:150, 105)                                    # 70% random numbers
> table(iris$Species[train_data])

    setosa  versicolor   virginica
      38        33          34
> z <- lda(Species ~ ., iris, prior = c(1, 1, 1)/3, subset = train_data)
> z
Call:
lda(Species ~ ., data = iris, prior = c(1, 1, 1)/3, subset = train_data)

Prior probabilities of groups:
    setosa  versicolor   virginica
 0.3333333   0.3333333   0.3333333

Group means:
           Sepal.Length  Sepal.Width  Petal.Length  Petal.Width
setosa         4.997368     3.481579      1.452632    0.2473684
versicolor     5.900000     2.769697      4.260606    1.3303030
virginica      6.614706     2.985294      5.547059    2.0000000

Coefficients of linear discriminants:
                    LD1        LD2
Sepal.Length  0.6569868  0.2976421
Sepal.Width   1.5398356  2.2744648
Petal.Length -2.0392673 -0.8014940
Petal.Width  -2.8541408  2.4266093

Proportion of trace:
   LD1    LD2
  0.99   0.01
```

결과의 재현성을 위해 random seed를 고정하였다. 훈련자료 70%를 이용하여 학습한 후 30%의 검정자료에 대해 예측을 실시하였다. 정확도는 97.8(%)를 보여준다.

```
> pred <- predict(z, iris[-train_data, ])$class
> table(pred)
pred
      setosa   versicolor     virginica
        12         16             17

> (tab <- table(iris$Species[-train_data], pred))
        pred
                  setosa      versicolor     virginica
setosa              12            0              0
versicolor           0           16              1
virginica            0            0             16

> sum(diag(tab))/45
[1] 0.9777778
```

CHAPTER 10
써포트 벡터 머신(SVM)

제1절 써포트 벡터 머신이란

써포트 벡터 머신(support vector machine: SVM)은 혼재된 개체들을 분류하는 방법 중의 하나이다. 앞에서 본 바와 같이 개체를 여러 범주 중의 하나로 구별하는 경우에 평면에서 혹은 n차원에서 실행하는 사례가 흔히 발생한다. 유사한 개체들이 한 곳에 집중되어 두 분류로 명백하게 나누어지는 경우는 비교적 용이하다. 그러나 혼재되어 있는 경우는 어떻게 해결할 것인가? [도표 10.1]을 살펴보자.

[도표 10.1] 개체가 혼재되어 있는 경우

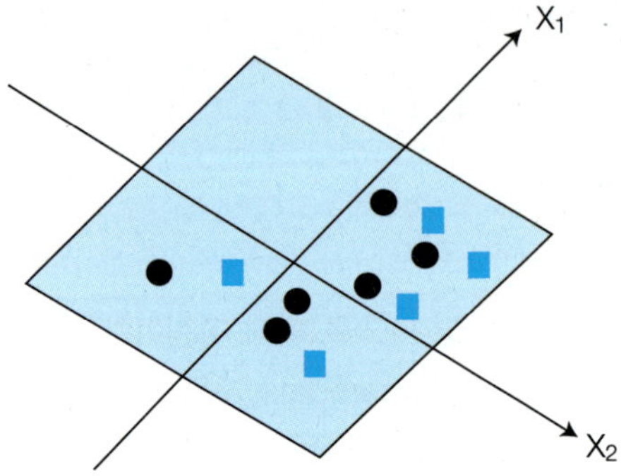

[도표 10.1]의 경우에는 선형판별함수로 경계를 만들 수가 없다. 그러나 [도표 10.2]에서 차원을 추가하면 두 집단으로 나누면서 선형적인 초평면으로 판별과 예측이 가능하다.

[도표 10.2] 차원이 추가된 경우

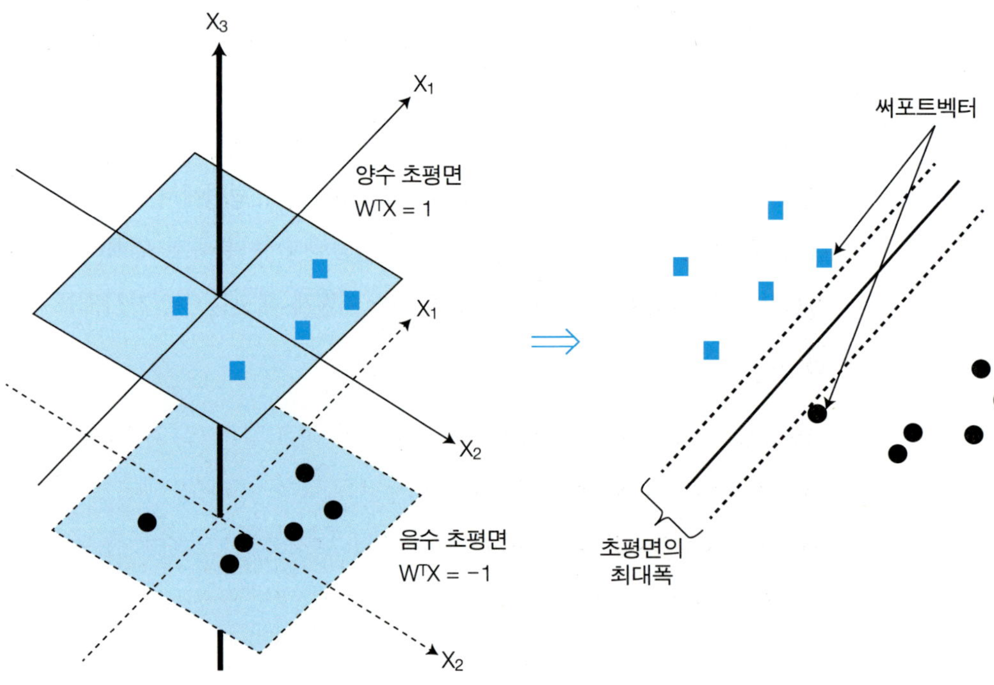

[도표 10.2]에서 두 평면 판을 한가운데로 가르면서 지나가는 최소 폭의 초평면을 만드는 것이 가능하다. 이 초평면으로 개체를 분리해 주는 기법이 SVM이다.

SVM을 수리적으로 간단하게 설명하면

$$\min: \frac{1}{2}\sum_{j} w_j^{2} + C\sum_{j}\xi^{i}$$

여기서 w_j= 관찰치, C는 알고리즘을 결정하는 경계선, 그리고 ξ(xi)는 여유(slack)변수이다.

제2절 spamdata 자료 분석

이 예제는 이메일에서 스팸(spam) 메일을 판별해 내는 방법을 설명한다. 최근 기업이나 개인들은 컴퓨터에 몰려드는 이메일을 체크하면서 스팸 메일을 걸러내느라 고심하고 있다. 다음 url은 이메일 관련 자료이다.[1]

https://github.com/Winvector/zmPDSwR/raw/master/Spambase/spamD.tsv

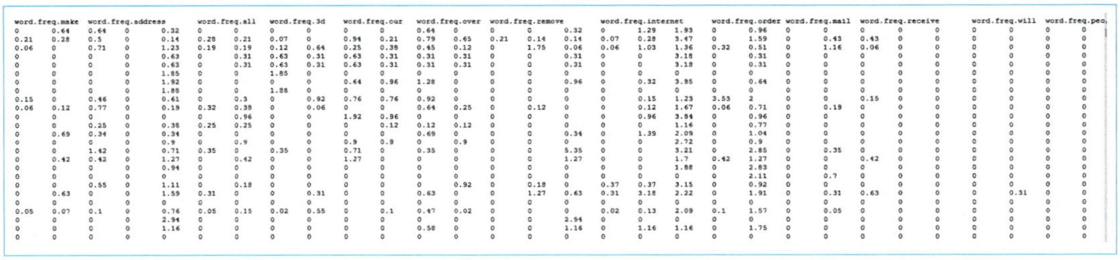

```
word.freq.make word.freq.address word.freq.all word.freq.3d word.freq.our word.freq.over word.freq.remove word.freq.internet word.freq.order word.freq.mail word.freq.receive word.freq.will word.freq.peo
0     0.64  0.64  0  0.32  0     0     0     0     0     0     0.64  0     0     0     0.32  0     1.29  1.93  0     0.96  0  0     0     0  0  0  0     0  0
0.21  0.28  0.5   0  0.14  0.28  0.21  0.07  0     0.94  0.21  0.79  0.65  0.21  0.14  0.14  0.07  0.28  3.47  0     1.59  0  0.43  0.43  0  0  0  0     0  0
0.06  0     0.71  0  1.23  0.19  0.19  0.12  0.64  0.25  0.38  0.45  0.12  0     1.75  0.06  0.06  1.03  1.36  0.32  0.51  0  1.16  0.06  0  0  0  0     0  0
0     0     0     0  0.63  0     0.31  0.63  0.31  0.63  0.31  0.31  0.31  0     0     0.31  0     0     3.18  0     0.31  0  0     0     0  0  0  0     0  0
0     0     0     0  0.63  0     0.31  0.63  0.31  0.63  0.31  0.31  0.31  0     0     0.31  0     0     3.18  0     0.31  0  0     0     0  0  0  0     0  0
0     0     0     0  1.85  0     0     1.85  0     0     0     0     0     0     0     0     0     0     0     0     0     0  0     0     0  0  0  0     0  0
0     0     0     0  1.92  0     0     0     0     0.64  0.96  1.28  0     0     0     0.96  0     0.32  3.85  0     0.64  0  0     0     0  0  0  0     0  0
0     0     0     0  1.88  0     0     1.88  0     0     0     0     0     0     0     0     0     0     0     0     0     0  0     0     0  0  0  0     0  0
0.15  0     0.46  0  0.61  0     0.3   0     0.92  0.76  0.76  0.92  0     0     0     0     0     0.15  1.23  3.53  2     0  0     0.15  0  0  0  0     0  0
0.06  0.12  0.77  0  0.19  0.32  0.38  0     0.06  0     0     0.64  0.25  0     0.12  0     0     0.12  1.67  0.06  0.71  0  0.19  0     0  0  0  0     0  0
0     0     0     0  0     0     0.96  0     0     1.92  0.96  0     0     0     0     0     0     0.96  3.84  0     0.96  0  0     0     0  0  0  0     0  0
0     0     0.25  0  0.38  0.25  0.25  0     0     0     0.12  0.12  0.12  0     0     0     0     0     1.16  0     0.77  0  0     0     0  0  0  0     0  0
0     0.69  0.34  0  0.34  0     0     0     0     0     0     0.69  0     0     0     0.34  0     1.39  2.09  0     1.04  0  0     0     0  0  0  0     0  0
0     0     0     0  0.9   0     0.9   0     0     0.9   0.9   0     0.9   0     0     0     0     0     2.72  0     0.9   0  0     0     0  0  0  0     0  0
0     0     1.42  0  0.71  0.35  0     0.35  0     0.71  0     0.35  0     0     0     5.35  0     0     3.21  0     2.85  0  0.35  0     0  0  0  0     0  0
0     0.42  0.42  0  1.27  0     0.42  0     0     1.27  0     0     0     0     0     1.27  0     0     1.7   0.42  1.27  0  0     0.42  0  0  0  0     0  0
0     0     0     0  0.94  0     0     0     0     0     0     0     0     0     0     0     0     0     1.88  0     2.83  0  0     0     0  0  0  0     0  0
0     0     0     0  0     0     0     0     0     0     0     0     0     0     0     0     0     0     0     0     2.11  0  0.7   0     0  0  0  0     0  0
0     0     0.55  0  1.11  0     0.18  0     0     0     0     0     0.92  0     0.18  0     0.37  0.37  3.15  0     0.92  0  0     0     0  0  0  0     0  0
0     0.63  0     0  1.59  0.31  0     0     0.31  0     0     0.63  0     0     1.27  0.63  0.31  3.18  2.22  0     1.91  0  0.31  0.63  0  0  0  0.31  0  0
0     0     0     0  0     0     0     0     0     0     0     0     0     0     0     0     0     0     0     0     0     0  0     0     0  0  0  0     0  0
0.05  0.07  0.1   0  0.76  0.05  0.15  0.02  0.55  0     0.1   0.47  0.02  0     0     0     0.02  0.13  2.09  0.1   1.57  0  0.05  0     0  0  0  0     0  0
0     0     0     0  2.94  0     0     0     0     0     0     0     0     0     0     2.94  0     0     0     0     0     0  0     0     0  0  0  0     0  0
0     0     0     0  1.16  0     0     0     0     0     0     0.58  0     0     0     1.16  0     1.16  1.16  0     1.75  0  0     0     0  0  0  0     0  0
0     0     0     0  0     0     0     0     0     0     0     0     0     0     0     0     0     0     0     0     0     0  0     0     0  0  0  0     0  0
```

우선 깃허브 url에서 얻은 파일 spamD.tsv를 내 컴퓨터에 입력한 다음 R에서 불러오기를 실행한다.

```
> spamdata <- read.table("d:RPy/spamD.tsv", header=T, sep="\t")
> dim(spamdata)
[1] 4601   59
> str(spamdata)
'data.frame'                  : 4601 obs. of 59 variables:
 $ word.freq.make             : num 0 0.21 0.06 0 0 0 0 0 0.15 0.06 ...
 $ word.freq.address          : num 0.64 0.28 0 0 0 0 0 0 0.12 ...
 $ word.freq.all              : num 0.64 0.5 0.71 0 0 0 0 0 0.46 0.77 ...
 중략
 $ capital.run.length.total : int 278 1028 2259 191 191 54 112 49 1257 ...
 $ spam                       : Factor w/ 2 levels "non-spam","spam": 2 2 2 2 2 2 2 ...
 $ rgroup                     : int 52 91 49 88 73 45 93 10 60 75 ...
```

1 다음 싸이트에서도 자료 접근이 가능하다("R로 배우는 실무 데이터과학" 참고).
http://archive.ics.uci.edu/ml/datasets/Spambase

```
> head(spamdata)                                                # 결과 생략
> tail(spamdata)                                                # 결과 생략
> table(spamdata$spam)
  non-spam      spam
    2788        1813
```

(주) sep="\t" : 탭만큼 띄어쓰기

이제 전체 자료를 훈련용과 검정용으로 나누어 보자. 전체 4,601 개체 중에서 70%인 3,221개를 학습용 훈련자료, 나머지 30%(1,380개)는 검정자료로 지정한다. 그리고 나서 SVM 문제 해결을 위해 ksvm() 함수를 이용한다. "SV type: C-svc"(classification)에 따라 분류 방식으로 범주를 예측한다. 이 써포트 벡터 형식은 spam 변수의 값이 "non-spam"과 "spam"이다. 결과의 재현성을 위해 random seed를 고정하였다.

```
> set.seed(123)
> samp <- sample(4601, 3221)                                    # 70%
> train_sd <- spamdata[samp,]
> test_sd <- spamdata[-samp,]
> dim(train_sd)
[1] 3221    59
> library(kernlab)
> spamdata_svm <- ksvm(spam~., data=train_sd)
> spamdata_svm
Support Vector Machine object of class "ksvm"

SV type: C-svc (classification)
 parameter : cost C = 1

Gaussian Radial Basis kernel function.
 Hyperparameter : sigma = 0.0289667211129033

Number of Support Vectors : 1082

Objective Function Value : -603.77
Training error : 0.044396
```

여기서 오분류 비율은 0.044396이다.

계속해서 훈련자료 3,221개의 이메일 중에서 올바르게 분리되는지 여부를 알아보기 위해서 프로그램을 진행한다.

```
> train_sd_pred <- predict(spamdata_svm, select(train_sd, -spam))
                                        # spam 변수를 제외한 후에 spam 여부를 예측함
> (train_sd_svmta <- table(data.frame(select(train_sd, spam), train_sd_pred)))
                 train_sd_pred
spam            non-spam      spam
  non-spam        1910         48
  spam             95        1168
> sum(diag(train_sd_svmta))/sum(train_sd_svmta)
[1] 0.9556038
> 1- sum(diag(train_sd_svmta))/sum(train_sd_svmta)
[1] 0.04439615
```

(주) select() 함수 이용에는 dplyr 패키지가 미리 설치되어 있어야 한다. [도움 창]에서 [Packages]를 확인하라.

위의 훈련자료 결과의 혼동행렬에서 부정 오류 비율은 48/(1910+48)=0.025이며, 오(誤)분류 비율은 (48+95)/3221=0.044이다. 다음 아래 검정자료에서 부정 오류 비율은 25/(805+25)=0.030, 오분류 비율은 0.067이다. 이 자료는 난수에 의해 임의로 분할되었기 때문에 예측 정밀도가 조금 차이가 났다.

```
> test_sd_pred <- predict(spamdata_svm, select(test_sd, -spam))
> (test_sd_svmta <- table(data.frame(select(test_sd, spam), test_sd_pred)))
                 test_sd_pred
spam            non-spam      spam
  non-spam         805         25
  spam              67        483
>sum(diag(test_sd_svmta))/sum(test_sd_svmta)
[1] 0.9333333
> 1- sum(diag(test_sd_svmta))/sum(test_sd_svmta)
[1] 0.06666667
```

모형개선을 위해 다음에서와 같이 모수(parameter)를 조절해 본다. 또한 커널은 "rbfdot"(Gaussian Radial Basis kernel function)을 초기 디폴트로 사용한다. 그리고 kpar에서 sigma=0.03으로 정해 본다. 결과는 다음과 같다.

```
> sd_svm <- ksvm(spam~., data=train_sd, kernel="rbfdot", kpar=list(sigma=0.03))
> sd_svm
Support Vector Machine object of class "ksvm"

SV type: C-svc (classification)
 parameter : cost C = 1

Gaussian Radial Basis kernel function.
 Hyperparameter : sigma = 0.03

Number of Support Vectors : 1124

Objective Function Value : -605.2844
Training error : 0.042844

> train_sd_pred <- predict(sd_svm, select(train_sd, -spam))
                                                    # spam is removed and predicted
> (train_sd_svmta <- table(data.frame(select(train_sd, spam), train_sd_pred)))
                   train_sd_pred
spam            non-spam    spam
  non-spam       1912        46
  spam             92       1171
> sum(diag(train_sd_svmta))/sum(train_sd_svmta)
[1] 0.9571562
> 1-sum(diag(train_sd_svmta))/sum(train_sd_svmta)
[1] 0.04284384
```

이후 동일하게 코딩한 것을 훈련자료에 적용하면 혼동행렬에서 정확도 역시 동일한 값을 얻는다. 따라서 위 코딩은 개선된 프로그램으로 추천할 수 있다.

```
> test_sd_pred <- predict(sd_svm, select(test_sd, -spam))
> (test_sd_svmta <- table(data.frame(select(test_sd, spam), test_sd_pred)))
                   test_sd_pred
spam            non-spam    spam
  non-spam        805        25
  spam             70       480
> sum(diag(test_sd_svmta))/sum(test_sd_svmta)
[1] 0.93115942
```

다음에서는 더 개선되었다.

```
> sd_svm <- ksvm(spam~., data=train_sd, kernel="rbfdot", kpar=list(sigma=0.03),
C=3, cross=5)
> sd_svm
Support Vector Machine object of class "ksvm"

SV type: C-svc (classification)
 parameter : cost C = 3

Gaussian Radial Basis kernel function.
 Hyperparameter : sigma = 0.03

Number of Support Vectors : 1038

Objective Function Value : -1220.243
Training error : 0.031978
Cross validation error : 0.070479

> train_sd_pred <- predict(sd_svm, select(train_sd, -spam))
                                                    # spam is removed and predicted
> (train_sd_svmta <- table(data.frame(select(train_sd, spam), train_sd_pred)))
                train_sd_pred
spam            non-spam      spam
  non-spam        1929          29
  spam              74        1189
> sum(diag(train_sd_svmta))/sum(train_sd_svmta)
[1] 0.9680224
> 1-sum(diag(train_sd_svmta))/sum(train_sd_svmta)
[1] 0.03197765
```

SVM의 써포트 벡터는 훈련자료를 사용하여 모형의 성능 향상을 모색하게 해 준다. 실질적인 결과를 얻으려면 아마도 더 많은 훈련자료를 사용하여 평균적인 해결안을 찾아야 하는 것 같다.

이메일의 스팸 여부 분류에는 긍정 오류(FP)와 부정 오류(FN)가 있다. 전자는 스팸을 정상으로 후자는 정상을 스팸으로 각각 잘못 판단하는 오류이다. 부정 오류는 회사에 큰 손실을 끼칠 수가 있어 신중하고 정확한 모델이 필요하다. 이를 위해서 스팸 필터를 조정하거나 블랙리스트를 별도로 등록, 관리하는 방법이 있을 것이다.

제3절 diamonds 자료 분석

R의 diamonds 자료는 ggplot2 패키지에 들어 있다.

```
> install.packages("ggplot2")
> library(ggplot2)
> data(diamonds)
> summary(diamonds)
carat            cut               color         clarity     depth           table           price
Min.    :0.2000  Fair      : 1610  D      : 6775  SI1  :13065  Min.    : 43.00  Min.    : 43.00  Min.    : 326
1st Qu.:0.4000  Good      : 4906  E      : 9797  VS2  :12258  1st Qu.: 61.00  1st Qu.: 56.00  1st Qu.: 950
Median :0.7000  Very Good:12082  F      : 9542  SI2  : 9194  Median : 61.80  Median : 57.00  Median :2401
Mean   :0.7979  Premium  :13791  G      :11292  VS1  : 8171  Mean   : 61.75  Mean   : 57.46  Mean   :3933
3rd Qu.:1.0400  Ideal    :21551  H      : 8304  VVS2 : 5066  3rd Qu.: 62.50  3rd Qu.: 59.00  3rd Qu.:5324
Max.   :5.0100  I        : 5422  VVS1   : 3655  Max. :79.00  Max.    : 95.00  Max.    :18823
                J        : 2808  (Other): 2531
x                y                z
Min.   : 0.000  Min.    : 0.000  Min.    :0.000
1st Qu.: 4.710  1st Qu. : 4.720  1st Qu.:2.910
Median : 5.700  Median  : 5.710  Median :3.530
Mean   : 5.731  Mean    : 5.735  Mean    :3.539
3rd Qu.: 6.540  3rd Qu. : 6.540  3rd Qu.:4.040
Max.   : 10.740 Max.    :58.900  Max.    :31.800
```

```
> library(dplyr)
> dia_data <- select(diamonds, carat:clarity, price)
> dim(dia_data)
[1] 53940    5
> summary(dia_data)
carat              cut               color        clarity          price
Min.     : 0.2000  Fair      :  1610  D :  6775  SI1     : 13065  Min.    :   326
1st Qu.  : 0.4000  Good      :  4906  E :  9797  VS2     : 12258  1st Qu. :   950
Median   : 0.7000  Very Good : 12082  F :  9542  SI2     :  9194  Median  :  2401
Mean     : 0.7979  Premium   : 13791  G : 11292  VS1     :  8171  Mean    :  3933
3rd Qu.  : 1.0400  Ideal     : 21551  H :  8304  VVS2    :  5066  3rd Qu. :  5324
Max.     : 5.0100                     I :  5422  VVS1    :  3655  Max.    : 18823
                                      J :  2808  (Other):  2531
```

```
> set.seed(123)
> dia_samp <- sample(53940, 37758)                                # 70%
> dia_train <- dia_data[dia_samp,]
> dia_test <- dia_data[-dia_samp,]
```

```
> library(kernlab)
> dia_svm <- ksvm(price~., data=dia_train)
> dia_svm
Support Vector Machine object of class "ksvm"

SV type: eps-svr (regression)
 parameter : epsilon = 0.1 cost C = 1

Gaussian Radial Basis kernel function.
 Hyperparameter : sigma = 0.17270312721334

Number of Support Vectors : 8636

Objective Function Value : -1217.429
Training error : 0.02063
```

(주) 표본이 커서 실행 시간이 약간 걸린다.

오분류 비율은 0.02 수준이다.

다음에서는 검정자료의 실제가격과 예측가격 간의 상관계수를 구한 결과 0.99 수준이 되어 매우 근접하였음을 보여준다.

```
> dia_pred <- predict(dia_svm, select(dia_test, -price))
> head(dia_pred)
         [,1]
[1,] 735.4603
[2,] 420.1814
[3,] 541.1124
[4,] 425.8313
[5,] 689.8715
[6,] 690.5736
> cor(data.frame(dia_test$price, dia_pred))
                 dia_test.price    dia_pred
dia_test.price        1.0000000   0.9894049
dia_pred              0.9894049   1.0000000
```

```
> dia_y <- data.frame(y=dia_test$price, yhat=dia_pred)
> head(dia_y)
        y      yhat
1     326  735.4603
2     345  420.1814
3     345  541.1124
4     351  425.8313
5     352  689.8715
6     357  690.5736
> tail(dia_y)
        y      yhat
16177  2756  2804.494
16178  2756  2677.835
16179  2756  2346.936
16180  2757  2822.628
16181  2757  2608.905
16182  2757  2821.640
> mse <- mean((dia_y$y-dia_y$yhat)^2)
> mse
[1] 338350
> sqrt(mse)
[1] 581.6786
```

잔차의 평균은 581.68이다.

R 생각

머신러닝 자료에 접근하는 방식은 여러 가지이다. spam 자료의 경우, 앞에서는 변수들과 자료가 잘 정리된 깃허브 자료를 활용하였다. 여기서는 UCI Machine Learning Repository의 url에 접근하는 방식을 설명한다.

http://archive.ics.uci.edu/ml/datasets/Spambase

[1단계] 초기화면에서 [Data Folder]를 누른다.

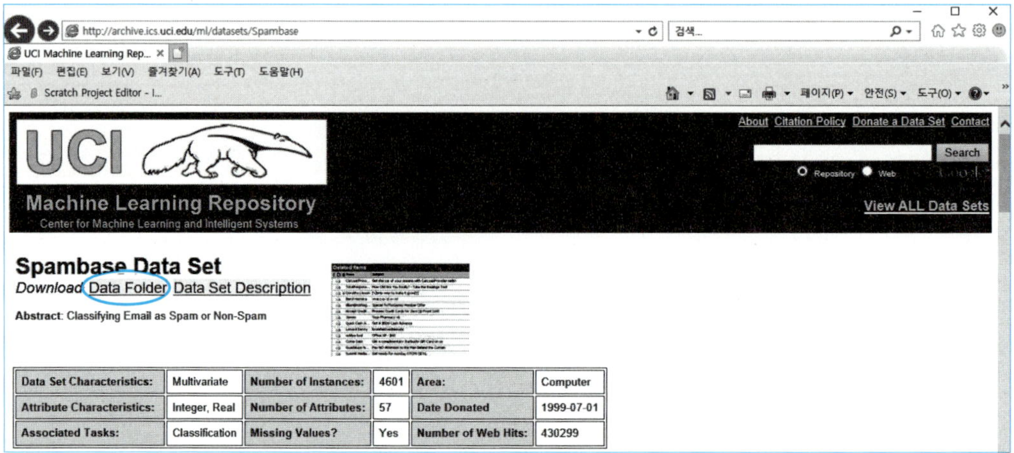

[2단계] spambase.data를 선택하고 저장한다. 그리고 R에서 불러온다.

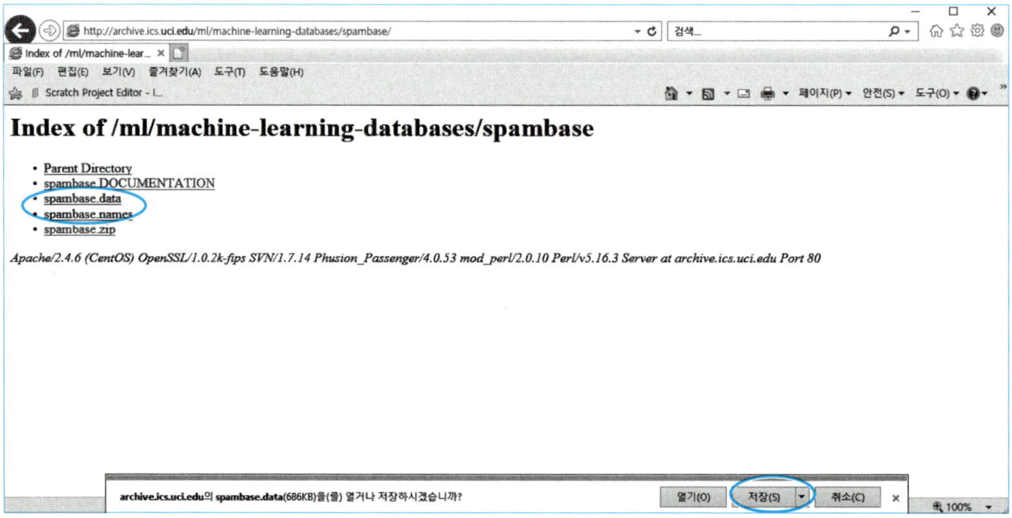

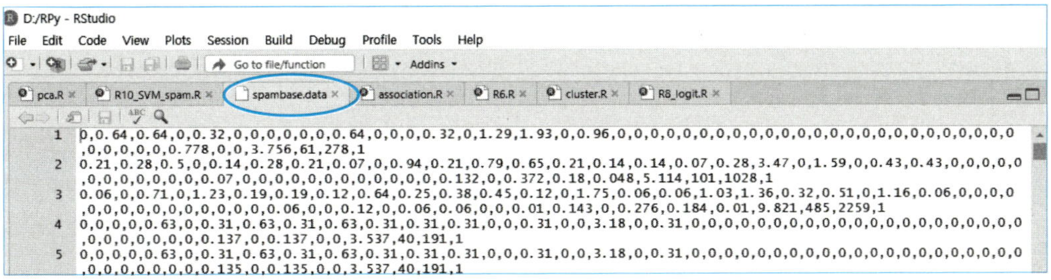

[3단계] 위 자료에는 숫자만 있다. 변수 이름을 얻으려면 앞 [2단계]의 [spambase.names]를 누르고 저장한다. 그리고 R에서 불러온다.

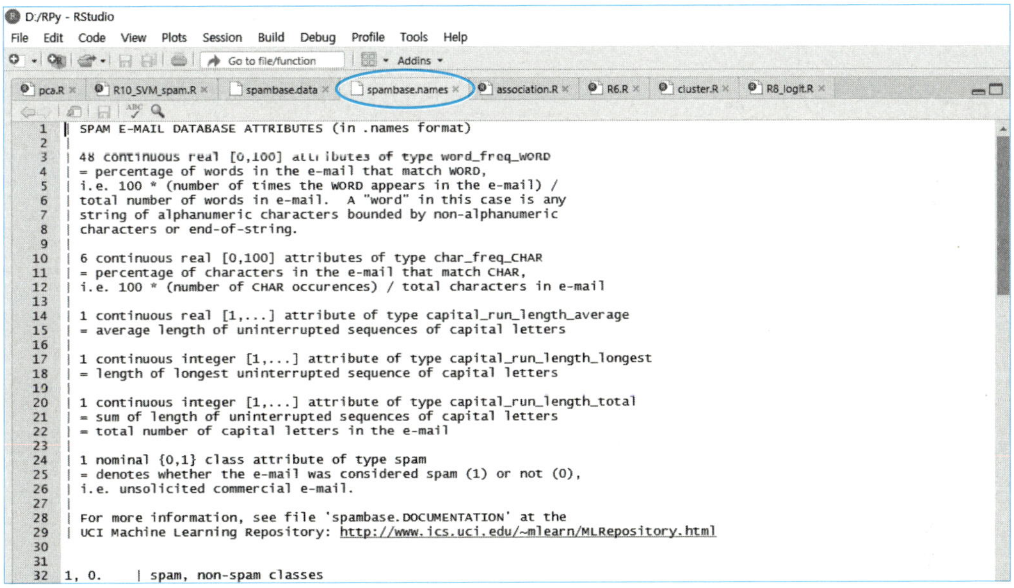

[4단계] R에서 다음을 입력하고 실행한다.

```
spambase <- read.csv("spambase.data", header=F)
colnames(spambase) <- read.table("spambase.names", skip=33, sep=":", comment.char ="")[,1]
colnames(spambase)
head(spambase)
colnames(spambase)[ncol(spambase)] <- "spam"                # ncol = number of columns
class(spambase$spam)
spambase$spam <- as.factor(spambase$spam)
class(spambase$spam)
dim(spambase)
str(spambase)
```

CHAPTER 11
k근접이웃(kNN) 분류

제1절 k근접이웃이란

kNN(k-Nearest Neighbor) 분류는 훈련자료에서 학습한 것을 검정자료에 적용하는 지도학습 알고리즘이다. 이 알고리즘은 두 점 간의 가장 짧은 직선거리인 유클리드 거리를 계산한다. 이 공식은 피타고라스 정리의 계산 방식이다.

$$\text{유클리드 거리 } d = \sqrt{\sum_{i=1}^{n} (p_i - q_i)^2}$$

거리 개념을 익히기 위해 다음의 예를 살펴보자. 선거에서 한 유권자가 세 정당의 외교와 경제에 대한 정책 평가 점수(10점 만점)가 다음과 같다고 하자. 세 정당들은 어느 정도 서로 가까운 위치에 있는가를 유클리드 거리로 계산해 보자.

	정당1	정당2	정당3
외교정책	2	5	3
경제정책	5	8	4

정당1과 정당2 : $d = \sqrt{(2-5)^2 + (5-8)^2} = 3.00$

정당1과 정당3 : $d = \sqrt{(2-3)^2 + (5-4)^2} = 1.41$

정당2와 정당3: $d = \sqrt{(5-3)^2 + (8-4)^2} = 4.47$

이 유권자는 정당1과 정당3의 정책이 유사하다고 판단하고 있다.

제2절 iris 자료 분석

이 예제는 R에 내장되어 있는 iris(붓꽃) 자료이다. kNN 분류 알고리즘을 공부해 보자.

```
> iris                                                                    # 결과 출력 생략
> str(iris)
'data.frame'    : 150 obs. of 5 variables:
 $ Sepal.Length: num 5.1 4.9 4.7 4.6 5 5.4 4.6 5 4.4 4.9 ...
 $ Sepal.Width : num 3.5 3 3.2 3.1 3.6 3.9 3.4 3.4 2.9 3.1 ...
 $ Petal.Length: num 1.4 1.4 1.3 1.5 1.4 1.7 1.4 1.5 1.4 1.5 ...
 $ Petal.Width : num 0.2 0.2 0.2 0.2 0.2 0.4 0.3 0.2 0.2 0.1 ...
 $ Species     : Factor w/ 3 levels "setosa","versicolor",..: 1 1 1 1 1 1 1 1 1 1 ...
```

아래 summary() 함수는 자료의 min, max, mean 값 등을 제시한다.

```
> names(iris) <- c("SL", "SW", "PL", "PW", "Species")                    # header 바꾸기
> head(iris)
      SL    SW    PL    PW     Species
1     5.1   3.5   1.4   0.2     setosa
2     4.9   3.0   1.4   0.2     setosa
3     4.7   3.2   1.3   0.2     setosa
4     4.6   3.1   1.5   0.2     setosa
5     5.0   3.6   1.4   0.2     setosa
6     5.4   3.9   1.7   0.4     setosa
> summary(iris)
SL               SW               PL               PW              Species
Min.    : 4.300  Min.    : 2.000  Min.    : 1.000  Min.    :0.100  setosa    : 50
1st Qu. : 5.100  1st Qu. : 2.800  1st Qu. : 1.600  1st Qu. :0.300  versicolor: 50
Median  : 5.800  Median  : 3.000  Median  : 4.350  Median  :1.300  virginica : 50
Mean    : 5.843  Mean    : 3.057  Mean    : 3.758  Mean    :1.199
3rd Qu. : 6.400  3rd Qu. : 3.300  3rd Qu. : 5.100  3rd Qu. :1.800
Max.    : 7.900  Max.    : 4.400  Max.    : 6.900  Max.    :2.500
```

자료 전체를 이용하여 산점도를 그려 보자.

```
library(GGally)
ggpairs(iris[,-5], lower=list(continuous="smooth"))
```

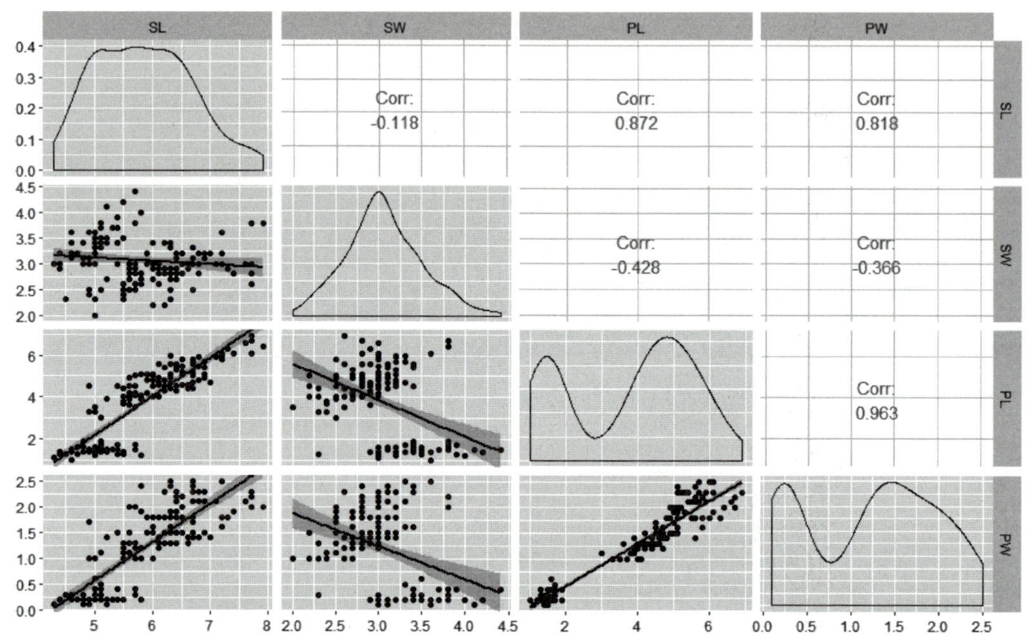

세 종류 꽃에 대한 꽃받침(Sepal) 길이(SL)와 너비(SW)를 기준으로 산점도를 다시 그리면 다음과 같다. with() 함수를 이용해 보자.

```
with(iris, plot(SL, SW, pch=as.numeric(Species), cex=1.2))
legend(7.5, 4.4, c("setosa", "versicolor", "virginica"), cex=0.8, pch=1:3)
```

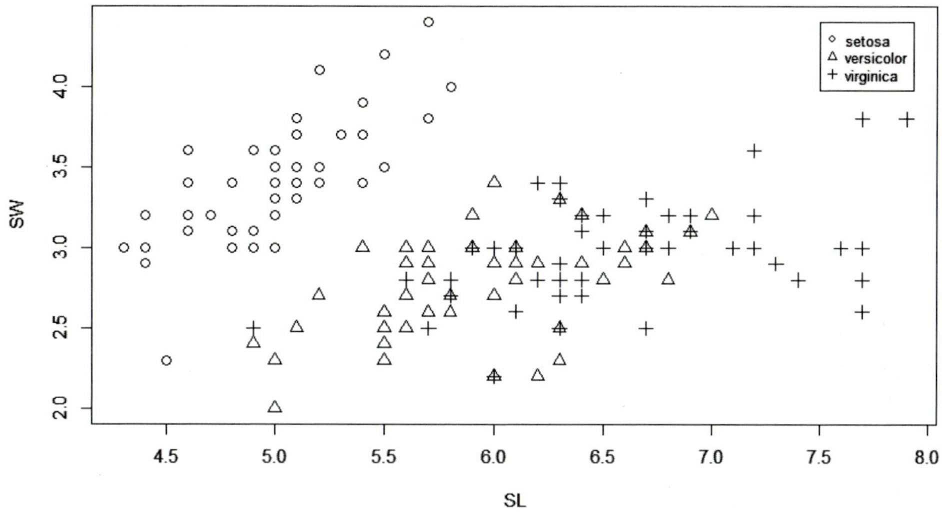

참고로, 패키지 ggvis는 산점도를 그려서 자료의 분포를 이해하기 쉽게 해 준다. 이 패키지는 파이프 연산자 부호 (**%>%**)를 쓰면서 원래 자료를 유지한다.

```
install.packages("ggvis")
library(ggvis)
iris %>% ggvis(~SL, ~SW, fill=~factor(Species)) %>% layer_points()
```

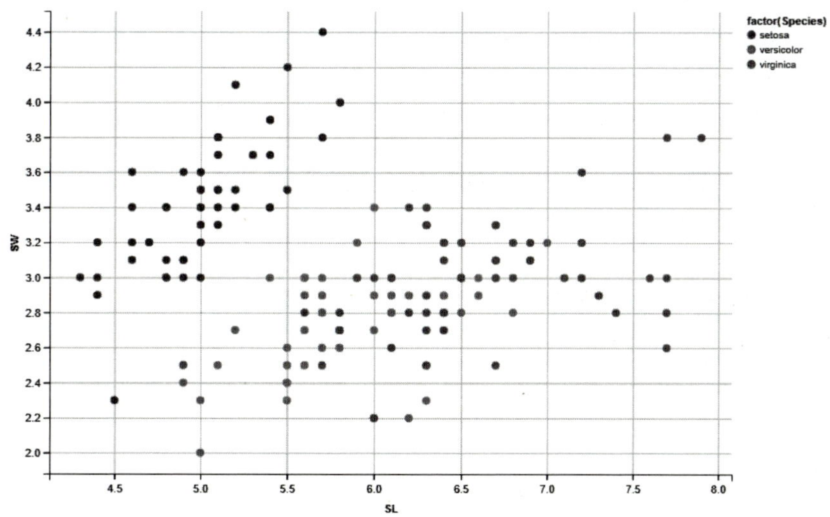

그리고 나서 전체 상관계수를 구하고, 종류별 상관계수를 구해 보았다.

```
> library(dplyr)
> with(iris, cor(SW, SL))
[1] -0.1175698
> iris %>% group_by(Species) %>% summarise(cor(SW, SL))
# A tibble: 3 x 2
     Species     `cor(SW, SL)`
      <fct>          <dbl>
1     setosa         0.743
2   versicolor       0.526
3    virginica       0.457
```

이제 본격적으로 kNN 알고리즘을 실행해 본다.

[1단계] 훈련자료와 검정자료 만들기

전체자료를 훈련자료와 검정자료로 각각 70%, 30%씩 나누어 2개의 자료집단을 만든다. 임의추출 방식을 통하여 다음과 같이 표본을 만든 후 실행하였다. 먼저 iris 자료를 확인한다.

```
table(iris$Species)                                              # iris 자료 구성 확인
set.seed(123)
samp <- sample(2, nrow(iris), replace=TRUE, prob=c(0.70, 0.30))
trainD <- iris[samp == 1, 1:4]
trainDLabel <- iris[samp == 1, 5]
testD <- iris[samp == 2, 1:4]
testDLabel <- iris[samp == 2, 5]
```

다음은 위 자료의 summary 출력 결과이다.

```
> summary(trainD)
SL              SW              PL              PW
Min.   : 4.300  Min.   : 2.00   Min.   : 1.000  Min.   : 0.100
1st Qu.: 5.100  1st Qu.: 2.80   1st Qu.: 1.600  1st Qu.: 0.300
Median : 5.800  Median : 3.00   Median : 4.250  Median : 1.300
Mean   : 5.828  Mean   : 3.03   Mean   : 3.742  Mean   : 1.197
3rd Qu.: 6.400  3rd Qu.: 3.30   3rd Qu.: 5.100  3rd Qu.: 1.800
Max.   : 7.700  Max.   : 4.10   Max.   : 6.900  Max.   : 2.500
> summary(trainDLabel)
    setosa  versicolor  virginica
      35        36         35
> summary(testD)
SL              SW              PL              PW
Min.   : 4.600  Min.   : 2.200  Min.   : 1.300  Min.   : 0.200
1st Qu.: 5.325  1st Qu.: 2.900  1st Qu.: 1.575  1st Qu.: 0.275
Median : 5.750  Median : 3.100  Median : 4.500  Median : 1.400
Mean   : 5.880  Mean   : 3.123  Mean   : 3.795  Mean   : 1.205
3rd Qu.: 6.300  3rd Qu.: 3.400  3rd Qu.: 5.100  3rd Qu.: 1.800
Max.   : 7.900  Max.   : 4.400  Max.   : 6.700  Max.   : 2.500
> summary(testDLabel)
    setosa  versicolor  virginica
      15        14         15
```

[2단계] 모형 학습하기

```
> install.packages("class")
> library(class)
> knn_m <- knn(train = trainD, test =testD, cl=trainDLabel, k=3)
                                                  # k=3에 대해 kNN 실행
> knn_m
 [1] setosa     setosa     setosa     setosa     setosa     setosa     setosa     setosa     setosa     setosa
[11] setosa     setosa     setosa     setosa     setosa     versicolor versicolor versicolor versicolor versicolor
[21] versicolor versicolor versicolor versicolor versicolor versicolor versicolor versicolor versicolor versicolor
[31] versicolor versicolor versicolor versicolor versicolor versicolor versicolor versicolor versicolor versicolor
[41] versicolor versicolor versicolor versicolor
Levels: setosa versicolor virginica
```

[3단계] 모형 평가

모형 평가를 위해서 검정자료가 실제 훈련자료에 어떻게 대응하는지를 검토하기 위해 교차표(cross-table)[1]를 만든다. 이를 위해서 패키지 gmodels를 설치한다.

```
> install.packages("gmodels")
> library(gmodels)
> CrossTable(x = testDLabel, y= knn_m, prop.chisq=FALSE)
   Cell Contents
|-------------------------|
|                       N|
|           N / Row Total|
|           N / Col Total|
|         N / Table Total|
|-------------------------|
Total Observations in Table: 44

             | knn_m
  testDLabel |      setosa | versicolor | virginica |  Row Total |
------------ |------------ |------------|---------- |------------ |
      setosa |          15 |          0 |         0 |          15 |
             |       1.000 |      0.000 |     0.000 |       0.341 |
             |       1.000 |      0.000 |     0.000 |             |
             |       0.341 |      0.000 |     0.000 |             |
------------ |------------ |------------|---------- |------------ |
  versicolor |           0 |         12 |         2 |          14 |
             |       0.000 |      0.857 |     0.143 |       0.318 |
             |       0.000 |      0.923 |     0.125 |             |
             |       0.000 |      0.273 |     0.045 |             |
------------ |------------ |------------|---------- |------------ |
   virginica |           0 |          1 |        14 |          15 |
             |       0.000 |      0.067 |     0.933 |       0.341 |
             |       0.000 |      0.077 |     0.875 |             |
             |       0.000 |      0.023 |     0.318 |             |
------------ |------------ |------------|---------- |------------ |
Column Total |          15 |         13 |        16 |          44 |
             |       0.341 |      0.295 |     0.364 |             |
------------ |------------ |------------|---------- |------------ |
```

1 혼동 행렬(confusion matrix)이라고도 한다.

위 교차표에서 setosa는 15개 모두 올바르게 분류되었다. versicolor는 14개 중 12개가 올바르게, 2개가 virginica로 잘못 분류되었다. 그리고 virginica는 15개 중 1개만이 versicolor로 잘못 분류되었다. 따라서 k=3의 분류 방식은 (15+12+14)/44=0.932의 정확도를 보여준다.

CHAPTER 12

의사결정나무

제1절 의사결정나무란

의사결정나무(decision tree)는 다양한 의사결정 경로와 결과를 놓고 나무 구조를 이용하여 설명한다. 이것은 질문을 던지면서 대상에 접근해가는 스무고개 놀이와 유사하다. 문제 출제자가 마음속에 이미 결과물을 상정해 놓고, 질문자에게 20개 질문을 허용한다. 아마도 처음에는 식물성인가 또는 동물성인가 질문하면서 시작할 것이다. 의사결정나무도 조건을 이분법적으로 제시하면서 진행한다. 의사결정나무는 지도학습 기법으로서 변수의 영역을 계속적으로 분할해 나가면서 집단을 몇 개의 소집단으로 분류하거나 예측하는 기법이다.

이 기법은 결론에 이르는 과정을 도식화해 주는데, 나무를 거꾸로 세워 놓은 모습을 상상하면 된다. 맨 위쪽에 뿌리 노드를 그리고 밑으로 가지를 치면서 마지막까지 진행한다. 조건을 뿌리 마디에 놓고 그것이 다음의 어떤 자식 마디에 속해지는지 결정한다. 처음에 어떤 분류기준을 선택할 것인가를 결정하는 것은 여러 알고리즘이 있다. 들어온 변수가 끝마디에 갈 때까지 이러한 과정이 반복된다. 예를 들어, 프로 야구선수 중에서 자유계약선수(free agent: FA)들의 연봉을 의사결정나무로 간단히 그려보자. FA는 통상적으로 10년차에 가능해진다. 투수는 평균자책점, 타자는 출루율을 기준으로 나누어 보았다.

[도표 12.1] 야구의 자유계약선수 연봉

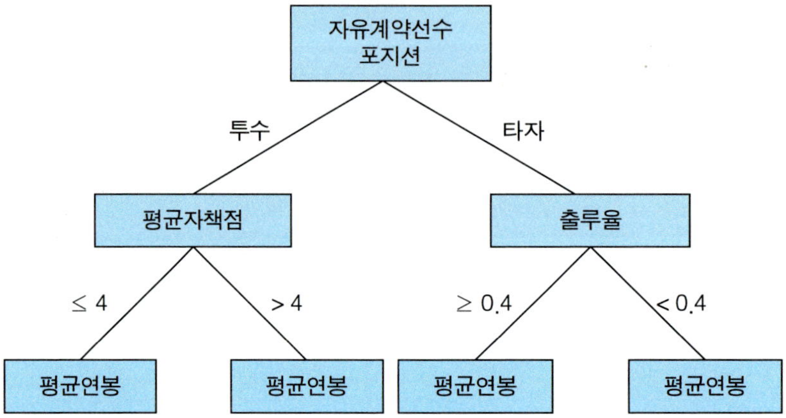

이것은 의사결정 과정에서 나무 가지를 가지고 목표와 상황과의 상호 관련성을 나타내어 최종 결정을 내린다. 의사결정 규칙을 나무 구조로 도표화하여 관심대상이 되는 집단을 몇 개의 소집단으로 분류하거나 예측을 수행한다. 가능한 여러 대안들을 나열하고 각각의 대안을 선택하는 경우와 그렇지 않은 경우로 나눈다. 마치 나무가 가지 뻗듯 마디를 분리해 나가면서 if-else 원리로 상황들을 예측해 본다. 이 기법은 기업에서 의사결정을 내릴 때, 어떠한 위험(손실)과 기회(이익)가 있는지를 판단하여 최적의 의사결정을 도와주는 프로그램으로 많이 활용된다.

구체적으로 설명하면, 의사결정나무 분석은 먼저 목적변수를 결정하고 그에 영향을 미치는 설명변수 중에서 가장 유의한 것을 선택한다. 그리고 나서 설명변수의 유의성에 따라 차례로 분지해 나간다. 일반적으로 다음과 같은 단계를 거치게 된다.

[1단계] 나무 모형의 구축: 분석 목적과 자료 구조에 따라 적절한 분리기준과 정지규칙을 정하여 나무를 만들어 나간다.

[2단계] 가지치기: 분류오류를 크게 할 위험이 높거나 부적절한 추론규칙이 내재된 가지를 제거한다.

[3단계] 분리작업: 더 이상 유의하지 않거나 최소 노드수에 도달할 때까지 분리를 계속한다.

[4단계] 타당성 평가: 이익(또는 위험) 도표나 검정자료를 이용하여 나무 모형의 교차 타당성을 평가한다.

[5단계] 해석과 예측: 결과를 해석하고 예측을 수행한다.

의사결정나무 모형은 분리, 정지, 평가 기준 등에 따라 다양하게 결정된다. 이 분석 기법은 다양한 선택의 가능성들을 시각적으로 보여줌으로써 행동의 결정뿐 아니라 미래의 계획을 세우는 데에도 유용하게 사용될 수 있다. 그래서 의사결정나무를 적합성나무(relevance tree)라고도 부른다.

제2절 iris 자료 분석

여기서는 앞에서 이용한 Fisher의 붓꽃(iris) 자료에 근거하여 의사결정나무를 만들어 본다. 다양한 패키지를 활용한 결과를 보여준다.

1. rpart 패키지 이용

먼저 rpart(recursive partitioning and regression tree) 패키지를 이용하여 나무모형을 그려보자.

```
> install.packages("rpart.plot")
> library(rpart.plot)
> data(iris)
> iris_tr <- rpart(Species ~., data = iris)
> iris_tr
n= 150

node), split, n, loss, yval, (yprob)
      * denotes terminal node

1) root 150 100 setosa (0.33333333 0.33333333 0.33333333)
  2) Petal.Length< 2.45 50   0 setosa (1.00000000 0.00000000 0.00000000) *
  3) Petal.Length>=2.45 100 50 versicolor (0.00000000 0.50000000 0.50000000)
    6) Petal.Width< 1.75 54  5 versicolor (0.00000000 0.90740741 0.09259259) *
    7) Petal.Width>=1.75 46  1 virginica (0.00000000 0.02173913 0.97826087) *
```

```
> summary(iris_tr)
Call:
rpart(formula = Species ~ ., data = iris)
  n= 150

    CP  nsplit rel   error  xerror     xstd
1  0.50      0      1.00    1.13    0.05279520
2  0.44      1      0.50    0.68    0.06096994
3  0.01      2      0.06    0.08    0.02751969
```

```
Variable importance
  Petal.Width  Petal.Length  Sepal.Length  Sepal.Width
          34            31            21           14

Node number 1: 150 observations,    complexity param=0.5
  predicted class=setosa      expected loss=0.6666667  P(node) =1
    class counts:    50    50    50
   probabilities: 0.333 0.333 0.333
  left son=2 (50 obs) right son=3 (100 obs)
  Primary splits:
      Petal.Length < 2.45  to the left,  improve=50.00000, (0 missing)
      Petal.Width  < 0.8   to the left,  improve=50.00000, (0 missing)
      Sepal.Length < 5.45  to the left,  improve=34.16405, (0 missing)
      Sepal.Width  < 3.35  to the right, improve=19.03851, (0 missing)
  Surrogate splits:
      Petal.Width  < 0.8   to the left,  agree=1.000, adj=1.00, (0 split)
      Sepal.Length < 5.45  to the left,  agree=0.920, adj=0.76, (0 split)
      Sepal.Width  < 3.35  to the right, agree=0.833, adj=0.50, (0 split)

Node number 2: 50 observations
  predicted class=setosa      expected loss=0  P(node) =0.3333333
    class counts:    50     0     0
   probabilities: 1.000 0.000 0.000

Node number 3: 100 observations,    complexity param=0.44
  predicted class=versicolor  expected loss=0.5  P(node) =0.6666667
    class counts:     0    50    50
   probabilities: 0.000 0.500 0.500
  left son=6 (54 obs) right son=7 (46 obs)
  Primary splits:
      Petal.Width  < 1.75  to the left,  improve=38.969400, (0 missing)
      Petal.Length < 4.75  to the left,  improve=37.353540, (0 missing)
      Sepal.Length < 6.15  to the left,  improve=10.686870, (0 missing)
      Sepal.Width  < 2.45  to the left,  improve= 3.555556, (0 missing)
  Surrogate splits:
      Petal.Length < 4.75  to the left,  agree=0.91, adj=0.804, (0 split)
      Sepal.Length < 6.15  to the left,  agree=0.73, adj=0.413, (0 split)
      Sepal.Width  < 2.95  to the left,  agree=0.67, adj=0.283, (0 split)
```

```
Node number 6: 54 observations
  predicted class=versicolor   expected loss=0.09259259   P(node) =0.36
    class counts:     0    49     5
   probabilities: 0.000 0.907 0.093

Node number 7: 46 observations
  predicted class=virginica   expected loss=0.02173913   P(node) =0.3066667
    class counts:     0     1    45
   probabilities: 0.000 0.022 0.978
```

```
> plot(iris_tr, compress = T, margin=0.3)
> text(iris_tr, cex=1.2, all=TRUE)
```

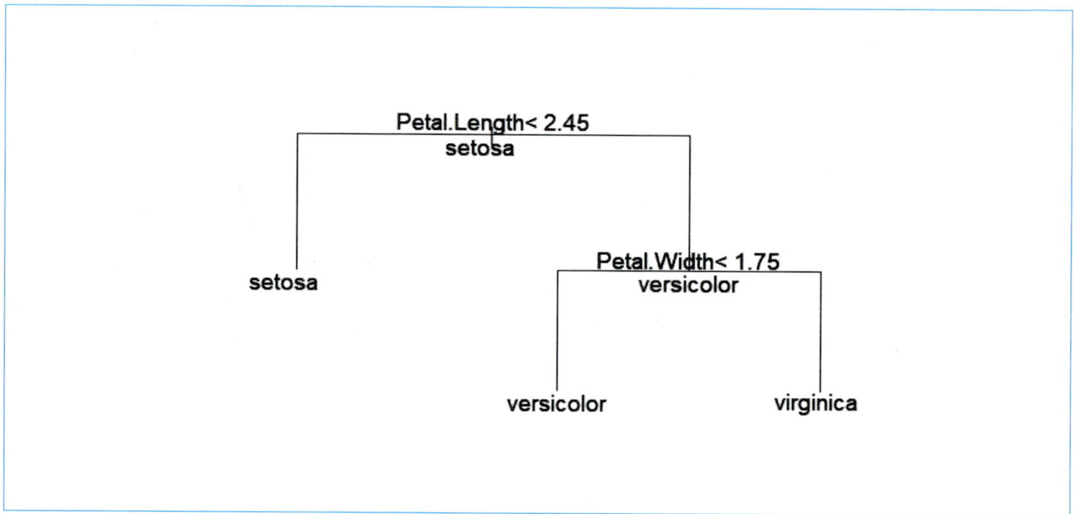


```
> iris_pred <- predict(iris_tr, newdata=iris, type="class")

> (tab_tree <- table(iris[, "Species"], iris_pred))
               iris_pred
                setosa  versicolor  virginica
  setosa          50        0           0
  versicolor       0       49           1
  virginica        0        5          45
> sum(diag(tab_tree))/sum(tab_tree)
[1] 0.96

> plotcp(iris_tr)
```

여기서는 (50 + 49 + 45)/150 = 96%의 적중률을 보여준다. 계속해서 다음 그림은 스크리 차트를 나타낸다.

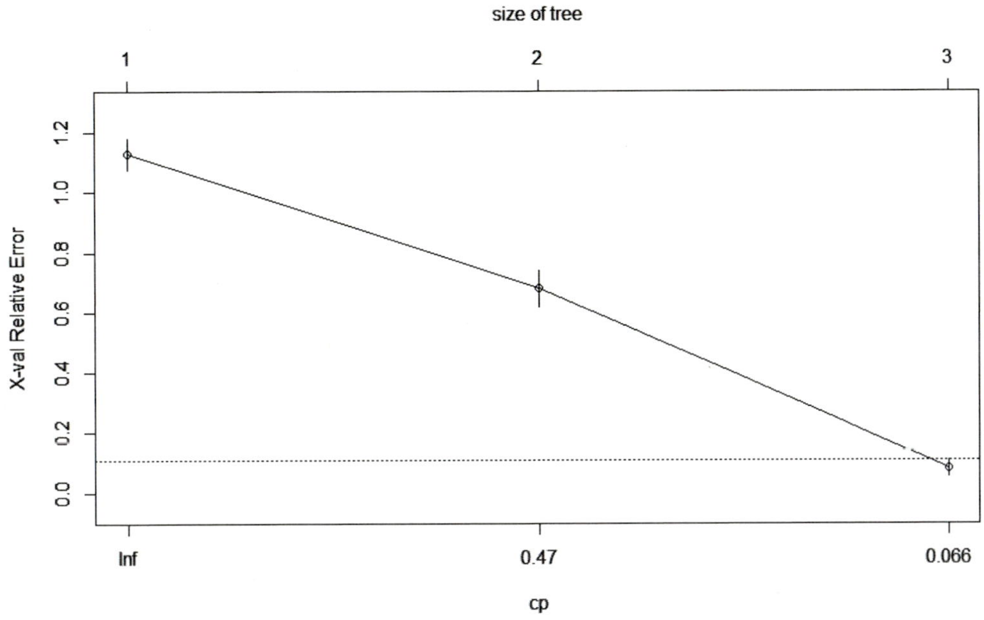

복잡성 모수(complexity parameter: cp)는 나무모형의 최적 크기를 결정하는 데 사용한다. 현재 노드에서 다른 변수를 추가했을 때 발생하는 비용이 cp 이상이면 노드 추가의 진행을 멈춘다. 일반적으로 교차확증오차(xerror)가 제일 낮은 수준에서 split 개수(nsplit)를 선택한다. 여기서는 xerror가 0.1로서 가장 낮은 3단계의 가지 절단의 개수인 3에서 의사결정나무 분석을 멈춘다.

[참고] 나무모형

```
install.packages("rpart.plot")
library(rpart.plot)
prp(iris_tr, type=2, extra=3)                    # 아래 그림표
prp(iris_tr, type=4, extra=2)                    # 그림표 생략
```

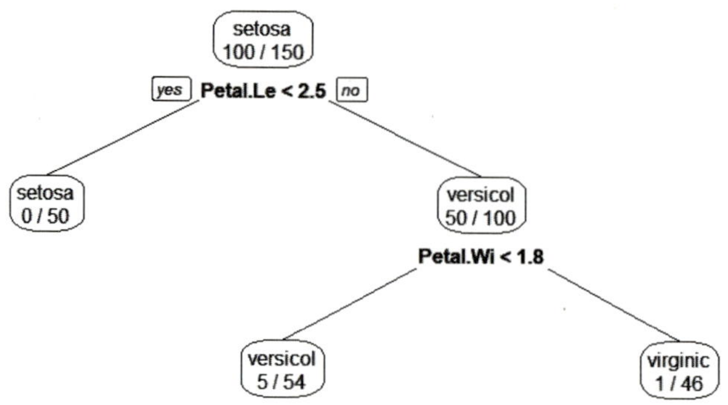

2. partykit 패키지 이용

다음은 조건을 제시하여 partykit 패키지로 매력적인 나무 모형을 그린다. 최종 결과에서 막대그림표를 보여준다.

```
> install.packages("partykit")
> library(partykit)
> plot(as.party(iris_tr))
```

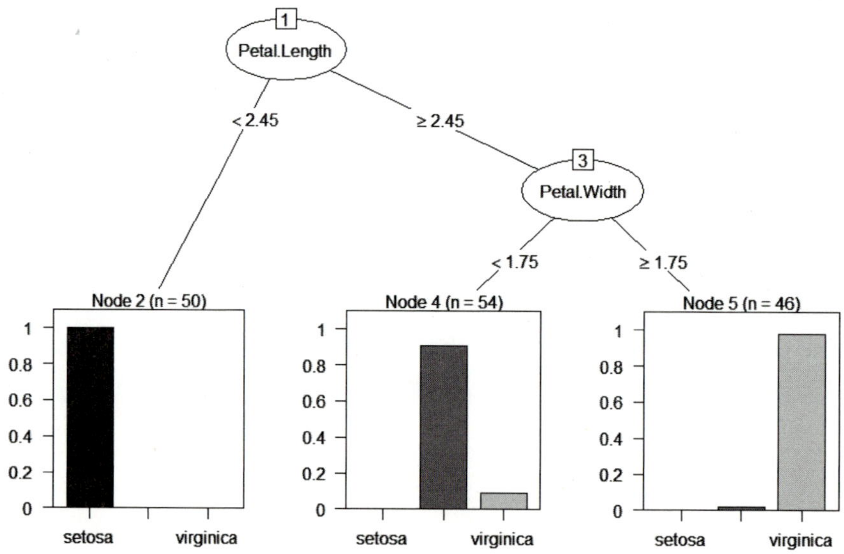

```
> plot(as.party(iris_tr), type="simple")
```

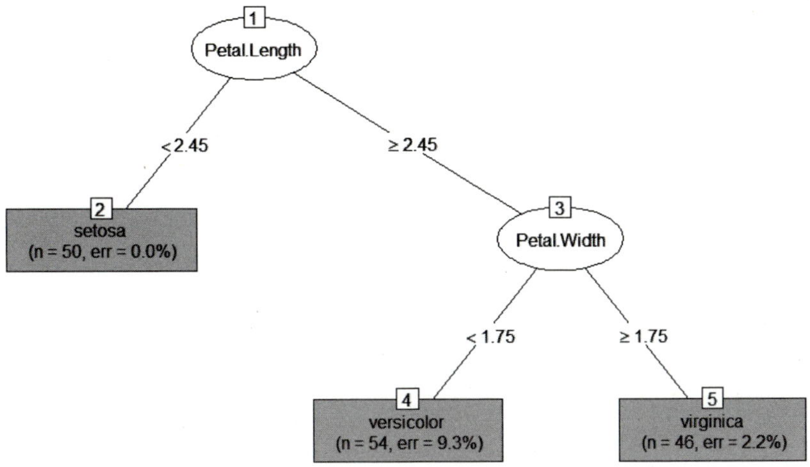

참고

다음을 실행하여 보아라(결과 생략).

```
install.packages("party")
library(party)
myFormula <- Species ~ Sepal.Length+ Sepal.Width+ Petal.Length+ Petal.Width
iris_ctree <- ctree(myFormula, data=iris)
table(predict(iris_ctree), iris$Species)
print(iris_ctree)
plot(iris_ctree)
plot(iris_ctree, type="simple")
```

3. MASS 패키지와 tree 패키지 이용

계속해서 iris 자료에서 MASS와 tree 패키지를 이용하여 나무모형을 그린다. 참고로, 앞에서는 전지(prune) 행위가 필요 없으나, 여기서는 전지 과정을 설명한다.

```
> install.packages("MASS")
> library(MASS)
> install.packages("tree")
> library(tree)
> iris_tree = tree(Species~., iris)
> summary(iris_tree)
Classification tree:
tree(formula = Species ~ ., data = iris)
Variables actually used in tree construction:
[1] "PL" "PW" "SL"
Number of terminal nodes: 6
Residual mean deviance: 0.1253 = 18.05 / 144
Misclassification error rate: 0.02667 = 4 / 150
>
> iris_tree
node), split, n, deviance, yval, (yprob)
     * denotes terminal node
  1) root 150              329.600 setosa (0.33333 0.33333 0.33333)
    2) PL < 2.45 50          0.000 setosa (1.00000 0.00000 0.00000) *
    3) PL > 2.45 100       138.600 versicolor (0.00000 0.50000 0.50000)
      6) PW < 1.75 54       33.320 versicolor (0.00000 0.90741 0.09259)
      12) PL < 4.95 48       9.721 versicolor (0.00000 0.97917 0.02083)
          24) SL < 5.15 5    5.004 versicolor (0.00000 0.80000 0.20000) *
          25) SL > 5.15 43   0.000 versicolor (0.00000 1.00000 0.00000) *
          13) PL > 4.95 6    7.638 virginica (0.00000 0.33333 0.66667) *
      7) PW > 1.75 46        9.635 virginica (0.00000 0.02174 0.97826)
      14) PL < 4.95 6        5.407 virginica (0.00000 0.16667 0.83333) *
      15) PL > 4.95 40       0.000 virginica (0.00000 0.00000 1.00000) *
> plot(iris_tree)
> text(iris_tree, all=T)
```

오분류 비율(misclassification error rate)은 0.027이므로 적중률은 146/150 = 97.3%를 보인다. 여기서 yprob는 마디 내에서 Species class의 세 품종의 비율을 나타낸다. 예를 들어, 뿌리(root)에는 모두

50개의 표본이 있어 각각 0.33333씩 차지하고 있다. 다음 2번째 마디에서는 setosa만 50개 있으며, 3번째 마디에는 versicolor로 100개가 분류된다. 이러한 방식으로 가지를 내려가면 15번째 마디에서 완전히 분류된다.

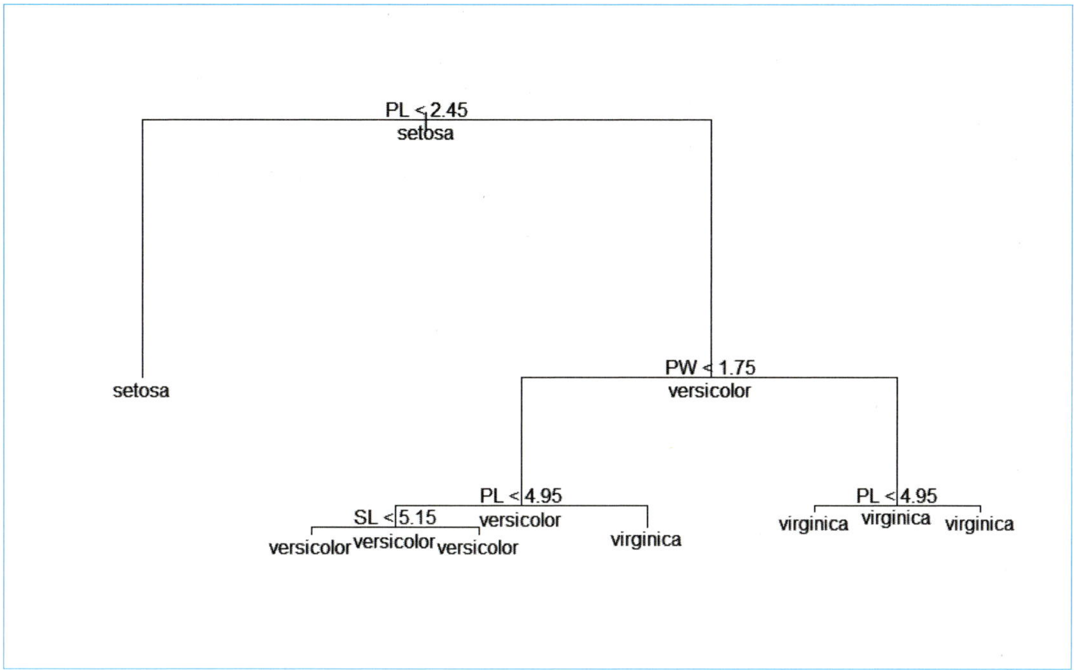


```
> op <- par(mfrow=c(1,2))                                    # 한 면에 2개 그림을 병렬로
> iris_tree2 <- snip.tree(iris_tree, nodes=c(6, 7), xy.save = FALSE, digits =
getOption("digits") - 3)
> plot(iris_tree2)
> text(iris_tree2, all=T)
>
> plot(iris[, 3], iris[, 4], type="n", xlab="PL", ylab="PW")
> text(iris[,3], iris[,4], c("s", "vc", "vg")[iris[, 5]])
> partition.tree(iris_tree2, add= T, cex=1.2)
> par(op)                                                    # 그림 배열 원위치
```

위에서 마디 6과 7을 제거한다면 다음과 같이 나무그림을 나타낼 수 있다.

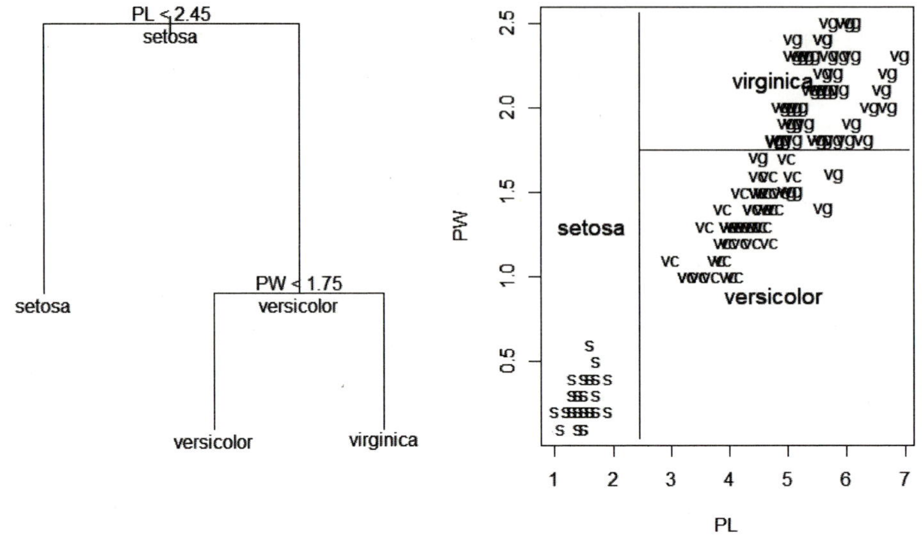

다음은 끝마디를 수를 3으로 하여 나무모형을 만들어 보았고, 이것은 위의 그림과 동일하다. 여기서 prune.misclassification() 함수는 분할표(오분류행렬)를 이용한다.

```
op <- par(mfrow=c(1,2))
iris_tree3 = prune.misclass(iris_tree)
plot(iris_tree3)
iris_final = prune.misclass(iris_tree, best=3)                    # 끝마디수 = 3
plot(iris_final)
text(iris_final, all=T)
par(op)
```

(주) best=4로 하여 나무모형의 차이점을 알아보자.

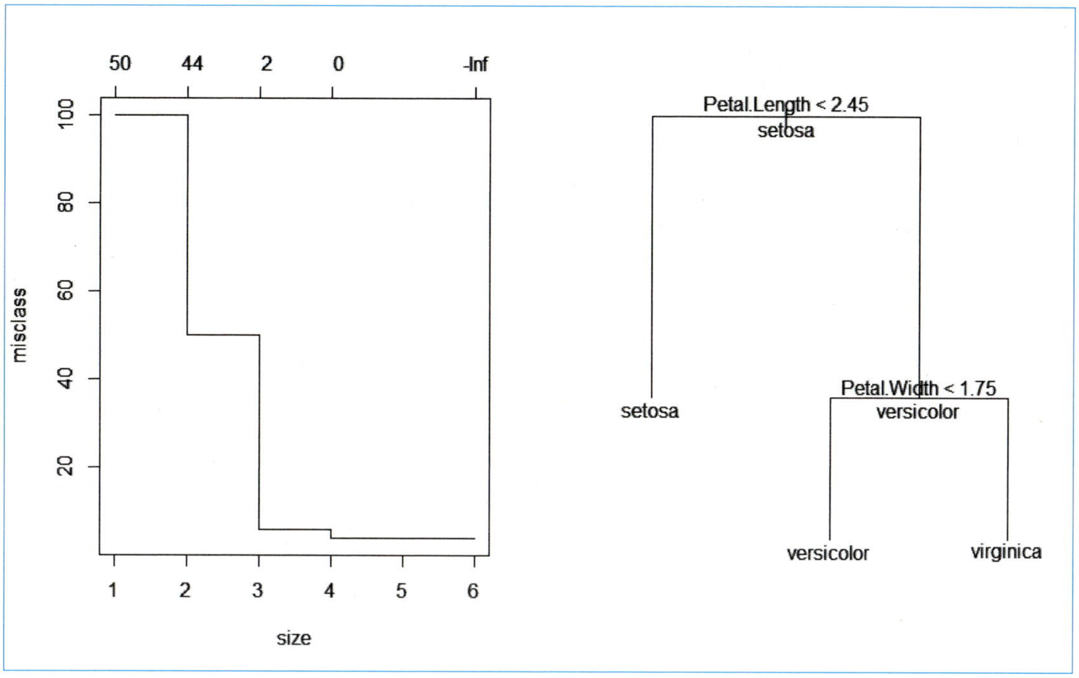

50
44
2
0
-Inf
100
80
60
40
20
misclass
1
2
3
4
5
6
size
Petal.Length < 2.45
setosa
setosa
Petal.Width < 1.75
versicolor
versicolor
virginica

제3절 Titanic 자료 분석

앞에서 다루었던 Titanic 자료는 흥미있는 정보를 제공해 준다. 이 자료를 이용하여 의사결정나무를 만들어 보자.

```
> ftable(Titanic)
          Survived          No    Yes
Class     Sex       Age
1st       Male      Child    0      5
                    Adult  118     57
          Female    Child    0      1
                    Adult    4    140
2nd       Male      Child    0     11
                    Adult  154     14
          Female    Child    0     13
                    Adult   13     80
3rd       Male      Child   35     13
                    Adult  387     75
          Female    Child   17     14
                    Adult   89     76
Crew      Male      Child    0      0
                    Adult  670    192
          Female    Child    0      0
                    Adult    3     20
```

패키지 epitools는 expand.table() 함수를 이용하여 table 자료를 데이터프레임으로 전환시켜준다. 그리고 이미 앞에서 설명한 rpart 패키지를 사용해 보자.

```
> install.packages("epitools")
> library(epitools)
> Titanic_df <- expand.table(Titanic)                    # 데이터프레임으로 만듦
```

```
> head(Titanic_df)
   Class   Sex   Age   Survived
1   1st   Male  Child    Yes
2   1st   Male  Child    Yes
3   1st   Male  Child    Yes
4   1st   Male  Child    Yes
5   1st   Male  Child    Yes
6   1st   Male  Adult    No
> library(rpart)
> Titanic_tree <- rpart(Survived~., data=Titanic_df, method="class")
> summary(Titanic_tree)
Call:
rpart(formula = Survived ~ ., data = Titanic_df, method = "class")
  n= 2201
          CP       nsplit rel    error       xerror       xstd
1   0.30661041       0      1.0000000    1.0000000    0.03085662
2   0.02250352       1      0.6933896    0.6933896    0.02750982
3   0.01125176       2      0.6708861    0.6919831    0.02748995
4   0.01000000       4      0.6483826    0.6666667    0.02712412
Variable importance
     Sex    Class    Age
      73      23      4

Node number 1: 2201 observations,  complexity param=0.3066104
  predicted class=No   expected loss=0.323035   P(node) =1
    class counts:      1490     711
   probabilities:     0.677    0.323
  left son=2 (1731 obs) right son=3 (470 obs)
  Primary splits:
      Sex   splits as  LR,     improve=199.821600, (0 missing)
      Class splits as  RRLL,   improve= 69.684100, (0 missing)
      Age   splits as  RL,     improve=  9.165241, (0 missing)

Node number 2: 1731 observations,  complexity param=0.01125176
  predicted class=No   expected loss=0.2120162   P(node) =0.7864607
    class counts:      1364     367
   probabilities:     0.788    0.212
  left son=4 (1667 obs) right son=5 (64 obs)
  Primary splits:
      Age   splits as  RL,     improve=7.726764, (0 missing)
      Class splits as  RLLL,   improve=7.046106, (0 missing)
```

```
Node number 3: 470 observations,  complexity param=0.02250352
  predicted class=Yes    expected loss=0.2680851    P(node) =0.2135393
    class counts:       126     344
   probabilities:     0.268   0.732
  left son=6 (196 obs) right son=7 (274 obs)
  Primary splits:
      Class splits as  RRLR,  improve=50.015320, (0 missing)
      Age   splits as  LR,    improve= 1.197586, (0 missing)
  Surrogate splits:
      Age   splits as  LR,    agree=0.619, adj=0.087, (0 split)
Node number 4: 1667 observations
  predicted class=No    expected loss=0.2027594    P(node) =0.757383
    class counts:      1329     338
   probabilities:     0.797   0.203
Node number 5: 64 observations,  complexity param=0.01125176
  predicted class=No    expected loss=0.453125    P(node) =0.02907769
    class counts:        35      29
   probabilities:     0.547   0.453
  left son=10 (48 obs) right son=11 (16 obs)
  Primary splits:
      Class splits as  RRL-,  improve=12.76042, (0 missing)
Node number 6: 196 observations
  predicted class=No    expected loss=0.4591837    P(node) =0.08905043
    class counts:       106      90
   probabilities:     0.541   0.459
Node number 7: 274 observations
  predicted class=Yes    expected loss=0.0729927    P(node) =0.1244889
    class counts:        20     254
   probabilities:     0.073   0.927
Node number 10: 48 observations
  predicted class=No    expected loss=0.2708333    P(node) =0.02180827
    class counts:        35      13
   probabilities:     0.729   0.271
Node number 11: 16 observations
  predicted class=Yes    expected loss=0    P(node) =0.007269423
    class counts:         0      16
   probabilities:     0.000   1.000
```

```
> install.packages("partykit")
> library(partykit)
> plot(as.party(Titanic_tree))
```

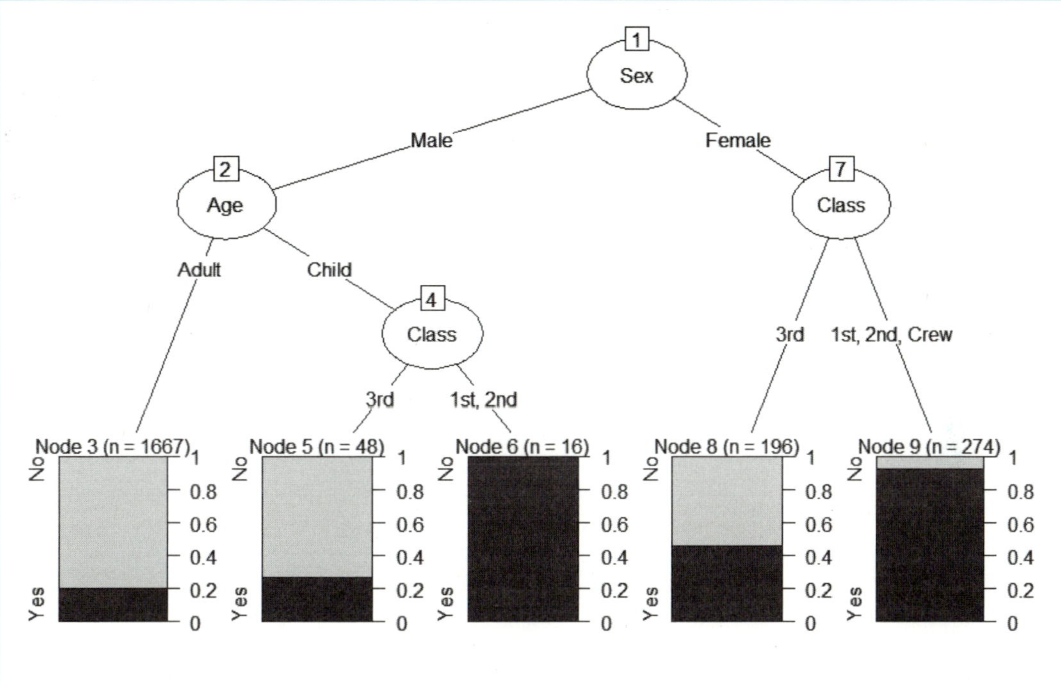

```
> plotcp(Titanic_tree)
```

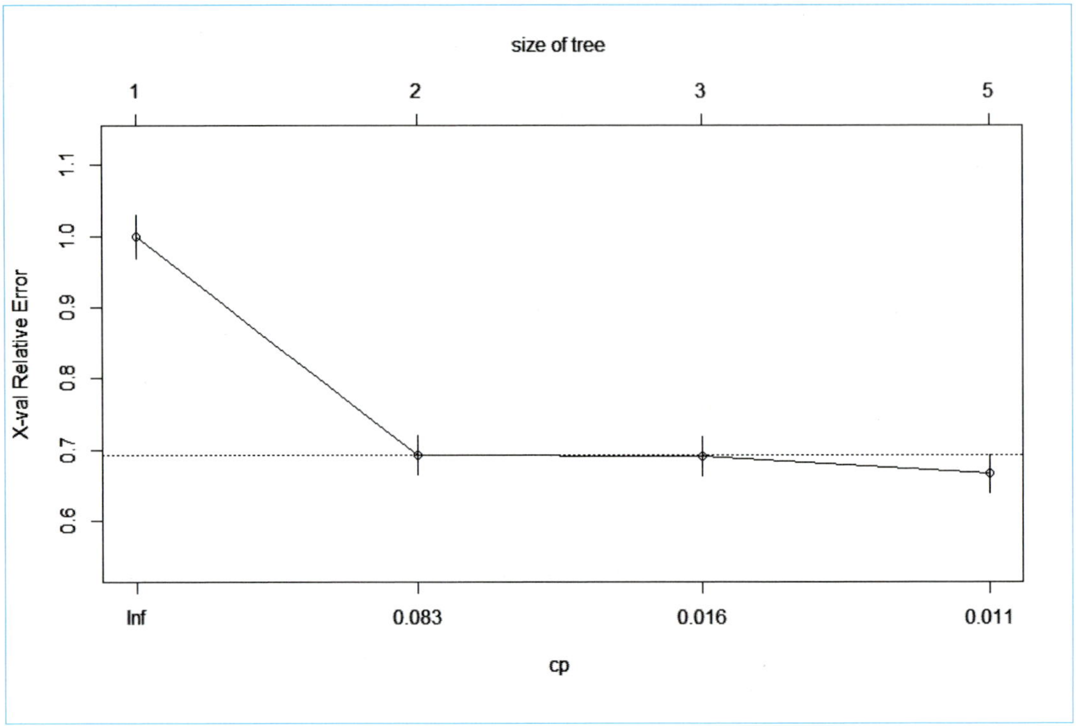

복잡성 모수(cp)는 나무모형의 최적 크기를 결정하는데 사용한다. 현재 노드에서 다른 변수를 추가했을 때 발생하는 비용이 cp 이상이면 노드 추가의 진행을 멈춘다. 일반적으로 교차확증오차(xerror)가 제일 낮은 수준에서 split 개수(nsplit)를 선택한다. 여기서는 xerror가 0.67로서 가장 낮은 4단계의 가지 절단의 개수인 4인 곳에서 의사결정나무 분석을 멈춘다.

다음은 cp = 0.03일 때 나무모형의 크기가 2개가 된다. 다시 말해서, cp > 0.023이면 분리되는 가지 수(nsplit)가 1이 되어, 성별로 생존자 현황을 나타낸다.

```
> Titanic_tree_cp <- rpart(formula = Survived ~ ., data = Titanic_df, method =
"class", cp = 0.03)
> summary(Titanic_tree_cp)
Call:
rpart(formula = Survived ~ ., data = Titanic_df, method = "class", cp = 0.03)
  n= 2201

          CP  nsplit rel error    xerror       xstd
1  0.3066104       0 1.0000000 1.0000000 0.03085662
2  0.0300000       1 0.6933896 0.6933896 0.02750982

Variable importance
Sex
100

Node number 1: 2201 observations,  complexity param=0.3066104
  predicted class=No   expected loss=0.323035   P(node) =1
    class counts:  1490   711
   probabilities: 0.677 0.323
  left son=2 (1731 obs) right son=3 (470 obs)
  Primary splits:
      Sex   splits as  LR,    improve=199.821600, (0 missing)
      Class splits as  RRLL,  improve= 69.684100, (0 missing)
      Age   splits as  RL,    improve=  9.165241, (0 missing)

Node number 2: 1731 observations
  predicted class=No   expected loss=0.2120162   P(node) =0.7864607
    class counts:  1364   367
   probabilities: 0.788 0.212

Node number 3: 470 observations
  predicted class=Yes  expected loss=0.2680851   P(node) =0.2135393
    class counts:   126   344
   probabilities: 0.268 0.732
```

```
> plot(as.party(Titanic_tree_cp))
```

아래 그림에서 보면 남자는 20.3%, 여자는 74.4% 생존하였음을 확인할 수 있다.

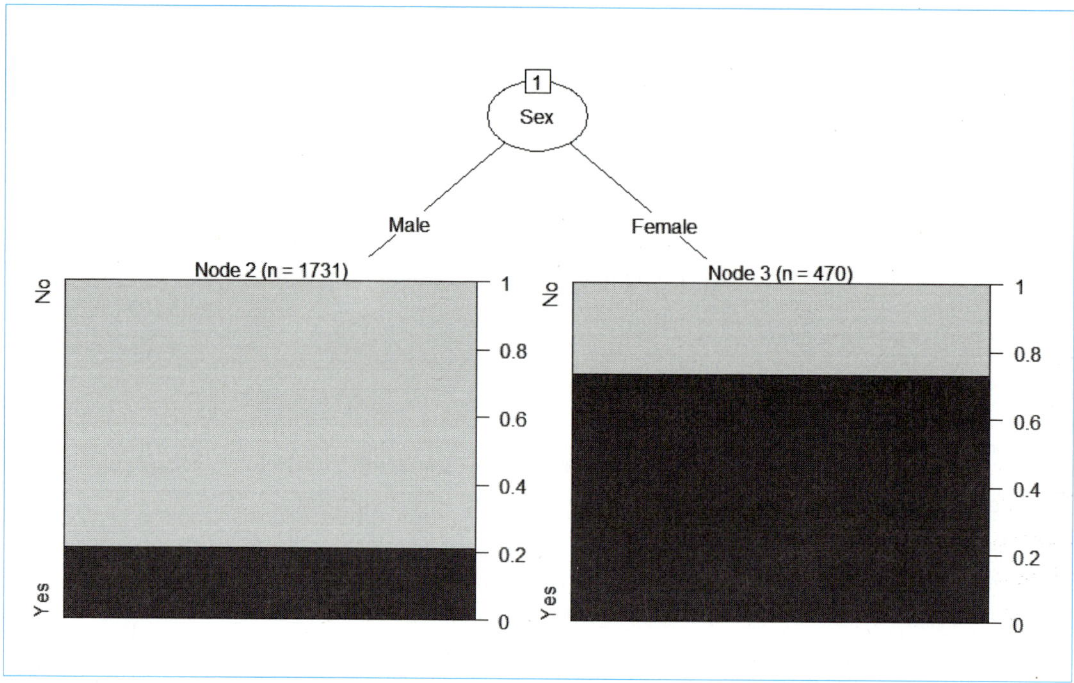

제4절 stagec 자료 분석

이 자료(stagec)는 146명의 전립선(Prostate) 암 환자에 관한 것이다. 전체 7개의 설명변수를 이용하여 범주형 자료의 반응변수(ploidy: 염색체의 배수성(倍數性))를 예측하고자 의사결정나무 분석을 실시한다.

```
> install.packages("party")                                    # 의사결정나무 패키지
> library(party)
> install.packages("rpart")                                    # stagec 자료 찾기
> library("rpart")
> data(stagec)
> str(stagec)
'data.frame': 146 obs. of 8 variables:
 $ pgtime   : num 6.1 9.4 5.2 3.2 1.9 4.8 5.8 7.3 3.7 15.9 ...
 $ pgstat   : int 0 0 1 1 1 0 0 0 1 0 ...
 $ age      : int 64 62 59 62 64 69 75 71 73 64 ...
 $ eet      : int 2 1 2 2 2 1 2 2 2 2 ...
 $ g2       : num 10.26 NA 9.99 3.57 22.56 ...
 $ grade    : int 2 3 3 2 4 3 2 3 3 3 ...
 $ gleason  : int 4 8 7 4 8 7 NA 7 6 7 ...
 $ ploidy   : Factor w/ 3 levels "diploid","tetraploid",..: 1 3 1 1 2 1 2 3 1 2 ...
```

```
> summary(stagec)
pgtime         pgstat           age          eet            g2              grade          gleason
Min.   :0.300  Min.   :0.0000  Min.   :47  Min.   :1.00  Min.   : 2.400  Min.   :1.00  Min.   :  3.00
1st Qu.:3.700  1st Qu.:0.0000  1st Qu.:59  1st Qu.:1.75  1st Qu.: 9.215  1st Qu.:2.00  1st Qu.:  5.00
Median :5.900  Median :0.0000  Median :63  Median :2.00  Median :13.010  Median :3.00  Median :  6.00
Mean   :6.324  Mean   :0.3699  Mean   :63  Mean   :1.75  Mean   :14.275  Mean   :2.61  Mean   :  6.35
3rd Qu.:7.900  3rd Qu.:1.0000  3rd Qu.:67  3rd Qu.:2.00  3rd Qu.:16.715  3rd Qu.:3.00  3rd Qu.:  7.00
Max.   :17.700 Max.   :1.0000  Max.   :75  Max.   :2.00  Max.   :54.930  Max.   :4.00  Max.   : 10.00
                                           NA's   :   2  NA's   :     7                NA's   :     3
           ploidy
 diploid    : 67
 tetraploid : 68
 aneuploid  : 11
```

자료에서 NA를 제거하면 다음과 같다.

```
> stagec1 <- subset(stagec, !is.na(eet))
> stagec2 <- subset(stagec1, !is.na(g2))
> stagec3 <- subset(stagec2, !is.na(gleason))
> summary(stagec3)                                              # 결과 생략
```

(주) stagec_nona <- na.omit(stagec)에서 한꺼번에 NA를 제거한다. 결과는 동일하다.

훈련자료(70%)와 검정자료(30%)를 구분하고, 훈련자료에 대해 ctree() 함수(conditional inference tree)를 이용하여 의사결정나무를 만들어 본다.

```
> set.seed(123)
> ind <- sample(2, nrow(stagec3), replace=TRUE, prob = c(0.7,0.3))
> trainData <- stagec3[ind==1,]
> testData <- stagec3[ind==2,]
> d_tree <- ctree(ploidy ~., data=trainData)
> d_tree

         Conditional inference tree with 2 terminal nodes

Response: ploidy
Inputs: pgtime, pgstat, age, eet, g2, grade, gleason
Number of observations: 95

1) g2 <= 13.01; criterion = 1, statistic = 49.837
  2)* weights = 53
1) g2 > 13.01
  3)* weights = 42
> plot(d_tree)
```

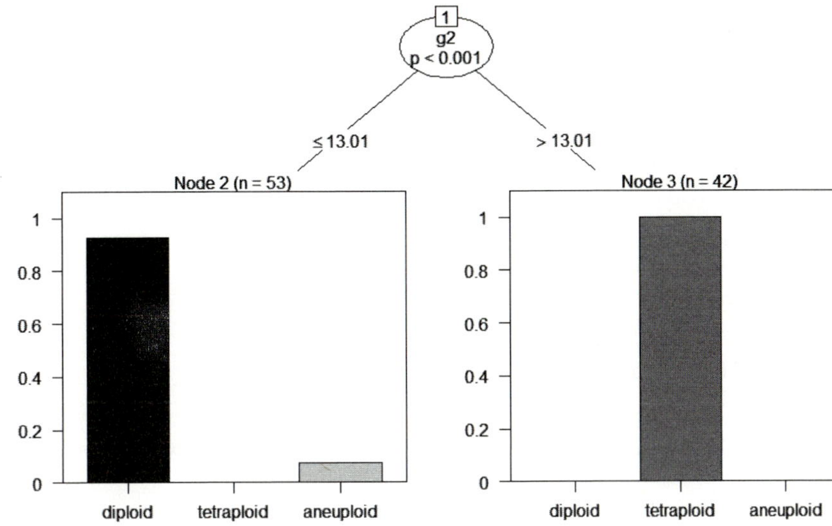

참고

다음은 전체 146개 자료에서 100개와 나머지 자료로 나누는 표본추출 방법을 보여 준다.

```
set.seed(123)
samp <- sample(146, 100)
samp_train <- stagec[samp,]
samp_test <- stagec[-samp,]
str(samp_train)
str(samp_test)
```

검정자료의 혼동행렬은 다음과 같다. 여기서 전체 환자 39명 중에서 38명을 정확하게 분류하고 있다. 97.4%의 정확도를 보인다.

```
> testPred <- predict(d_tree, newdata=testData)
> (tab <- (testData$ploidy, testPred))
            testPred
             diploid   tetraploid   aneuploid
  diploid        12          0           0
  tetraploid      0         22           0
  aneuploid       1          0           0
> sum(diag(tab))/sum(tab)
[1] 0.974359
```

연습문제

airquality 자료에서 반응변수 Ozone을 이용하여 의사결정나무 분석을 실시해 보아라. 결측치 자료 여부를 살펴보고 진행한다.

```
library(rpart.plot)
data(airquality)
str(airquality)

air_nona <- na.omit(airquality[, 1:4])
head(air_nona)
air_tree <- rpart(Ozone~., data=air_nona, minsplit=2, cp=0, maxdepth=3)
plot(air_tree)
text(air_tree, all=TRUE)
summary(air_tree)
```

지금까지 설명한 바와 같이 의사결정나무 알고리즘은 지도학습 과정에서 결과를 예측하거나 자료를 분류하고자 할 때 효과적이다. 여러 가지 패키지 중에서 연구자에게 적합하다고 생각되는 것을 선택하면 된다.

PART 3

R

R 비지도학습

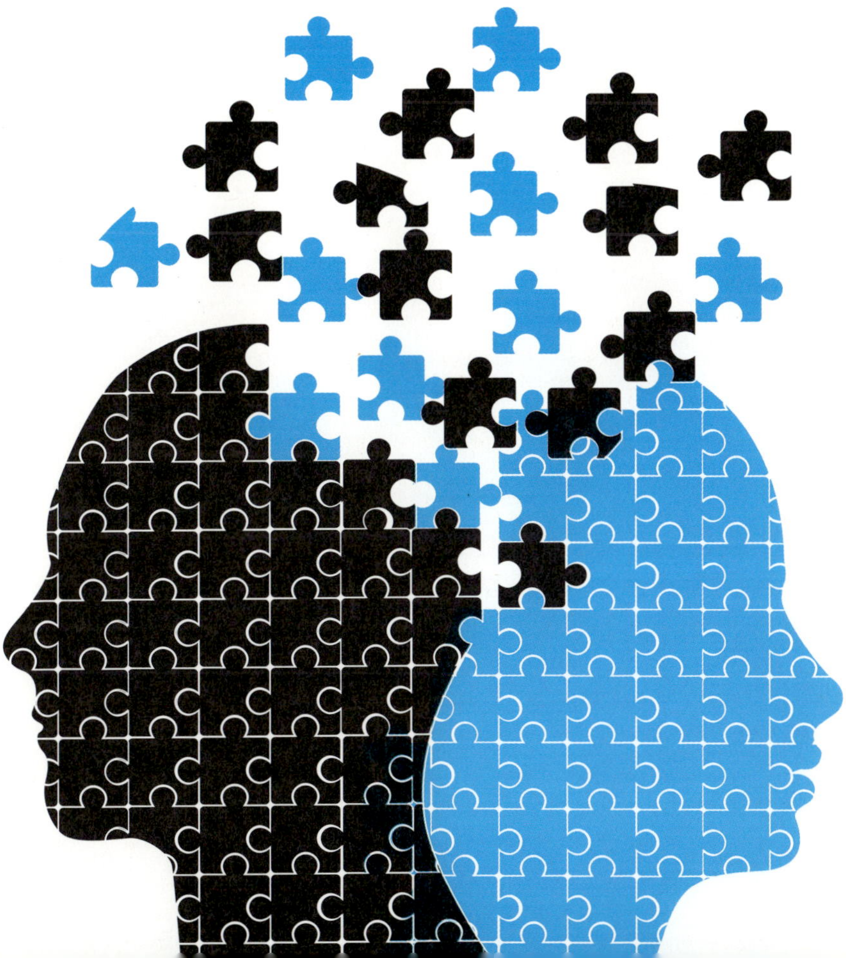

CHAPTER 13
계층적 군집분석

제1절 계층적 군집분석이란
제2절 USArrests 자료

제1절 계층적 군집분석이란

비지도학습 알고리즘은 클래스, 라벨, 패턴 등의 사전 제시 또는 사전 훈련 없이 자료를 처리한다. 특히 군집 알고리즘은 자료 개체들을 집단화해 준다. 군집 알고리즘에는 계층적 군집, 비계층적 군집 등 여러 가지가 있다.

계층적 군집 방법(hierarchical clustering)은 개체를 하나씩 하나씩 계속적으로 결합하는 것과 전체 집단을 하나로 간주하면서 계속적으로 세분하는 것 등의 두 가지가 있다. 전자의 경우를 AHM (agglomerative hierarchical method)이라고 부르며 이 방법은 개별적인 관찰대상에서 시작한다. 따라서 처음에는 개체의 수효만큼 동일한 개수의 군집이 있게 된다. 다음으로 가장 가까운 대상들이 군집화되고, 그리고 나서 유사성에 따라 그 군집들은 더 큰 군집으로 결합해 나간다. 유사성이 감소하여 감에 따라 모든 소집단은 결국 단일 군집으로 결합된다.

한편 DHM(devisive hierarchical method)은 AHM와는 정반대로 움직인다. 전체개체를 하나의 군집으로 출발하여 개체들을 분할해 나간다. 소군집이 상이한 집단으로 세분되는데, 각 개체가 각 집단을 형성할 때까지 이루어진다.

계층적 군집화 방법은 단일 개체에서 시작하든지 또는 단일 군집에서 시작하든지 간에 각 대상들 사이의 거리를 계산하여 군집화하는데, 그 거리계산 방식에 따라 단일 기준 결합방식, 완전기준 결합방식, 평균기준 결합방식 등 세 가지로 나눈다. 여기서는 단일기준 결합방식만 설명하면서 거리행렬 개념을 익히도록 한다.

단일기준 방식의 DHM은 한 군집에 속해 있는 개체와 다른 군집에 속해 있는 개체 사이의 거리가 가장 가까운 경우에 두 군집은 새로운 하나의 군집화로 이루어지는 방식을 의미한다. 가장 가까운 거리는 가장 유사하다는 의미를 가진다.

[도표 13.1]에서 개체 1과 7이 가장 가깝다면 군집 A와 C는 새로운 군집으로 결합된다. 다음의 예를 통하여 이러한 과정을 설명하여 보자.

[도표 13.1] 단일기준 결합방식

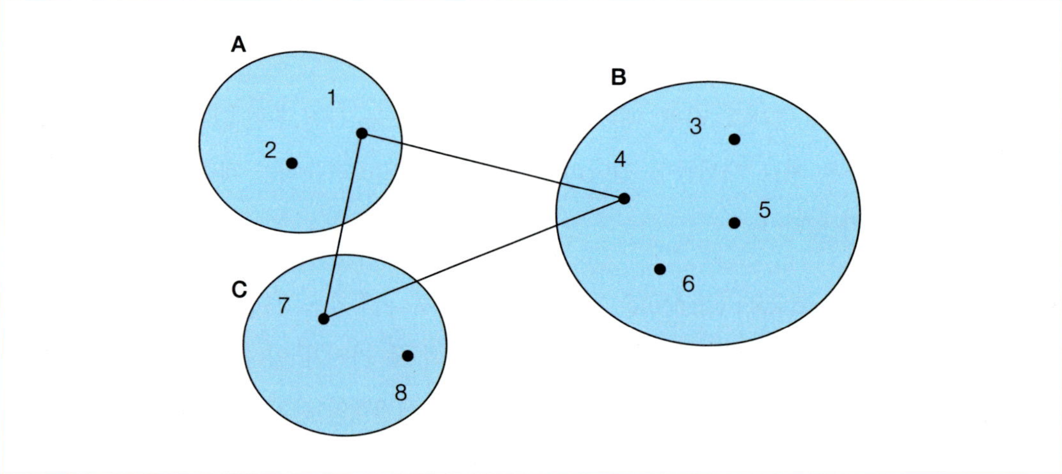

네 개체들 사이에 다음과 같은 거리행렬 D가 주어졌다고 하자. 여기서는 각 개체를 군집으로 간주한다.

$$D = \begin{array}{c} \\ 1 \\ 2 \\ 3 \\ 4 \\ 5 \end{array} \begin{array}{c} \begin{array}{ccccc} 1 & 2 & 3 & 4 & 5 \end{array} \\ \begin{bmatrix} 0 & 3 & 10 & 5 & 12 \\ 3 & 0 & 6 & 8 & 8 \\ 10 & 6 & 0 & 9 & 4 \\ 5 & 8 & 9 & 0 & 10 \\ 12 & 8 & 4 & 10 & 0 \end{bmatrix} \end{array}$$

행렬 D에서 거리가 가장 가까운 두 개체를 하나로 묶어보자. 1행과 2열의 거리가 제일 가까우므로

$$\min\{d_{ij}\} = d_{12} = 3$$

개체 1과 2는 군집(12)를 형성한다. 다음 단계의 군집을 만들기 위하여 군집(12)와 개체 3, 4, 5 사이의 거리를 각각 재보자. 행렬 D에서

$$d_{(12)3} = \min\{d_{13}, d_{23}\} = \min\{10, 6\} = 6$$

$$d_{(12)4} = \min\{d_{14}, d_{24}\} = \min\{5, 8\} = 5$$

$$d_{(12)5} = \min\{d_{15}, d_{25}\} = \min\{12, 8\} = 8$$

이다.

이제 행렬 D에서 1과 2에 해당하는 행과 열을 제거하고 새로운 행과 열인 (12)를 추가하고, 위의 값을 활용하여 새로운 행렬 D1을 만든다.

$$D1 = \begin{array}{c} \\ (12) \\ 3 \\ 4 \\ 5 \end{array} \begin{array}{c} \begin{array}{cccc} (12) & 3 & 4 & 5 \end{array} \\ \begin{bmatrix} 0 & 6 & 5 & 8 \\ 6 & 0 & 9 & 4 \\ 5 & 9 & 0 & 10 \\ 8 & 4 & 10 & 0 \end{bmatrix} \end{array}$$

행렬 D1에서 개체 3과 5 사이의 거리 $d_{35} = 4$가 최솟값이므로 군집(35)로 분리된다. 계속해서 가장 가까운 이웃과의 거리를 계산하면

$$d_{(35)(12)} = \min\{d_{3(12)}, d_{5(12)}\} = \min\{6, 8\} = 6$$

$$d_{(35)4} = \min\{d_{(34)}, d_{(54)}\} = \min\{9, 10\} = 9$$

이다.

다시 행렬 D1에서 3과 5에 해당하는 행과 열을 제거하고 새로운 행과 열인 (35)를 추가하고, 위의 값을 활용한 행렬 D2를 만든다. 다음 단계의 군집화를 위한 거리행렬 D2는

$$D2 = \begin{array}{c} \\ (12) \\ (35) \\ 4 \end{array} \begin{array}{c} \begin{array}{ccc} (12) & (35) & 4 \end{array} \\ \begin{bmatrix} 0 & 6 & 5 \\ 6 & 0 & 9 \\ 5 & 9 & 0 \end{bmatrix} \end{array}$$

이다. 이 행렬에서 가장 가까운 이웃에 있는 것은 군집 (12)와 개체 4이며, 그 거리는 $d_{(12)4} = 5$이다. 따라서 이 대상은 군집(124)에 편입된다. 현재 2개의 군집(124)와 (35)가 남아 있어, 거리를 계산하면

$$d_{(124)(35)} = \min\{d_{(12)(35)}, d_{4(35)}\} = \min\{6, 9\} = 6$$

이다. 마지막 거리행렬 D4는

$$D4 = \begin{array}{c} \\ (124) \\ (35) \end{array} \begin{array}{c} \begin{array}{cc} (124) & (35) \end{array} \\ \begin{bmatrix} 0 & 6 \\ & 0 \end{bmatrix} \end{array}$$

이므로, 두 군집 (124)와 (35) 사이의 최소거리는 6이며 두 군집을 결합하면 최후의 단일 군집 (12435)가 된다.

지금까지 설명한 것을 R에서 덴드로그램(dendrogram)이라고 부르는 2차원의 나무그림에 나타내 보자.

```
d <- c(0, 3, 10, 5, 12, 3, 0, 6, 8, 8, 10, 6, 0, 9, 4, 5, 8, 9, 0, 10, 12, 8, 4,
10, 0)
dm <- matrix(d, ncol=5, byrow=T)
dm
dm_den <- hclust(dist(dm), method="single")              # method="ward.D2"도 가능

par(mfrow = c(1, 2))
plot(dm_den)
plot(dm_den, hang = -1)                                  # "hang = -1"은 바닥까지 내려서 그림
par(myfrow= c(1, 1))
```

[도표 13.2] 덴드로그램

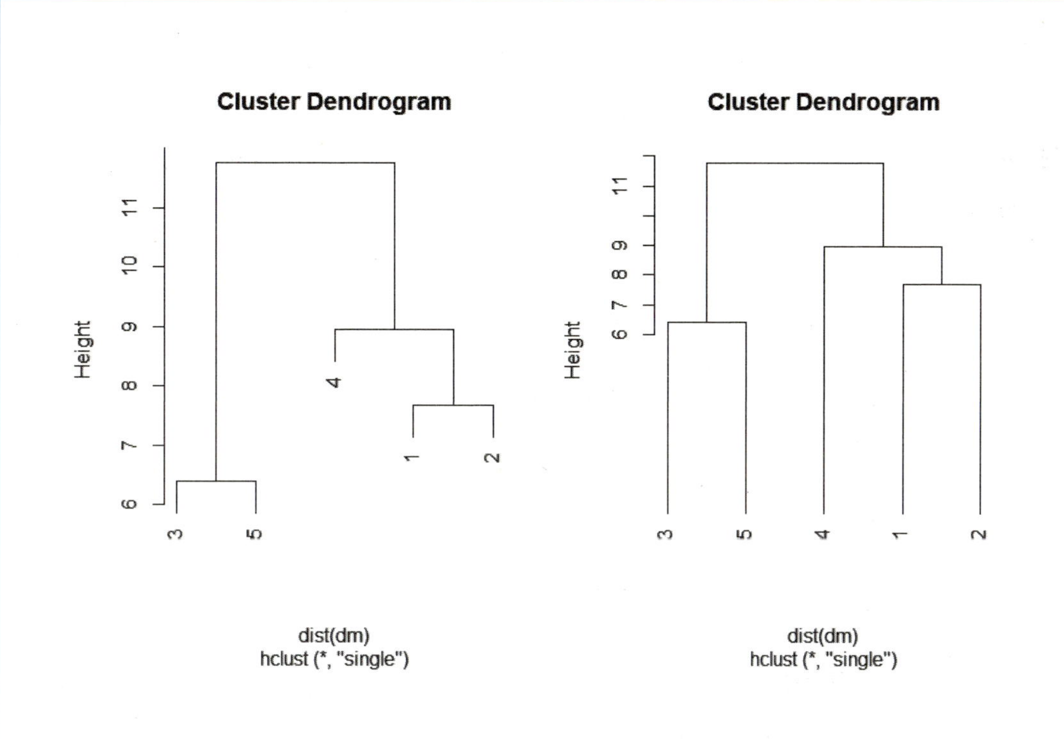

단일 기준 결합방식은 계산적으로 볼 때 비효율적인 면이 있다. 만일 우리가 n개의 개체를 포함하고 있는 한 군집에 시작한다면 첫 분리를 할 수 있는 방법의 가지수는 2^{n-1} 인데, 이렇게 많은 수는 DHM 알고리즘의 사용에서는 바람직하지 못할 것이다. 반면에 각기 한 개체를 가진 n개의 군집으로 시작한다면 AHM 알고리즘에서는 두 개체를 결합하는 방법의 가지수는 ${}_nC_2$가 될 것이다.

연구자가 원하는 것은 의미있는 군집이다. 군집분석에서는 잘못 분류된 개체들을 취소하거나 각 군집의 특성을 설명해 주는 정보를 제공해 주지 않는다. 따라서 가능하면 군집의 마지막 형태를 조심스럽게 검토해야 한다. 한 문제에 대하여 여러 군집방법을 시도하는 것은 좋은 생각이다. 그리하여 이 분석방법들이 대강 일치한다면 군집화는 자연스럽게 이루어진 것이라고 볼 수 있다. 군집분석 기법이 완전하게 개발되어 있지 않으므로 군집분석은 몇 개의 오류데이터를 제거하거나 또는 추가해서 군집 알고리즘에 의한 결과 해답의 안정성 여부를 조사하는 일이 필요하다.

제2절 USArrests 자료 분석

R 내장 자료에는 미국의 주(state)별 강력범죄(USAressts) 정보가 있다. 이를 이용하여 군집분석을 실시해 보자. 이 자료에 대한 정보는 다음과 같다.

```
?USArrests                                      # [콘솔 창]에 입력 실행하면 다음을 얻음

A data frame with 50 observations on 4 variables.         # [도움 창]의 결과 일부
[,1] Murder    numeric Murder arrests (per 100,000)
[,2] Assault   numeric Assault arrests (per 100,000)
[,3] UrbanPop  numeric Percent urban population
[,4] Rape      numeric Rape arrests (per 100,000)
```

```
> data(USArrests)
> str(USArrests)
'data.frame'    : 50 obs. of 4 variables:
 $ Murder       : num 13.2 10 8.1 8.8 9 7.9 3.3 5.9 15.4 17.4 ...
 $ Assault      : int 236 263 294 190 276 204 110 238 335 211 ...
 $ UrbanPop     : int 58 48 80 50 91 78 77 72 80 60 ...
 $ Rape         : num 21.2 44.5 31 19.5 40.6 38.7 11.1 15.8 31.9 25.8 ...
> head(USArrests)
              Murder  Assault  UrbanPop   Rape
Alabama        13.2     236       58      21.2
Alaska         10.0     263       48      44.5
Arizona         8.1     294       80      31.0
Arkansas        8.8     190       50      19.5
California      9.0     276       91      40.6
Colorado        7.9     204       78      38.7
```

```
> summary(USArrests)
Murder           Assault          UrbanPop         Rape
Min.    : 0.800  Min.    :  45.0  Min.    : 32.00  Min.    : 7.30
1st Qu.: 4.075   1st Qu.: 109.0   1st Qu.: 54.50   1st Qu. :15.07
Median : 7.250   Median : 159.0   Median : 66.00   Median  :20.10
Mean   : 7.788   Mean   : 170.8   Mean   : 65.54   Mean    :21.23
3rd Qu.:11.250   3rd Qu.: 249.0   3rd Qu.: 77.75   3rd Qu. :26.18
Max.   :17.400   Max.   : 337.0   Max.   : 91.00   Max.    :46.00
> libraty(graphics)
> pairs(USArrests, panel = panel.smooth, main = "USArrests data")       # 결과 생략
```

다음 그림은 산점도와 상관계수를 보여준다.

```
panel.cor <- function(x, y, digits=2, prefix="", cex.cor)
  {
  usr <- par("usr"); on.exit(par(usr))
  par(usr=c(0,1,0,1))
  r <- abs(cor(x, y))
  txt <- format(c(r, 0.123), digits=digits)[1]
  txt <- paste(prefix, txt, sep="")
  if(missing(cex.cor)) cex<- 0.4/strwidth(txt)
  text(0.5, 0.5, txt, cex=cex)
  }
pairs(USArrests, lower.panel = panel.smooth, upper.panel=panel.cor, diag.
panel=panel.hist, main = "USArrests data")
```

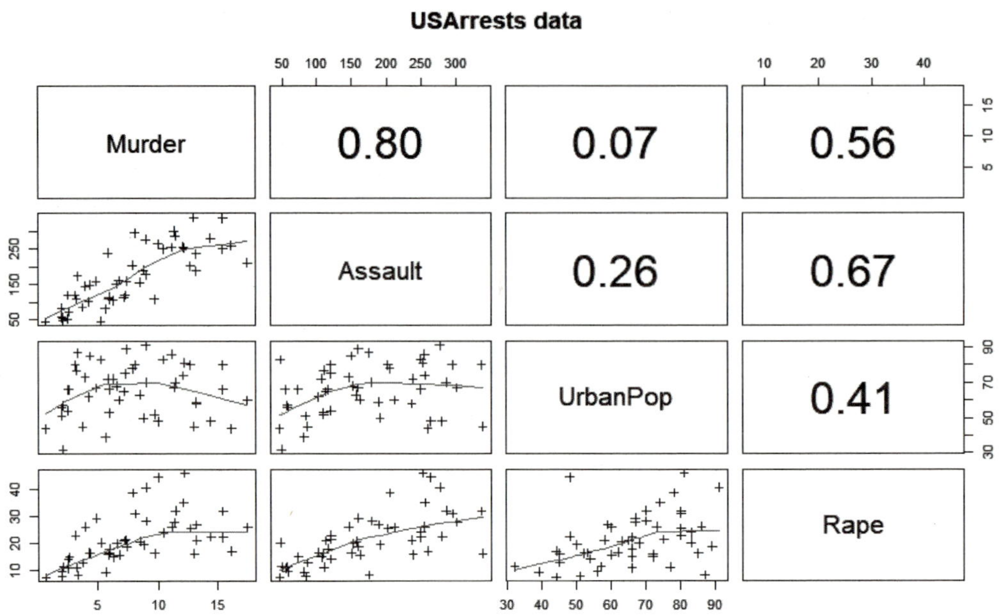

군집분석을 실시하기 위해 자료 활용에 관하여 몇 가지 방식으로 진행해 보자.

먼저 초기자료를 이용하여 맛보기로 다음을 실행해 보자. 앞에서 본 바와 같이 초기자료의 네 변수들은 측정단위가 동일하지 않다. 이 경우에는 scale() 함수를 이용하여 표준화를 취한다.[1] 분석을 위해 예컨대 군집의 수 k=4의 덴드로그램을 구해 보자.

```
UA_s <- scale(USArrests)
UA_s
UA_d <- dist(UA_s, method="euclidean")          # distance map
as.matrix(UA_d)[1:5, 1:5]                        # 결과 생략
UA_h <- hclust(UA_d, method="ward.D2")          # 아래 도표 참조
plot(UA_h)
groups <- cutree(UA_h, k=4)
rect.hclust(UA_h, k=4)
```

1 함수를 이용한 변형: UA_s <- apply(USArrests, 2, function (x) {(x-mean(x))/sd(x)})

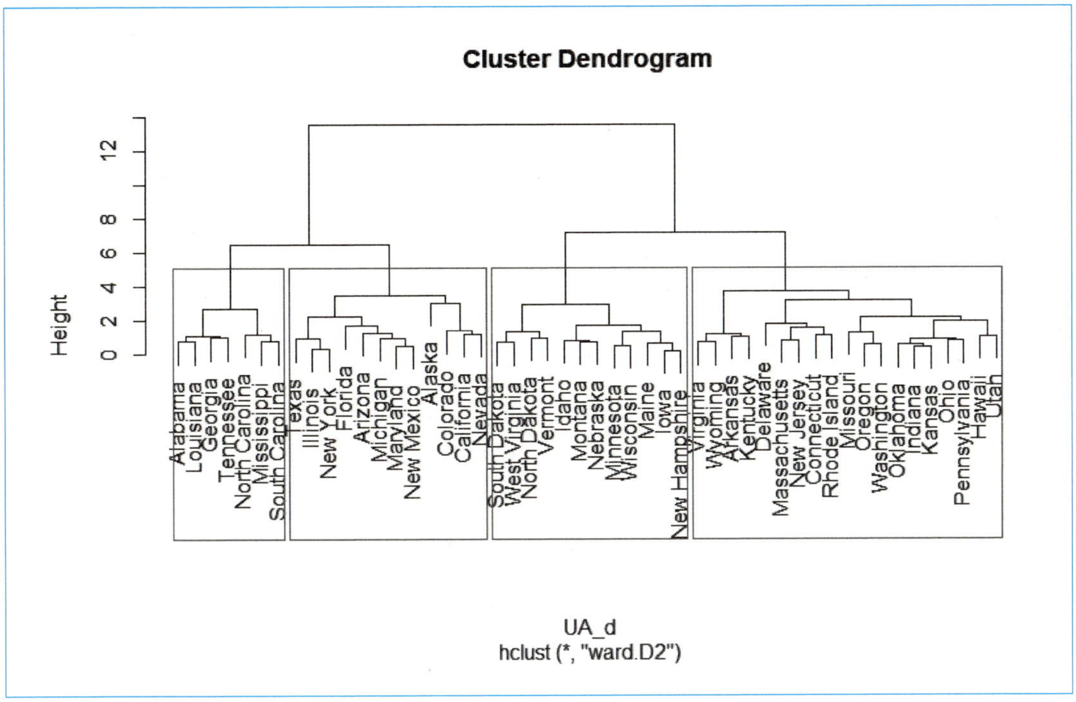

다음으로 초기자료인 데이터프레임에 인덱스 번호를 부여한 후 본격적으로 진행한다. 초기자료에는 개체의 번호 대신 주이름이 역할을 담당하였다. 이 데이터프레임에 개체번호를 넣고, 주(state)를 변수로 갖는 작업을 해 보자. 그리고 나서 네 변수 중에서 UrbanPop을 제외시키고 범죄 변수만 선택하고 군집의 수 k=3을 제안한다.

[1단계] 현재 작업장에 새 파일 USArrests.csv 이름으로 저장한다.

```
> write.csv(USArrests, "d:/RPy/USArrests.csv")
> Us <- read.csv("d:/RPy/USArrests.csv", header=T)
> head(Us)
          X     Murder  Assault   UrbanPop   Rape
1     Alabama    13.2     236        58      21.2
2      Alaska    10.0     263        48      44.5
3     Arizona     8.1     294        80      31.0
4    Arkansas     8.8     190        50      19.5
5  California     9.0     276        91      40.6
6    Colorado     7.9     204        78      38.7
```

[2단계] [도움 창]의 [Files]에서 USArrests.csv를 마우스 우클릭 두 번하면 [콘솔 창]에 다음과 같이 나타난다.

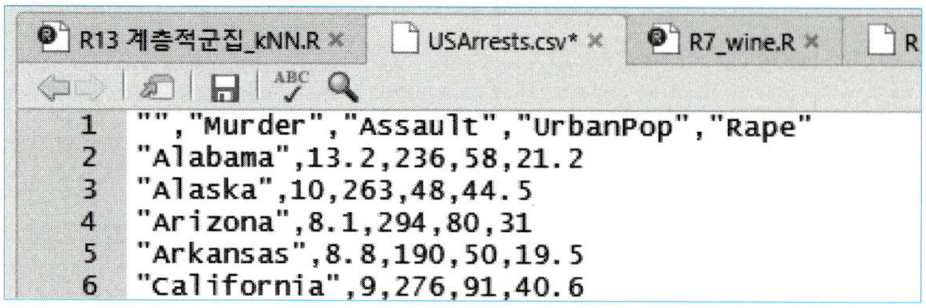

[3단계] 위의 첫 행 맨앞에 "State"를 삽입하고 파일을 저장한다.

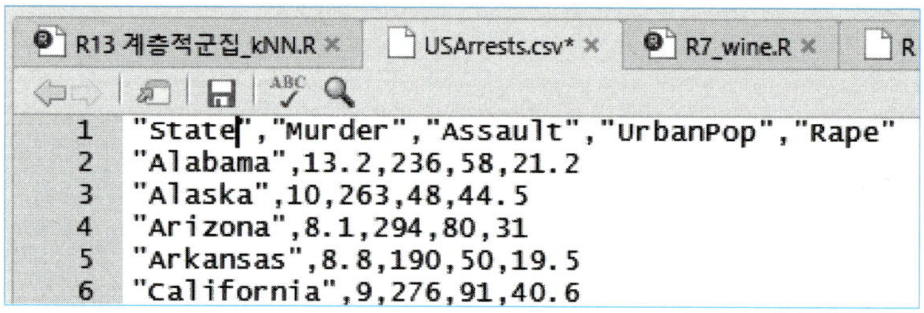

이 작업은 d:/RPy/USArrests.csv 디렉토리에서 수행 가능하다.

[4단계] 다음을 실행하고, 정상적인 데이터프레임을 확인한다.

```
> Us <- read.table("USArrests.csv", header=T)                    # state 삽입 후
> head(Us)
       State    Murder  Assault  UrbanPop  Rape
1    Alabama     13.2     236        58    21.2
2     Alaska     10.0     263        48    44.5
3    Arizona      8.1     294        80    31.0
4   Arkansas      8.8     190        50    19.5
5 California      9.0     276        91    40.6
6   Colorado      7.9     204        78    38.7
```

계속해서 분석을 진행해 보자.

```
> Us_4var <- Us[, -4]                                    # UrbanPop excluded
> head(Us_4var)
       State   Murder  Assault    Rape
1    Alabama     13.2      236    21.2
2     Alaska     10.0      263    44.5
3    Arizona      8.1      294    31.0
4   Arkansas      8.8      190    19.5
5 California      9.0      276    40.6
6   Colorado      7.9      204    38.7
```

```
> Us_3var <- Us_4var[,-1]                                # State 제외한 세 변수의 df
> Us_d <- dist(Us_3var, method="euclidean")              # distance map
> Us_d                                                   # 결과 생략
> Us_dhc <- hclust(Us_d, method="ward.D2")
> str(Us_dhc)
List of 7
 $ merge      : int [1:49, 1:2] -15 -26 -30 -14 -49 -35 -19 -17 -21 -34 ...
 $ height     : num [1:49] 2.06 3.37 3.72 3.8 4.1 ...
 $ order      : int [1:50] 2 22 28 1 8 24 32 13 18 9 ...
 $ labels     : NULL
 $ method     : chr "ward.D2"
 $ call       : language hclust(d = Us_d, method = "ward.D2")
 $ dist.method : chr "euclidean"
 - attr(*, "class")= chr "hclust"
> plot(Us_dhc, labels=Us$State)
> rect.hclust(Us_dhc, k=3)
```

(주) State 변수를 제거하는 다른 방법도 있다: `Us_4var$State <- NULL`

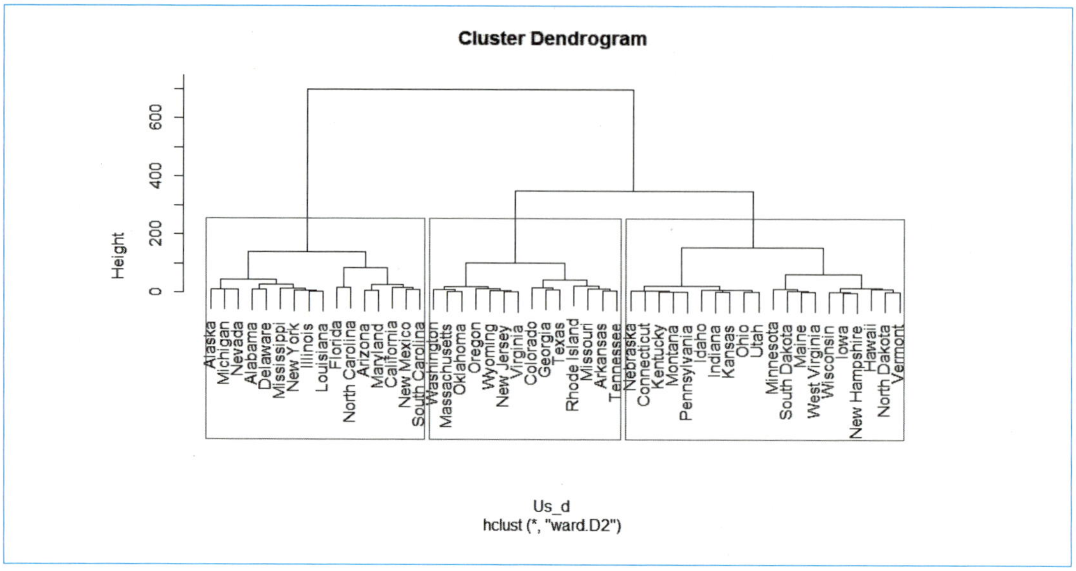

이제 각 집단에 속한 개체(state)들을 분류하고, 변수들의 개별 값을 알아본다.

```
> groups <- cutree(Us_dhc, k=3)
> with(Us_dhc, table(groups))
groups
 1  2  3
16 14 20
> tapply(row.names(USArrests), groups, unique)
$`1`
 [1] "Alabama"   "Alaska"   "Arizona"   "California"   "Delaware"   "Florida"
 [7] "Illinois"   "Louisiana"   "Maryland"   "Michigan"   "Mississippi"   "Nevada"
[13] "New Mexico"   "New York"   "North Carolina"   "South Carolina"

$`2`
 [1] "Arkansas"   "Colorado"   "Georgia"   "Massachusetts"   "Missouri"
"New Jersey"   "Oklahoma"
 [8] "Oregon"   "Rhode Island"   "Tennessee"   "Texas"   "Virginia"   "Washington"
"Wyoming"

$`3`
 [1] "Connecticut"   "Hawaii"   "Idaho"   "Indiana"   "Iowa"   "Kansas"   "Kentucky"
 [8] "Maine"   "Minnesota"   "Montana"   "Nebraska"   "New Hampshire"
"North Dakota"   "Ohio"
[15] "Pennsylvania"   "South Dakota"   "Utah"   "Vermont"   "West Virginia"
"Wisconsin"
```

```
> p_groups <- function(labels, k) {
  for (i in 1:k) {
    print(paste("group", i))
    print(Us_4var [labels==i, c("State", "Murder", "Assault", "Rape")])
  }
}
> p_groups(groups, 3)
```

```
> p_groups(groups, 3)
[1] "group 1"
            State MurderAssault  Rape
1         Alabama   13.2    236  21.2
2          Alaska   10.0    263  44.5
3         Arizona    8.1    294  31.0
5      California    9.0    276  40.6
8        Delaware    5.9    238  15.8
9         Florida   15.4    335  31.9
13       Illinois   10.4    249  24.0
18      Louisiana   15.4    249  22.2
20       Maryland   11.3    300  27.8
22       Michigan   12.1    255  35.1
24    Mississippi   16.1    259  17.1
28         Nevada   12.2    252  46.0
31     New Mexico   11.4    285  32.1
32       New York   11.1    254  26.1
33 North Carolina   13.0    337  16.1
40 South Carolina   14.4    279  22.5
[1] "group 2"
            State MurderAssault  Rape
4        Arkansas    8.8    190  19.5
6        Colorado    7.9    204  38.7
10        Georgia   17.4    211  25.8
21  Massachusetts    4.4    149  16.3
25       Missouri    9.0    178  28.2
30     New Jersey    7.4    159  18.8
36       Oklahoma    6.6    151  20.0
37         Oregon    4.9    159  29.3
39   Rhode Island    3.4    174   8.3
42      Tennessee   13.2    188  26.9
```

```
43          Texas   12.7     201   25.5
46       Virginia    8.5     156   20.7
47     Washington    4.0     145   26.2
50        Wyoming    6.8     161   15.6
[1] "group 3"
            State  MurderAssault   Rape
7     Connecticut    3.3     110   11.1
11         Hawaii    5.3      46   20.2
12          Idaho    2.6     120   14.2
14        Indiana    7.2     113   21.0
15           Iowa    2.2      56   11.3
16         Kansas    6.0     115   18.0
17       Kentucky    9.7     109   16.3
19          Maine    2.1      83    7.8
23      Minnesota    2.7      72   14.9
26        Montana    6.0     109   16.4
27       Nebraska    4.3     102   16.5
29  New Hampshire    2.1      57    9.5
34   North Dakota    0.8      45    7.3
35           Ohio    7.3     120   21.4
38   Pennsylvania    6.3     106   14.9
41   South Dakota    3.8      86   12.8
44           Utah    3.2     120   22.9
45        Vermont    2.2      48   11.2
48  West Virginia    5.7      81    9.3
49      Wisconsin    2.6      53   10.8
```

다음은 패키지 psych를 이용하여 각 집단의 통계량을 추출하며, 여기서는 평균(mean)과 표준편차(sd)만 예시하였다.

```
> install.packages("psych")
> library(psych)
```

```
> describeBy(Us_4var[, -1], groups)

 Descriptive statistics by group
group: 1
          vars    n     mean      sd
Murder      1    16    11.81     2.80
Assault     2    16   272.56    31.05
Rape        3    16    28.38     9.60
-----------------------------------------------------------------------
group: 2
          vars    n     mean      sd
Murder      1    14     8.21     3.94
Assault     2    14   173.29    22.18
Rape        3    14    22.84     7.40
-----------------------------------------------------------------------
group: 3
          vars    n     mean      sd
Murder      1    20     4.27     2.30
Assault     2    20    87.55    28.16
Rape        3    20    14.39     4.67
```

(주) describeBy(USArrests[, -3], group)   # 동일한 결과

이 결과에서 group3의 지역이 다른 지역보다 비교적 안전하다고 할 수 있다.

참고

초기자료 데이터프레임에 주(state) 이름을 다음과 같이 생성할 수도 있다.

```
> crimes <- data.frame(state = tolower(rownames(USArrests)), USArrests)  # 주 이름을 소문자로 바꿈
> head(crimes)
                state    Murder    Assault   UrbanPop    Rape
Alabama        alabama     13.2      236        58       21.2
Alaska          alaska     10.0      263        48       44.5
Arizona        arizona      8.1      294        80       31.0
Arkansas      arkansas      8.8      190        50       19.5
California  california      9.0      276        91       40.6
Colorado      colorado      7.9      204        78       38.7
```

R 생각

군집분석의 신뢰성을 높이기 위해 다음을 고려한다.

① 동일한 자료를 여러 가지 거리측정방법을 통해 분석한 후 비교한다.
② 상이한 알고리즘을 적용하여 결과를 비교한다.
③ 자료를 2개로 나누어서 혼동행렬로 비교한다.
④ 비계층적 방법을 통해 다양한 방법을 적용해 본다.

CHAPTER 14
비계층적 군집분석

제1절 k-평균 군집 알고리즘
제2절 메도이즈 군집 알고리즘

제1절 k-평균 알고리즘

1. k-평균 알고리즘의 개념

앞에서 설명한 계층적 군집분석에서 우리는 집단의 수를 미리 결정하지 않고 분석을 실시하였으며, 결과를 보아가면서 해석을 하였다. 이 방식은 집단 내에서 분산이나 거리 측정 등 계산 부담이 많아져서, 대형 자료에서는 적용하기 곤란한 경우가 발생한다. 이러한 문제를 해결하기 위해 비계층적 군집분석을 실시한다.

비계층적 분석의 가장 대표적인 방법에는 k-평균(k-means) 알고리즘이 있으며 다음과 같이 진행한다.

첫째, 집단의 수를 정하고 난수에 의해 집단의 중심점에 기대치를 부여한다.
둘째, 전체 관찰 자료에 대해 모든 집단의 중심점(centroid)까지 거리를 계산하고 가장 짧은 거리의 집단에 관찰치를 할당한다. 이것에 의해 집단의 중심점이 변화하면서 다시 한번 이 과정을 진행한다.

이 알고리즘은 고유한 중심점을 부여하지 않기 때문에 변화가 일어나지 않을 때까지 반복해서 진행한다.

2. 설문지 자료의 분석

알타 음식점에 대한 고객평가의 설문자료를 이용하여 k-평균 군집분석을 실시해 보자. 가상적인 15명에 대한 자료는 다음과 같다(7점 만점).

```
> library(readxl)
> food <- read_excel("d:/RPy/food.xlsx")
> food
# A tibble: 15 x 8
      응답자   성별  음식맛  대기시간  음식양   청결   친절  이용횟수
      <dbl>  <dbl>  <dbl>   <dbl>  <dbl>  <dbl>  <dbl>   <dbl>
 1       1      1      2       5      1      4      4       5
 2       2      1      3       6      2      5      4       5
 3       3      1      3       5      3      5      3       5
 4       4      1      2       4      2      4      3       4
 5       5      1      4       3      5      2      4       3
 6       6      1      5       3      4      3      4       1
 7       7      1      1       5      1      5      5       5
 8       8      1      4       1      4      1      2       2
 9       9      2      3       2      4      1      2       2
10      10      2      4       2      6      2      2       2
11      11      2      5       1      5      1      1       2
12      12      2      6       2      7      3      2       4
13      13      2      6       3      6      3      3       2
14      14      2      7       4      7      4      4       5
15      15      2      5       5      6      4      5       5
```

```
> set.seed(123)
> food_km <- kmeans(food[, c(-1, -2)], centers = 2)
> food_km
K-means clustering with 2 clusters of sizes 5, 10

Cluster means:
      음식맛   대기시간   음식양    청결    친절   이용횟수
1      2.2      5.0      1.8      4.6     3.8     4.8
2      4.9      2.6      5.4      2.4     2.9     2.8

Clustering vector:
 [1]  1  1  1  1  2  2  1  2  2  2  2  2  2  2  2

Within cluster sum of squares by cluster:
[1] 12.4 84.6
 (between_SS / total_SS = 55.1 %)

Available components:
[1] "cluster"  "centers"  "totss"  "withinss"  "tot.withinss"  "betweenss"  "size"
[8] "iter"  "ifault"
```

```
> library(cluster)
> clusplot(food, food_km$cluster, color=TRUE, shade=TRUE, labels=2, lines=0)
> tapply(row.names(food), food_km$cluster, unique)
$`1`
[1] "1" "2" "3" "4" "7"
$`2`
 [1] "5"  "6"  "8"  "9"  "10"  "11"  "12"  "13"  "14"  "15"
```

고객들은 (1, 2, 3, 4, 7)과 (나머지 번호)의 두 부류로 나누어진다. 전자는 대체로 남성, 후자는 여성으로 구분된다. 2개의 성분은 전체 자료의 변동을 84.69% 설명한다.

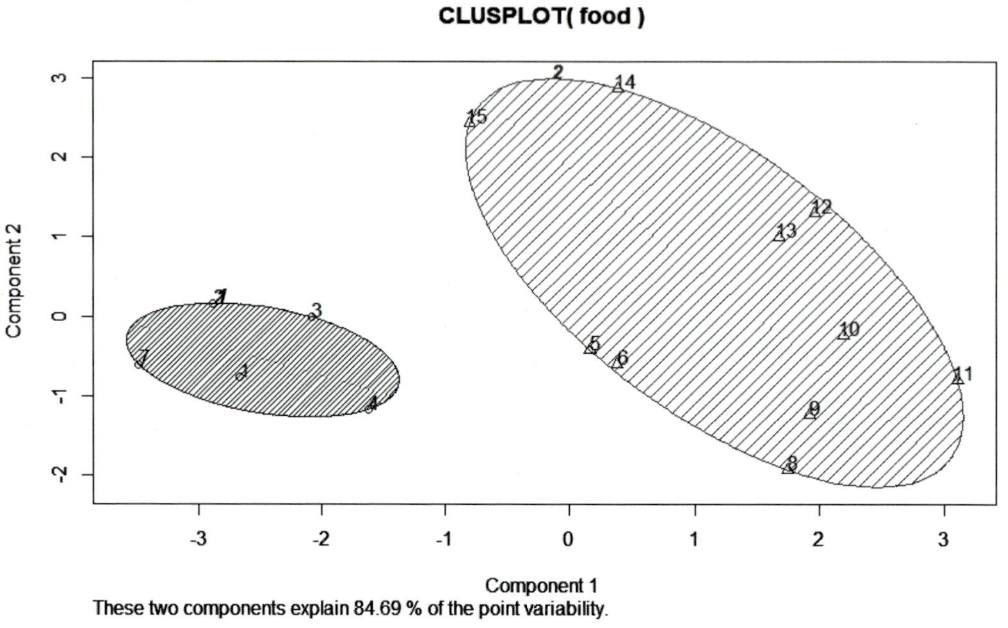

참고

만일 집단1을 별도로 출력하고 싶다면 다음과 같이 하면 된다.

```
> (food_t <- tapply(row.names(food), food_km$cluster, unique))
> food_t$"1"
[1] "1" "2" "3" "4" "7"
```

3. iris 자료

이전 앞장의 지도학습 알고리즘의 kNN에서 살펴보았던 iris 자료를 다시 활용하기로 한다.

```
> data(iris)
> names(iris) <- c("SL", "SW", "PL", "PW", "Species")
> iris_km <- iris
> iris_km$Species <- NULL                                  # Species 변수 제거
> head(iris_km)                                            # 결과 생략
> (iris_cluster <- kmeans(iris_km, 3))                     # k=3
K-means clustering with 3 clusters of sizes 21, 96, 33

Cluster means:
        SL         SW        PL         PW
1    4.738095   2.904762   1.790476   0.3523810
2    6.314583   2.895833   4.973958   1.7031250
3    5.175758   3.624242   1.472727   0.2727273

Clustering vector:
  [1] 3 1 1 1 3 3 3 3 1 1 3 3 1 1 3 3 3 3 3 3 3 3 3 1 1 3 3 3 1 1 3 3 3 1 3 3
3 1 3 3 1 1 3 3 1 3 1 3 3 2 2 2 2 2 2 2 2 1
 [59] 2 2 1 2 2 2 2 2 2 2 2 2 2 2 2 2 2 2 2 2 2 2 2 2 2 2 2 2 2 2 2 2 2 2 1 2
2 2 2 1 2 2 2 2 2 2 2 2 2 2 2 2 2 2 2 2 2 2
[117] 2 2 2 2 2 2 2 2 2 2 2 2 2 2 2 2 2 2 2 2 2 2 2 2 2 2 2 2 2 2 2 2 2 2

Within cluster sum of squares by cluster:
[1]  17.669524  118.651875  6.432121
 (between_SS / total_SS = 79.0 %)

Available components:

[1] "cluster"  "centers"  "totss"  "withinss"  "tot.withinss"  "betweenss"  "size"
[8] "iter"  "ifault"
```

위에서 초기자료 iris에서 붓꽃 종류(species) 변수를 제거하고 3개의 군집으로 묶어 보았다. 이 모형은 총변동 중에서 79.0%를 설명하고 있어 상당히 낮은 정확성을 보이고 있다. 그리고 각 집단에 속한 개체 수는 각각 21, 96, 33 등으로 분류되어 있어 부정확성을 보여준다. 다음 테이블은 이를 상세하게 보여준다.

```
> table(iris_cluster$cluster, iris$Species)

     setosa   versicolor   virginica
  1    17          4           0
  2     0         46          50
  3    33          0           0
```

위에서 1집단은 setosa와 versicolor, 2집단은 versicolor와 virginica, 3집단은 주로 setosa로 분류된 셈이다.

이 과정을 그림으로 나타내보면 다음과 같다.

```
> plot(iris_km[c("PL", "PW")], col=iris_cluster$cluster, pch = c(15:17) [as.
numeric(iris_cluster$cluster)])
> points(iris_cluster$centers[, c("PL", "PW")], col=1:3, pch=8, cex=3)
```

아래 그림에서 부호(✳)는 각 집단의 중심점을 나타낸다.

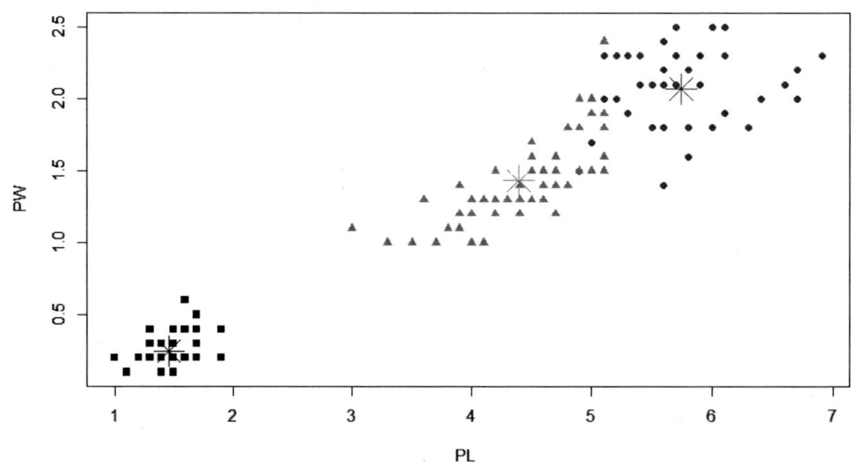

결론적으로, k-means 알고리즘의 단점은 집단의 중심점이 바뀌면서 최종 분류가 달라진다. 그리고 평균은 자료의 극단값에 의해 영향을 받을 수 있다. 아마도 여러분이 실행한 결과가 다른 것은 그러한 이유 때문이다. 이 알고리즘은 비지도학습 방법으로 추천하기 어렵다. 이 단점을 보완한 것이 다음의 메도이즈(medoids) 방식이다.

제2절 메도이즈 군집 알고리즘

메도이즈(medoids) 군집 알고리즘은 중심점 변화의 문제를 해결해 주며, pam(partitioning around methods) 함수를 이용하여 메도이즈라고 부르는 중심점을 별도로 계산한다. 이를 위해서 초기화 단계에서 무작위로 k개의 관찰치(메도이즈라고 부름)를 선택하여 각 관찰치와 거리를 계산하고 합산한다. 다음으로 다른 메도이즈를 구하고 거리 합산을 구하고 비교한다. 계산 비용 대비 효과가 있을 때까지 반복하여 최적해를 구한다.

계속 앞의 food 자료를 이용하여 설명한다.

```
> library(readxl)
> food <- read_excel("d:/RPy/food.xlsx")

> install.packages("cluster")
> library(cluster)
> set.seed(123)
> food_pam <- pam(food[,c(-1, -2)], k=2, stand=FALSE)
> food_pam
Medoids:
     ID  음식맛 대기시간 음식양 청결  친절  이용횟수
[1,]  2    3     6      2     5     4      5
[2,] 10    4     2      6     2     2      2
Clustering vector:
 [1] 1 1 1 1 2 2 1 2 2 2 2 2 2 2 1
Objective function:
     build     swap
   2.616716 2.574850

Available components:
 [1] "medoids"  "id.med"  "clustering"  "objective"  "isolation"  "clusinfo"
"silinfo"  "diss"  "call"
[10] "data"
```

```
> food_pam$medoids
     음식맛 대기시간 음식양 청결 친절 이용횟수
[1,]  3      6      2     5    4      5
[2,]  4      2      6     2    2      2
> clusplot(food_pam, main="food PAM")
```

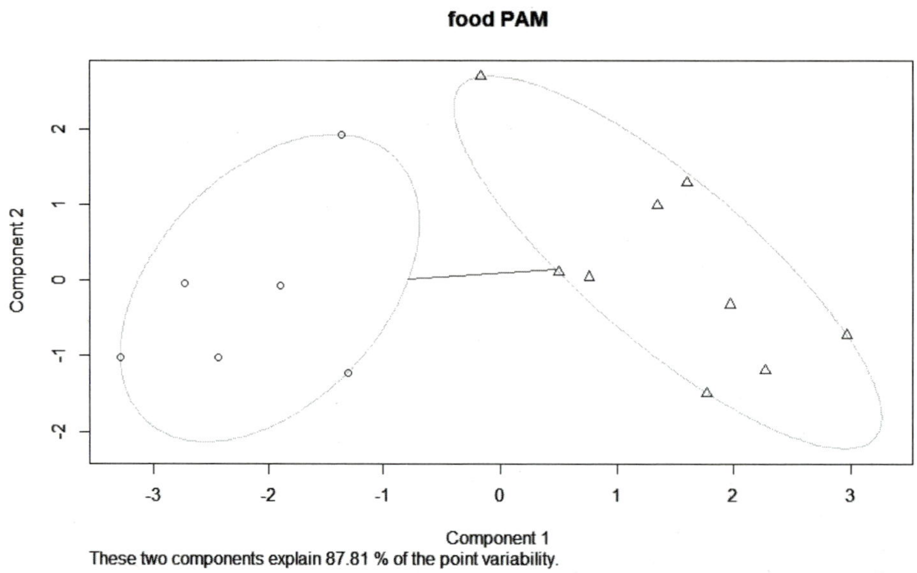

앞의 k-평균 알고리즘은 자료 변동의 84.69%, 메도이즈 알고리즘은 87.81%를 설명하고 있다. 다음은 군집에 속한 응답자들을 나타낸다. k-평균과 한 명 차이가 있다.

```
> with(food_pam, table(clustering))
clustering
1 2
6 9
> foodcl_pam <- table(food$응답자, food_pam$clustering)
> foodcl_pam
     1  2
  1  1  0
  2  1  0
  3  1  0
  4  1  0
  5  0  1
```

```
  6   0   1
  7   1   0
  8   0   1
  9   0   1
 10   0   1
 11   0   1
 12   0   1
 13   0   1
 14   0   1
 15   1   0
```

위의 분석은 k=2인 경우이며 각자 k=3을 입력하여 군집을 만들고 비교해 보자.

다음으로 iris 자료를 이용하여 k=3의 메도이즈 분석을 실행해 보자.

```
> iris4 <- iris[, -5]
> iris_pam <- pam(iris4, 3)
> table(iris_pam$clustering, iris$Species)

     setosa   versicolor  virginica
  1    50          0          0
  2     0         48         14
  3     0          2         36
```

```
> op <- par(mfrow=c(1,2))
> plot(iris_pam)
> par(mfrow=c(1,1))
```

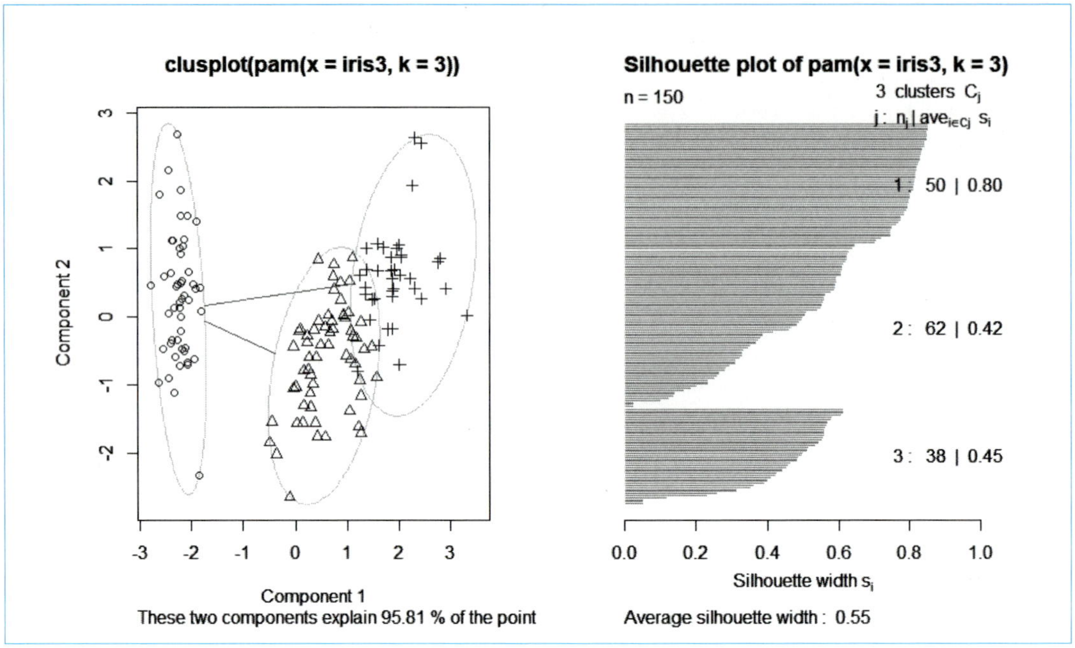

위 clusplot은 세 종류 붓꽃의 군집을 보여준다. 왼쪽의 setosa는 확연하지만, 우측의 versicolor virginica 두 종류는 서로 섞여 있다. 이 상황을 그림과 숫자로 알려주는 것이 Silluette 그림표이며, 각 군집에 속한 개체의 수 n_j, 그리고 실루엣값 s_i를 보여준다. 이 값은 −1과 1 사이에 있으며, 양수인 경우는 잘 분류된 상태, 0은 경계선 위치, 그리고 음수는 잘못 분류된 것을 나타낸다. setosa=0.80, versicolor=0.42, virginica=0.45 등을 보여주고 있어 비교적 분류는 잘된 것으로 보인다.

끝으로, 군집분석에서는 군집의 수를 결정하는 것이 중요한 과제가 된다. 휴버트 인덱스(Hubert index)는 군집의 수를 결정해 준다. 이 도표에서 보면 빈도수가 급변하는 지점에서 답을 제시한다. 다음에서 보면 적정 군집의 수를 3개로 제시한다.

```
> install.packages("NbClust")
> library(NbClust)
> devAskNewPage(ask=TRUE)
> nc4 <- NbClust(iris4, distance="euclidean", min.nc=2, max.nc=10, method="ward.
D2")                                                                    # (주) 참조
*** : The Hubert index is a graphical method of determining the number
of clusters. In the plot of Hubert index, we seek a significant knee that
corresponds to a significant increase of the value of the measure i.e the
significant peak in Hubert index second differences plot.
```

```
*** : The D index is a graphical method of determining the number of clusters.
In the plot of D index, we seek a significant knee (the significant peak in D
index second differences plot) that corresponds to a significant increase of
the value of the measure.

*******************************************************************
* Among all indices:
* 9 proposed 2 as the best number of clusters
* 10 proposed 3 as the best number of clusters
* 3 proposed 6 as the best number of clusters
* 1 proposed 9 as the best number of clusters
* 1 proposed 10 as the best number of clusters

                   ***** Conclusion *****

* According to the majority rule, the best number of clusters is 3
*******************************************************************
```

(주) [콘솔 창]에 마우스 포인트를 놓고 [Return] 또는 [Enter] 키를 계속 누르면 스크리 차트가 나온다.

```
> nc4 <- NbClust(iris4, distance="euclidean", min.nc=2, max.nc=10, method="ward.D2")
Hit <Return> to see next plot:
```

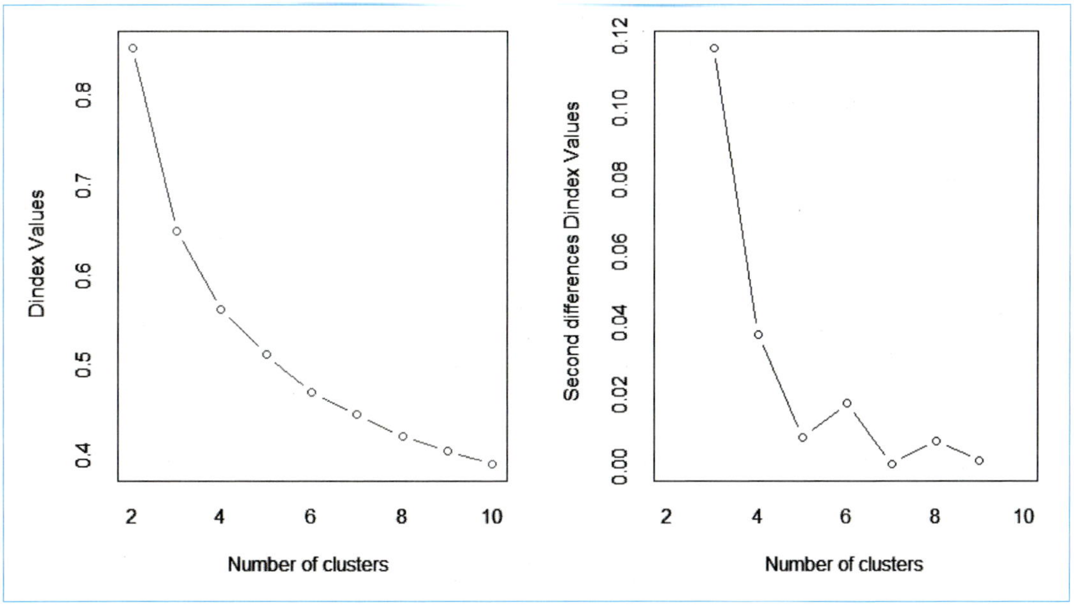

```
> devAskNewPage(ask=FALSE)
> table(nc4$Best.n[1,])

 0  2  3  6  9  10
 2  9  10  3  1  1
> par(mfrow=c(1,1))
> barplot(table(nclu$Best.n[1,]), xlab="Number of Clusters", ylab="Number of
Criteria", main="Number of Clusters Chosen")
```

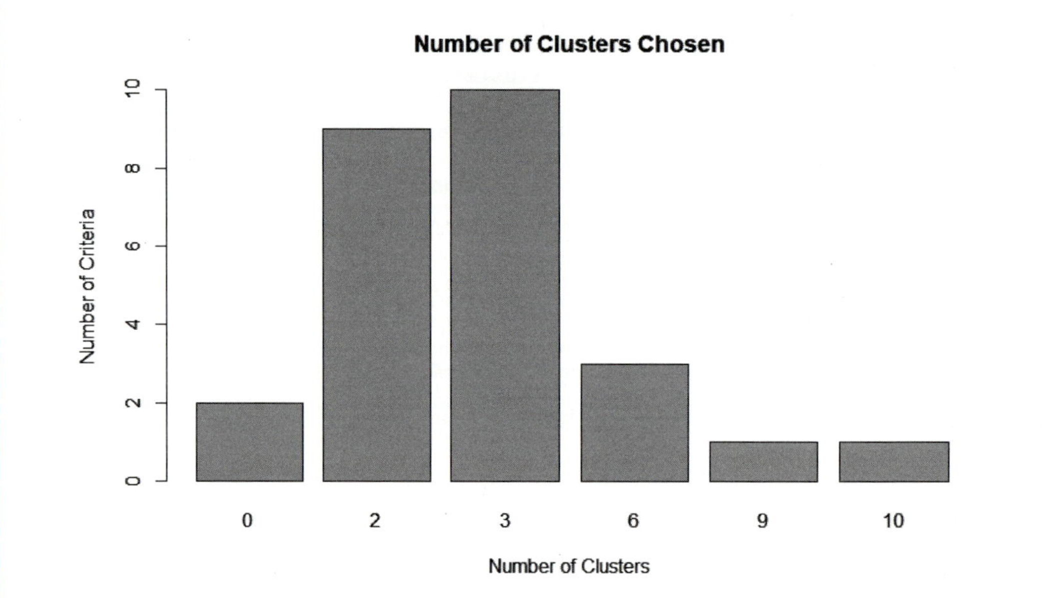

다음에서는 세 군집의 개체 수와 네 변수들의 중앙값과 평균을 계산하였다.

```
> hc <- hclust(dist(iris4))
> clu3 <- cutree(hc, k=3)
> table(clu3)
clu3
 1   2   3
50  72  28
> aggregate(iris4, by=list(cluster=clu3), median)                          # 중앙값
   cluster     SL        SW        PL       PW
1      1      5.0      3.40      1.5      0.20
2      2      6.4      3.00      5.1      1.80
3      3      5.6      2.65      4.0      1.25
```

```
> aggregate(iris4, by=list(cluster=clu3), mean)                                    # 평균
  cluster       SL          SW          PL          PW
1       1 5.006000    3.428000    1.462000    0.246000
2       2 6.545833    2.963889    5.273611    1.850000
3       3 5.532143    2.635714    3.960714    1.228571
```

결론적으로 군집분석에서는 자료 변동의 설명비율을 적정하게 유지하면서 군집 수를 결정하면 된다. 이것은 연구자의 목표치에 달려 있다.

CHAPTER 15
차원축소 알고리즘

제1절 주성분분석

1. 주성분분석의 개념

주성분분석(principal component analysis)은 다변량으로 이루어진 자료에서 소수의 특징적인 변수를 찾아 결합한 후에 자료를 분석하는 기법이다. 이것은 주어진 원래 자료의 변수로 구성된 선형결합을 통하여 분산-공분산 구조를 설명하는 통계적 기법이다. 이 분석법은 다음과 같이 자료의 축소와 해석이라는 2개의 일반적인 목적을 갖는다.

첫째, 자료의 축소에 대하여 살펴보자. 일반적으로 자료전체의 변동을 설명하기 위해서는 p개의 원래변수를 사용한다. 그런데 이 자료를 p개보다 더 작은 숫자인 k개의 주성분으로 전체 변동 중에서 상당한 부분을 설명할 수 있다면, 이러한 통계적 기법은 매우 효과적이라 할 수 있다. 따라서 원래 자료(pxn)를 p개보다 적은 k개의 주성분과 n개의 측정치로 단순화할 수 있다.

둘째, 주성분분석의 목적은 자료의 해석이다. 이 분석을 통하여 원래 자료에서 나타나 있지 않은 관계들을 찾아낼 수 있다. 이와 같이 주성분분석은 본래 많은 변수로 관찰된 자료를 축소된 수의 주성분을 통하여 분석하는 기법이다. 그리고 다음 절에서 설명하는 요인분석은 많은 변수 사이의 관계를 가능한 한 적은 수의 요인으로 기술함을 목적으로 한다. 이 두 기법은 주로 공분산행렬이나 상관행렬을 분석함으로써 가능하다.

그러면 어떻게 하면 특징적인 변수를 찾아서 결합할 수 있는 것인가? 이제 자료의 관찰 방법을 확장하기 위하여 예를 들어 보자. 다음 자료는 화장품 선택에서 고객들이 중시하는 기능성과 브랜드에 대하여 평가한 것이다(10점 만점).

[도표 15.1] 화장품 평가의 기초자료

화장품	기능성(X_1)	브랜드(X_2)	합계(X_1+X_2)
A	7	7	14
B	8	7	15
C	6	8	14
D	5	9	14

여기서 합계로 평가한다면, 화장품 B에 대한 선호도가 약간 높아 보인다. 그렇다고 이 화장품의 인기가 높다고 하기에는 석연치 않다. 무엇인가 새로운 방법을 생각해 보자. 예컨대 원래 자료에 근거하여 새로운 변량인 "3기능성+브랜드(3X1+X2)", "기능성+3브랜드(X1+3X2)"의 자료를 추가하여 보자.

[도표 15.2] 변량이 추가된 자료

화장품	기능성(X1)	브랜드 (X2)	3기능성+브랜드 (3X1+X2)	기능성+3브랜드 (X1+3X2)
A	7	7	28	28
B	8	7	31	29
C	6	8	26	30
D	5	9	24	32

[도표 15.2]에서 새로운 변량들의 자료는 앞의 단순 합계 자료보다 더 넓은 산포를 가지고 있어 분산이 더 크다는 것을 나타낸다(각각의 경우에 대하여 분산을 계산하고 비교하여 보자). 분산이 크면 개체의 분리를 더 쉽게 할 수 있는 이점이 있다. 분산의 크기는 자료의 개체 정보를 더 쉽게 파악하는 지표가 된다.

주성분분석의 기본 아이디어는 다변량 자료의 가장 큰 분산을 나타내는 측정치의 선형결합을 결정하는 것이다. 어떻게 하면 이것이 가능한 것인가? 분산의 값이 가장 큰 선형결합을 고르는 일반적인 방법을 개발할 필요가 있다. 다음과 같은 선형결합(linear combination)이 있다고 하자.

a*기능성(X1) + b*브랜드(X2)

이 식에서 a와 b는 상수를 나타낸다. 이 계수를 변화시키면, 이에 따라 여러 분산을 얻을 수 있다. 이 중에서 가장 큰 값을 고르는 것이다. 이 과정은 마치 음식의 맛을 극대화하기 위하여 예컨대 설탕과 소금의 양념 비율을 어느 정도로 할 것인가를 결정하는 것과 유사하다.

가령 양념 배합의 비율이 1:2에서 가장 좋은 맛을 낸다고 하면, 2:4나 3:6의 배합도 모두 동일한 맛을 낸다. 벡터 측면에서 보면 모두가 동일한 벡터이다. 그런데 계수들의 값이 커지면 점점 분산도 커지게 되지만, 이렇게 분산을 극대화하는 것은 의미가 없다. 이 문제를 해결하기 위하여 벡터의 크기를 정규화하는 공식을 이용한다(5장에서 이미 설명하였다).

$$a^2 + b^2 = 1$$

예컨대, a를 0.4로 한다면, b는 약 0.92가 된다.

분산을 극대화하는 주성분의 선형결합을 구하는 공식은 다음과 같이 라그랑지 함수를 이용하면 된다(5장에서 설명하였다).

극대화 $Y = aX_1 + bX_2$
제약조건: $a^2 + b^2 = 1$

라그랑지 함수를 만들기 전에 두 변수의 합인 Y의 분산 S_y^2을 구해 보자.

$$S_y^2 = \frac{1}{n-1}\{Y_1 - \overline{Y})^2 + \cdots + (Y_n - \overline{Y})^2\}$$

$$= \frac{1}{n-1}[\{(aX_{11} + bX_{21}) - (a\overline{X}_1 + b\overline{X}_2)\}^2 + \cdots + \{(aX_{1n} + bX_{2n}) - (a\overline{X}_1 + b\overline{X}_2)\}^2]$$

$$= \frac{1}{n-1}[\{(aX_{11} - \overline{X}_1) + (bX_{21} - \overline{X}_2)\}^2 + \cdots + \{(aX_{1n} - \overline{X}_1) + (b\overline{X}_{1n} - \overline{X}_2)\}^2]$$

이 식을 분산과 공분산으로 표기하면 다음과 같다.

$$S_y^2 = a^2S_{x1}^2 + b^2S_{x2}^2 + 2abS_{x1x2}$$

여기서 S_{x1}^2와 S_{x2}^2은 각각 X_1, X_2 변수의 분산이고, S_{x1x2}는 공분산이다. 사실 통계분석은 분산과 공분산의 문제임을 다시 한번 알게 된다.

위 극대화 문제에서 라그랑지 함수를 이용하면 간단하게 풀 수 있다.

$$L = a^2S_{x1}^2 + b^2S_{x2}^2 + 2abS_{x1x2} - \lambda(a^2 + b^2 - 1)$$

L을 a, b에 관하여 편미분한 방정식에 0을 놓으면 극댓값을 구할 수 있다(2차 편미분 방정식 고려해야 함).

$$L_a = 2aS_{x1}^2 + 2bS_{x1x2} - 2\lambda a = 0$$
$$L_b = 2bS_{x2}^2 + 2aS_{x1x2} - 2\lambda b = 0$$

이 식들을 간략하게 행렬로 표기하면 5장의 고유치 방정식과 동일해진다.

$$\begin{bmatrix} S_{x1}^2 & S_{x1x2} \\ S_{x1x2} & S_{x2}^2 \end{bmatrix}\begin{bmatrix} a \\ b \end{bmatrix} = \lambda\begin{bmatrix} a \\ b \end{bmatrix}$$

여기서 λ는 공분산행렬의 고유치이며, 벡터 $\begin{bmatrix} a \\ b \end{bmatrix}$는 고유벡터가 된다.

이미 5장에서 설명한 바와 같이 공분산행렬S는 대칭이며 대각선의 원소를 전부 합한 트레이스 tr(S)은 전체 시스템의 총분산을 나타낸다(tr: trace). 또한 고유치의 합은 tr(S)와 같다.

주성분분석은 원래 자료에서 짜낸 결과로 제1주성분의 분산(PC1), 제2주성분의 분산(PC2) 등을 얻어낸다. 각 주성분이 총분산에서 차지하는 비율은 다음과 같이 계산한다. 예컨대, 2차원 공분산 행렬에서 제1주성분이 차지하는 기여율은

$$c_1 = \frac{Var(PC1)}{tr(S)}$$

이다. 그리고 $Var(PC1) = \lambda_1$이다. 이 기여율은 주성분의 정보수집 능력 또는 자료에 대한 설명력을 나타낸다. 따라서 기여율이 1에 가까우면, 그 주성분은 자료 변동에 대해 충분히 설명하고 있음을 나타낸다.

통계분석 시 대부분의 변동은 제1주성분 속에서 일어나고 있다. 원래 p개의 변수로 이루어진 자료들을 큰 손실 없이 한두 개의 주성분으로 설명할 수 있는 것이다. 이 때 주성분분석의 목적을 달성하는 셈이다. 따라서 자료의 변동을 가장 많이 설명해 주는 특성을 가지면서 서로 상관관계가 없는 선형결합을 구하는 것이 주성분분석의 목적을 달성하는 길이다. 변수가 많은 다변량 분석에서는 일반적으로 고유치가 1보다 큰 경우의 주성분을 선택하여 사용한다.

2. 음식점 설문자료 분석

이미 14장에서 다룬 음식 평가 자료(food)를 이용하여 주성분분석을 실시해 보자.

```
> library(readxl)
> food <- read_excel("d:/RPy/food.xlsx")
> head(food)
# A tibble: 6 x 8
    응답자   성별   음식맛  대기시간  음식양   청결    친절   이용횟수
    <dbl>   <dbl>  <dbl>   <dbl>    <dbl>   <dbl>   <dbl>   <dbl>
1     1       1      2       5        1       4       4       5
2     2       1      3       6        2       5       4       5
3     3       1      3       5        3       5       3       5
4     4       1      2       4        2       4       3       4
5     5       1      4       3        5       2       4       3
6     6       1      5       3        4       3       4       1
> round(cor(food[, c(-1, -2)]), 2)                          # 상관행렬
          음식맛   대기시간  음식양    청결     친절    이용횟수
음식맛     1.00    -0.40     0.91    -0.29    -0.21    -0.28
대기시간  -0.40     1.00    -0.51     0.93     0.81     0.81
음식양     0.91    -0.51     1.00    -0.42    -0.31    -0.31
청결      -0.29     0.93    -0.42     1.00     0.71     0.82
```

```
친절      -0.21    0.81    -0.31    0.71    1.00    0.57
이용횟수  -0.28    0.81    -0.31    0.82    0.57    1.00

> pairs(food[, c(-1, -2)], lower.panel = panel.smooth, upper.panel=panel.cor,
diag.panel=panel.hist, main = "Food evaluation")
```

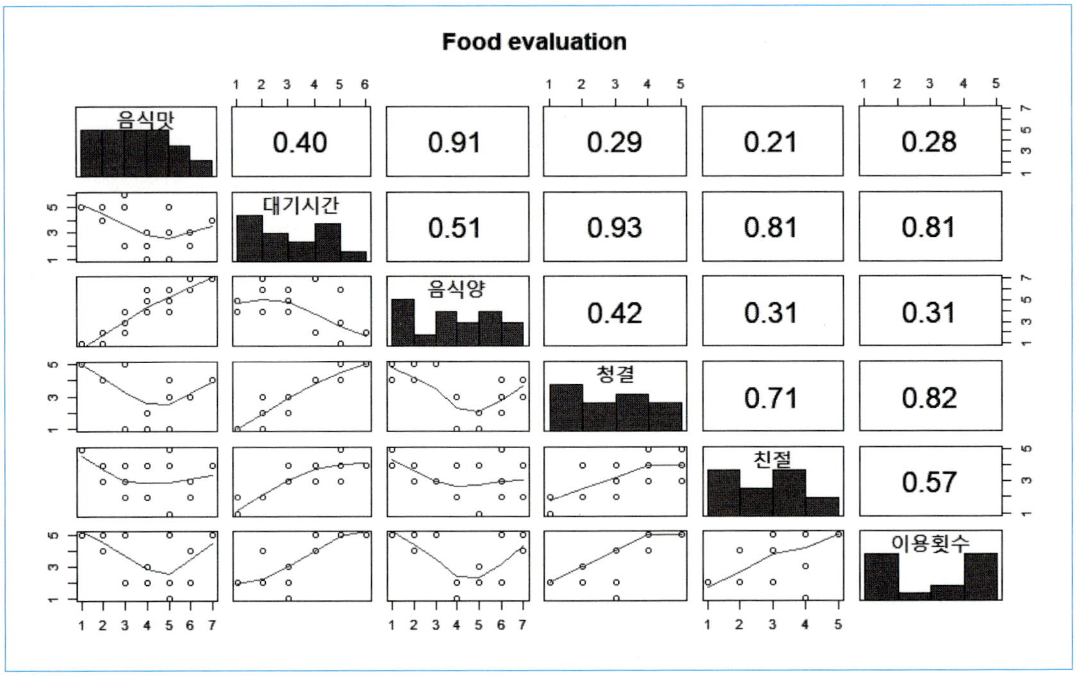

공분산행렬과 총분산을 구하면 다음과 같다.

```
> (food_cov <- round(cov(food[, c(-1, -2, -8)]), 2))
          음식맛   대기시간  음식양   청결    친절
음식맛     2.86    -1.07    3.14    -0.71   -0.43
대기시간  -1.07     2.54   -1.66     2.16    1.56
음식양     3.14    -1.66    4.17    -1.24   -0.76
청결      -0.71     2.16   -1.24     2.12    1.26
친절      -0.43     1.56   -0.76     1.26    1.46
> tr(food_cov)                                          # 총분산
[1] 13.15
```

```
> (food_pca <- prcomp(food[, c(-1, -2, -8)]))
Standard deviations (1, .., p=5):
[1] 2.9555549 1.8807013 0.7027290 0.5234206 0.3350245

Rotation (n x k) = (5 x 5):
              PC1        PC2         PC3         PC4        PC5
음식맛     0.4759780  0.4515725 -0.11135854 -0.73846136  0.1086338
대기시간  -0.4373775  0.4756576 -0.09330836  0.13272877  0.7457395
음식양     0.6256177  0.4235280  0.04416766  0.65351330 -0.0140022
청결      -0.3590223  0.4805885 -0.53341311  0.05556738 -0.5937343
친절      -0.2486993  0.3993630  0.83211327 -0.08300920 -0.2816998
> summary(food_pca)
Importance of components:
                          PC1    PC2     PC3     PC4     PC5
Standard deviation     2.9556 1.8807 0.70273 0.52342 0.33502
Proportion of Variance 0.6642 0.2689 0.03755 0.02083 0.00853
Cumulative Proportion  0.6642 0.9331 0.97064 0.99147 1.00000
```

위 결과에서 보면 제1주성분(PC1)의 기여율은 0.6642이다. 이 수치는

$$c_1 = \frac{\text{Var(PC1)}}{\text{총분산}} = \frac{2.9556^2}{13.15} = \frac{8.735}{13.15} = 0.664$$

로 계산한다. 이것을 제2주성분(PC2) 기여율과 합한 누적 값은 0.9331이 되어, 전체 자료변동을 충분히 설명한다고 보겠다. 따라서 주성분은 2개로 결정할 수 있으므로, 5개의 변수가 2개의 변량으로 축소된 셈이다.

여기서 food 공분산행렬의 고유치와 고유벡터를 구하면 위의 값들과 일치함을 알게 된다.

```
> (f_eig <- eigen(food_cov))
eigen() decomposition
$values
[1] 8.7343141 3.5396964 0.4925585 0.2768133 0.1066177

$vectors
           [,1]       [,2]        [,3]        [,4]        [,5]
[1,]  0.4756730 -0.4525995 -0.11516171  0.73867667 -0.09991713
[2,] -0.4377164 -0.4748332 -0.09710529 -0.12523466 -0.74687656
```

```
[3,]   0.6254418  -0.4231764  0.04803210 -0.65376050 0.00586628
[4,]  -0.3587801  -0.4808282 -0.52985759 -0.06558319 0.59584465
[5,]  -0.2494772  -0.3992657  0.83321798  0.08348123 0.27771694
```

다음은 주성분의 분산(고유치)을 그림표에 나타낸다. 주성분의 객수가 3개까지 허용될 수 있음을 보여준다. 그러나 앞의 summary 결과의 누적 비율을 보면 2개인 경우 (0.9331)와 3개인 경우 (0.97064)는 사실 별 차이가 없다. 따라서 2개가 적절하다.

```
> plot(food_pca)                                # scree bar chart: 결과 생략
> plot(food_pca, type="lines")                  # 스크리 차트
```

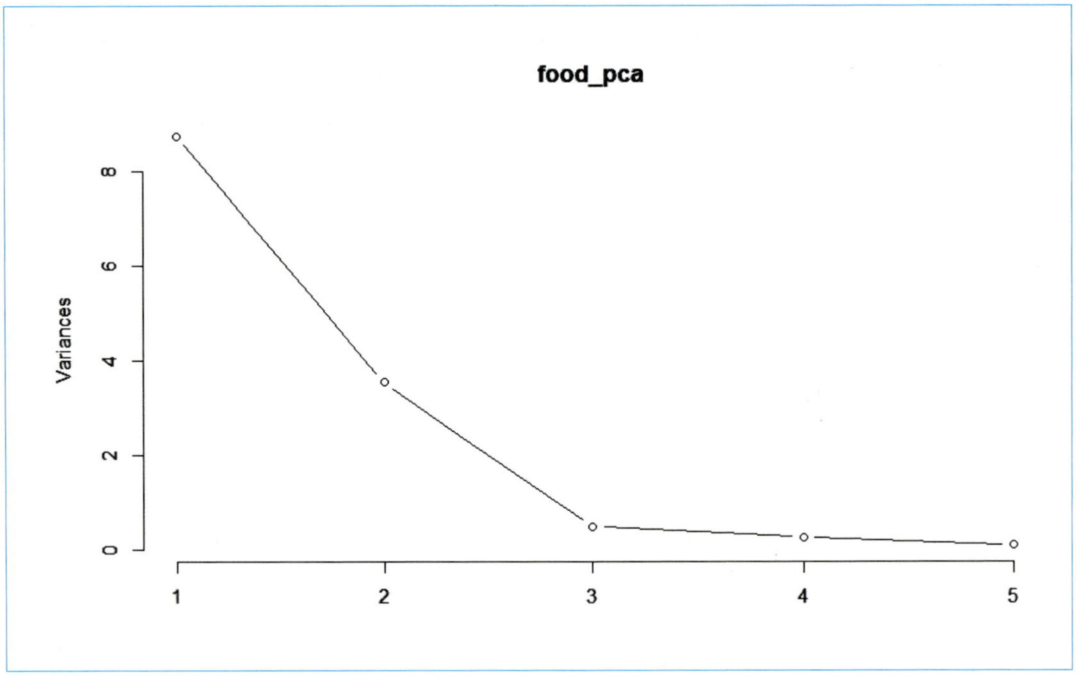

그리고 2차원 평면에서는 2개의 주성분으로 나타내는 것이 적합하다.

```
> biplot(food_pca, col=c("blue", "red"))                    # 산점도와 주성분 차트
```

(주) [콘솔 창]에 마우스 포인트를 놓고 [Return] 또는 [Enter] 키를 누른다.

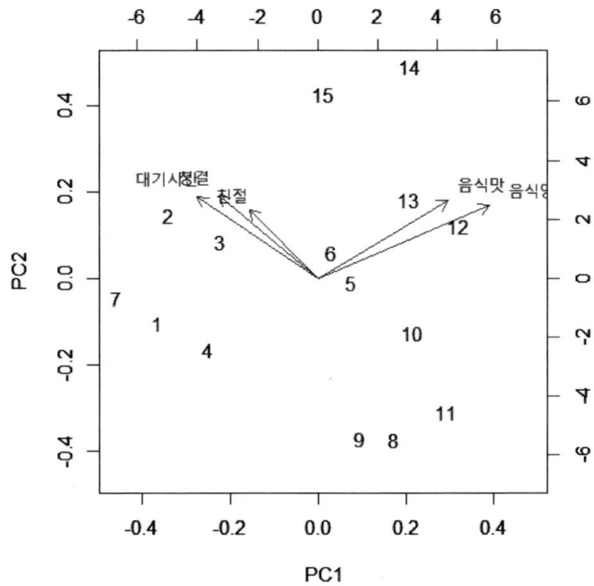

다음은 두 주성분에서 변수들의 좌표를 보여준다.

```
> (pca_1 <- food_pca$rotation[,1])
       음식맛        대기시간       음식양        청결        친절
    0.4759780   -0.43737750.6256177 -0.3590223 -0.2486993
> (pca_2 <- food_pca$rotation[,2])
       음식맛        대기시간       음식양        청결        친절
    0.4515725    0.4756576 0.4235280  0.4805885  0.3993630
```

지금까지 주성분분석에 대해 설명하였다. 이 분석은 자료 축약에 통찰력을 주지만, 주성분분석 결과를 직접 다른 분석에 이용할 수 없다는 것이 한계이다. 그러나 다음에서 소개하는 요인분석은 이러한 한계를 넘어선다. 두 분석의 차이를 간단히 요약하면, 전자는 변수들의 수를 줄여서 차원을 작게 유지하지만 후자는 변수들을 그룹화하여 새로운 이름인 요인을 갖는다.

제2절 요인분석

1. 요인분석의 개념

요인분석(factor analysis)의 근본목적은 가능하면 많은 변수 사이의 공분산 관계를 기술하는 데 있다. 이 기술방법은 관찰할 수는 없지만 내재하는 소수의 변수를 이용한다. 이 변수를 요인(factor)이라고 부른다.[1] 요인분석을 알면 아무리 복잡한 현상을 다룬다 하더라도 간단하게 원인을 밝히는 것이 가능하다. 현상이 아무리 복잡하더라도 배후에는 공통요인이 있다. 이 소수의 공통요인을 밝혀내는 것이 요인분석의 목적이다. 다만 요인분석을 위해서는 일반적으로 주성분분석 방법론을 차용한다.

예를 들어, 골목길에 갑과 을의 두 식당이 있다고 하자. 이 식당의 만족도를 조사하기 위하여 음식맛, 음식량, 청결, 대기시간, 친절 등의 5개변수를 가지고 10점 만점으로 측정하였다.

[도표 15.3] 두 식당의 만족도 평가

식당	음식맛	음식량	청결	대기시간	친절
갑	6.9	8.1	9.0	6.6	9.0
을	7.7	8.3	8.0	5.8	8.0

여기서는 요인분석을 통하여 식당 안에 잠재되어 있는 개성을 찾고자 한다. 요인분석에서는 자료의 배경에 소수의 공통요인이 존재한다고 가정한다. 음식맛과 음식양은 '음식요인' 그리고 청결, 대기시간, 친절 등은 '서비스요인'으로 각각 분류할 수 있다. 따라서 이 연구과제에는 음식요인과 서비스요인이라는 공통요인이 있다고 가정할 수 있다.

1 요인분석의 요인은 일종의 잠재적 '원인변수'이다. R의 요인과 다른 의미를 가진다.

그리고 두 식당을 요인의 관점에서 점수를 가상적으로 부여해 보자.

[도표 15.4] 두 식당 품질의 요인점수

식당	음식요인	서비스요인
갑	6	9
을	8	7

갑은 을보다 음식요인에서 불만족하지만, 서비스요인에서는 더 만족스럽다는 것을 보여준다.

다음으로 각 요인에 적절한 계수 값을 부여하여 각 변수의 측정값(만족도 설문지에 의함)이 실현되도록 한다. 예를 들어, "음식맛" 변수는 당연히 음식요인에 관계되지만 서비스요인에도 관계가 있다. 음식맛 변수를 평가하기 위해 예컨대 음식요인에 0.7, 서비스요인에 0.3 정도로 부하(가중치)를 두면, 이 변수의 평가점수를 매길 수 있다. 이 가중치를 요인부하량(factor loading)이라고 부른다.

$$\text{음식맛 점수} = 0.7 \times \text{음식요인부하량} + 0.3 \times \text{서비스요인부하량}$$

따라서 두 식당의 품질을 비교해 보면,

$$\text{갑}: 0.7 \times 6 + 0.3 \times 9 = 6.9$$

$$\text{을}: 0.7 \times 8 + 0.3 \times 7 = 7.7$$

가 되어, 을이 조금 앞선다고 할 수 있다.

이와 마찬가지로, 각 요인에 대하여 요인부하량이 [도표 15.5]와 같다고 가정하자.

[도표 15.5] 요인부하량

변수	음식요인	서비스요인
음식맛	0.7	0.3
음식양	0.6	0.5
청결	0.3	0.8
대기시간	0.2	0.6
친절	0.3	0.8

이렇게, 갑 식당의 모든 변수에 대하여 점수를 계산할 수 있다.

음식맛 점수 $= 0.7 \times 6 + 0.3 \times 9 = 6.9$

음식양 점수 $= 0.6 \times 6 + 0.5 \times 9 = 8.1$

청결 점수 $= 0.3 \times 6 + 0.8 \times 9 = 9.0$

대기시간 점수 $= 0.2 \times 6 + 0.6 \times 9 = 6.6$

친절 점수 $= 0.3 \times 6 + 0.8 \times 9 = 9.0$

이 점수들은 앞의 [도표 15.1] 자료와 비교하여 보면 동일한 값을 가지고 있음을 알게 된다. 그러나 실제 통계자료에서는 일치하기 어렵다. 완벽한 요인모형이 존재하지 않기 때문이다. 요인모형을 이해하는 것이 요인분석의 핵심이다. 다음에서 살펴보자.

2. 요인모형

요인분석은 주성분분석의 연장이라고 할 수 있다. 두 분석은 모두 모집단 공분산행렬 Σ에 접근하려는 공통점을 가지고 있다. 그러나 요인분석은 수학적인 모형을 이용하기 때문에 더 세심한 주의를 요한다. 요인분석은 자료가 이미 설정된 구조모형과 일치하는가 여부를 묻는 것이 기본적인 첫 질문이 된다.

요인모형의 설명을 돕기 위해 위의 식당 예에서 변수의 수는 p=5이며, 자료 배경에 숨겨져 있는 요인의 수는 f=2개로 가정한다. 요인분석의 원활한 이해를 돕기 위하여 초기자료를 표준화하였다. 이제 j번째 식당의 음식맛 변수에 대한 평가점수는 해당 식당의 공통요인(음식요인과 서비스요인)으로 설명되는 부분과 독자적인 고유부분으로 구성된다.

여기서 a는 요인부하량, f는 요인점수라고 부르고, 이것을 식으로 표기하면 다음과 같다.

$$Z_{1j} = a_{11}f_1 + a_{12}f_2 + e_{1j}$$

이 식을 5개의 변수에 모두 적용하면 아래와 같다.

$$Z_{1j} = a_{11}f_1 + a_{12}f_2 + e_{1j}$$
$$Z_{2j} = a_{21}f_1 + a_{22}f_2 + e_{2j}$$
$$Z_{3j} = a_{31}f_1 + a_{32}f_2 + e_{3j}$$
$$Z_{4j} = a_{41}f_1 + a_{42}f_2 + e_{4j}$$
$$Z_{5j} = a_{51}f_1 + a_{52}f_2 + e_{5j}$$

[도표 15.6] 식당 j의 음식맛 변수의 평가점수

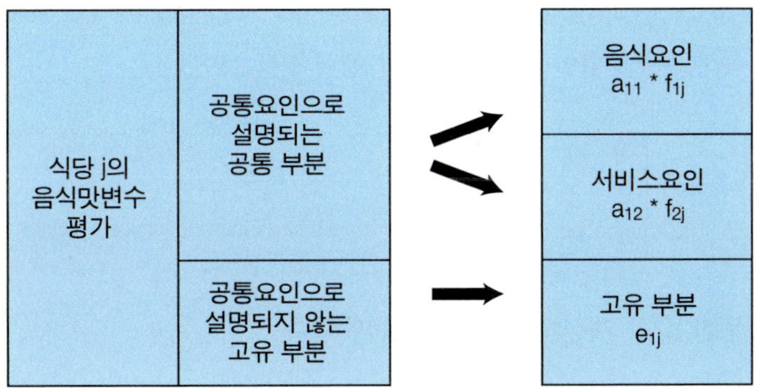

이를 간략하게 행렬로 표기하면,

$$\underset{(5\times1)}{Z} = \underset{(5\times2)}{A}\ \underset{(2\times1)}{F} + \underset{(5\times1)}{\varepsilon}$$

이다. 여기서 행렬 A를 부하량행렬, F를 공통요인벡터, ε를 고유분산벡터라고 부른다. 이와 같이 요인분석은 수학적 모형을 갖는다.

다음의 가상 모집단 공분산행렬을 위의 식과 같이 부하량 행렬과 고유분산 행렬로 분리해 보자. 부하량행렬은 공통분산이 모인 행렬 그리고 고유분산행렬은 오차분산이 모인 행렬을 의미한다.

$$\Sigma = \begin{bmatrix} 11 & 1 & 24 \\ 1 & 8 & 1 \\ 24 & 1 & 58 \end{bmatrix}$$

여기서 원하는 모형은 $\Sigma = AA' + \Psi$ 이다(Ψ=psi).

$$\begin{bmatrix} 11 & 1 & 24 \\ 1 & 8 & 1 \\ 24 & 1 & 58 \end{bmatrix} = \begin{bmatrix} 1 & 3 \\ -2 & 1 \\ 3 & 7 \end{bmatrix} \begin{bmatrix} 1 & -2 & 3 \\ 3 & 1 & 7 \end{bmatrix} + \begin{bmatrix} 1 & 0 & 0 \\ 0 & 3 & 0 \\ 0 & 0 & 2 \end{bmatrix}$$

이것은 수학적으로 등식이 성립되므로 3개의 변수로 이루어진 Σ는 m=2인 요인모형에 의한 구조를 갖는다. 부하량 (공통분산) 행렬 A와 고유분산 행렬 Ψ를 보면,

$$A = \begin{bmatrix} 1 & 3 \\ -2 & 1 \\ 3 & 7 \end{bmatrix} \quad \Psi = \begin{bmatrix} 1 & 0 & 0 \\ 0 & 3 & 0 \\ 0 & 0 & 2 \end{bmatrix}$$

이 되며, X_1의 공통분산 h_i^2을 계산하여 보면 다음과 같다.

$$h_i^2 = a_{11}^2 + a_{22}^2 = 1^2 + 3^2 = 10$$

그리고 X_1의 분산은 공분산행렬에서 보면 11이 된다. 이것을 공통분산과 고유분산으로 분리하면 다음과 같다.

$$11 = 1^2 + 3^2 + 1 = 10 + 1$$

위에서 보면 공통분산은 10, 그리고 고유분산은 1이 된다. 다른 변수들에 대하여도 마찬가지로 분리될 수 있다. 이 공통분산의 측정값을 요인점수(factor score)라고 부른다.

요인분석의 목적은 부하량 행렬 A의 원소와 고유분산을 구하는 데 있다. 이러한 면에서 Σ를 이용하는 주성분분석과 비슷하다고 하겠다. 두 분석은 선형모형으로 시작해서 행렬 인수분해로 끝나기 때문이다. 그런데 요인분석은 적절한 조건을 부여함으로써 단 한 가지 종류의 A와 Ψ를 구할 수가 있다. 회전방법은 해석을 쉽게 하기 위해서 사용된다. 일단 부하량과 고유분산이 얻어지면 요인들은 밝혀지고 그 값들은 추정된다. 이제 추정 방법을 소개하겠다.

3. 추정 방법

요인분석은 요인모형이 적은 수의 요인으로 원래 자료를 적절하게 설명해 낼 수 있는가에 초점을 두고 있다. 표본공분산행렬 S는 알려져 있지 않은 모집단 공분산행렬 Σ의 추정량이다. 요인분석의 주요목적은 몇 개의 중요한 공통요인을 찾는 것이다. 만일 Σ가 대각선 행렬에 가깝다면 요인분석을 사용하기 어렵다. 그러나 대체로 요인모형을 만들 수가 있으며 A와 Ψ를 결정할 수 있다. 일반적으로 μ, Σ, A, 그리고 Ψ는 알려져 있지 않다. 문제는 이것들을 어떻게 추정하는가 하는 것이다. 여러 가지 방법이 있으나 여기서는 주성분 방법(principal component method)을 소개한다.

모집단 공분산행렬 Σ는 다음과 같이 분해할 수 있다.

$$\Sigma = \lambda_1 \underline{\beta}_1 \underline{\beta}_1' + \lambda_2 \underline{\beta}_2 \underline{\beta}_2' + \cdots + \lambda_p \underline{\beta}_p \underline{\beta}_p'$$

여기서 $\lambda_1 \geq \lambda_2 \geq \cdots \geq \lambda_p$는 Σ의 고유치이며, $\underline{\beta}_1, \underline{\beta}_2, \cdots, \underline{\beta}_p$는 이에 대응하는 고유벡터이다. 선형결합 $\underline{\beta}_1'\underline{X}$, $\underline{\beta}_2'\underline{X}, \cdots, \underline{\beta}_p'\underline{X}$는 Σ의 주성분들이다. 이를 스펙트럼 분해라고 부른다.[2] 또한 이 식은 다음과 같은 행렬로 나타낼 수 있다.

---

2 공분산행렬 $A = \begin{bmatrix} 2 & 2 \\ 2 & 5 \end{bmatrix}$에서 고유치는 6, 1이며, 대응하는 고유벡터는 $\begin{bmatrix} \frac{1}{\sqrt{5}} \\ \frac{2}{\sqrt{5}} \end{bmatrix}, \begin{bmatrix} \frac{-2}{\sqrt{5}} \\ \frac{1}{\sqrt{5}} \end{bmatrix}$이다. A를 스펙트럼 분해로 나타내보자.

$$\begin{bmatrix} 2 & 2 \\ 2 & 5 \end{bmatrix} = 6\begin{bmatrix} \frac{1}{\sqrt{5}} \\ \frac{2}{\sqrt{5}} \end{bmatrix}\begin{bmatrix} \frac{1}{\sqrt{5}} & \frac{2}{\sqrt{5}} \end{bmatrix} + 1\begin{bmatrix} -\frac{2}{\sqrt{5}} \\ \frac{1}{\sqrt{5}} \end{bmatrix}\begin{bmatrix} -\frac{2}{\sqrt{5}} & \frac{1}{\sqrt{5}} \end{bmatrix} = 6\begin{bmatrix} \frac{1}{5} & \frac{2}{5} \\ \frac{2}{5} & \frac{4}{5} \end{bmatrix} + 1\begin{bmatrix} \frac{4}{5} & -\frac{2}{5} \\ -\frac{2}{5} & \frac{1}{5} \end{bmatrix} = \begin{bmatrix} \frac{6}{5} & \frac{12}{5} \\ \frac{12}{5} & \frac{24}{5} \end{bmatrix} + \begin{bmatrix} \frac{4}{5} & -\frac{2}{5} \\ -\frac{2}{5} & \frac{1}{5} \end{bmatrix} = \begin{bmatrix} 2 & 2 \\ 2 & 5 \end{bmatrix}$$

$$\Sigma = LL'$$

여기서

$$L = \beta \begin{bmatrix} \sqrt{\lambda_1} & 0 & \cdots & 0 \\ 0 & \sqrt{\lambda_2} & \cdots & 0 \\ \vdots & \vdots & & \vdots \\ 0 & 0 & \cdots & \sqrt{\lambda_p} \end{bmatrix}$$

그리고 $\beta = [\underline{\beta}_1, \underline{\beta}_2, \cdots, \underline{\beta}_p]$이다. 그러므로 $L = [\sqrt{\lambda_1}\underline{\beta}_1, \sqrt{\lambda_2}\underline{\beta}_2, \cdots \sqrt{\lambda_p}\underline{\beta}_p]$가 된다.

요인분석의 추정방법은 위의 주성분 방식 이론에 근거하여 발전된다. 만일 요인분석 모형의 요인의 수가 변수의 수와 같고, 즉 m = p 그리고 모든 i에 대한 고유분산 $\Psi_i = 0$라면 위의 공분산구조를 요인모형을 위하여 사용할 수 있다.

$$\underset{(p\times p)}{\Sigma} = \underset{(p\times p)(p\times p)}{AA'} + \underset{(p\times p)}{0}$$

$$= AA'$$

$$= \lambda_1\underline{\beta}_1\underline{\beta}_1' + \lambda_2\underline{\beta}_2\underline{\beta}_2' + \cdots + \lambda_p\underline{\beta}_p\underline{\beta}_p'$$

그러므로 부하량 행렬 A는

$$A = \left[\sqrt{\lambda_1}\underline{\beta}_1 \; \sqrt{\lambda_2}\underline{\beta}_2 \cdots \sqrt{\lambda_p}\underline{\beta}_p\right]$$

이 된다.

이 요인모형은 완전하다. 그러나 A는 모든 변수를 다 포함하며 또한 특수요인벡터 $\underline{\varepsilon}$의 분산은 전혀 인정되지 않기 때문에 실제적으로 유용하게 쓰이지는 못한다. 우리는 모든 변수를 전부 포함하기보다는 적은 수의 변수로 자료를 설명할 수 있는 모형을 원한다. 이것을 해결하기 위한 방법으로 마지막 m−p개의 고유치가 매우 작다면 무시해 버려도 좋을 것이다.

예를 들어, 요인을 하나만 생각한다면 $\Sigma = \lambda_1\underline{\beta}_1\underline{\beta}_1'$이 되며, 두 개의 요인을 고려하면 모형은 $\Sigma = \lambda_1\underline{\beta}_1\underline{\beta}_1' + \lambda_2\underline{\beta}_2\underline{\beta}_2'$가 될 것이다. 따라서 m개의 요인을 고려하는 일반적인 모형은 다음과 같다.

$$\Sigma = \lambda_1\underline{\beta}_1\underline{\beta}_1' + \lambda_2\underline{\beta}_2\underline{\beta}_2' + \cdots + \lambda_m\underline{\beta}_m\underline{\beta}_m'$$

이 모형에서 특수요인 벡터 ε는 무시될 만큼 중요하지 않다고 가정하지만, 이 특수요인을 포함한 주성분 방식의 요인모형은 다음과 같다.

주성분 방식의 요인모형

$$\Sigma = AA' + \Psi$$

여기서 $A = [\sqrt{\lambda_1}\beta_1 \; \sqrt{\lambda_2}\beta_2 \cdots \sqrt{\lambda_m}\beta_m]$

$$\Psi = \begin{bmatrix} \Psi_1 & 0 & \cdots & 0 \\ 0 & \Psi_2 & \cdots & 0 \\ \vdots & \vdots & & \vdots \\ 0 & 0 & \cdots & \Psi_3 \end{bmatrix}$$

i번째 고유분산 $\Psi_i = \sigma_{ii} = \sum_{j=1}^{m} a_{ij}^2 \; (i = 1, 2, \cdots, p)$

만일 변수의 측정단위가 균등하지 않다면 일반적으로 그 변수들을 표준화하는 것이 바람직하다. 표준화된 변수의 표본공분산행렬은 원래 관찰치의 상관행렬과 같다. 이렇게 변수들을 표준화함으로써 분산이 큰 변수가 요인부하량의 결정에 부당하게 영향을 주는 문제를 피할 수 있다.

요인분석은 총분산에서 차지하는 비율이 적당할 때까지 요인 수를 증가시킨 후 결정하도록 한다. 이 기준은 일종의 휴리스틱 방법으로 적절한 수의 공통요인을 결정하는 데 쓰일 수 있다. 가장 좋은 방법은 될 수 있는 대로 작은 수의 요인을 가지고 만족할 만한 해석을 가지면서 공분산행렬 또는 상관행렬에 적합한 모형이 되도록 하는 것이다.

4. 요인회전

요인분석의 목적이 자료축소나 요약이라는 것은 이미 설명하였다. 문제는 어떠한 변수들을 연구에 포함시킬 것이며, 변수들을 어떻게 측정할 것이며, 그리고 표본의 크기는 충분한가 등을 결정하는 것들이다. 측정이 가능하다면 연구에 관련된 변수들은 다 포함될 수 있다. 표본크기에 관하여 말하자면 관찰치는 적어도 50개 이상은 되어야 한다. 일반적인 규칙으로 관찰치의 수는 분석될 변수의 수보다는 4~5배는 되어야 한다.

앞의 예제에서 본 바와 같이 요인분석 응용의 첫 단계는 공분산행렬의 계산이다. 연구 목적이 자료특성을 요약하는 것이라면 요인분석은 변수들의 공분산행렬(또는 상관행렬)에 적용될 것이다. 이것은 요인분석의 기본이다. 요인분석을 위한 기법은 여러 가지가 있으나 주성분법과 최우도법이 가장 많이 쓰인다. 이 기법들의 목적은 원래정보를 최소 숫자의 요인으로 예측할 때 또는 쉽게 발견되지 않는 잠재적인 요인을 발견하는 데 우선적으로 이용된다. 여기서는 주성분 방법에 대해 주로 설명하였다.

요인들의 회전은 요인분석에서 중요한 개념이다. 회전 안 된 원래의 부하량에 대한 해석이 어려운 경우에는 간단한 구조를 얻을 때까지 부하량의 좌표 구조를 회전시킨다. 이상적인 회전모형은 단 하나의 요인에 각 변수의 부하량을 많이 걸고 나머지 요인에는 적은 양의 부하를 걸어 본다. 가장 간단한 경우는 축들이 90°각도를 유지한 채로 직교회전(varimax)을 한다. 직교회전은 요인들 간에 상관관계가 없다고 가정한다.

[도표 15.5]는 7개 변수들의 부하량을 2차원 평면에 나타내며, 수직축은 회전 안 된 요인 F1, 수평축은 회전 안 된 요인 F2이다.

[도표 15.5] 직교 요인회전

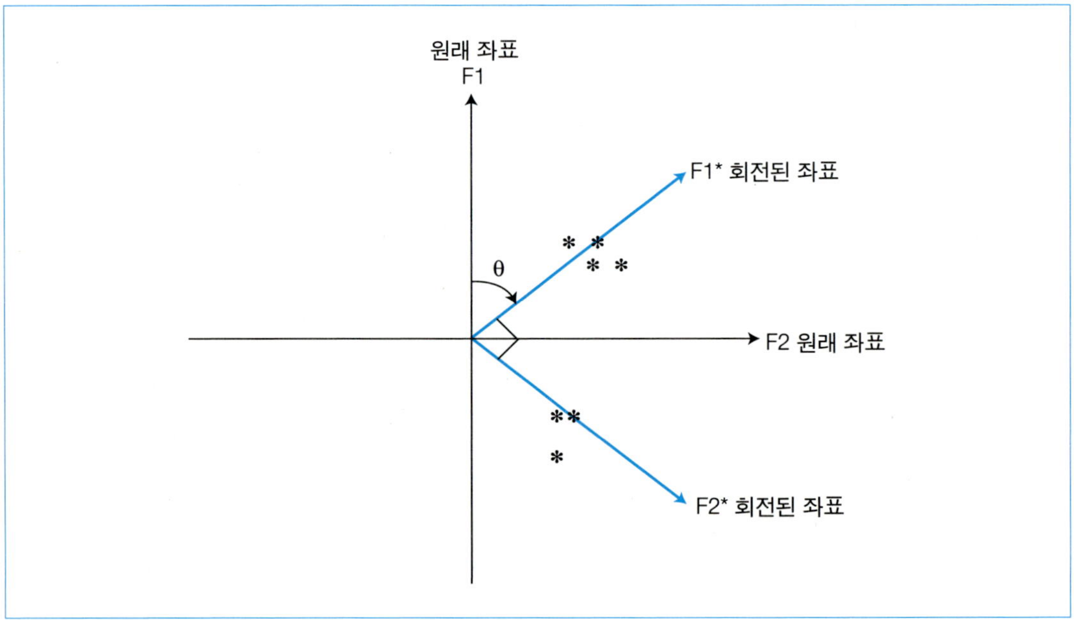

[도표 15.5]에서 보면, 변수들은 명확히 두 그룹으로 나뉘어져 있다. 네 변수의 관찰치는 1상한 그룹에 있고, 그리고 다른 세 변수는 4상한 그룹에 있다. 그러나 현재 상태는 회전 안 된 요인 부하량에서 볼 때 좌표 상에서 명확하지 않다. 그림에서 점선과 같이 본래의 좌표축을 시계방향으로 θ 각도만큼 회전시키면, 완전히 다른 요인 부하량 형태를 갖는다. 모든 변수는 거의 일사분면 내에 있고 변수들의 두 집단은 확실히 드러난다. 1상한 집단 변수들은 F1*에 부하가 많이 걸리고 F2*에는 무시할 정도로 적게 걸린다. 한편 4상한 집단 변수들은 F2*에 많이 걸리고 F1*에는 적게 걸린다. 그러므로 회전 후 변수들이 두 집단으로 나뉘는 형태는 회전 전보다 더 명확하다. 이것은 변수들의 상대적 위치가 변하지 않은 채 충분히 가능하다.

결론적으로 요인분석은 연구목적에 따라 요인해석에서 멈추거나 또는 요인점수의 계산과 계속적인 다른 통계기법을 추가로 이용한다. 단순히 변수의 논리적인 결합을 확인하는 것이 연구목적이라면 요인해석으로 끝낸다. 그러나 회귀분석, 판별분석 또는 상관분석 등 다른 통계분석을 위한 적절한 변수의 발견이 요인분석의 목적이라면 요인행렬을 검토하고 점수가 높은 요인부하량을 가진 변수를 채택하게 된다. 다음 사례에서 자세히 알아보자.

5. 음식점 품질 평가 사례

여기서는 앞의 주성분 자료를 이용하여 요인분석을 실시하고, 이를 이용하여 회귀분석을 진행한다.

```
> library(readxl)
> food <- read_excel("d:/RPy/food.xlsx")
> head(food)
# A tibble: 6 x 8
   응답자   성별   음식맛  대기시간  음식양   청결    친절   이용횟수
   <dbl>  <dbl>  <dbl>  <dbl>  <dbl>  <dbl>  <dbl>  <dbl>
1    1      1      2      5      1      4      4      5
2    2      1      3      6      2      5      4      5
3    3      1      3      5      3      5      3      5
4    4      1      2      4      2      4      3      4
5    5      1      4      3      5      2      4      3
6    6      1      5      3      4      3      4      1
```

```
> round(cor(food[, c(-1, -2, -8)]), 2)
         음식맛   대기시간   음식양    청결     친절
음식맛    1.00   -0.40     0.91   -0.29   -0.21
대기시간  -0.40    1.00    -0.51    0.93    0.81
음식양    0.91   -0.51     1.00   -0.42   -0.31
청결     -0.29    0.93    -0.42    1.00    0.71
친절     -0.21    0.81    -0.31    0.71    1.00
```

```
> foodfit <- factanal(food[,c(-1, -2, -8)], 2, rotation="varimax", scores=
"regression")
> print(foodfit, digits=2, cutoff=.3, sort=TRUE)
Call:
factanal(x = food[, c(-1, -2, -8)], factors = 2, scores = "regression",
rotation = "varimax")                                    # varimax는 직교회전을 뜻함

Uniquenesses:
       음식맛   대기시간   음식양    청결     친절
       0.00     0.00     0.14     0.13     0.33

Loadings:
         Factor1     Factor2
대기시간   0.96
청결      0.92
친절      0.81
음식맛               0.99
음식양               0.88

                  Factor1     Factor2
SS loadings         2.51        1.88
Proportion Var      0.50        0.38
Cumulative Var      0.50        0.88

Test of the hypothesis that 2 factors are sufficient.
The chi square statistic is 0.7 on 1 degree of freedom.
The p-value is 0.403
```

요인분석 모형의 적합도를 검정하면 $p=0.403>0.05$이므로 "H_0: 두 요인의 요인모형은 적합하다"라는 귀무가설을 채택하게 된다.

```
> load <- foodfit$loadings[, 1:2]                                    # loadings는 df
> plot(load, type="n")                                               # [콘솔 창]으로 가기
> text(load, labels=names(food[, c(-1, -2, -8)]), cex=0.8)           # 다시 [소스 창]으로 오기
```

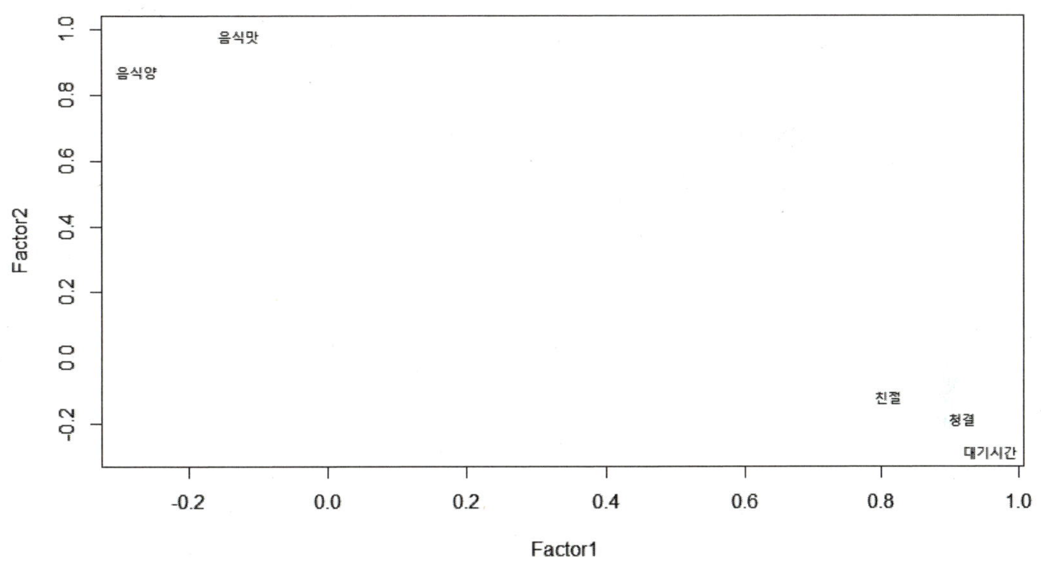

다음에서는 두 요인 Factor1과 Factor2를 각각 서비스요인과 음식요인으로 변경하고, 어느 요인이 이용횟수에 더 많은 영향을 미치는가를 조사하기 위해 회귀분석을 실시하였다.

```
> head(foodfit$scores)
         Factor1     Factor2
[1,]  0.71473776 -1.11090099
[2,]  1.55985576 -0.40572403
[3,]  0.90550887 -0.47688107
[4,]  0.06039087 -1.18205803
[5,] -0.27857611 -0.02577949
[6,] -0.07969777  0.56800205
> food_factor <- data.frame(food, foodfit$scores)
> library(dplyr)
> food_factor <- rename(food_factor, 서비스요인=Factor1, 음식요인=Factor2)
```

```
> round(head(food_factor), 2)
  응답자 성별 음식맛 대기시간 음식양 청결 친절 이용횟수 서비스요인 음식요인
1      1    1      2        5      1    4    4        5       0.71    -1.11
2      2    1      3        6      2    5    4        5       1.56    -0.41
3      3    1      3        5      3    5    3        5       0.91    -0.48
4      4    1      2        4      2    4    3        4       0.06    -1.18
5      5    1      4        3      5    2    4        3      -0.28    -0.03
6      6    1      5        3      4    3    4        1      -0.08     0.57
```

분석 결과, 음식점 선호에 대한 고객들의 평가는 음식요인에 비해 서비스요인이 유의하다는 것을 보여준다. 이러한 방식의 회귀분석은 원래 5개의 독립변수를 직접 활용해도 무방하지만, 보이지 않는 요인의 개념을 이용하면 더 간명하게 결과를 보여준다.

```
> fit <- lm(이용횟수 ~ 서비스요인 + 음식요인, data=food_factor)
> summary(fit)

Call:
lm(formula = 이용횟수 ~ 서비스요인 + 음식요인, data = food_factor)

Residuals:
    Min      1Q  Median      3Q     Max 
-2.2190 -0.3296  0.2472  0.3813  1.5172 

Coefficients:
            Estimate Std. Error t value Pr(>|t|)    
(Intercept)   3.4667     0.2455  14.122 7.73e-09 ***
서비스요인     1.1948     0.2549   4.688 0.000525 ***
음식요인      -0.2684     0.2548  -1.053 0.312956    
---
Signif. codes:  0 '***' 0.001 '**' 0.01 '*' 0.05 '.' 0.1 ' ' 1

Residual standard error: 0.9507 on 12 degrees of freedom
Multiple R-squared:  0.6582,	Adjusted R-squared:  0.6012 
F-statistic: 11.55 on 2 and 12 DF,  p-value: 0.001594
```

그리고 성별에 따라 두 요인의 평균 차이가 있는지 분석해 보자.

```
> with(food_factor, tapply(음식요인, 성별, mean))
        1          2
-0.5693441    0.6506790
> fit_mean = aov(음식요인 ~ 성별, data=food_factor)
> anova(fit_mean)
Analysis of Variance Table
Response: 음식요인
              Df     Sum Sq   Mean Sq  F value      Pr(>F)
성별           1     5.5569    5.5569    8.634     0.01153 *
Residuals     13     8.3669    0.6436
---
Signif. codes:  0 '***' 0.001 '**' 0.01 '*' 0.05 '.' 0.1 ' ' 1
> with(food_factor, tapply(서비스요인, 성별, mean))
        1              2
    0.2306654      -0.2636176
> fit_mean = aov(서비스요인 ~ 성별, data=food_factor)
> anova(fit_mean)
Analysis of Variance Table
Response: 서비스요인
              Df    Sum Sq      Mean Sq      F value     Pr(>F)
성별           1     0.9121      0.91211      0.9118      0.357
Residuals     13    13.0038      1.00029
```

위 분석에서 음식요인의 성별 차이에서 남자 평균 만족도는 −0.569, 여자 평균 만족도는 0.651이며 그 평균 차이는 유의하며($p = 0.0115 < 0.05$), 서비스요인의 경우에는 평균 차이가 없다고 할 수 있다($p = 0.357 > 0.05$).

참고로 다음에서도 남녀별 평균을 구할 수 있다.

```
library(dplyr)
mg <- food_factor %>% group_by(성별) %>% summarise(mean_gender = mean(음식요인))
mg
```

R 생각

요인분석은 연구에서 중요한 분석기법이다. 요인을 추출하기 전에 변수들 혹은 응답자들에 대해 상관분석을 실시하기를 바란다. 상관관계가 약한 변수를 제거하고 나서 요인분석을 시작하는 것이 바람직하다. 그리고 응답자들의 경우는 군집분석과 유사한 방법으로 몇 개의 동질적인 집단으로 묶은 다음에 특성을 부여하고 요인분석을 실시할 수 있다.

CHAPTER 16

연관규칙 분석

제1절 연관규칙 분석의 개념

연관규칙 분석은 개체(item)들 간의 관련 규칙을 찾으려는 비지도학습 방식을 활용한다. 이 분석 방법은 자료에서 변수들 간의 관계를 파악하여 연관규칙을 세우고, 마케팅과 웹마이닝 등에서 사용된다. 예를 들어 식품 매장 관리자는 손님 장바구니 안에 들어 있는 품목을 파악하고 마케팅 전략을 수립하는데 이용하기 때문에 일명 장바구니 분석(market basket analysis)이라고도 한다.

다음 엑셀자료는 책상을 주품목으로 판매하는 알티움 가구점에서 고객들이 구입한 물건을 일부 정리한 자료이다.

	A	B	C	D
1	매출 현황			
2	고객1	책상		
3	고객2	의자		
4	고객3	책상	의자	
5	고객4	조명등		
6	고객5	책상	조명등	
7	고객6	책상		
8	고객7	책상	의자	
9	고객8	의자	조명등	
10	고객9	책상	의자	
11	고객10	책상	의자	조명등

다음은 지난 달 일어난 거래 관련 엑셀자료에서 지난 달 일어난 거래 수, 품목, 빈도수를 정리한 표이다.

[도표 16.1] 매출 품목

품목	거래 수	품목 포함 거래 수	확률
책상	100	260	0.26
의자	50	180	0.18
조명등	20	80	0.08
{책상, 의자}	100	110	0.11
{책상, 조명등}	30	40	0.04
{의자, 조명등}	20	30	0.03
{책상, 의자, 조명등}	10	10	0.01
기타	670		
합계	1,000		

연관분석(장바구니 분석)에서는 한 품목이 단독인 경우와 집합 안에 들어가 있는 경우도 있다. 이것을 거래 수로 전환한 후에 전체 거래에서 차지하는 비율을 확률로 계산한다. 연관성 분석에 필요한 규칙의 품질 수준을 측정하기 위해 지지도(support), 신뢰도(confidence), 향상도(lift) 등에 대해 알아보자.

첫째, 지지도는 두 품목의 동시 구매가 전체에서 차지하는 비율을 뜻한다. 가령 책상(X) → 의자(Y)인 경우 지지도는 다음과 같다.

$$\text{지지도} = \frac{\text{두 품목(X, Y)가 포함된 거래 수}}{\text{전체 거래 수}} = P(X \cap Y)$$

이것은 결합확률을 의미하며, 110/1000 = 0.11이 된다. 이 지표는 과거 구매 실적에서 보이는 구매 규칙의 품질을 나타낸다. 40% 이상이면 높은 수준의 품질 규칙이라고 하겠다.

둘째, 신뢰도는 품목X가 구매되는 조건 하에서 두 품목 (X, Y)가 구매되는 경우를 의미한다.

$$\text{신뢰도} = \frac{\text{두 품목(X, Y)가 포함된 거래 수}}{\text{품목X의 거래 수}} = \frac{P(X \cap Y)}{P(X)}$$

이것은 조건부 확률 P(Y\X)를 뜻한다. 0.11/0.26 = 0.423이다. 이 지표는 과거 거래 실적에 근거하여 미래를 예측하는 규칙의 품질을 나타낸다.

셋째, 향상도는 두 품목 (X, Y)를 구매하는 조건하에서 X, Y모두 구매하는 경우를 의미한다.

$$\text{향상도} = \frac{\text{두 품목(X, Y)가 포함된 거래 수}}{\text{품목X의 거래 수 * 품목Y의 거래 수}} = \frac{P(X \cap Y)}{P(X)*P(Y)}$$

따라서 0.11/(0.26)(0.18) = 2.35이다. 향상도는 두 지표 결과에 대한 평가의 애매함을 해결하기 위해 만들어졌다. 향상도가 1보다 큰 경우, X를 사면 Y도 구매할 확률이 증가한다는 뜻이다. 1인 경우, 두 품목은 서로 독립적이어서 두 품목 간에 서로 영향력이 미치지 않는다는 뜻이다. 그리고 1보다 작은 경우에는 X를 구매한 사람이 Y를 구매할 확률이 낮다는 것을 의미한다.

지금까지 세 지표를 계산한 결과를 하나의 표로 정리하면 다음과 같다. 연관규칙에서 품목 X를 사면 품목 Y도 장바구니에 담겨 있을 때에 "X → Y"로 표기한다. 책상을 살 때 의자도 포함되는 경우에 "책상 → 의자"가 된다.

규칙 (X → Y)	지지도 P(X∩Y)	P(X)	신뢰도 P(Y\X)	P(Y)	향상도 {P(Y\X)/P(Y)}
책상 → 의자	0.11	0.26	0.423	0.18	2.350
책상 → 조명등	0.04	0.26	0.154	0.08	1.925

다음에서는 거래한 내역을 고객별 리스트에 만들고 전체를 정리해 본다.

```
> sales_list = list("책상", "의자", c("책상", "의자"), "조명등", c("책상", "조명등"), "책상",
c("책상", "의자"), c("의자", "조명등"), c("책상", "의자"), c("책상", "의자", "조명등"))
> sales_list                                                          # 결과 생략
> head(sales_list, 3)
[[1]]
[1] "책상"
[[2]]
[1] "의자"
[[3]]
[1] "책상" "의자"
> names(sales_list) = paste("고객", c(1:10), sep= "")
> sales_list                                                          # 결과 생략
> head(sales_list, 3)
$고객1
[1] "책상"
$고객2
[1] "의자"
$고객3
[1] "책상" "의자"
```

```
> library(arules)
> gagu_sales <- as(sales_list, "transactions")          # labels="의자 조명등 책상"
> summary(gagu_sales)
transactions as itemMatrix in sparse format with
 10 rows (elements/itemsets/transactions) and
 3 columns (items) and a density of 0.5666667
```

```
most frequent items:
        책상     의자     조명등    (Other)
         7        6        4         0
element (itemset/transaction) length distribution:
sizes
1 2 3
4 5 1

    Min.   1st Qu.  Median    Mean   3rd Qu.    Max.
     1.0      1.0      2.0     1.7      2.0      3.0

includes extended item information - examples:
   labels
1    의자
2   조명등
3    책상

includes extended transaction information - examples:
  transactionID
1        고객1
2        고객2
3        고객3
> image(gagu_sales, xlab="의자 조명등 책상", ylab="고객", main ="고객별 판매 현황")
```

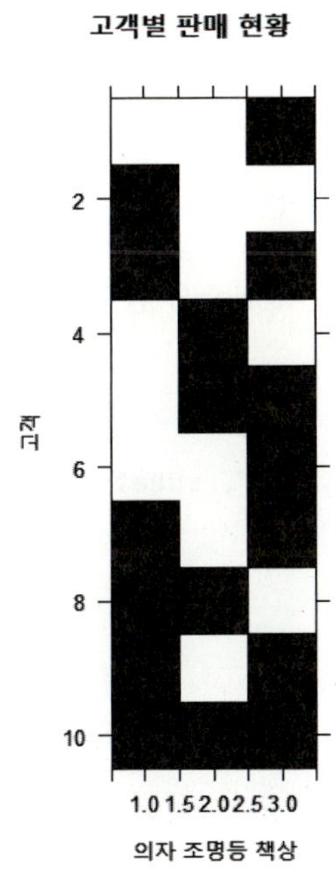

제2절 엑셀의 희소행렬 자료

장바구니 분석을 위해 15개의 거래 내역을 담은 매출 자료를 엑셀자료에 정리하였다. 자료의 특성은 1, 0의 이진수를 이용한 희소행렬(sparse matrix)로 보여준다. 이 행렬은 행렬의 값이 대부분 0인 경우를 뜻한다.

	A	B	C	D
1	거래번호	책상	의자	조명등
2	1	1	0	0
3	2	0	1	0
4	3	1	1	0
5	4	0	0	1
6	5	1	0	1
7	6	1	0	0
8	7	1	1	0
9	8	0	1	1
10	9	1	1	0
11	10	1	1	1
12	11	1	1	1
13	12	1	1	0
14	13	1	1	0
15	14	1	1	0
16	15	1	1	0

이 자료에 근거하여 arules 패키지에 있는 apriori() 함수를 이용하여 연관규칙을 조사하였다.

```
> library(readxl)
> gagu <- read_excel("D:/RPy/가구.xlsx", sheet=1)                    # 15x4
> gagu_mat <- as.matrix(gagu[,-1])
> class(gagu_mat)
[1] "matrix"

> library(arules)
> gagu_rules <- apriori(gagu_mat)
Apriori
```

```
Parameter specification:
 confidence minval smax arem  aval originalSupport maxtime support minlen
 maxlen  target  ext
        0.8     0.1    1 none FALSE            TRUE       5     0.1      1
     10   rules FALSE

Algorithmic control:
  filter    tree    heap   memopt    load    sort   verbose
     0.1    TRUE    TRUE    FALSE    TRUE       2      TRUE

Absolute minimum support count: 1

set item appearances ...[0 item(s)] done [0.00s].
set transactions ...[3 item(s), 15 transaction(s)] done [0.00s].
sorting and recoding items ... [3 item(s)] done [0.00s].
creating transaction tree ... done [0.00s].
checking subsets of size 1 2 3 done [0.00s].
writing ... [2 rule(s)] done [0.00s].
creating S4 object ... done [0.00s].
> inspect(gagu_rules)
     lhs        rhs    support  confidence      lift   count
[1]  {}      => {책상}    0.8     0.8000000  1.000000    12
[2]  {의자}  => {책상}    0.6     0.8181818  1.022727     9
```

(주) 패키지가 설치되어 있는지 여부는 [도움 창]의 [packages]를 살펴보면 안다.

2개의 연관규칙이 있어, 1번 규칙에서 보면 책상 판매는 가장 빈도수가 높으며, 2번 규칙에서는 lift(향상도)가 1보다 크기 때문에 의자를 구매하는 사람은 책상에도 관심이 있어 보인다.

다음은 분석한 결과를 그림으로 나타낸다.

```
mosaicplot(as.matrix(gagu), color=TRUE, title(main="장바구니"), las=1)
```

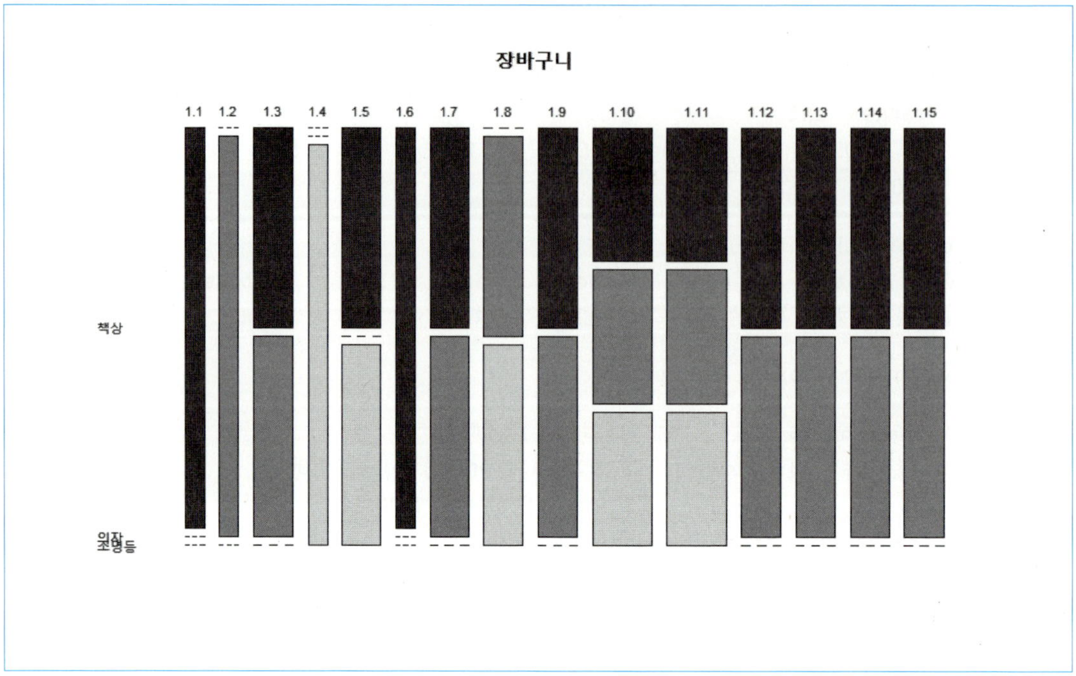


```
plot(gagu_rules, method = “grouped”)
```

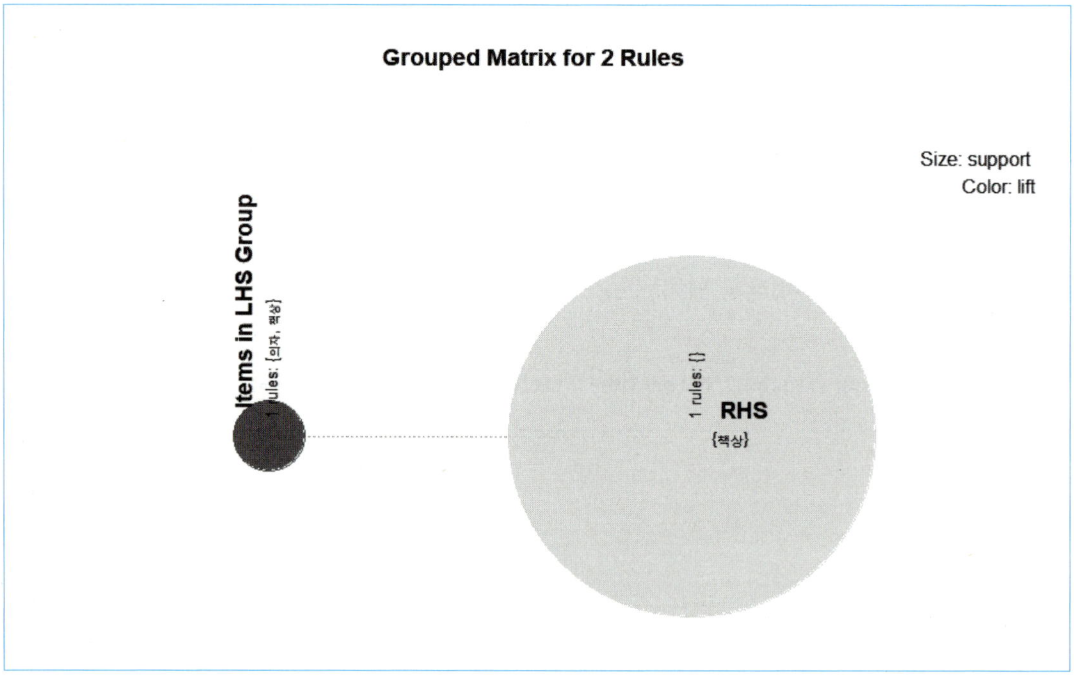

위 그림에서 연관규칙의 support(지지도)와 lift(향상도)를 보여준다. 다음 그림은 고객들이 의자에서 책상으로 구매 행태를 보이는 방향을 보여준다(rhs = right hand side).

```
plot(gagu_rules, method = "paracoord")
```

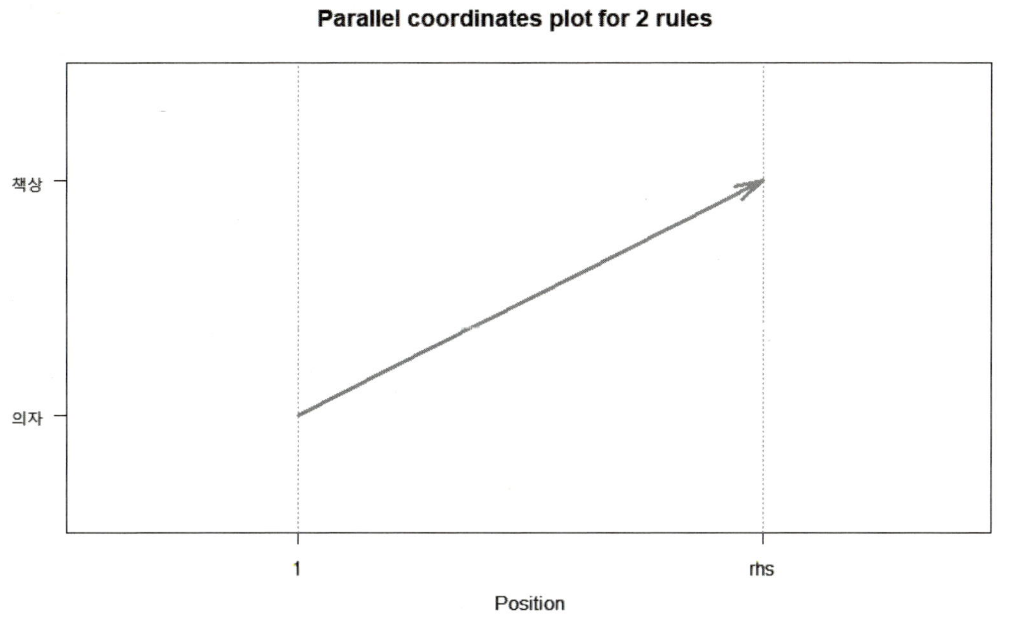

제3절 Titanic 자료 분석

Titanic 자료에서는 좀더 복잡한 연관규칙을 발견해 보기로 하자. 이 자료는 이미 앞에서도 많은 방법으로 분석을 실시하였다. 여기서는 연관규칙을 세워 승선한 사람들의 생존 규칙을 조사하기로 한다.

함수 apriori()를 적용하기 위해 다음과 같이 자료를 준비한다.

[1단계] 데이터프레임 구조 → **[2단계]** Transactions 구조 → **[3단계]** Matrix 구조 → **[4단계]** apriori() 함수 적용

```
> data(Titanic)
> ftable(Titanic)
                   Survived  No   Yes
Class   Sex     Age
1st     Male    Child          0    5
                Adult        118   57
        Female  Child          0    1
                Adult          4  140
2nd     Male    Child          0   11
                Adult        154   14
        Female  Child          0   13
                Adult         13   80
3rd     Male    Child         35   13
                Adult        387   75
        Female  Child         17   14
                Adult         89   76
Crew    Male    Child          0    0
                Adult        670  192
        Female  Child          0    0
                Adult          3   20
```

```
> install.packages("arules")
> library(arules)
> install.packages("epitools")
> library(epitools)
> Titanic_df <- expand.table(Titanic)                          # df 만들기(epitools 이용)
> head(Titanic_df)
      Class    Sex     Age    Survived
1      1st     Male    Child    Yes
2      1st     Male    Child    Yes
3      1st     Male    Child    Yes
4      1st     Male    Child    Yes
5      1st     Male    Child    Yes
6      1st     Male    Adult    No
> tail(Titanic_df)
      Class    Sex     Age    Survived
2196   Crew   Female   Adult    Yes
2197   Crew   Female   Adult    Yes
2198   Crew   Female   Adult    Yes
2199   Crew   Female   Adult    Yes
2200   Crew   Female   Adult    Yes
2201   Crew   Female   Adult    Yes
```

분석을 위해 Titanic자료를 데이터프레임(df) 구조로 만든 후 거래(transactions) 구조로 변환한다.

```
> Titanic_tr <- as(Titanic_df, "transactions")
> Titanic_tr
transactions in sparse format with
 2201 transactions (rows) and
 10 items (columns)
> inspect(Titanic_tr[c(1:5),])                                      # 첫 5행 출력
      items                                          transactionID
[1]   {Class=1st,Sex=Male,Age=Child,Survived=Yes}    1
[2]   {Class=1st,Sex=Male,Age=Child,Survived=Yes}    2
[3]   {Class=1st,Sex=Male,Age=Child,Survived=Yes}    3
[4]   {Class=1st,Sex=Male,Age=Child,Survived=Yes}    4
[5]   {Class=1st,Sex=Male,Age=Child,Survived=Yes}    5
```

```
> Titanic_iM <- as(Titanic_tr, "itemMatrix")
> Titanic_iM
itemMatrix in sparse format with
 2201 rows (elements/transactions) and
 10 columns (items)
> summary(Titanic_iM)
itemMatrix in sparse format with
 2201 rows (elements/itemsets/transactions) and
 10 columns (items) and a density of 0.4

most frequent items:
    Age=Adult   Sex=Male  Survived=No   Class=Crew  Survived=Yes   (Other)
       2092       1731       1490          885           711         1895

element (itemset/transaction) length distribution:
sizes
   4
2201

    Min.   1st Qu.  Median    Mean   3rd Qu.    Max.
      4        4       4        4       4         4

includes extended item information - examples:
      labels    variables       levels
1    Class=1st     Class           1st
2    Class=2nd     Class           2nd
3    Class=3rd     Class           3rd
> class(Titanic_iM)
[1] "itemMatrix"
attr(,"package")
[1] "arules"
```

```
> inspect(Titanic_iM[head(1:5),])
      items
[1]   {Class=1st,Sex=Male,Age=Child,Survived=Yes}
[2]   {Class=1st,Sex=Male,Age=Child,Survived=Yes}
[3]   {Class=1st,Sex=Male,Age=Child,Survived=Yes}
[4]   {Class=1st,Sex=Male,Age=Child,Survived=Yes}
[5]   {Class=1st,Sex=Male,Age=Child,Survived=Yes}
```

[도표 16.2] Titanic_iM

TID	C=1	C=2	C=3	C=C	S=F	S=M	A=A	A=C	Sv=N	SV=Y
1	1	0	0	0	0	1	0	1	0	1
2	1	0	0	0	0	1	0	1	0	1
3	1	0	0	0	0	1	0	1	0	1

이제 apriori() 함수를 이용하여 Titanic_tr 자료에 대해 연관규칙을 세워본다. 전체 27개의 규칙이 만들어졌다.

```
> T_rules <- apriori(Titanic_tr)
Apriori

Parameter specification:
  confidence minval  smax  arem  aval  originalSupport  maxtime  support  minlen
  maxlen  target  ext
      0.8       0.1     1   none  FALSE          TRUE         5      0.1       1
    10     rules  FALSE

Algorithmic control:
    filter     tree     heap    memopt    load     sort    verbose
     0.1       TRUE     TRUE    FALSE     TRUE       2      TRUE

Absolute minimum support count: 220

set item appearances ...[0 item(s)] done [0.00s].
set transactions ...[10 item(s), 2201 transaction(s)] done [0.00s].
sorting and recoding items ... [9 item(s)] done [0.00s].
creating transaction tree ... done [0.00s].
checking subsets of size 1 2 3 4 done [0.00s].
writing ... [27 rule(s)] done [0.00s].
creating S4 object ... done [0.00s].
> T_rules
set of 27 rules
```

```
> inspect(T_rules)
     lhs                                  rhs            support   confidence lift      count
[1]  {}                                => {Age=Adult}    0.9504771 0.9504771  1.0000000 2092
[2]  {Class=2nd}                       => {Age=Adult}    0.1185825 0.9157895  0.9635051 261
[3]  {Class=1st}                       => {Age=Adult}    0.1449341 0.9815385  1.0326798 319
[4]  {Sex=Female}                      => {Age=Adult}    0.1930940 0.9042553  0.9513700 425
[5]  {Class=3rd}                       => {Age=Adult}    0.2848705 0.8881020  0.9343750 627
[6]  {Survived=Yes}                    => {Age=Adult}    0.2971377 0.9198312  0.9677574 654
[7]  {Class=Crew}                      => {Sex=Male}     0.3916402 0.9740113  1.2384742 862
[8]  {Class=Crew}                      => {Age=Adult}    0.4020900 1.0000000  1.0521033 885
[9]  {Survived=No}                     => {Sex=Male}     0.6197183 0.9154362  1.1639949 1364
[10] {Survived=No}                     => {Age=Adult}    0.6533394 0.9651007  1.0153856 1438
[11] {Sex=Male}                        => {Age=Adult}    0.7573830 0.9630272  1.0132040 1667
[12] {Sex=Female,Survived=Yes}         => {Age=Adult}    0.1435711 0.9186047  0.9664669 316
[13] {Class=3rd,Sex=Male}              => {Survived=No}  0.1917310 0.8274510  1.2222950 422
[14] {Class=3rd,Survived=No}           => {Age=Adult}    0.2162653 0.9015152  0.9484870 476
[15] {Class=3rd,Sex=Male}              => {Age=Adult}    0.2099046 0.9058824  0.9530818 462
[16] {Sex=Male,Survived=Yes}           => {Age=Adult}    0.1535666 0.9209809  0.9689670 338
[17] {Class=Crew,Survived=No}          => {Sex=Male}     0.3044071 0.9955423  1.2658514 670
[18] {Class=Crew,Survived=No}          => {Age=Adult}    0.3057701 1.0000000  1.0521033 673
[19] {Class=Crew,Sex=Male}             => {Age=Adult}    0.3916402 1.0000000  1.0521033 862
[20] {Class=Crew,Age=Adult}            => {Sex=Male}     0.3916402 0.9740113  1.2384742 862
[21] {Sex=Male,Survived=No}            => {Age=Adult}    0.6038164 0.9743402  1.0251065 1329
[22] {Age=Adult,Survived=No}           => {Sex=Male}     0.6038164 0.9242003  1.1751385 1329
[23] {Class=3rd,Sex=Male,Survived=No}  => {Age=Adult}    0.1758292 0.9170616  0.9648435 387
[24] {Class=3rd,Age=Adult,Survived=No} => {Sex=Male}     0.1758292 0.8130252  1.0337773 387
[25] {Class=3rd,Sex=Male,Age=Adult}    => {Survived=No}  0.1758292 0.8376623  1.2373791 387
[26] {Class=Crew,Sex=Male,Survived=No} => {Age=Adult}    0.3044071 1.0000000  1.0521033 670
[27] {Class=Crew,Age=Adult,Survived=No} => {Sex=Male}    0.3044071 0.9955423  1.2658514 670
```

위 연관규칙을 파일에 다음과 같이 엑셀파일에 저장할 수 있다.

```
write.csv(as(T_rules, "data.frame"), "d:/RPy/Titanic_rules.csv")
```

	A	B	C	D	E	F
1		rules	support	confidenc	lift	count
2	1	{} => {Age=Adult}	0.950477	0.950477	1	2092
3	2	{Class=2nd} => {Age=	0.118582	0.915789	0.963505	261
4	3	{Class=1st} => {Age=/	0.144934	0.981538	1.03268	319
5	4	{Sex=Female} => {Age	0.193094	0.904255	0.95137	425
6	5	{Class=3rd} => {Age=.	0.284871	0.888102	0.934375	627
7	6	{Survived=Yes} => {Ag	0.297138	0.919831	0.967757	654
8	7	{Class=Crew} => {Sex=	0.39164	0.974011	1.238474	862
9	8	{Class=Crew} => {Age	0.40209	1	1.052103	885
10	9	{Survived=No} => {Se)	0.619718	0.915436	1.163995	1364
11	10	{Survived=No} => {Ag	0.653339	0.965101	1.015386	1438
12	11	{Sex=Male} => {Age=.	0.757383	0.963027	1.013204	1667
13	12	{Sex=Female,Survived=	0.143571	0.918605	0.966467	316
14	13	{Class=3rd,Sex=Male}	0.191731	0.827451	1.222295	422
15	14	{Class=3rd,Survived=N	0.216265	0.901515	0.948487	476
16	15	{Class=3rd,Sex=Male}	0.209905	0.905882	0.953082	462
17	16	{Sex=Male,Survived=Y	0.153567	0.920981	0.968967	338
18	17	{Class=Crew,Survived=	0.304407	0.995542	1.265851	670
19	18	{Class=Crew,Survived=	0.30577	1	1.052103	673
20	19	{Class=Crew,Sex=Male	0.39164	1	1.052103	862
21	20	{Class=Crew,Age=Adu	0.39164	0.974011	1.238474	862
22	21	{Sex=Male,Survived=N	0.603816	0.97434	1.025106	1329
23	22	{Age=Adult,Survived=I	0.603816	0.9242	1.175139	1329
24	23	{Class=3rd,Sex=Male,S	0.175829	0.917062	0.964844	387
25	24	{Class=3rd,Age=Adult,	0.175829	0.813025	1.033777	387
26	25	{Class=3rd,Sex=Male,A	0.175829	0.837662	1.237379	387
27	26	{Class=Crew,Sex=Male	0.304407	1	1.052103	670
28	27	{Class=Crew,Age=Adu	0.304407	0.995542	1.265851	670

다음은 전체 27개 중에서 lift(향상도) 기준으로 상위 6개 규칙을 보여준다.

```
> inspect(sort(T_rules, by="lift") [1:6])
    lhs                                rhs             support   confidence lift     count
[1] {Class=Crew,Survived=No}           => {Sex=Male}     0.3044071 0.9955423  1.265851 670
[2] {Class=Crew,Age=Adult,Survived=No} => {Sex=Male}     0.3044071 0.9955423  1.265851 670
[3] {Class=Crew}                       => {Sex=Male}     0.3916402 0.9740113  1.238474 862
[4] {Class=Crew,Age=Adult}             => {Sex=Male}     0.3916402 0.9740113  1.238474 862
[5] {Class=3rd,Sex=Male,Age=Adult}     => {Survived=No}  0.1758292 0.8376623  1.237379 387
[6] {Class=3rd,Sex=Male}               => {Survived=No}  0.1917310 0.8274510  1.222295 422
```

위 규칙에 따르면, lift 관점에서 남자 선원의 사망 가능성은 3등실 남자 승객보다 더 높다고 하겠다.

다음은 27개 규칙에 대해 산포도를 그려 보았다.

```
install.packages("arulesViz")
library(arulesViz)
plot(T_rules)
```

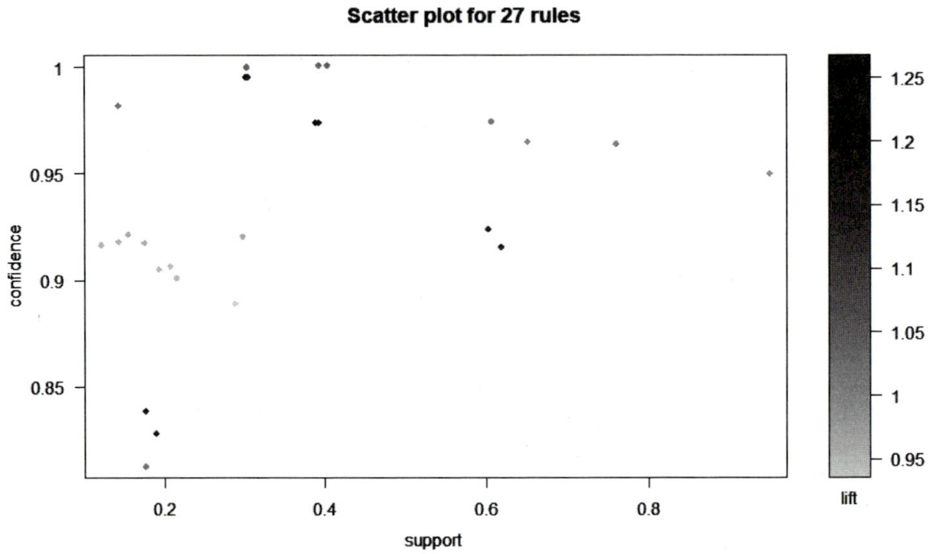

lift 기준으로 보아 1보다 더 큰 규칙이 절대적으로 많은 것으로 보아 승선한 사람들의 많은 희생을 상상할 수 있다.

그리고 사망과 함께 suport(지지도) >= 0.6 또는 lift >= 1.2인 경우에는 2개의 규칙이 발견된다. 두 규칙은 사실 동일한 내용이다.

```
> rules_sub1 <- subset(T_rules, subset = rhs %pin% "Survived=No" & (support>= 0.6
| lift>= 1.2))
> inspect(rules_sub1)
    lhs                              rhs             support   confidence lift     count
[1] {Class=3rd,Sex=Male}          => {Survived=No} 0.1917310 0.8274510  1.222295 422
[2] {Class=3rd,Sex=Male,Age=Adult} => {Survived=No} 0.1758292 0.8376623  1.237379 387
```

다음에서는 모수를 조정하여 규칙을 새로이 만들었다.

```
> T_rules1 <- apriori(Titanic_tr, parameter = list(supp = 0.5, conf = 0.9))
Apriori

Parameter specification:
  confidence minval  smax arem  aval originalSupport maxtime support minlen
  maxlen target  ext
      0.9     0.1     1  none FALSE           TRUE       5     0.5      1
     10    rules FALSE

Algorithmic control:
   filter   tree   heap  memopt   load   sort  verbose
    0.1     TRUE   TRUE  FALSE   TRUE     2     TRUE

Absolute minimum support count: 1100

set item appearances ...[0 item(s)] done [0.00s].
set transactions ...[10 item(s), 2201 transaction(s)] done [0.00s].
sorting and recoding items ... [3 item(s)] done [0.00s].
creating transaction tree ... done [0.00s].
checking subsets of size 1 2 3 done [0.00s].
writing ... [6 rule(s)] done [0.00s].
creating S4 object ... done [0.00s].
> inspect(T_rules1)
    lhs                          rhs            support   confidence lift     count
[1] {}                        => {Age=Adult}   0.9504771 0.9504771  1.000000 2092
[2] {Survived=No}             => {Sex=Male}    0.6197183 0.9154362  1.163995 1364
[3] {Survived=No}             => {Age=Adult}   0.6533394 0.9651007  1.015386 1438
[4] {Sex=Male}                => {Age=Adult}   0.7573830 0.9630272  1.013204 1667
[5] {Sex=Male,Survived=No}    => {Age=Adult}   0.6038164 0.9743402  1.025106 1329
[6] {Age=Adult,Survived=No}   => {Sex=Male}    0.6038164 0.9242003  1.175139 1329
```

끝으로, 모수를 조정하고 rhs 결과 변수인 Survived의 값(Yes, No)의 관점에서 9개의 규칙을 결정하고 그림표에 나타내었다.

```
> T_rules2 <- apriori(Titanic_tr, parameter = list(supp = 0.01, conf = 0.8,
minlen=2), appearance=list(rhs=c("Survived=No", "Survived=Yes"), default="lhs"),
control=list(verbose=F))
> inspect(T_rules2)
    lhs                                   rhs             support    confidence lift     count
[1] {Class=2nd,Age=Child}              => {Survived=Yes} 0.01090413 1.0000000  3.095640 24
[2] {Class=2nd,Sex=Female}             => {Survived=Yes} 0.04225352 0.8773585  2.715986 93
[3] {Class=2nd,Sex=Male}               => {Survived=No}  0.06996820 0.8603352  1.270871 154
[4] {Class=1st,Sex=Female}             => {Survived=Yes} 0.06406179 0.9724138  3.010243 141
[5] {Class=3rd,Sex=Male}               => {Survived=No}  0.19173103 0.8274510  1.222295 422
[6] {Class=2nd,Sex=Female,Age=Adult}   => {Survived=Yes} 0.03634711 0.8602151  2.662916 80
[7] {Class=2nd,Sex=Male,Age=Adult}     => {Survived=No}  0.06996820 0.9166667  1.354083 154
[8] {Class=1st,Sex=Female,Age=Adult}   => {Survived=Yes} 0.06360745 0.9722222  3.009650 140
[9] {Class=3rd,Sex=Male,Age=Adult}     => {Survived=No}  0.17582917 0.8376623  1.237379 387
```

```
> plot(T_rules2, method = "grouped")                          # [콘솔 창]으로 가기
> plot(T_rules2, method = "paracoord")                        # [콘솔 창]으로 가기
```

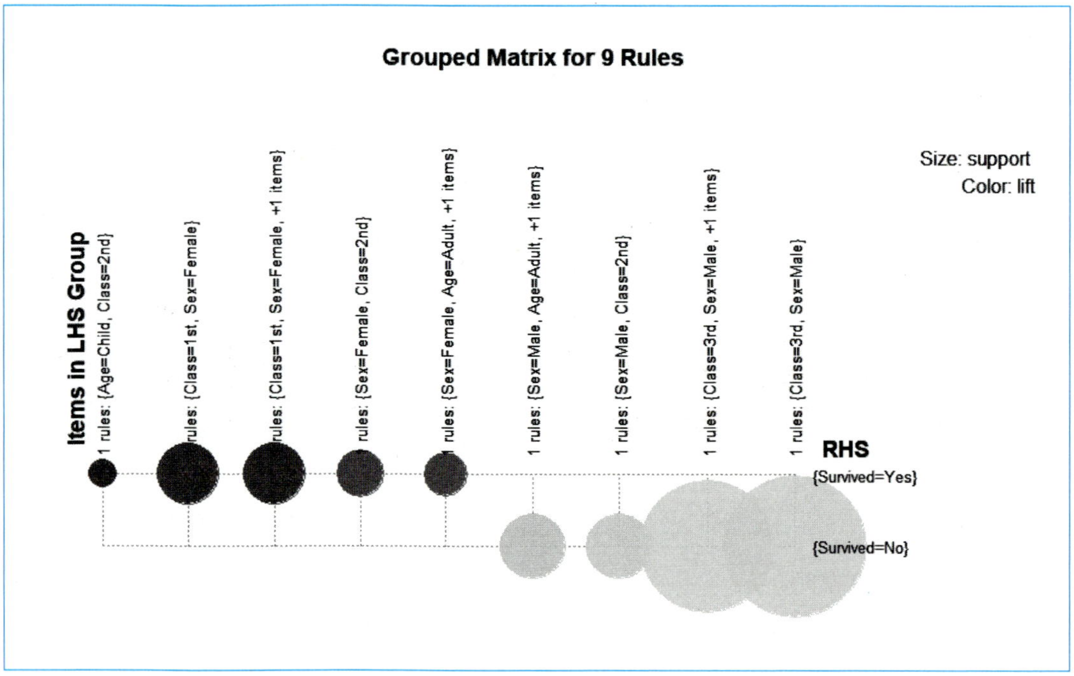

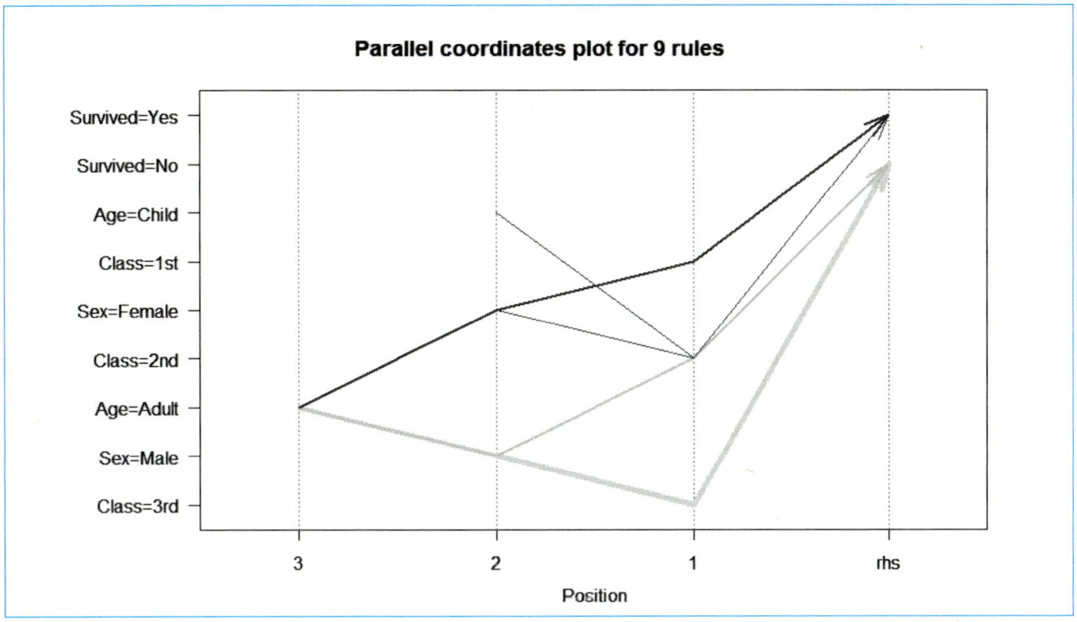

이 그림표에서 보면 생사의 갈림길에서 어린이, 성인 여자, 1등실 고객 등이 구명(救命)의 은총을 더 받은 것으로 보인다.

```
plot (T_rules2, method = "graph", control = list(type = "items"))
```

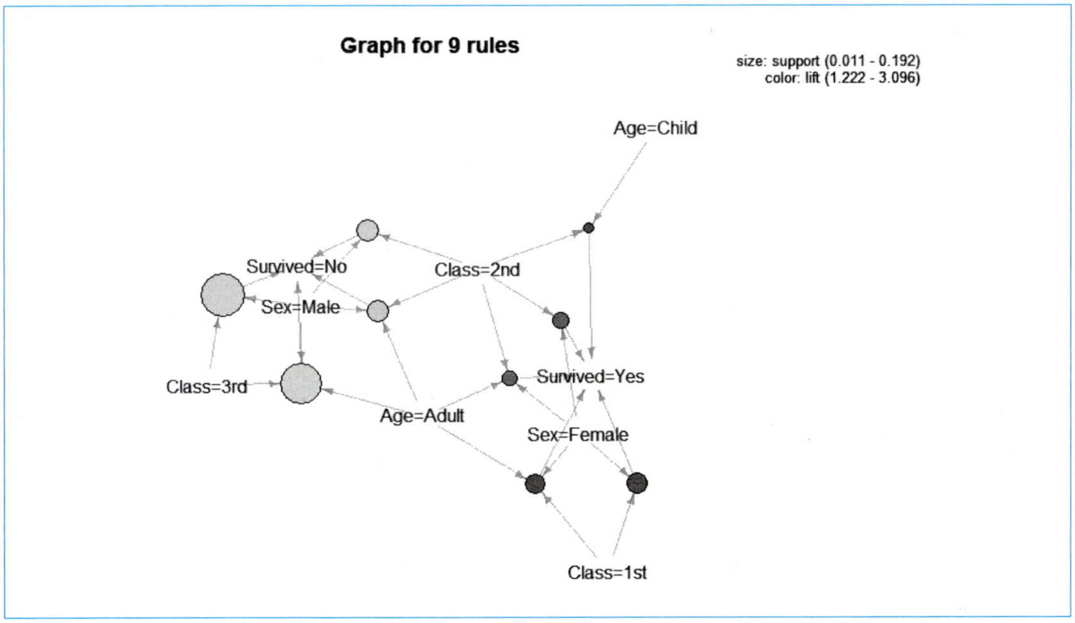

```
plot (T_rules2, method = "graph", control = list (type = "itemsets"))
```

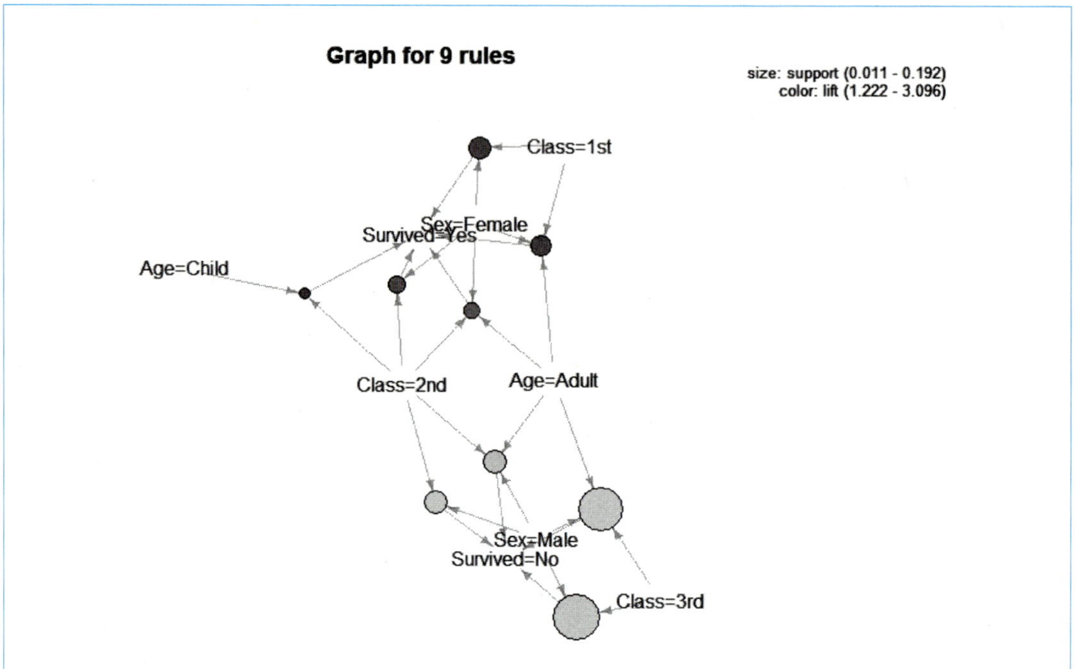

생존자(Survived=Yes)와 사망자(Survived=No) 기준으로 각각의 연관규칙들이 연결되어 있다.

연습문제: Epub 자료

다음은 Vienna University of Economics and Business Administration에서의 2003~2008년까지 기간 동안 전자책 다운로드 자료이다. 다양한 수준의 지지도, 신뢰도, 향상도를 적용하여 연관규칙을 조사해 보자.

```
> library(arules)
> help(Epub)
> data(Epub)
> str(Epub)
Formal class 'transactions' [package "arules"] with 3 slots
  ..@ data           :Formal class 'ngCMatrix' [package "Matrix"] with 5 slots
  .. .. ..@ i        : int [1:25893] 7 199 31 0 64 935 422 0 194 0 ...
  .. .. ..@ p        : int [1:15730] 0 1 2 3 6 7 8 9 11 12 ...
  .. .. ..@ Dim      : int [1:2] 936 15729
  .. .. ..@ Dimnames :List of 2
  .. .. .. ..$       : NULL
  .. .. .. ..$       : NULL
  .. .. ..@ factors  : list()
  ..@ itemInfo       :'data.frame': 936 obs. of 1 variable:
  .. ..$ labels      : chr [1:936] "doc_11d" "doc_13d" "doc_14c" "doc_14e" ...
  ..@ itemsetInfo    : 'data.frame': 15729 obs. of 2 variables:
  .. ..$ transactionID : chr [1:15729] "session_4795" "session_4797" "session_479a"
"session_47b7" ...
  .. ..$ TimeStamp   : POSIXct[1:15729], format: "2003-01-02 10:59:00" "2003-01-
02 21:46:01" "2003-01-03 00:50:38" "2003-01-03 08:55:50" ...
> summary(Epub)                                                    # 결과 생략
```

출처: https://rfriend.tistory.com/193?category=706118 [R, Python 분석과 프로그래밍의 친구 (by R Friend)]
출처: http://epub.wu-wien.ac.at Michael Hahsler 제공

Python 세계

PART 4 파이썬에 들어가기

Py

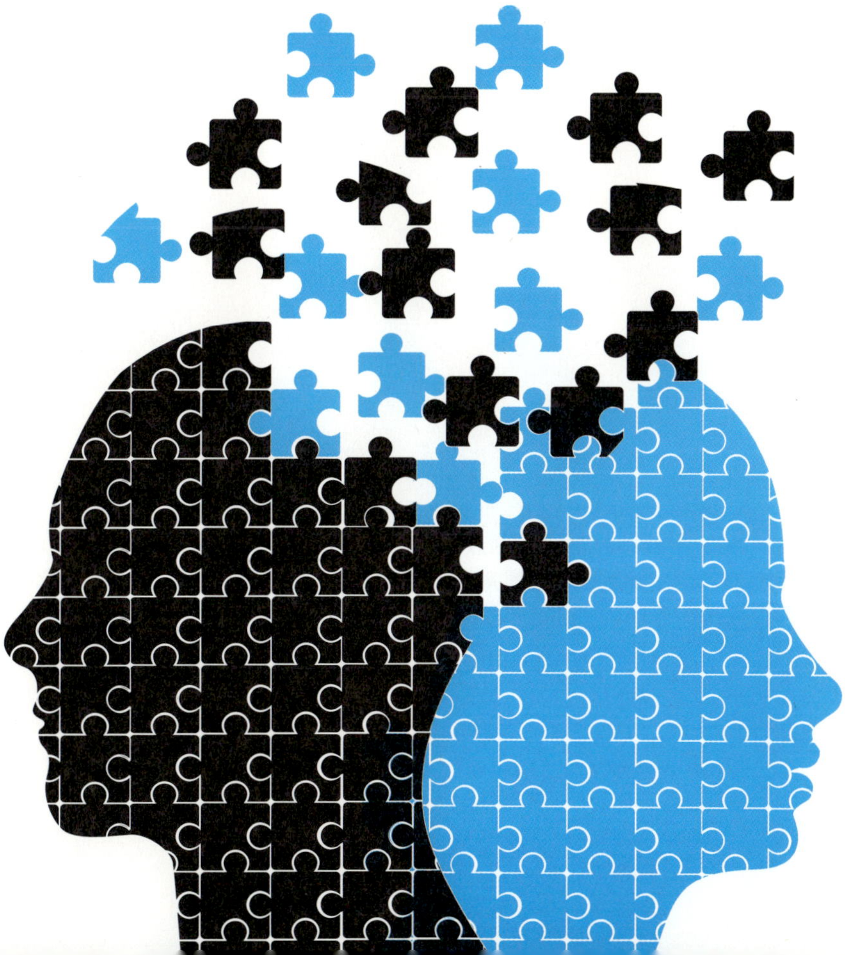

CHAPTER 17
파이썬 준비하기

제1절 파이썬이란

파이썬(Python)[1]은 R과 함께 데이터 과학에서 표준 프로그래밍 언어가 되고 있다. 파이썬은 데이터 수집, 시각화, 통계 분석, 자연어 처리, 이미지 처리 등에 필요한 라이브러리를 다양하게 가지고 있다. 이 언어는 R 같은 특정분야를 위해 스크립트도 가능하다. 또한 범용 프로그래밍 언어로서 그래픽 사용자 인터페이스(GUI)나 웹 서비스도 만들 수 있으며 기존 시스템과 통합이 가능하다.

여기서 소개하는 파이썬은 객체지향 언어로서 비교적 간단하고 강력한 실행력을 가지고 있다. 문법적으로 이해하기 쉽고, 인터프리팅 환경에서 다양한 분야의 문제를 해결해 준다. 파이썬은 창시자 귀도 반 로썸(Guido van Rossum)에 의해 BBC에서 방영되던 "Monty Python's Flying Circus"라는 TV 프로그램 이름에서 나왔다고 한다.

1 한국어 공식 표기는 "파이썬"으로 하고 있다.

파이썬의 특성은 R과 유사하며 다음과 같다. 첫째, 파이썬은 쉬운 문법, 간결한 실행, 높은 가독성, 개발 생산성 극대화 등의 특성을 지닌 고급수준의 언어 있다. 메모리 관리나 저급 수준의 세부 사항을 신경쓰지 않고 사용할 수 있다. 확장 가능한 라이브러리를 가지고 있어 방대한 표준 라이브러리를 이용할 수 있다. 이 언어는 현재 선호도가 가장 높은 프로그래밍 언어 중의 하나이다. 둘째, 파이썬은 자유, 오픈 소스 소프트웨어이다. 소스 코드가 공개되어 있어 언제든지 접근이 가능하고 필요한 부분을 수정할 수 있고, 새로운 것을 만들 때에 이 프로그램의 일부를 사용해도 된다. 모든 파이썬 프로그램은 어떤 수정 없이 여러 플랫폼에서 사용이 가능하다. 윈도우에서 코딩한 프로그램을 리눅스나 맥에서도 사용이 가능하다.

제2절 파이썬 설치하기

파이썬 설치는 어렵지 않다. 다음 순서대로 진행하다 보면 끝이 온다.

[1단계] 인터넷 익스플로러나 크롬에서 https://www.python.org을 입력한다.[2]

다음 화면에서 표시한 [Download]를 선택한다.

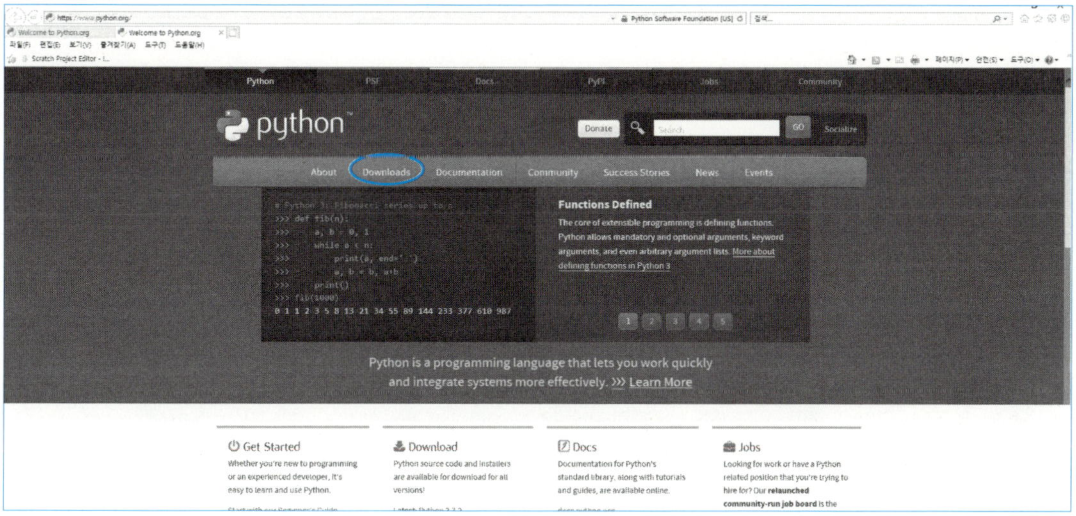

---

2 2020년 현재 3.8.2 버전이 나와 있으며 다운받는 방식은 동일하다.

아래에서 내 PC가 32비트인 경우 [Download Python 3.7.2]를 클릭하면 된다. 그러나 64비트에서는 표시한 [Looking for Python with a different OS?]"를 선택한다.[3]

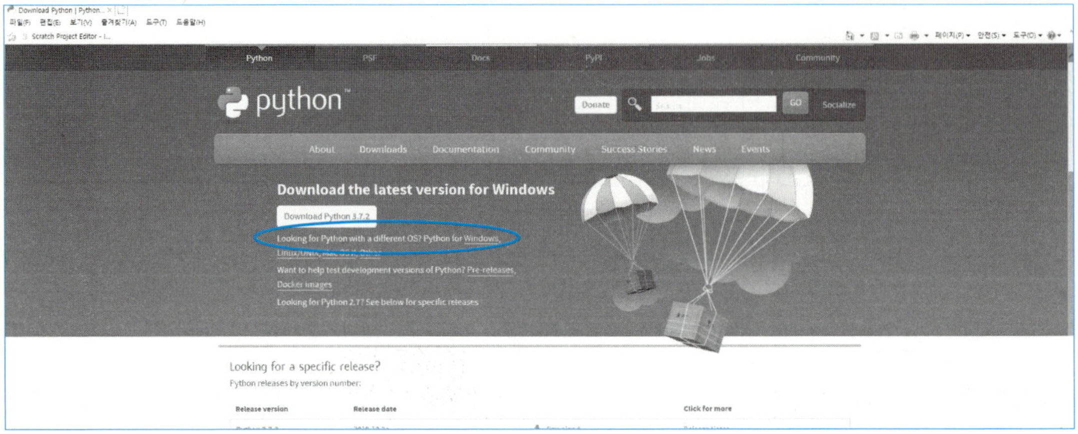

[2단계] 화면에서 [Windows x86-64 executable installer]를 선택하면, 실행/저장 여부를 묻는 창이 올라온다. 여기서 [실행]을 선택한다.

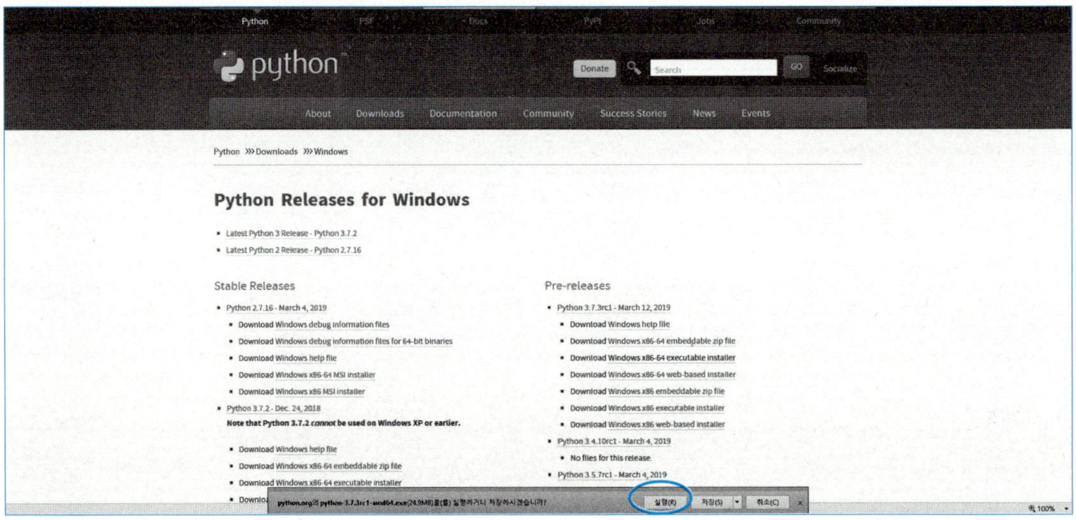

3 내 컴퓨터 사양은 [화면 좌하단 시작단추(마우스 우클릭)] → [시스템(Y)] → [디바이스 사양과 Windows 사양]에서 알아볼 수 있다.

[3단계] 설치를 위해 다음을 계속한다.

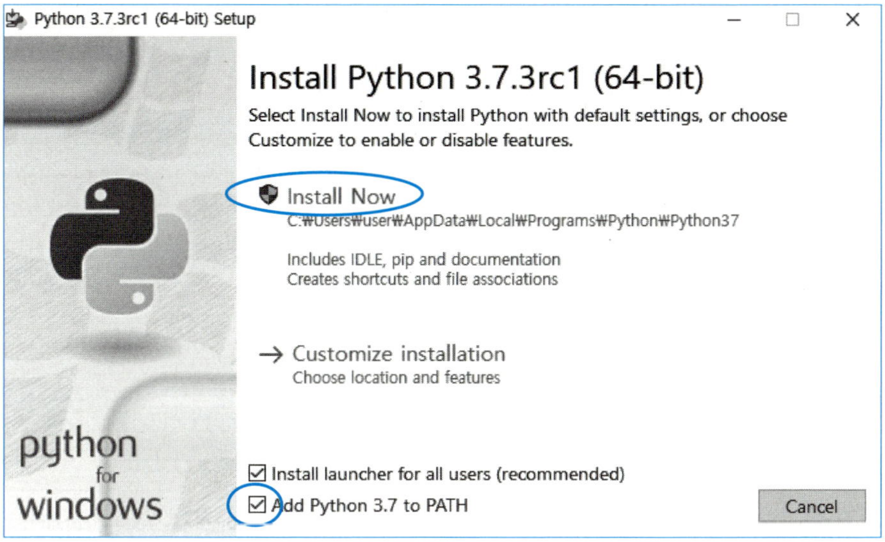

파이썬을 모든 경로에서 실행하기 위해 PATH에 파이썬 파일을 추가한다.

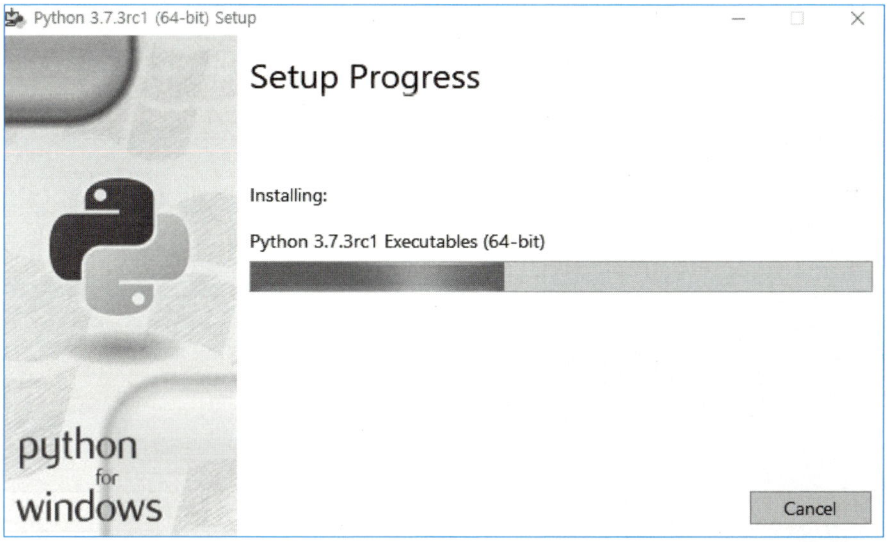

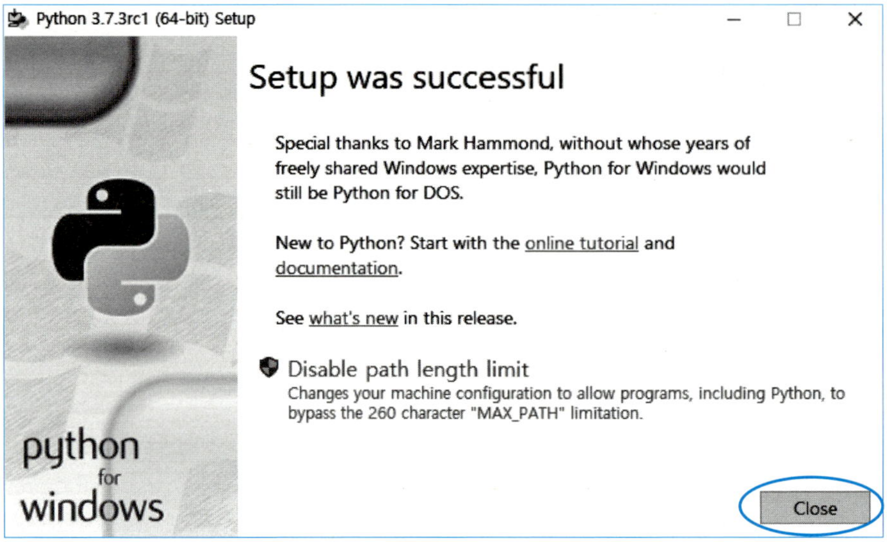

파이썬이 제대로 설치되어 있는가를 확인하려면 python.exe 실행파일을 찾아본다. 이를 위해 다음을 진행한다.

[1단계] 화면 좌하단의 [시작단추]에서 마우스 우클릭하고 [실행(R)]을 선택한다.

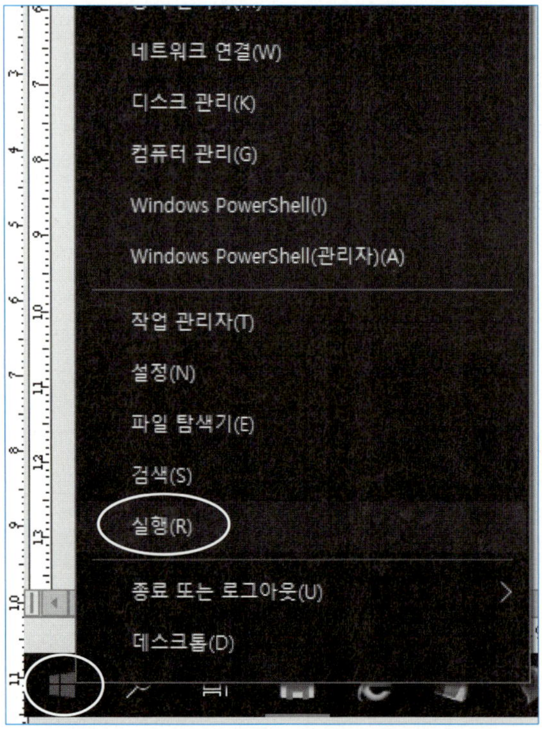

[2단계] 다음 창에서 확인을 누른다.

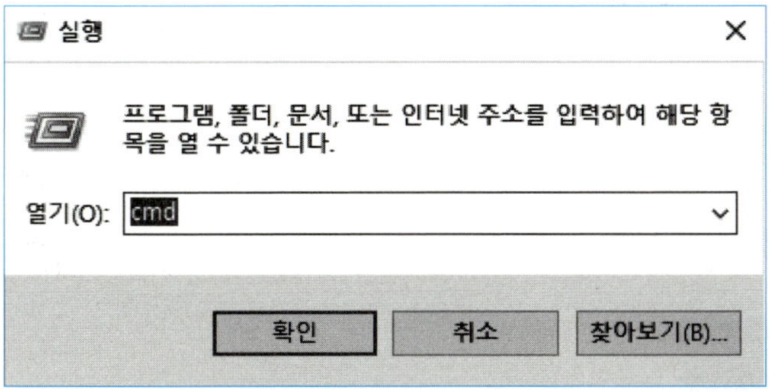

[3단계] 다음 [커맨드] 화면에서 python를 입력하면 부호 **>>>** [명령 프롬프트]가 나온다. 여기서 3+4를 입력하고 실행한 결과 7을 얻었다. 성공이다.

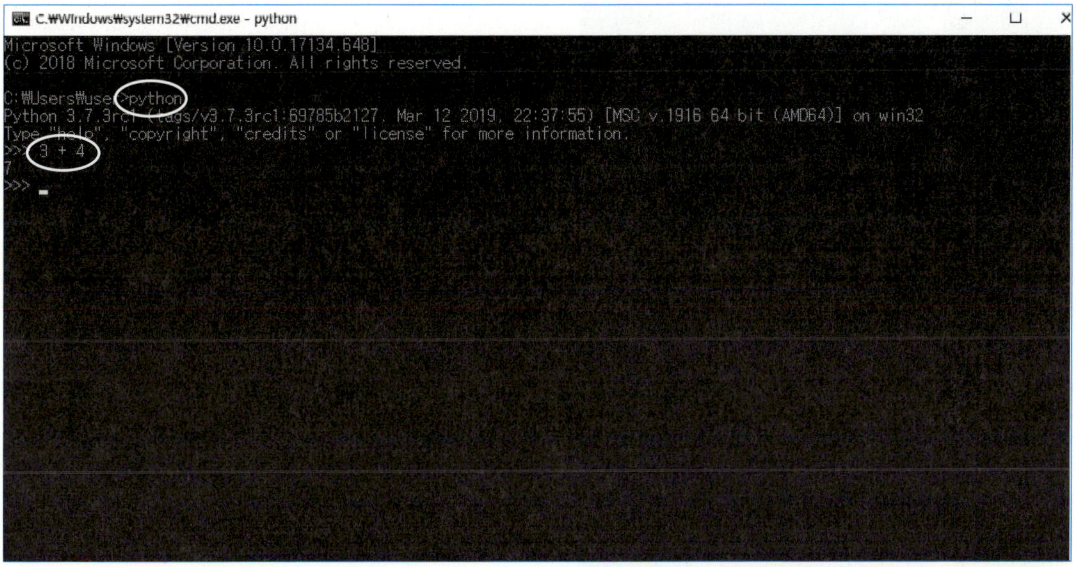

제3절 쉘 방식으로 자료 입력과 저장하기

파이썬에서 자료를 입력하는 방식은 여러 가지이다. 여기서는 먼저 쉘(shell) 방식에 의한 자료 입력과 저장에 대해 알아 보자. 아래 초기화면의 윈도우 메뉴에서

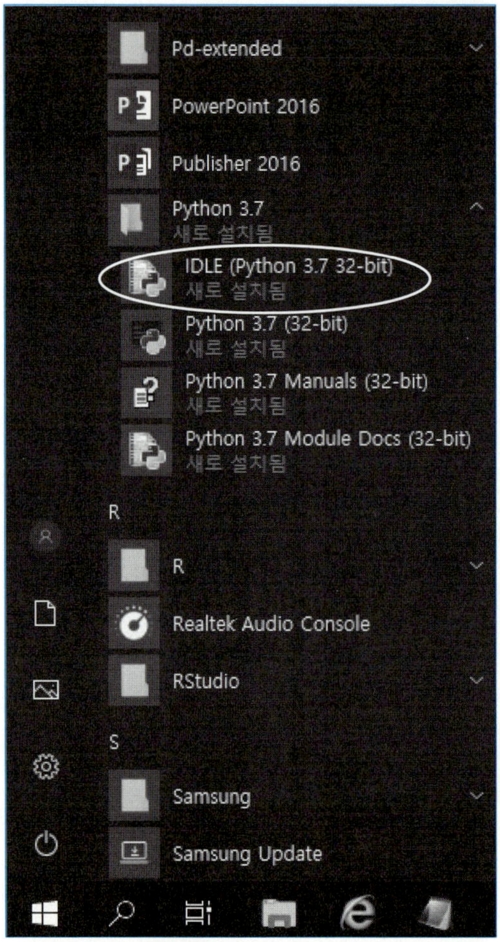

IDLE 아이콘 을 마우스로 잡아 화면으로 끌어 낸 후, 이것을 클릭하면 다음과 같은 쉘(shell) 초기 화면이 생성된다. 파이썬에는 IDLE(Integrated Development Environment: 통합개발환경) 도구가 내장되어 있어 코딩 작업을 쉽게 할 수 있다. 여기서 IDLE(아이들)은 기본 소스코드 작성 도구로 이용된다.

프롬프트(>>>)에서 print('안녕하세요')를 입력하고 [엔터]하였다. 그러자 곧바로 그 다음 줄에 동일한 내용이 출력되었다. 그리고 3 + 4를 입력하고 [엔터]하였다. 그 다음 줄에 7이 나와 있다. 이 대화형 방식은 쉘 방식이라고 하며, 한 줄씩만 입력하게 되어 불편하다. 여러 줄을 입력하는 코딩 방식은 다음 장에서 설명한다.

```
Python 3.7.2 Shell
File  Edit  Shell  Debug  Options  Window  Help
Python 3.7.2 (tags/v3.7.2:9a3ffc0492, Dec 23 2018, 22:20:52) [MSC v.1916 32 bit (Intel)] on win32
Type "help", "copyright", "credits" or "license()" for more information.
>>> print('안녕하세요')
안녕하세요
>>> 3 + 4
7
>>>
```

이 파일을 저장해 보자. 메뉴에서 [File] → [Save]하고 저장 창이 나오면 아래 [Python 3.7] 저장소에 prac.py로 저장한다. 확장자는 ".py"이다.[4] 그리고 이 파일을 종료하려면 [File] → [Exit]하면 된다. 그러면 IDLE도 종료된다.

```
Python 3.7.3rc1 Shell - C:/Users/user/AppData/Local/Programs/Python/Python37/prac.py (3.7.3rc1)
File  Edit  Shell  Debug  Options  Window  Help
Python 3.7.3rc1 (tags/v3.7.3rc1:69785b2127, Mar 12 2019, 22:37:55) [MSC v.1916 64 bit (AMD64)] on win32
Type "help", "copyright", "credits" or "license()" for more information.
>>> print('안녕하세요')
안녕하세요
>>> 3+4
7
>>>
```

그런데 이 파일을 다시 불러오려면 초기화면 [시작단추] → [Python 3.7] → [IDLE (Python 3.7 64-bit)]로 가면 된다.

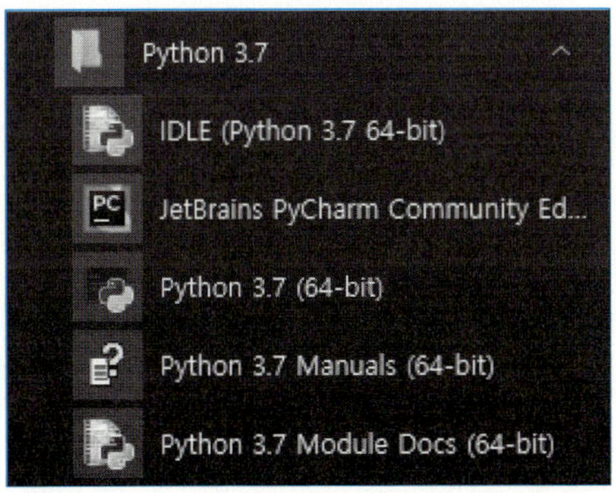

4 또는 [Save as...] 하면 원하는 곳에 PyCharm(PC: 또 다른 통합개발 환경)으로 저장할 수 있다.

CHAPTER 18

자료 유형과 자료 구조

제1절 자료 유형

자료 유형은 크게 숫자형, 문자형, 논리형 등으로 나눈다. 숫자형은 다시 정수(整數; integer)와 실수(實數; real number)로 나눈다.[1] 다음 [쉘 화면]에서 보는 바와 같이, 파이썬에서는 정수형을 int(integer), 실수형을 float, 문자형을 str(string), 논리형을 bool(boolean)이라고 표현한다. 네 유형을 차례로 설명해 보자.

1. 숫자형 자료

초기 [쉘 화면]에서 [File] → [New File] 하면 아래 IDLE의 소스 편집기인 [편집 화면]이 나온다. 숫자형 자료를 입력, 실행, 저장해 보자.

---

1 정수는 소수점이 없는 자연수이며, 실수는 소수점이 있는 자연수와 무리수를 포함한다.

[1단계] 입력 후 실행을 위해 메뉴 바의 [Run] → [Run Module] 또는 [F5] 단추를 누른다.

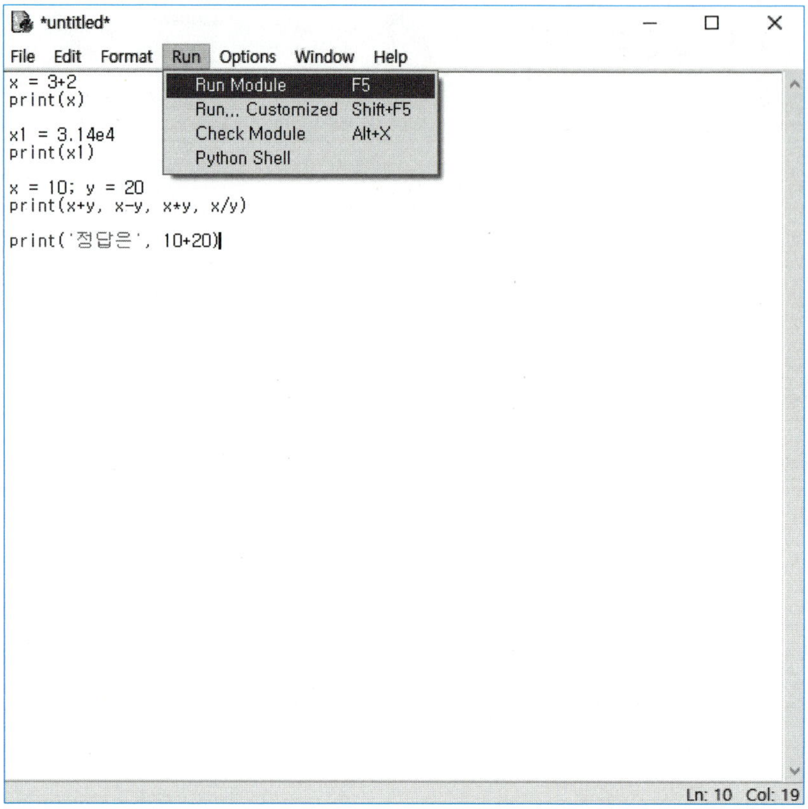

[2단계] 아래 [저장 창]이 뜨고 [확인] 단추를 누른다.

[3단계] 다음 디렉토리에 파일이 저장된다.

C:\Users\user\AppData\Local\Programs\Python\Python37

다른 디렉토리에 저장하고 싶으면 [File] → [Save As]로 하면 된다.

[4단계] 다음은 실행 결과를 보여주는 [쉘 화면]이다. 연산 결과로서 print() 함수의 결과를 보여준다.

```
Python 3.7.6 Shell
File  Edit  Shell  Debug  Options  Window  Help
Python 3.7.6 (tags/v3.7.6:43364a7ae0, Dec 19 2019, 00:42:30) [MSC v.1916 64 bit
(AMD64)] on win32
Type "help", "copyright", "credits" or "license()" for more information.
>>>
===== RESTART: C:/Users/user/AppData/Local/Programs/Python/Python37/p316.py ====
5
31400.0
30 -10 200 0.5
정답은 30
>>> 
```

위에서 일반 연산 부호는 동일하고, **는 제곱, //는 나누기의 몫, %는 나누기의 나머지를 나타낸다. 예를 들어, 22//5=4, 22%5=2[2] 이다. 이것의 용도는 나중에 다시 설명한다.

2. 문자형 자료

앞에서 본 바와 같이 파이썬에서는 문자열(문자의 모음)을 나타낼 때 곧은 큰따옴표(" ") 또는 곧은 작은따옴표(' ')를 사용한다. 이것은 R에서도 마찬가지다. 위에서 '정답은'하고 말한다. 문자열은 '길동이', '123', '봄 여름 가을 겨울' 등과 같이 곧은 작은따옴표(' ')나 곧은 큰따옴표(" ")로 감싼 문자의 집합이다. 본서에서는 주로 작은따옴표를 사용한다.

설명을 위해 [쉘 화면]에서 직접 입력하고 실행한다.

```
>>> x = '길동이\n길순이'                    # "\n"은 한 줄 띄우기(개행: 改行)
>>> x
'길동이\n길순이'
>>> print(x)
길동이
길순이
>>> type(x)                                  # str: string
<class 'str'>
```

(주) 한글(hwp)의 굽은 따옴표(' ' 또는 " ")는 실행되지 않는다.

---

2 R에서는 각각 /, %%이다.

숫자를 문자로 바꾸려면 str() 함수를 이용한다(string).

```
>>> x = 12
>>> str(12)
'12'
>>> print(str(x))
12
>>> print(str(x) + '34')
1234
>>> x = '"12"'
>>> print(x)
"12"
>>> print("'12'")
'12'
```

문자열 접근은 리스트 접근과 동일하다. 리스트는 대괄호 [ ]로 묶지만, 문자열은 따옴표로 묶어 출력한다.

```
>>> st = '친구를 칭찬할 때는 널리 알게 하라.'
>>> st
'친구를 칭찬할 때는 널리 알게 하라.'
>>> print(st)
친구를 칭찬할 때는 널리 알게 하라.
>>> print(st[2])                                          # 다음 제3절 리스트 참조
를
>>> print(st[1:3])
구를
>>> print(st[:5])
친구를 칭
>>> x = len(st)                                           # 문자열의 길이(부호, 빈칸 포함)
>>> print(x)
20
```

(주) 친구를 칭찬할 때는 널리 알게 하라. 그러나 책망할 때에는 남이 모르게 하라(독일 속담).

```
>>> st1 = '친구를 칭찬할 때는 널리 알게 하라.' + '없는 곳에서 친구를 험담하지 말라.'  # 문장을 +로 연결
>>> print(st1)
친구를 칭찬할 때는 널리 알게 하라. 없는 곳에서 친구를 험담하지 말라.
>>> st2 = '친구'* 3                                                          # 부호(*)로 반복
>>> print(st2)
친구친구친구
```

3. 논리형 자료

논리형은 진실(true)과 거짓(false)을 알려주는 자료이다. 다음과 같이 표현된다.

```
>>> x = True                                                                # [Enter]
>>> type(x)                                                                 # [Enter]
<class 'bool'>
>>> x = 3
>>> y = 5
>>> x<y
True
>>> x>y
False
```

(주) bool은 Boolean data(논리형 자료)를 뜻한다.

4. 자료 유형의 변환

```
>>> int(123.9)                                                              # 실수 → 정수
123
>>> float(123)                                                              # 정수 → 실수
123.0
>>> str(123)                                                                # 숫자 → 문자열
'123'
>>> int('123')                                                              # 문자열 → 정수
123
```

제2절 연산자

연산자는 숫자나 문자를 계산해 주는 역할을 한다. 이 연산자의 종류에는 산술 연산자, 비교 연산자, 논리 연산자 등 세 가지가 있다.

1. 산술 연산자

산술 연산자의 경우, +(더하기), −(빼기), *(곱하기), /(나누기), //(나누기의 몫), %(나누기의 나머지), **(제곱하기), ==(등호), =(대입하기) 등이 있다. 파이썬에서 등호는 일반 수학에서 쓰는 것과 다르게 부호 (==)를 사용한다. 이 부호들은 //와 %를 제외하고 R과 동일하다.

그리고 x=13은 수학적 등호가 아니라 x 변수에 13을 대입 또는 할당한다는 뜻이다. R에서 부호(**<-** 또는 **=**)와 동일하다.

연산자	파이썬 예시(초기값 x=13)	연산 결과
+=	x += 5 print(x)	x + 5 = 18
-=	x -= 5	x − 5 = 8
*=	x *= 5	x * 5 = 65
/=	x /= 5	x = 2.6
//=	x //= 5	x = 2 (몫)
%=	x %= 5	x = 3 (나머지)
**=	x **= 2	x ** 2 = 169

산술 연산자의 연산 순서는 일반적으로 괄호가 먼저이며, 곱하기(나누기), 더하기(빼기) 순서로 진행한다.

연습문제

길동이의 국어(80점), 영어(60점), 수학(75점)의 총점과 평균을 구해 보자.

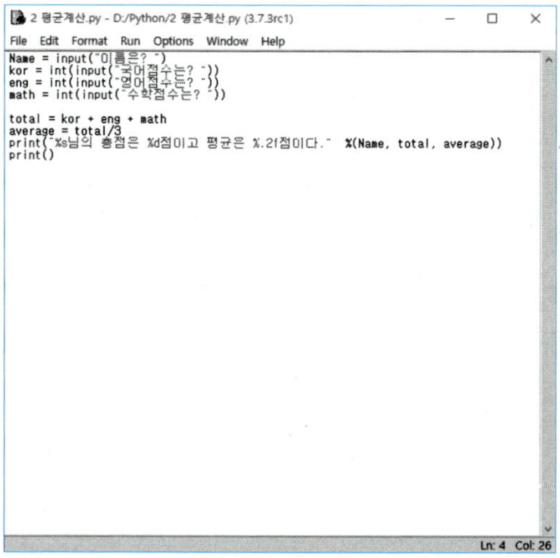

⇒

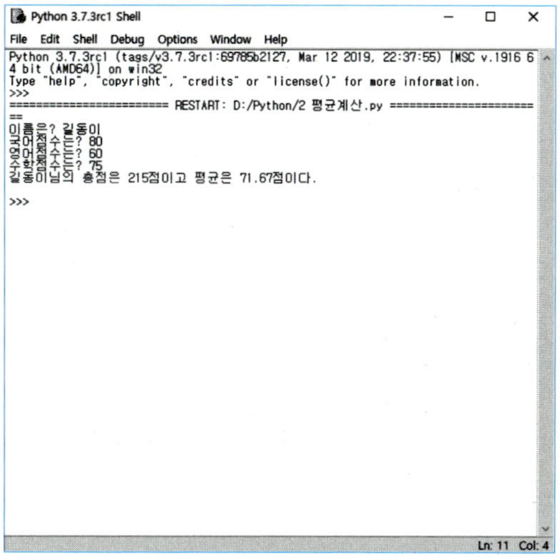

(주) .2f는 소수점 셋째자리에서 반올림하여 둘째자리까지 구한다.

2. 비교 연산자

이 연산자는 두 수의 크고 작음 또는 동일함을 비교하는 것으로서 결과는 진실(True)과 거짓(False)으로 나타낸다.

연산자	설명	비고
>	크다	< 작다
>=	크거나 같다	<= 작거나 같다
==	값이 같다	!= 같지 않다

주의

부호 (==)와 (=)은 다르다. 전자는 수학의 등호, 후자는 어떤 값을 할당한다는 뜻이다.

다음을 실행해 보자.

```
x, y = 10, 20
print(x>y, x<y, x>=y, x<=y, x==y, x!=y)
```

```
쉘 출력 결과

False True False True False True
```

3. 논리 연산자

조건이 여러 개인 비교 연산자를 사용하는 경우 and, or, not 등 3개의 논리 연산자를 사용한다.

논리 연산자	설명	비고
[A] and [B]	조건식 [A]와 [B] 모두 진실이면 True, 그 외는 False	10<20 and 20<30 → True 10<20 and 40<30 → False
[A] or [B]	조건식 [A]와 [B] 중 하나만 진실이어도 True, 그 외는 False	10<20 or 40<30 → True
not [A]	조건식 [A]가 거짓이면 True, 진실이면 False	

논리 연산자는 숫자로 또는 비교 연산자로 표기가 가능하다.

변환	결과
int(True)	1
int(False)	0
bool(1)	True
bool(0)	False

제3절 리스트 구조

1. 1차원 리스트 개념과 구조

기본적으로 리스트(list)는 자료를 1차원 벡터로 나열한 객체를 말하며, Python에서는 대괄호[ ]로 감싼다. 객체 x가 있을 때, 리스트 객체 x=[10, 20, 30, 40] 구조가 된다. 다음은 [편집기 화면]과 [쉘 화면]의 내용을 각각 보여준다. [쉘 화면]에서 자료 유형을 알아보기 위해 프롬프트 다음에 "type(x)" 엔터하니 list라고 보여준다.

Python 3.7.3rc1 Shell

File Edit Shell Debug Options Window Help

```
Python 3.7.3rc1 (tags/v3.7.3rc1:69785b2127, Mar 12 2019, 22:37:55) [MSC v.1916 6
4 bit (AMD64)] on win32
Type "help", "copyright", "credits" or "license()" for more information.
>>> x = [10, 20, 30, 40]
>>> type(x)
<class 'list'>
>>> print(x)
[10, 20, 30, 40]
>>>
```

자료가 많을 때에는 리스트에 모아서 다루면 편리하다. 리스트의 값을 알려면, 직접 또는 색인(인덱스)으로 찾는다. 파이썬의 인덱스는 R과 다르게 사용하므로 주의를 요한다. 양수 인덱스는 0부터 시작하며 마지막 위치의 번호는 n−1 이다. 따라서 리스트 x에서 인덱스 번호는 (0, 1, 2, 3)이 된다. 그리고 음수도 가능하며, 오른쪽 끝에서부터 시작하여 역순으로 (−4, −3, −2, −1)이 된다. 예, x = [10, 20, 30, 40].

리스트 x	10	20	30	40
양수 인덱스	0	1	2	3
음수 인덱스	−4	−3	−2	−1

위치 3번째 값은 다음과 같이 찾는다.

```
>>> x = [10, 20, 30, 40]
>>> x[2]; x[-2]
30
30
```

다음 예제에서 콜론(:)를 사용하여 여러 자료를 구하려면 약간의 주의가 필요하다. 다시 한번 강조하면 첫번째 위치의 인덱스는 0부터 시작하며, 마지막 위치의 번호에서는 1을 빼야 한다.

```
>>> x[0:3]                    # 리스트의 위치 1~3번째 자료 (인덱스 0, 1, 2)
[10, 20, 30]
>>> x[1:3]                    # 위치 2~3번째 자료 (인덱스 1, 2)
[20, 30]
>>> x[2:3]                    # 위치 3번째 자료 (인덱스 3-1 =2)
[30]
>>> x[0:]                     # 위치 1번째 자료 이후 모두 (인덱스 0~)
[10, 20, 30, 40]
>>> x[:3]                     # 위치 3번째 자료까지 (인덱스 0~2까지)
[10, 20, 30]
```

```
>>> x=[10, 20, 30, 40]
>>> x[3:4] = [300, 301, 302]          # 위치 4번째에 대체 삽입
>>> x
[10, 20, 30, 300, 301, 302]

>>> x=[10, 20, 30, 40]
>>> x[:3] = [300, 301, 302]           # 위치 1~3번째에 대체 삽입
>>> x
[300, 301, 302, 40]

>>> x=[10, 20, 30, 40]
>>> x[:4] = [300, 301, 302]           # 위치 1~4번째에 대체 삽입
>>> x
[300, 301, 302]
```

```
>>> x=[10, 20, 30, 40]
>>> x[4:] = [300, 301, 302]                          # 위치 5번째부터 삽입
>>> x
[10, 20, 30, 40, 300, 301, 302]

>>> x=[10, 20, 30, 40]
>>> x[3:] = [300, 301, 302]                          # 위치 4번째부터 삽입
>>> x
[10, 20, 30, 300, 301, 302]
```

리스트는 벡터로 만들 수 있으며, 또한 빈 리스트를 생성하여 원소들을 채워 넣을 수도 있다.

2. 리스트의 연산과 조작

리스트는 자체 내장 함수가 있어 편리하게 조작할 수 있다. 리스트는 다양한 함수를 이용하여 새로운 리스트를 만든다.

함수	적용	출력 결과
nx =x.copy() # 새 리스트에 복사	x=[20, 10, 30] nx = x.copy() print(nx)	[20, 10, 30]
x.sort() # 오름차순 정렬	x=[20, 10, 30] x.sort() print(x)	[10, 20, 30]
sx = sorted() # 오름차순 정렬 후 새 리스트로	x=[20, 10, 30] sx = sorted(x) print(sx)	[10, 20, 30]
sx_r = sorted(x, reverse = True) # 내림차순 정렬 후 새 리스트로	x=[20, 10, 30] sx_r = sorted(x, reverse = True) print(sx_r)	[30, 20, 10]
x.reverse() # 위치의 내림차순 정렬 (숫자 크기 기준이 아님)	x=[20, 10, 30] x.reverse() print(x)	[30, 10, 20]

함수	적용	출력 결과
x.append() # 원소를 마지막에 추가	x=[10, 20, 30] x.append(5) print(x)	[10, 20, 30, 5]
x.pop() # 해당 원소 추출하기	x=[10, 20, 30] x_p = x.pop(2) print(x_p)	30 # 3번째 위치 원소 # x = [10, 20]
x.index() # 지정된 값을 인덱스에 반환	x=[10, 20, 30] x_i = x.index(20) print(x_i)	1 # 2번째 위치 의미
x.insert() # 지정 위치에 값 삽입	x=[10, 20, 30] x.insert(3, 300) print(x)	[10, 20, 30, 300] # 4번째 위치에 300
x.remove() # 값 지우기(하나만)	x=[10, 20, 30] x.remove(20) print(x)	[10, 30] # 20을 찾아 제거
x.extend() # 리스트 추가(+ 기능)	x = [10, 20, 30] x.extend([10, 200, 300]) print(x)	[10, 20, 30, 10, 200, 300]
x.count() # 해당 값의 갯수	x_c = x.count(10) print(x_c)	2 # 10의 갯수
x.clear() # 내용 모두 지우기	x.clear() print(x)	[]
del() # 해당 위치 원소 제거(delete)	x = [10, 20, 30] del(x[1]) print(x)	[10, 30] # 2번째 위치의 값 제거
len() # 원소의 개수(length)	x = [10, 20, 30] len_x = len(x) print(len_x)	3

위의 예제에서 리스트 x의 초기값을 매번 제시하였다. 통상 R에서는 "temp **<-** x"의 방식을 사용하여 x 값을 보존하였으나, 파이썬에서는 값이 보존되지 않는다. 초기값 유지에 대해서는 다차원 리스트 다음에 설명할 튜플(tuple) 구조에서 알아보기 바란다.

3. 다차원 리스트

리스트의 n차원 배열은 1차원 리스트를 n개 연결한 것이다. 말자면, 행렬과 같은 모양이지만, 이것보다 더 유연하다. 다음은 2차원 리스트이다.

리스트 xx = [[1, 2, 3, 4], [5, 6, 7, 8]]

이것은

$$\text{행렬 } X = \begin{bmatrix} 1 & 2 & 3 & 4 \\ 5 & 6 & 7 & 8 \end{bmatrix}$$

와 같은 모습이다. 수학의 행렬은 행과 열이 맞아 사각형이 되어야 하지만, 리스트

리스트 xy = [[1, 2, 3], [4,5], [6,7,8]]

도 가능하다. 이 리스트에서 세 번째 행 두 번째 열의 원소 값을 찾는다면, xy[2][1] = 7과 같이 하면 된다. 리스트는 3차원 이상으로 확장 가능하다. 파이썬은 기본적으로 리스트를 제공하며, 배열은 제공하지 않는다. 여기서는 리스트가 배열이다.

제4절 튜플 구조

튜플(tuple)은 리스트와 유사하지만, 원소 값을 변경할 수 없어 읽기 전용으로 쓰인다. 소괄호 ( )를 이용한다.

```
>>> tp = (10, 20, 30, 40)
>>> tp
(10, 20, 30, 40)
>>> type(tp)
<class 'tuple'>
```

튜플이 필요한 이유는 데이터 중에서 절대로 변경해서는 안 되는 것이 있다. 예컨대, 본인확인용 생년월일, 송금용 구좌번호 등과 같은 것이다. 자료 불변의 튜플은 간단하고 간편한 기능을 갖는다. 그리고 이것은 리스트 구조보다 프로그램을 더 빠르게 실행하게 한다.

따라서 튜플은 append() 같은 함수를 이용할 수 없다. 그러나 del(tp)는 가능하다. 그리고 튜플은 소괄호를 생략해도 되지만, 원소가 하나인 경우에는 반드시 tp1 =(10,)처럼 소괄호를 하고 콤마를 넣어야 한다.

튜플 예제를 통하여 특성을 살펴보자.

```
>>> tp=(10, 20, 30, 40); tp                      # tp의 값
(10, 20, 30, 40)
>>> tp[3]
40
>>> tp[1] +tp[2]                                 # 20 + 30
50
>>> tp[1:3]
(20, 30)
>>> tp[1:]
(20, 30, 40)
```

```
>>> tp[:3]
(10, 20, 30)
>>> tp1 =((10, 20, 30, 40), (50, 60, 70, 80))
>>> tp1
((10, 20, 30, 40), (50, 60, 70, 80))
```

```
>>> tpList = list(tp); tpList                           # 리스트로 변환
[10, 20, 30, 40]
>>> tpTuple = tuple(tpList); tpTuple                    # 튜플로 변환
(10, 20, 30, 40)
```

```
>>> card = '다이아몬드', 7; card                        # 튜플에서 packing 하기
('다이아몬드', 7)
>>> a, b = card                                         # unpacking 하기
>>> a
'다이아몬드'
>>> b
7
```

제5절 세트 구조

세트(set)는 자료 중복 없이 순서를 무시하면서 집합시킨 자료 구조이다. 예컨대, 커피집 메뉴에 커피, 물, 쥬스(오렌지) 세 종류가 있다면 많은 사람이 주문하는 경우 다음과 같이 대괄호 {}를 이용하여 세트 구조를 만든다.

```
>>> jumun = {'coffee', 'water', 'juice'}
>>> jumun
{'coffee', 'water', 'juice'}
>>> type(jumun)
<class 'set'>
>>> 'water' in jumun                                    # 주문에 water 확인하기
True
```

이와 같이 세트 구조는 특정 값이 구성요소인지 아닌지를 확인할 수 있으며, 아래와 같이 세트 유형은 수학의 집합 개념에 사용하기도 한다.

```
>>> x = set('abcdefg')                                  # 집합 x
>>> y = set('abc')                                      # 집합 y
>>> x-y                                                 # 차집합
{'e', 'd', 'f', 'g'}
>>> x&y                                                 # 교집합
{'c', 'a', 'b'}
>>> x^y                                                 # 여집합
{'e', 'f', 'd', 'g'}
```

제6절 사전(딕셔너리) 구조

사전(딕셔너리; dictionary) 구조는 항목(key)과 값(value)을 동시에 입력한 자료 구조이다. 앞의 커피집의 경우, 음료수와 주문자의 수를 동시에 표기한다고 하자. {coffee: 2, water: 4, juice: 3}으로 나타낼 수 있다.

```
>>> jumun_dic = {'coffee': 2, 'water': 4, 'juice': 3}
>>> jumun_dic
{'coffee': 2, 'water': 4, 'juice': 3}
>>> type(jumun_dic)
<class 'dict'>
>>> jumun_dic['water']                                          # 주문자 수 확인하기
4
```

위 주문에서 coffee 2명에서 3명으로 변경, beer 1명 추가하려면 다음과 같이 한다.

```
>>> jumun_dic = {'coffee': 2, 'water': 4, 'juice': 3}
>>> jumun_dic['coffee'] = 3
>>> jumun_dic
{'coffee': 3, 'water': 4, 'juice': 3}
>>> jumun_dic['beer'] = 1
>>> jumun_dic
{'coffee': 3, 'water': 4, 'juice': 3, 'beer': 1}
```

원소의 내용과 값을 알려면 각각 keys(), values() 함수를 사용한다. 그리고 다른 함수 활용에 대해서도 알아본다.

```
>>> jumun_dic.keys()
dict_keys([‘coffee’, ‘water’, ‘juice’, ‘beer’])
>>> list(jumun_dic.keys())
[‘coffee’, ‘water’, ‘juice’, ‘beer’]
>>> jumun_dic.values()
dict_values([3, 4, 3, 1])
>>> ‘coffee’ in jumun_dic                                   # coffee 항목 확인
True
>>> temp = jumun_dic
>>> del temp[‘coffee’]                                      # coffee 항목 제거
>>> temp
{‘water’: 4, ‘juice’: 3, ‘beer’: 1}
>>> temp.clear()
>>> temp
{}
```

리스트와 사전(딕셔너리)의 변환에 대해 알아보자. 이 리스트는 3개의 튜플 항목을 가지고 있다.

```
>>> jumun_list = [(‘coffee’, 3), (‘water’, 4), (‘juice’, 3)]     # 리스트 구조
>>> jumun_list
[(‘coffee’, 3), (‘water’, 4), (‘juice’, 3)]
>>> jumun_dic = dict(jumun_list)                             # 사전 구조로 변환
>>> jumun_dic
{‘coffee’: 3, ‘water’: 4, ‘juice’: 3}
>>> jumun_dic[‘coffee’]
3
```

python 생각

파이썬의 주요 자료 구조는 리스트, 튜플, 사전(딕셔너리) 등이며 각각 대괄호 [ ], 소괄호 ( ), 중괄호 { } 등으로 표기한다. 그리고 각 구조 안에서 대괄호 [ ]는 항목 또는 위치(인덱스)를 나타낸다.

CHAPTER 19
제어문

제1절 조건문

조건문은 "만약 ~~라면 ~~이다"라는 구조로 진행한다. 주어진 조건에 따라 참인지 혹은 거짓인지를 밝히면서 결과를 출력한다. 조건문의 종류에는 단순 if 문, if~else 문, 중첩 if 문 등이 있다.

1. if 문

단순 if문은 if 조건식이 하나인 경우이다.

```
if 조건식:                                                    # 콜론 사용
    실행문                                                    # 들여쓰기 주의
```

알타 회사에서는 매출액과 매출 횟수를 기준으로 고객을 평가하고 있다. 상반기 평균 점수가 80점 이상인 구매자를 우수고객으로 선정하고 후반기에 마케팅 전략을 세우기로 하였다. 우수고객을 판단하는 간단한 프로그램을 만들어 보자.

이후부터는 [편집 화면]의 입력 코드와 [쉘 화면]의 결과 출력을 아래와 같이 나누어서 제시한다.

```
score = int(input('점수 입력: '))                    # [편집 화면] 코드 입력
if score >= 80:
    print('우수고객')                                    # 들여쓰기 유의
```

```
점수 입력: 85                                      # [쉘 화면] 결과 출력
우수고객
>>>
점수 입력: 60
>>>
```

위 프로그램에서 80점 이상만 "우수고객"으로 판정하고 60점짜리 구매자는 판정없이 무시해버린 셈이다. 이 프로그램을 개선하기 위해 80점 미만 구매자를 "잠재고객"으로 출력하기로 하였다.

```
score = int(input('점수 입력: '))
if score >= 80:
    print('우수고객')                                  # 들여쓰기에 유의함

print('잠재고객')
print('더 노력합시다')
```

```
점수 입력: 60
잠재고객
더 노력합시다
>>>
점수 입력: 88
우수고객
잠재고객
더 노력합시다
```

개선 프로그램에서 잠재고객에 대한 코드를 하단에 두 줄 더 입력하였다. 구매 평점이 60점(80점 미만) 고객은 잠재고객으로 출력되었다. 그리고 88점인 경우 우수고객으로 출력되었으며, 나머지 실행문도 출력되었다. 다음의 조건문을 살펴보자.

2. if~else 문

이 구문은 참인 경우와 거짓인 경우 모두 명시적으로 실행문을 넣는다.

```
if 조건식:                                              # 콜론 사용
    실행문
else:                                                   # 콜론 사용
    실행문
```

다음 프로그램을 보자.

```
score = int(input('점수 입력: '))

if score >= 80:
    print('우수고객')

else:
    print('잠재고객')
    print('감사합니다')                    # print() 함수 들여쓰기 위치 주의
```

```
점수 입력: 88
우수고객
>>>
점수 입력: 60
잠재고객
감사합니다
>>>
```

```
score = int(input('점수 입력: '))
if score >= 80:
    print('우수고객')
else:
    print('잠재고객')
print('감사합니다')                                    # print() 함수 위치 주의
```

```
점수 입력: 88
우수고객
감사합니다
>>>
점수 입력: 66
잠재고객
감사합니다
>>>
```

위 코딩에서 "감사합니다"의 print() 함수 위치를 눈여겨보자. 첫 번째 함수는 else 문에 맞추어져 있어, 잠재고객에게 초점을 두고 있다. 그러나 두 번째 함수는 1열에서 시작하면서, 전체 고객에게 감사하다고 말한다. 다음의 명령문을 보면 파이썬에서 들여쓰기 중요성을 더 심각하게 느낀다. 2행에서 시작한 print() 함수는 오류로 판정되었다.

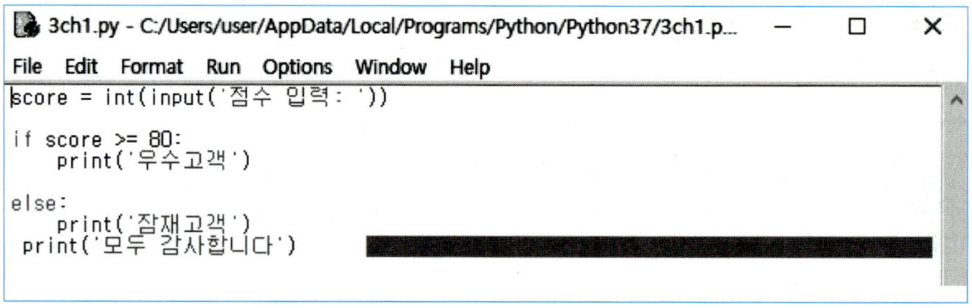

이렇게 파이썬에서는 들여쓰기가 중요하다. 이를 위해 탭을 사용하며 또는 일정하게 4칸 정도 스페이스 바를 눌러, 일관성 있게 들여쓰기 할 것을 권한다.

다음은 입력 숫자가 홀수인지 짝수인지 구분하는 3개의 프로그램이다. 모두 동일한 결과를 보여준다. 각자 실행해 보기 바란다.

```
x = int(input('숫자 입력:  '))
if x %2 == 0:                                    # 나누기 나머지가 0이면 짝수
    print('짝수(even number)')
else:                                            # 아니면 홀수
    print('홀수(odd number)')
```

```
x = int(input('숫자 입력:  '))
num = ' '
if x %2 == 0:
    num = '짝수(even number)'
else:
    num = '홀수(odd number)'
print(num)
```

```
x = int(input('숫자 입력:  '))
num = '짝수' if x %2 == 0 else '홀수'
print(num)
```

다음에서는 주사위를 던져 번호의 홀짝을 알아보자. 여기서는 1~6 사이에서 무작위 번호를 한번만 불러온다. 여러 번 불러오는 경우는 나중에 설명한다.

```
import random                                    # 무작위번호 함수 불러오기
a = random.randrange(1, 7)                       # 마지막 번호는 k-1(7-1=6)이다
print(a)
if a %2 == 1:                                    # 나누기에서 나머지가 1 이면 홀수
    print('홀수')
else:
    print('짝수')
```

3. 중첩 if~else 문

중첩문은 if~else문이 2개 이상 들어가는 경우이다.

```
if 조건식1:
    실행문
else:
    if 조건식2:
    실행문
    else:
    실행문
```

앞 예제의 우수고객을 최우수고객(90점 이상)과 우수고객(80~89점)으로 나누고 나머지 고객은 잠재고객으로 분류해 보자.

```
score = int(input('점수 입력: '))

if score >= 90:
    print('최우수고객')

else:
    if score >= 80:
    print('우수고객')

    else:
    print('잠재고객')
```

중첩 if~else 문은 다음과 같이 동일하게 사용할 수 있다.

```
if 조건식1:
    실행문
elif 조건식2:
    실행문
elif 조건식3:
    실행문
else:
    실행문
```

```
score = int(input('점수 입력: '))

if score >= 90:
    print('최우수고객')
elif score >= 80:
    print('우수고객')
elif score>= 60:
    print('잠재고객')
else:
    print('불량고객')
print('입니다')
```

제2절 반복문

반복문은 동일한 문장을 반복해서 사용해야 하는 경우, 끝없는 반복을 막아준다. 코딩이 길어지는 것을 방지해 주는 효율적인 문법이다. 반복문은 for, while 두 종류가 있다.

1. for 문

for 문은 range() 함수를 이용하여 지정된 값을 반환하며, 기본 형식은 다음과 같다. 변수는 증가분으로 시작된다.

```
for 변수 in range(시작값, 끝값+1, 증가분):
    실행문 반복
```

예를 들어 1~ 5까지 정수를 더한다고 하자. 단순 합계를 구하는 공식과 for 문을 이용한 코딩을 비교해 보면 다음과 같다.

```
total = 1+2+3+4+5
print('합계 = %d' % total)                    # 함수 안에 콤마 없음
```

```
합계 = 15                                     # [쉘] 결과 출력
```

```
total = 0                                     # 초기값
for i in range(1, 6, 1):                      # 1~5까지 1씩 증가함
    total = total + i                         # 들여쓰기 주의
print('합계 = %d' % total)
```

```
합계 = 15                                     # [쉘] 결과 출력
```

간단한 숫자의 합계는 쉽게 구하지만 특별한 조건이나 숫자가 큰 경우에는 for 문이 편리하다. 다음은 1~10 사이의 홀수 합과 짝수 합을 구하는 코딩이다(전체 합은 55).

```
total = 0                                          # 초기값
for i in range(1, 11, 2):                          # 1~10까지 2씩 증가함
    total = total + i                              # 들여쓰기
print('홀수 합계 = %d' % total)
```

```
홀수 합계 = 25                                     # [쉘] 결과 출력
```

```
total = 0                                          # 초기값
for i in range(2, 11, 2):                          # 2~10까지 2씩 증가함
    total = total + i                              # 들여쓰기
print('짝수 합계 = %d' % total)
```

```
짝수 합계 = 30                                     # [쉘] 결과 출력
```

짝수 합계를 구하는 for 반복문이 돌아가는 동안 숫자 변화를 다음 표에서 살펴보자.

횟수	i	total	비고
초기값		0	
1회	2	2	0 + 2 = 2
2회	4	6	2 + 4 = 6
3회	6	12	6 + 6 = 12
4회	8	20	12 + 8 = 20
5회	10	30	20 + 10 = 30
끝			

이것을 print() 함수를 이용하여 다시 한번 살펴보자.

```
total = 0                                    # 초기값
for i in range(2, 11, 2):                    # 2~10 사이 짝수의 합
    print('i = %d' % i)
    total = total + i                        # 들여쓰기 유의
    print('합계 = %d' % total)               # 매회 합계 계산
```

```
i = 2                                        # [쉘] 결과 출력
합계 = 2
i = 4
합계 = 6
i = 6
합계 = 12
i = 8
합계 = 20
i = 10
합계 = 30
```

반복문에서 인덱스 i의 변화와 range의 범위를 아는 것은 매우 중요하다. 이를 통하여 파이썬의 특성을 파악하는 기회가 되기 때문이다.

```
total = 0                                    # 초기값
for i in range(2, 10, 2):                    # 2~9 짝수의 합
    print('i = %d' % i)
    total = total + i                        # 들여쓰기 유의
print('짝수 합계 = %d' % total)
```

```
i = 2                                        # [쉘] 결과 출력
i = 4
i = 6
i = 8
짝수 합계 = 20
```

100~200 사이의 짝수 합을 구해 보자.

```
total = 0                                                   # 초기값
for i in range(100, 201, 2):
    total = total + i
print('100~200 사이의 짝수 합 = %d' % total)
```

```
100~200 사이의 짝수 합 = 7650                          # [쉘] 결과 출력
```

이제 일반화시켜서 대화식 코딩으로 해 보자.

```
total = 0
num1, num2, aug = 0, 0, 0
num1 = int(input('시작값은: '))
num2 = int(input('끝값+1은: '))
aug = int(input('증가분은: '))

for i in range(num1, num2, aug):
    total = total + i
print('합계는 = %d' % total)
```

```
시작값은: 100                                          # [쉘] 결과 출력
끝값+1은: 201
증가분은: 2
합계는 = 7650
```

앞 절의 주사위 실험에서 모두 10번 던져 홀수가 나올 확률이 50%에 근접하는지 살펴보자.

```
count = 0
for i in range(1, 11):
    import random                                        # 난수 불러오기
    x = random.randrange(1, 7)                           # 1~6 숫자
    print(x, end='')                                     # 다음 print로 계속해서 인쇄하기
    if x %2 == 1:                                        # 나누기에서 나머지가 1 이면 홀수
        print('홀수')
        count = count +1                                 # 홀수 횟수 세기
    else:
        print('짝수')
print('홀수 횟수 = %d/10' %count)
print('홀수 횟수 = ', count, '/ 10')
```

```
5 홀수                                                   # [쉘] 결과 출력
1 홀수
1 홀수
3 홀수
1 홀수
2 짝수
6 짝수
4 짝수
1 홀수
4 짝수
홀수 횟수 = 6 / 10
```

다음에서는 구구단을 연습해 본다.

```
dan = 0                                                  # 구구단 초기값
dan = int(input('몇단?: '))
for i in range(1, 10):                                   # 증가분 = 1은 디폴트, 생략
    print('%d x %d = %d' %(dan, i, dan*i))
```

```
몇단?: 5                                                    # [쉘] 결과 출력
5 x 1 = 5
5 x 2 = 10
5 x 3 = 15
5 x 4 = 20
5 x 5 = 25
5 x 6 = 30
5 x 7 = 35
5 x 8 = 40
5 x 9 = 45
```

[과제] 0~9 사이의 숫자를 제곱수로 만들어 리스트에 나타내 보자.

[풀이]

```
sq = []
for x in range(10):                                         # 0~9 범위
    sq.append(x**2)
print(sq)
```

```
[0, 1, 4, 9, 16, 25, 36, 49, 64, 81]
```

(주) sq1 = [x**2 for x in range(10)]도 가능하다.

다음은 for 문과 if 문을 결합한 예제이다. 3의 배수를 제외한 숫자의 합계를 구한다.

```
total = 0
for i in range(1, 11):                                      # 1~10
    if i %3 == 0:                                           # 3 나누기에서 나머지가 0이면
        continue                                            # for 반복문 처음으로 돌아가기, i값 1 증가
    print('i = %d' %i)
    total += i
print('3의 배수를 제외한 합계 = %d' %total)
```

```
i = 1                                              # [쉘] 결과 출력
i = 2
i = 4
i = 5
i = 7
i = 8
i = 10
3의 배수를 제외한 합계 = 37
```

```
total = 0
for i in range(1, 10):                             # 1~9
    if i %3 == 0:
        continue
    print('i = %d' %i)
    total += i
print('3의 배수를 제외한 합계 = %d' %total)
```

```
i = 1                                              # [쉘] 결과 출력
i = 2
i = 4
i = 5
i = 7
i = 8
3의 배수를 제외한 합계 = 27
```

이제는 반대로 3의 배수만을 골라서 합계를 계산한다.

```
total = 0
for i in range(1, 10):                             # 1~10
    if i %3 != 0:
        continue
    total += i
print('3의 배수 합계 = %d' %total)
```

```
3의 배수 합계 = 18                                 # [쉘] 결과 출력
```

```
total = 0
for i in range(1, 9):                                        # 1~9
    if i %3 != 0:
        continue
    total += i
print('3의 배수 합계 = %d' %total)
```

```
3의 배수 합계 = 9                                            # [쉘] 결과 출력
```

다음에서는 사전(딕셔너리) 구조로 나타낸다.

```
sq_dic = {x: x**2 for x in range(5)}
print(sq_dic)
```

```
{0: 0, 1: 1, 2: 4, 3: 9, 4: 16}
```

다음은 터틀 그래픽에서 리스트를 이용하여 삼각형을 그려 보았다. 결과는 생략한다.

```
from turtle import *
shape('turtle')
col = ['red', 'green', 'blue']
for i in range(3):
    color(col[i])
    forward(200)
    left(120)
done()
```

(주) left(144)는 별모양을 그려준다. 이때 Col에 두 가지 색을 더 추가한다.

2. 중첩 for 문

이 구문은 for 문 안에 다른 for 문이 들어있는 구조다. 구문이 양파처럼 겹으로 둘러 쌓여 있어, 구구단은 안에서 9회 반복하고 밖에서 9회 반복하여 전체 9×9=81회를 반복하는 셈이다.

구구단을 생각해 보자.

```
i, j = 0, 0
for i in range(2, 10, 1):
    print(" # %d 단 #" % i)                        # 각 단 제목
    for j in range(1, 10, 1):
        print("%d x %d = %2d" %(i, j, i*j))
    print("")                                    # 각 단이 끝나면 한줄 띄우기
```

결과 생략

(주) 5행의 2d는 배열 조정을 위해 2칸 띄우기를 한다.

다음에서는 for 문을 이용하여 2차원 리스트를 만들어 보자.

```
list1 = []
list2 = []
value = 1
for i in range(0, 2):
    for j in range(0, 4):
        list1.append(value)
        value +=1
    list2.append(list1)
    list1 = []
    print(list2)                                 # ①

for i in range(0, 2):
    for j in range(0, 4):
        print('%3d' %list2[i][j], end='')        # ②
    print('')                                    # ③
```

```
# [쉘] 결과 출력
[[1, 2, 3, 4]]                                          # ①의 결과
[[1, 2, 3, 4], [5, 6, 7, 8]]                            # ②의 결과
  1  2  3  4                                            # ③의 결과
  5  6  7  8
```

(주1) %3d는 출력 값을 3칸 띄우기를 의미한다.

(주2) end=''은 행(줄)을 넘기지 않고 계속해서 쓰기를 의미한다.

(주3) print('')은 행 하나를 출력한 후 줄바꾸기해서 출력한다. 이것이 없으면 한 줄로 출력된다.

[과제] 다음과 같이 각 세 명의 남녀 집단이 있어, 남녀가 짝을 짓도록 한다면 가능한 조합이 무엇인가를 생각해 보자.

남: x = ['m1', 'm2', 'm3']

여: y = ['f1', 'f2', 'f3']

[풀이]

```
x = ['m1', 'm2', 'm3']
y = ['f1', 'f2', 'f3']
xy= []
for a in x:
    for b in y:
    if a!=b:                                            # 생략 가능
        xy.append((a,b))
print(xy)
```

```
[('m1', 'f1'), ('m1', 'f2'), ('m1', 'f3'), ('m2', 'f1'), ('m2', 'f2'), ('m2', 'f3'), ('m3',
'f1'), ('m3', 'f2'), ('m3', 'f3')]
```

만일 뒤 번호가 맞는 사람끼리 짝을 짓는다면 어떻게 하면 좋을까 생각해 보자. 다음은 초보적 발상이다.

```
xyp = [xy[0], xy[4], xy[8]]
```

[과제] 다음의 커피집 메뉴의 리스트 자료가 있다고 하자. 각 항목에 인덱스(0, 1, 2)를 넣어보자.

```
m = ['coffee', 'water', 'juice']
```

[풀이]

```
m = ['coffee', 'water', 'juice']
print(m[1])                                          # 2번째 위치의 품목

index = 0
for drink in m:
    print(index, drink)
    index +=1
```

```
water
0 coffee
1 water
2 juice
```

내장함수인 enumerate()를 이용해도 동일한 결과를 얻는다(결과 출력 생략).

```
m_enum = enumerate(m)
type(m_enum)                                 # [쉘] 화면에서만 결과가 나온다.

for index, drink in m_enum:
    print(index, drink)
```

이 외에도 다음 url에서 다양한 예제를 참고할 수 있다.

```
https://docs.python.org/3.7/tutorial/datastructures.html
```

3. while 문

while 문은 앞의 for 문과 용도는 비슷하나, 사용법이 약간 다르다. for 문은 반복횟수를 range() 함수에서 이미 결정하지만, while 문은 조건식이 참(true)인 동안 계속 반복한다.

while 문 형식은 다음과 같다.

```
변수 = 초기값
while 변수<끝값:
    실행문 반복
    변수 = 변수 + 증가분
```

다음은 while 문을 이용하여 1~10까지 합계를 구해 보았다. 합계를 출력하려면 5행 첫열에 print("1~10까지 합계 = %d" % total)를 추가한다.

```
i, total = 0, 0
while i < 11:
    total = total + i
    i = i + 1
```

위의 코딩 내용은 한계(1~10까지)를 보이지만, 무한 반복(사실 수많은 반복, 예컨대 1,000회)을 하는 경우가 가끔 발생한다. 이 경우에는 break 명령문을 넣어 통제하면 된다.

```
while True:                          # 다음 명령문이 참인 동안 수행함
    print('ㅋ', end='')              # 줄띄우기 없기
    break                            # 반복 구조(루프, loop)에서 나가기
```

```
ㅋ                                   # [쉘] 결과 출력
```

여기서 ㅋㅋㅋ를 무한정으로 화면을 도배하고 싶다면(아마도 이런 사람은 없을 것이만), break를 제거하면 된다. 혹시 무한정의 ㅋㅋㅋ에 당황할지도 모르겠다. 이 때, [Ctrl] + [c] 키를 누르면 멈춘다.

만일 10번의 ㅋ를 원한다면 다음과 같이 여러 방식으로 코딩할 수 있다.

```
i = 1
while i < 11:
    print('ㅋ', end='')
    i = i + 1
```

```
for i in range(1, 11):                                                    # 1~10
    print('ㅋ')
    i += 1
```

```
for i in range(1, 1001):
    print('ㅋ')
    if i == 10:
        break
```

break 명령문은 한번 밖으로 나가면 다시 그 안으로 들어 올 수 없다. 이때 다시 들어오고 싶으면 continue를 사용한다. 다음은 1~100 사이 3의 배수를 구하고 합계를 구하는 코딩과 3배수를 제외한 합계 코딩이다. 여기서 다시 한번 인덱스 변수 i와 range() 함수의 범위에 대해 유의하기 바란다.

다음에서는 피라미드 삼각형을 스페이드(♠)로 그려보자.

```
i, j= 0, 0                                                              # i 행, j 열
while i < 4:
    if i < 3:
        j = 0
        while j < 2-i:
            print('  ', end='')                # print()에서 2칸 띄우기, 다음 print도 계속 출력
            j +=1
        j = 0
        while j < i*2 +1:
            print('\u2660', end='')
            j += 1
    print()
    i += 1
```

```
  ♠                                          # [쉘] 결과 출력
 ♠♠♠
♠♠♠♠♠
```

이 코딩의 인덱스 i, j 값을 추적해 보자.

횟수	i	j		비고
초기값	0	0		
1회	0	0, 1, 1, 2	0, 1, 1	♠
	1			
2회	1	0, 1	0, 1, 1, 2, 2, 3, 3	♠♠♠
	2			
3회	2		0, 1, 1, 2, 2, 3, 3, 4, 4, 5, 5	♠♠♠♠♠
	3, 4			끝

다음은 로고 그림 명령문이다.

명령문	그림
print('\u2600')	☀
print('\u2601')	☁
print('\u2602')	☂
print('\u2603')	☃
print('\u2604')	☄
print('\u2605')	★
print('\u2606')	☆

명령문	그림
print('\u2660')	♠
print('\u2661')	♡
print('\u2662')	♢
print('\u2663')	♣
print('\u2664')	♤
print('\u2665')	♥
print('\u2666')	♦

(주) \u 다음의 숫자는 16진수 유니코드를 의미한다.

CHAPTER 20

함수와 클래스

제1절 함수

1. 함수란

함수는 수학 공식의 y=f(x)처럼 x 값을 넣으면 y 값이 나온다는 보편적인 의미를 갖는다. 일종의 기능을 정의한 요술상자다. 지금까지 애용한 print() 함수는 내장함수이며, 사용자가 함수를 직접 만들어서 사용할 수도 있다. 함수는 반환값이 있는 경우와 없는 경우로 나눈다.

먼저 반환값이 있는 함수를 소개한다. 다음에서 sum() 함수를 만들어서 두 수의 합을 구하는 과정을 이해하여 보자.

```
x = [10, 20]                                        # [편집 화면] 입력
total = sum(x)
print('10 + 20 = %d' % total)
```

```
10 + 20 = 30                                        # [쉘 화면] 결과 출력
```

위의 sum() 함수는 파이썬에 내장된 것으로 합계를 구하는 기능을 한다. 만일 sum(10, 20)을 그대로 이용한다면 오류가 발생한다. 다음에서는 sum() 함수를 별도로 자가 정의하여 사용하였다.

```
def sum(input1, input2):
    output = input1 + input2
    return output                                   # total에 반환

total = sum(10, 20)

print(' 10 + 20 = %d' %total)
```

```
10 + 20 = 30
```

이 과정을 그림으로 표시하면 다음과 같다. 기능을 정의하는 함수는 인수로부터 값을 전달 받아서 연산과정을 실행한다.

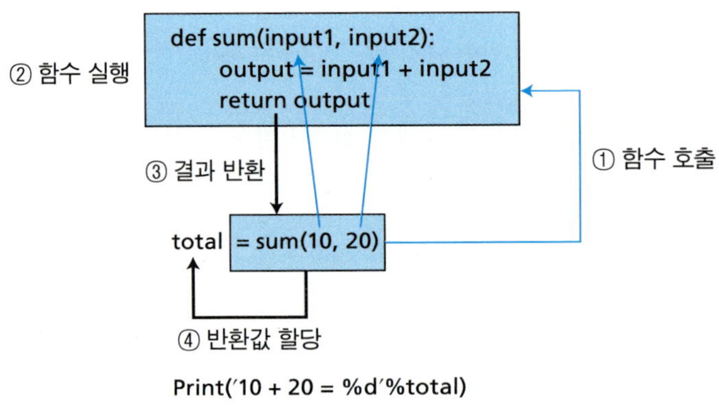

다음은 calculator() 함수를 정의하여 두 투입변수를 이용한 약식 계산기를 만들어 보았다.

```
def calculator(in1, in2, op):                                    # 함수 정의
    output = 0
    if op == '+':
        output = in1 + in2
    elif op == '-':
        output = in1 - in2
    elif op == '*':
        output = in1 * in2
    elif op == '/':
        output = in1 / in2
    return output

answer = 0                                                       # 전역 변수 초기값
input1, input2, operation = 0, 0, ''

input1 = int(input('첫번째 수는?'))                              # 주 프로그램
operation = input('무슨 계산을? (+, -, *, /)')
input2 = int(input('두번째 수는?'))

answer = calculator(input1, input2, operation)
print('결과: %d %s %d = %d' %(input1, operation, input2, answer))
```

```
첫번째 수는? 3
무슨 계산을? (+, -, *, /) +
두번째 수는? 4
 결과: 3 + 4 = 7
```

(주) 계산 결과는 정수로 나타내고 있다.

2. 지역 변수와 전역 변수

함수를 정의할 때 두 종류의 변수를 고려한다. 먼저 지역(local) 변수는 한정된 곳에만 사용되는 변수이며, 다음으로 전역(global) 변수는 프로그램 전체에 통용되는 변수이다. 유효 범위가 다른 것이다. 다음의 코딩을 살펴보자.

```
def func1():
    x = 10                                              # 지역변수
    print(x)

x = 20
func1()                              # 함수 func1 호출, 지역변수 값 결과 생성
```

```
10
```

```
def func2():
    print(x)


x = 20
func2()                              # 함수 func2 호출, 전역변수 값 결과 생성
```

```
20
```

다음 예제에서는 전역변수의 값을 지역변수로 변환하기 위해 global이라는 예약어를 사용하고 있다.

```
def function1():
    global x                                  # x는 전역변수의 예약어
    x = 10                                           # 지역변수
    print(x)                                  # 지역변수 값을 출력

def function2():
    print(x)                                  # 지역변수 값을 출력

x = 20                                               # 전역변수
function1()
function2()
```

```
10
10
```

3. 함수와 인수

다음은 반환값이 없는 함수이다.

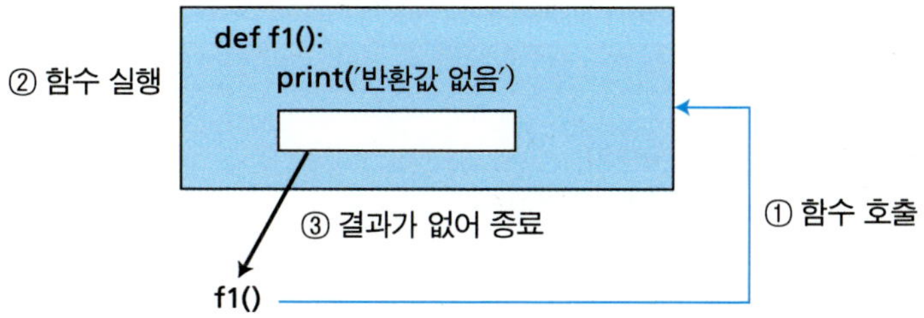


```
def f1():
    print('반환값 없음')

f1()
```

```
반환값 없음
```

인수는 함수를 다양하게 이용할 수 있게 해 준다. 다음에서 range() 함수의 사례를 살펴보자.

```
>>> list(range(5))                    # 인수 1개
[0, 1, 2, 3, 4]
>>> list(range(1, 5))                 # 인수 2개
[1, 2, 3, 4]
>>> list(range(0, 5, 2))              # 인수 3개
[0, 2, 4]
>>> arg = 1, 5                        # 튜플 이용
>>> list(range(*arg))
[1, 2, 3, 4]
```

다음 코딩에서 인수의 기본값 설정을 이해하여 보자.

```
>>> def gpa(평점):
        return 평점

>>> gpa(3.5)                                                    # 인수의 기본값 3.5 설정
3.5                                                                        # 반환값
>>> gpa()                                                               # 오류 메세지
Traceback (most recent call last):
File "<pyshell#31>", line 1, in <module>
    gpa()
TypeError: gpa() missing 1 required positional argument: '평점'

>>> def gpa(평점=3.5):                                              # 인수의 기본값 설정
        return 평점

>>> gpa()
3.5
```

인수를 위치나 키워드로 설정하여 보자.

```
>>> def print_customer(name, birth, gender= 'male', region='Busan'):     # 인수 4개
        print(' 이름:', name,', 생년월일:', birth,', 성별:', gender,', 지역:',region)

>>> print_customer('길동이','19990101')                                    # 기본인수로 부르기
  이름: 길동이, 생년월일: 19990101, 성별: male, 지역: Busan

>>> print_customer('길동이','19990101', region='Seoul')      # 키워드로 Busan을 Seoul로 변경
  이름: 길동이, 생년월일: 19990101, 성별: male, 지역: Seoul

>>> info = {'name': '길동이', 'birth': '19990101'}                  # 사전구조의 자료가 인수임
>>> print_customer(**info)                                           # unpacking 되어 대입됨
  이름: 길동이, 생년월일: 19990101, 성별: male, 지역: Busan
```

위 코딩에서 4개의 인수가 설정되었다. 이 중 name과 birth는 기본인수, gender와 region은 선택(option)인수라고 부른다. 후자는 변경하고 싶을 때 값을 바꾸면 된다. 함수 호출 시 기본인수는 반드시 모두 입력해야 한다. 이 두 종류의 인수가 공존하는 형태를 위치-키워드(position-or-keyword)라고 부른다. 기본인수는 위치로, 선택인수는 키워드(예; region)로 설정한다.

다음에서는 사용자가 인수의 개수를 직접 정한다.

```
def print_customer(*customers):                              # 부호(*) 추가
    for name in customers:
        print(name)

print_customer('kim', 'lee', 'park')                          # 인수 3개
```

```
kim
lee
park
```

다음도 동일한 결과를 준다.

```
def print_customer_tuple(customers_tuple):
    for name in customers_tuple:
        print(name)

print_customer_tuple(('kim', 'lee', 'park'))             # 인수를 튜플로 인식
```

```
kim
lee
park
```

제2절 클래스

클래스(class)는 여러 함수들을 모아서 재사용할 수 있도록 고안된 개념이다. 아래에서 클래스는 mun1의 자료 유형이 문자열(str: string)이라고 알려준다.

```
>>> mun1 = '봄이 가고 여름이 온다'
>>> type(mun1)
<class 'str'>
```

클래스는 건축에서 집 짓기 전의 기본 설계도(기본 틀)와 같은 것이다. 이 도면을 이용하여 다양한 집을 지을 수 있다. 마치 학생부를 만들어 학생 이름, 생년월일, 성적 등을 기록하는 것과 같다. 클래스 구문의 구조는 다음과 같다.

구조	형식	예시
[1] 클래스 선언	클래스 이름:	class Student:
[2] 객체* 생성	객체 = 클래스 멤버 정의()	student1 = Student()
[3] 객체의 속성 및 행동	객체.속성 = '값' 객체.행동()	student1.name = '길동이' student1.math_score(80)

* 객체(object)는 클래스에 의해 생성된 실체를 뜻한다.

(주) 속성(attribute)은 필드(field)라고도 하며, 행동은 흔히 메서드(method)로 표기한다.

[구조1] 클래스의 변수 이름은 Student이다. 이 클래스는 Student 정보를 제공하기 위한 틀(학생 명부)로서 객체(학생)를 생성한다.

[구조2] 클래스 이름 안의 객체(길동이)를 넣는다. 마치 1번 학생과 같이 student1이라는 객체를 만들어서 이름과 점수를 적어 넣고자 한다.

[구조3] 이름(길동이)과 점수(80)를 입력하기 위해 부호 점(.)을 이용하여 호출한다. 변수나 함수를 접근할 때 객체.변수 또는 객체.함수를 사용한다.

```
class Student:                                    # [구조1] 단계
    name = '길동이'
    def nameList(self):
        print('이름: %s' % self.name)
```

```
>>> student1 = Student()                          # [구조2] 단계
>>> student1.nameList()                           # [구조3] 단계
이름: 길동이
```

클래스는 자체 공간 안에서 클래스 이름인 변수를 가지고 있으며, 이를 클래스 변수라고 부른다. 다음에서 클래스는 학생(Student)이라는 객체 변수를 선언한다. 그리고 self를 사용하여 이 객체가 무엇을 해야 하는지를 정의한다. 여기서는 '공부하고 있다'고 알려준다. 즉 self는 객체를 의미한다. 그러면 다음 단계에서 누가 공부하고 있는지 객체별로 알려준다. 아래 [쉘 화면]에서 길동이와 길순이 두 학생 모두 '공부하고 있다'고 알려준다.

```
class Student:                                    # 파일 입력
    def do(self):
        return '공부하고 있다'
```

```
>>> 길동이 = Student()                            # [쉘 화면] 입력 및 결과
>>> 길동이.do()
'공부하고 있다'
>>> 길순이 = Student()
>>> 길순이.do()
'공부하고 있다'
```

클래스에 의해서 만들어진 객체를 인스턴스라고도 한다. 구태여 구분한다면, 길동이 = Student()에서 길동이는 객체다. 이 객체는 Student() 함수의 인스턴스다. 인스턴스는 객체와 클래스의 관계를 설명할 때 사용한다. 즉, 어떤 클래스의 객체인지를 관계로 설명한다. self는 객체를 의미한다. 메서드를 정의할 때 self 인자를 쓴다.

클래스 변수와 인스턴스 변수에 대해 좀 더 알아보자. 전자는 클래스에 의해 생성된 모든 객체에서 동일한 값을 조회할 때 사용한다. 전역변수라고 부른다. 반면, 후자인 인스턴스 변수 name은 객체(학생)가 생성될 때마다 새로운 값이 할당된다. 이 값은 공유할 수 없다. 마치 시험점수가 학생마다 다른 것처럼.

파이썬 기초 공부 수준에서는 클래스 변수를 잠시 접어두고 될 수 있는 대로 지역변수인 인스턴스 변수를 주로 사용하는 것이 낫다. 약간의 코드 중복 문제가 발생할 수도 있지만 안전하기 때문이다. 만일 인스턴스 변수 중에서 값이 불변하거나 공통인 경우에 클래스 변수로 전환하면 된다.

[참고]

파이썬에 내장된 클래스, 함수, 모듈 등을 확인하려면 파이썬 표준 라이브러리(The Python Standard Library)에 들어가 보면 된다.

```
https://docs.python.org/3/library/index.html
```

예를 들어, 난수를 발생하는 방법은 random 모듈을 들여오면(import) 된다.

```
import random
print('%d' %(random.randint(1, 10)))
```

```
7
```

PART 5

파이썬 지도학습

CHAPTER 21
파이썬에서 머신러닝 준비하기

제1절 아나콘다와 주피터 노트북

파이썬에는 통합개발환경(Integrated Development Environment: IDLE)과 코드를 입력하고 수정할 수 있는 [편집기]가 내장되어 있다. 지금까지 IDLE과 [스크립트 편집창] 환경에서 파이썬 기초문법을 공부하였다. 이 환경에서는 많은 기초 예제를 다룰 수 있으나, 빅데이터 분석이나 머신러닝 같은 반복적이고 복잡한 자료를 다루기에 작업효율이 낮다. 이를 편리하게 해 주는 통합개발환경이 마련되어 있으며, 아나콘다(Anaconda), 파이참(PyCharm) 등이 이용된다.

본서에서는 파이썬을 위해 별도 환경인 아나콘다를 다운받아서 활용한다. 파이썬과 아나콘다를 다운받는 것은 별개의 문제다. 파이썬은 프로그래밍 언어이며, 아나콘다는 통합 개발 환경이다. 이 차이를 [초기화면] 단추를 클릭해서 두 메뉴를 비교해 보면 알 수 있을 것이다. 먼저 파이썬 메뉴를 살펴본다.

[도표 21.1] 파이썬 3.7 메뉴

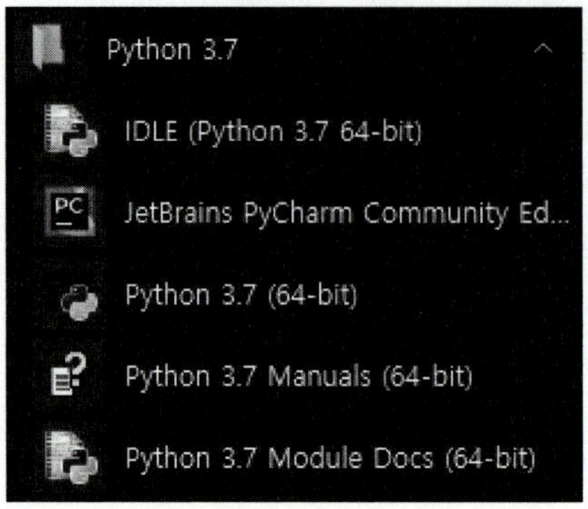

이제 아나콘다를 설치해 보자. 아나콘다는 파이썬과 R 등을 위한 빅데이터 처리, 예측 분석, 과학 계산 등을 실행하는 파이썬 배포판이다. 아나콘다는 수천만 명의 사용자가 이용하며 윈도우(Windows), 리눅스(Linux) 및 맥(MacOS)에 적합한 1,400가지 이상의 인기 있는 데이터 과학 패키지를 포함한다. 아나콘다를 설치하는 링크는 아래와 같이 실행한다.

https://www.anaconda.com/distribution/

초기 화면이 나오면 [다운로드]를 누르고 다음 화면에서 적절한 버전을 선택한다.

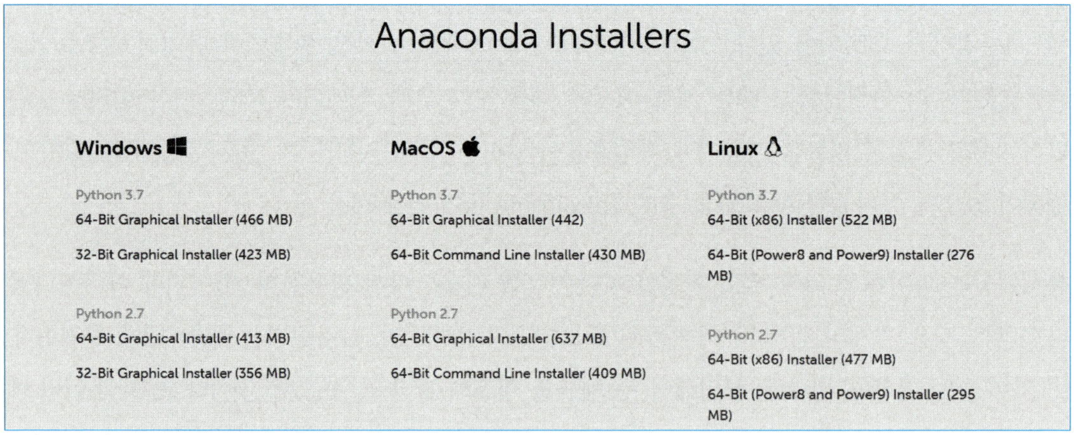

여기서 계속 진행하면 내 컴퓨터에 저장 완료된다. 화면 하단의 [초기화면] 단추를 누르면 아나콘다 폴더가 생성되어 있음을 확인한다.

[도표 21.2] 아나콘다 메뉴

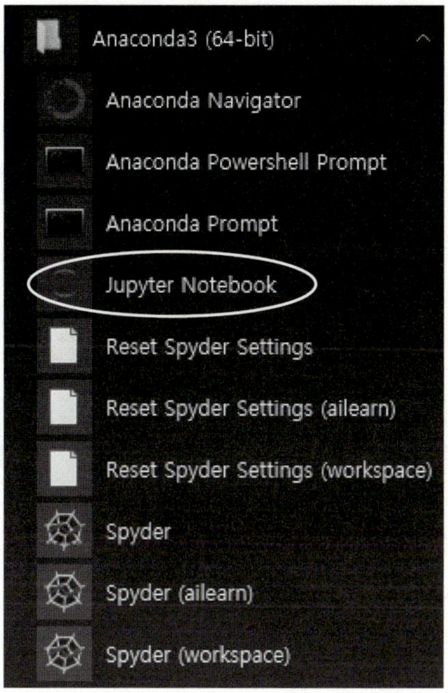

아나콘다는 파이썬을 포함하는 통합개발환경(IDE)이며, 주피터 노트북(Jupyter Notebook)이나 스파이더(Spyder) 같은 문서공유 애플리케이션과 빅데이터 분석을 위한 라이브러리(또는 패키지)를 가지고 있다. 이것을 그림으로 나타내면 [도표 21.3]과 같다.

아나콘다에는 주피터 노트북 외에 scikit-learn, pandas, scipy, matplotlib 등과 같은 라이브러리를 포함한다. 이 통합개발환경은 자체적으로 개발환경을 제공하기 때문에 쉽고 빠르게 가상공간을 만들고 지울 수 있다.

머신러닝 입문으로는 주피터 노트북을 권하며, 효율성을 위해 파이참(Pycharm)을 이용하기도 한다. 본서에서는 전자를 활용한다. 주피터 노트북을 사용하면 편리하다. 프로그램 코드를 웹 브라우저에서 실행해 주는 대화식 환경으로서 입력과 결과를 동시에 확인할 수 있기 때문이다. 코드와 이미지를 쉽게 쓸 수 있어 많은 분석가들이 즐겨 사용한다.

[도표 21.3] 아나콘다와 주피터 노트북

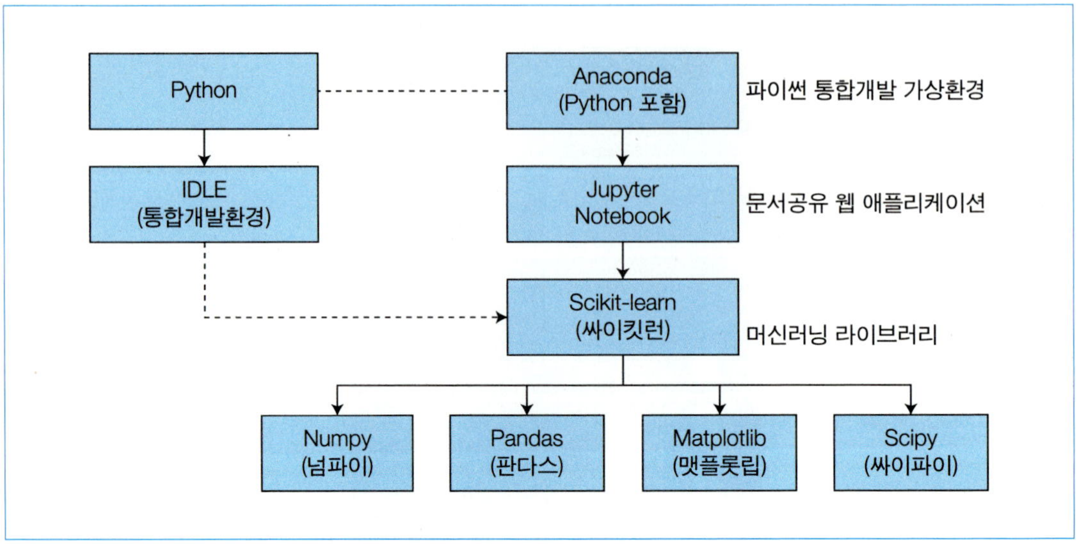

아나콘다 메뉴 화면에서 [Jupiter Notebook]을 클릭하고 "잠시" 기다리면 초기화면이 나온다.

위 화면에서 화면 우측 상단의 [New] → [Python 3]을 선택하면 코딩 작업 준비화면이 나온다.

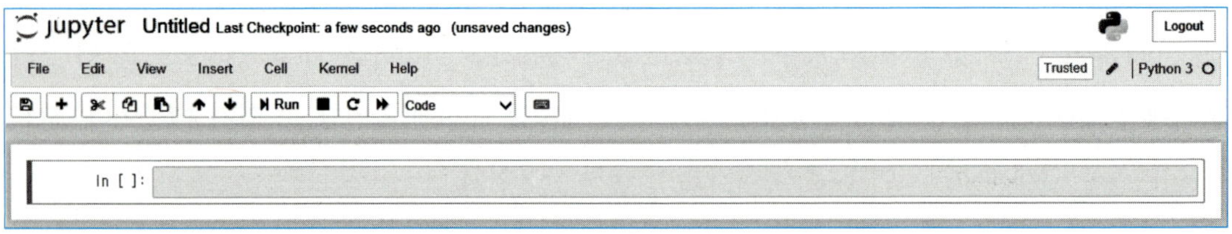

그러면 입력 시작이다.

제2절 주피터 노트북에서 자료 입력과 실행하기

주피터 노트북은 파이썬의 대화형 언어의 특성을 잘 살려 크롬같은 웹브라우저에서 코딩작업이 가능한 웹 기반 환경이다. 파이썬은 컴파일 언어가 아니고 인터프리터 언어이므로 한줄씩 입력 실행하여 결과를 실시간으로 볼 수 있다.

1. 입력하기

위의 화면 In[]에서 간단히 입력해 보자.

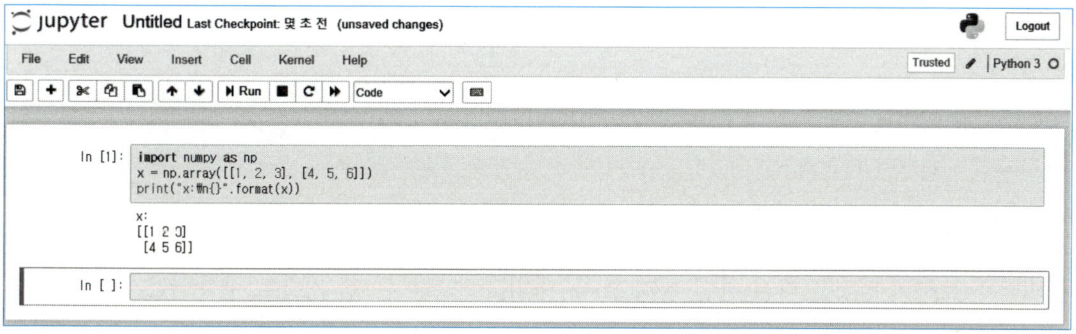

[입력]

첫째 줄: `import numpy as np`

`# numpy라는 외부 패키지(라이브러리)를 약칭 np로 불러온다(다음에서 상세히 설명함).`

둘째 줄: `x = np.array([[1, 2, 3], [4, 5, 6]])`

`# 객체 x에 배열 자료를 할당한다.`

셋째 줄: `print("x:\n{}".format(x))` `# \n은 줄바꾸기`

`# 객체 x를 인쇄한다.`

[출력]

```
x:
[[1 2 3]
 [4 5 6]]
```

만일 외부 패키지 numpy가 설치되지 않아 오류가 난다면, 다음과 같이 아나콘다에서 설치하면 된다.

2. 패키지 설치하기

초기화면 [시작 단추] 에서 마우스 왼쪽을 누른 후, 폴더 [Anaconda3] → [Aanaconda prompt]를 선택하면 아래 화면이 나온다. 여기서 "pip install numpy"를 입력 실행하면 된다.

주피터 노트북의 장점을 다시 한번 살펴 보자. 주피터 노트북은 웹 기술로 구축되었기 때문에 웹 페이지에서 지원되는 각종 멀티미디어를 모두 표시할 수 있다. 노트북에 HTML 요소를 포함시킬 수도 있고 IPython.display 모듈을 통해 프로그램에 따라 생성시킬 수도 있다. 데이터는 주피터 노트북을 구성하는 .ipynb 파일과 나란히 별도의 파일로 제공되거나 프로그램에 따라 내보내기도 가능하다. 노트북이라는 대화형 문서에 코드와 의견, 멀티미디어, 시각화 자료 등을 결합해 이를 공유하고 재사용 및 재작업할 수 있게 해 준다.

그러나 주피터 노트북은 본격적인 파이썬용 개발 환경이 아니라서 대화형 디버깅, 모듈 관리 등에 취약하다. 그리고 독립적이지 못해서 아나콘다 환경에서 사용하는 편이 낫다.

3. 파일 저장하기

Untitled 파일을 저장하려면 좌상단 툴바에서 [File] → [Save as] 하고 적절한 파일 이름으로 저장한다. 그러면 기본적으로 "C:\Users\user" 폴더에 "파일이름.ipynb"으로 저장된다.

이 파일 저장의 경로 위치를 바꾸려면 다음과 같이 하면 된다.

시작단추 → [Anaconda3(64-bit)] → [Jupyter Notebook] 메뉴에서 마우스 우클릭 → 새 창에서 [자세히] → [파일위치 열기] → 새 창에서 Jupyter Notebook 을 마우스 우클릭 → 새 창에서 [속성(R)]을 선택한다. 그러면 마지막 새 창이 나온다.

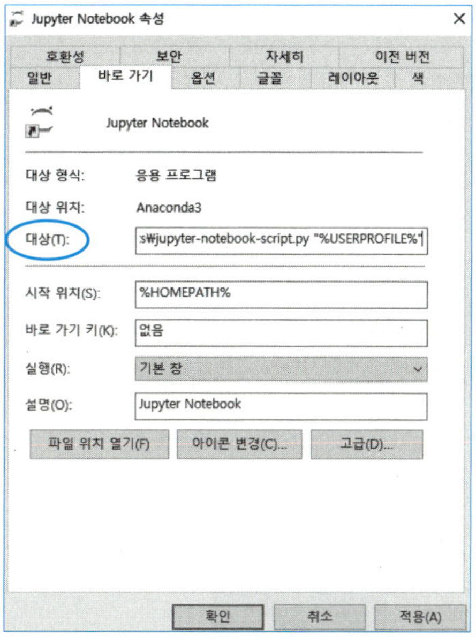

여기서 [대상(T)]의 %USERPROFILE% 대신에 D:\PyR을 입력하고 [확인]을 누른다.

4. 저장 파일 불러오기

아나콘다를 다시 다운받는 경우에 대비하여 [대상(T)]의 경로를 잘 기억해 두어야 한다. 그래야 기존 파일을 불러올 수 있기 때문이다.

제3절 싸이킷런 패키지

싸이킷런(scikit-learn)은 파이썬으로 구현된 기계학습 오픈소스이며 독보적인 패키지이다. 이 패키지의 장점은 다른 패키지와 호환성이 좋다는 점이다. 또한 내부적으로 통일된 인터페이스를 가지고 있어 여러 기법 적용이 가능하고 쉽고 빠르게 결과를 얻을 수 있다. 다음은 이 패키지의 url이다.

http://scikit-learn.org/stable/documentation

url 초기화면에서 [Home]을 클릭하면 아래와 같이 머신러닝의 예제가 화면이 등장한다. 이 예제들은 산업 현장이나 학계에서 널리 사용되고 있는 것들이다. 아래 화면에서 보면 다양하고 편리하게 머신러닝 예제에 접근할 수 있다.

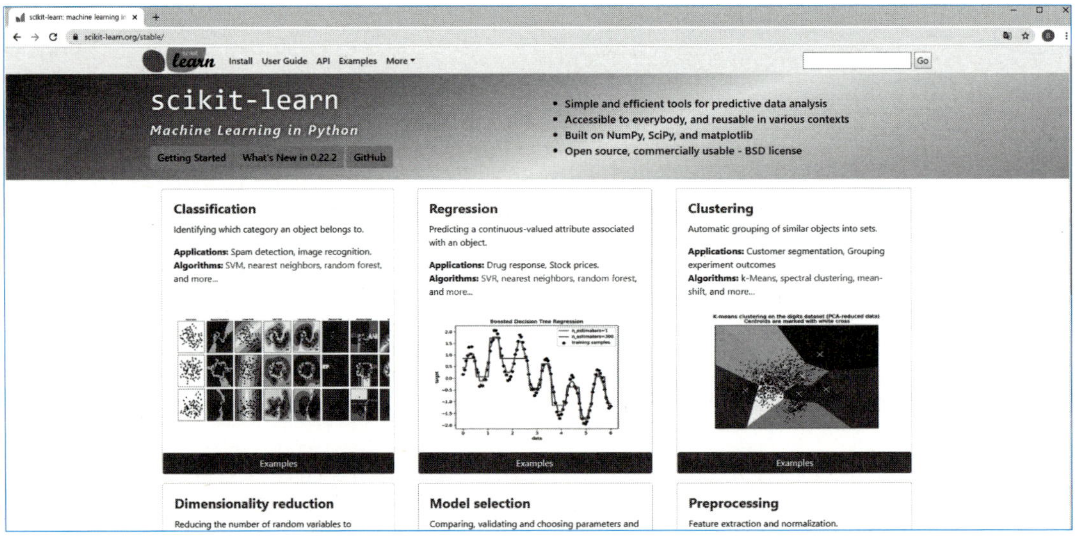

최신 버전의 싸이킷런은 일정 수준의 버전을 요구한다. 현재 라이브러리의 버전을 알고 싶으면 주피터 노트북에서 다음과 같이 실행하면 된다.

```
import sys
print("Python version: {}". format(sys.version))
import pandas as pd
print("pandas version: {}". format(pd.__version__))
import numpy as np
print("NumPy version: {}". format(np.__version__))
```

현재 numpy(넘파이), scipy(싸이파이) 같은 패키지가 있다 하더라도 싸이킷런을 가장 손쉽게 설치하는 방법은 초기화면 ⊞ 단추에서 마우스 왼쪽을 누른 후, 폴더 [Anaconda3] → [Aanaconda prompt]의 명령창에서

pip install -U scikit-learn

을 입력 실행하면 된다. PIP는 Python Package Index(PyPI) 저장소로부터 파이썬 패키지를 받아 설치하는 패키지 관리 도구로서, pip install [패키지 이름]의 형태로 패키지를 설치한다.

머신러닝 작업을 원활하게 수행하려면 pandas, numpy, matplotlib, scipy 등과 같은 외부 패키지에 대해 잘 알아야 한다. 다음은 싸이킷런의 대표적인 머신러닝 패키지이다.

[도표 21.4] 싸이킷런의 머신러닝 패키지

패키지(약칭)	설명
pandas (pd)	판다스는 R의 데이터프레임과 유사한 DataFrame 구조를 기반으로 한다. SQL처럼 테이블에 쿼리나 조인을 수행할 수도 있다. SQL, 엑셀 파일, CSV 파일 같은 다양한 파일과 DB에서 읽어 들일 수 있다.
numpy (np)	넘파이는 고성능 수치계산을 위해 만들어진 패키지이며, 벡터, 행렬, 배열 등으로 이루어진 자료의 분석 도구이다.
matplotlib	맷플롯립은 자료 시각화에 도움되며, 선그림표, 히스토그램, 산점도 등을 그려준다.
scipy	싸이파이는 고성능 선형대수, 함수 최적화, 신호처리, 특수 과학함수와 통계분포 등과 같은 과학 계산용이다.

(주) 싸이킷런을 불러오려면 sklearn 하면 된다.

다음에서는 이들 패키지 활용에 대해 간단히 설명한다.

1. pandas 패키지

주요 패키지들은 아나콘다에 이미 들어가 있지만, 주피터 노트북에서 import로 불러온 후 사용한다. 판다스 패키지 불러오는 방식은 다음과 같이 하면 된다.

```
import pandas as pd
```

pandas 패키지를 pd로 약칭하여 불러온다.

만일 주피터 노트북에서 불러오기(import)가 안 되면 아나콘다에서 설치하기(install)를 한 후에 불러오면 된다. 화면 좌하단의 [시작 단추] → [Anaconda3] → [Anaconda Prompt]에서

```
pip install pandas
```

를 입력하고 엔터하면 된다.

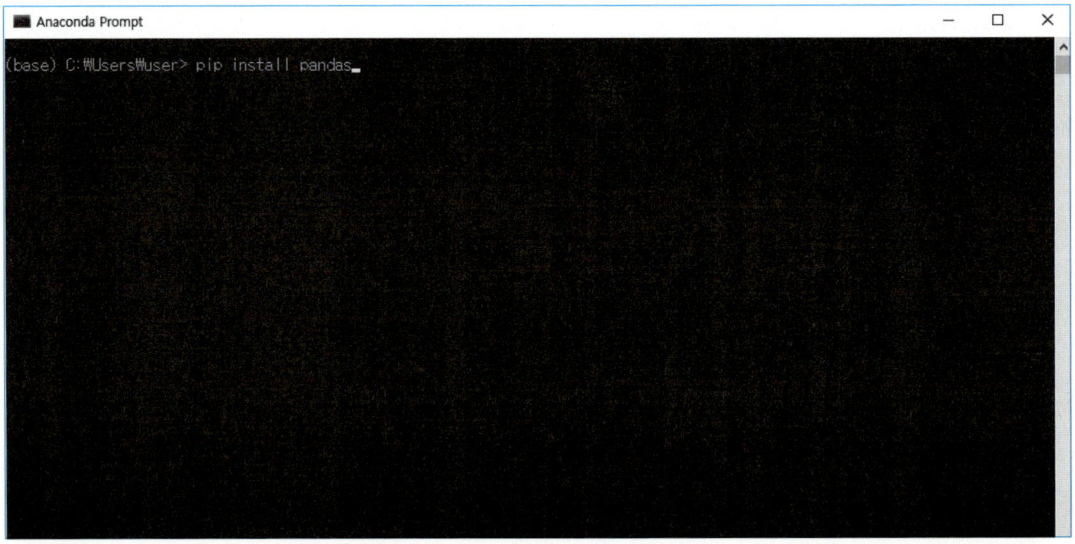

이 방법을 알아두면 다른 패키지를 불러 올 때 유용하다.

그리고 pip와 pandas 패키지를 업그레이드하려면 다음과 같이 하면 된다.

pip 업그레이드: python -m pip install --upgrade pip (윈도우용)
pandas 패키지 업그레이드: pip install pandas --upgrade

〈참고〉 [커맨드 창]에서 패키지 설치하기

파이썬이 설치되어 있는 상태에서 내 PC 화면 좌하단의 [시작 단추] → [실행]을 누르면 아래 [커맨드 창]이 나온다. 여기서 [확인] 단추를 누른다. 커맨드(cmd) 창이 나오면 경로(여기서는 C:\Users\user)를 확인하고 먼저 pip를 설치한다.

```
C:\Users\user\python -m pip install --upgrade pip
```

그리고 나서 다음을 입력한다.

```
C:\Users\user\pip install --upgrade pandas
```

2. numpy 패키지

넘파이(numpy)는 수치 해석, 특히 선형 대수(linear algebra) 계산을 위한 패키지이다. 자료형이 고정된 다차원 배열과 벡터의 연산을 지원하는 패키지이다. 넘파이에는 배열이 존재한다. 이것은 리스트와 다른 자료 유형이다. 대부분의 연산은 배열을 이용해서 진행되며 리스트처럼 인덱스를 이용하여 배열의 원소에 접근한다. 배열에는 계수(階數, rank)[1]가 있어 차원의 크기를 알려주며, 속성(shape)은 튜플 형식이다. 그 특성을 간단히 알아보자.

```
import numpy as np

a = np.array([1, 2, 3])                        # 계수=1의 array를 생성
print(type(a))                                 # Prints "<class 'numpy.ndarray'>"
print(a.shape)                                 # Prints "(3,)"
print(a[0], a[1], a[2])                        # Prints "1 2 3"
a[0] = 5                                       # array의 원소를 변경
print(a)                                       # Prints "[5, 2, 3]"

b = np.array([[1,2,3],[4,5,6]])                # 계수=2인 array를 생성
print(b.shape)                                 # Prints "(2, 3)"
print(b[0, 0], b[0, 1], b[1, 0])               # Prints "1 2 4"
```

---

1 계수(rank)는 선형독립인 행 또는 열의 수를 뜻한다. 행렬 A가 pxq라고 하면 계수 $r(A) \leq \min(p, q)$이다. 예를 들어, $A = \begin{bmatrix} 1 & 2 \\ 3 & 4 \end{bmatrix}$의 $r(A) = 2$이며, $B = \begin{bmatrix} 1 & 2 & 3 \\ 3 & 6 & 9 \end{bmatrix}$의 $r(B)=1$이다. 행렬 B의 둘째 행은 첫행의 3배, 즉 선형종속이기 때문이다. 정방행렬에서 고유치의 수는 계수의 값과 같다. 그리고 $r(A)=\min(p, q)$이면 정칙행렬(nonsingular matrix)이라 하며, 모든 벡터는 선형 독립적이다.

3. matplotlib 패키지

다음은 matplotlib의 pyplot모듈을 이용하여 그린 그래프이다.

```
import numpy as np
import matplotlib.pyplot as plt
x = np.arange(0, 6, 0.01)
y = np.sin(x)
plt.plot(x,y)
plt.show()
```

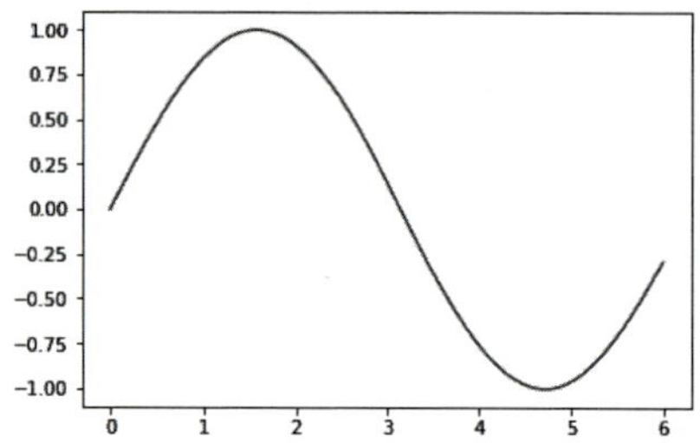

그리고 seaborn은 matplotlib을 기반으로 다양한 색상 테마와 통계용 차트 등의 기능을 추가한 시각화 패키지이다. 기본적인 시각화 기능은 matplotlib 패키지에 의존하며 통계 기능은 statsmodels 패키지에 의존한다. seaborn에 대한 자세한 내용은 다음 웹사이트를 참조한다.

https://seaborn.github.io/

```
import seaborn as sns
titanic=sns.load_dataset("titanic")    # 타이타닉호 자료

import matplotlib.pyplot as plt
from matplotlib import font_manager, rc
font_name = font_manager.FontProperties(fname="c:/Windows/Fonts/malgun.ttf").get_name()
plt.rc('font', family=font_name)      #그래프에서 한글깨짐 방지용
plt.matplotlib.rcParams['axes.unicode_minus'] = False  # 좌표에 출력된 음수 깨짐 방지

import matplotlib.pyplot as plt
sns.countplot(x="class",data=titanic)
plt.title("타이타닉호의 각 클래스별, 승객 수")
plt.show()
```

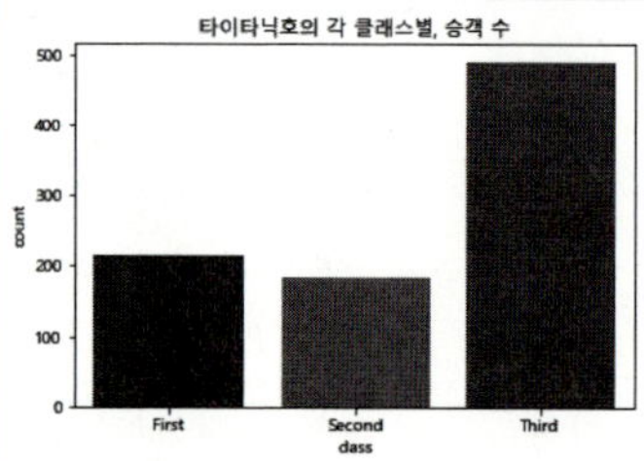


```
titanic_size = titanic.pivot_table(
    index="class", columns="sex", aggfunc="size")
titanic_size
```

sex	female	male
class		
First	94	122
Second	76	108
Third	144	347

제4절 시리즈 구조

판다스는 시리즈(Series)나 데이터프레임(DataFrame) 구조를 제공하며, 자료의 탐색이나 정리에 유용하여 데이터 분석에 필수적인 패키지이다. 먼저 시리즈는 다음에서 보는 바와 같이 1차원 배열로서 리스트(list)와 같은 벡터 구조이며 동일한 자료 유형만 담는다. 다음 예제를 통하여 시리즈에 대해 알아본다.

```
import pandas as pd
import numpy as np
se = pd.Series([10, 40, 30, 20])
se
```

```
0    10
1    40
2    30
3    20
dtype: int64
```

```
se.values
```

```
array([10, 40, 30, 20], dtype=int64)
```

```
se.index
```

```
RangeIndex(start=0, stop=4, step=1)
```

```
se.dtypes
```

```
dtype('int64')
```

```
se = list(map(float, se))                                    # 실수 형으로
se
```

```
[10.0, 20.0, 30.0, 40.0]
```

```
se = list(map(int, se))                                      # 정수 형으로
se
```

```
[10, 20, 30, 40]
```

```
se = pd.Series(se)                                           # 시리즈 구조
se
```

```
0    10
1    20
2    30
3    40
dtype: int64
```

```
se1 = pd.Series([10, 20, 30, 40], index=['Kim','Lee','Park','Kang'])    # 인덱스 바꾸기
se1
```

```
Kim     10
Lee     20
Park    30
Kang    40
dtype: int64
```

```
import pandas as pd
import numpy as np
se1 = pd.Series(np.arange(5.), index = ['a', 'b', 'c', 'd', 'e'])          # 시리즈
se1
```

```
a    0.0
b    1.0
c    2.0
d    3.0
e    4.0
dtype: float64
```

```
birth = {'Kim': 1990,'Lee': 1992,'Park': 1990,'Kang': 1993}         # 사전(딕셔너리) 형태
se2 = pd.Series(birth)
se2
```

```
Kim     1990
Lee     1992
Park    1990
Kang    1993
dtype: int64
```

```
se2.name = 'birth year'
se2.index.name= 'student'
se2
```

```
student
Kim     1990
Lee     1992
Park    1990
Kang    1993
Name: birth year, dtype: int64
```

```
se2.index=['1','2','3','4']
se2
```

```
1    1990
2    1992
3    1990
4    1993
Name: birth year, dtype: int64
```

여러 종류의 정보를 가진 복수의 시리즈를 모아 놓으면 데이터프레임을 만들 수 있다.

제5절 데이터프레임 구조

1. 단일 데이터프레임

앞의 R편에서 본 바와 마찬가지로 데이터프레임은 파이썬에서도 중요한 개념이다.

먼저 하나의 데이터프레임(DataFrame)에 관련된 여러 작업을 실행해 본다.

```
import pandas as pd
data= {'name':['Kim','Lee','Park','Kang'],
       'birth':[1990, 1992, 1990, 1993],
       'score':[70, 80, 90, 60]}
dfr = pd.DataFrame(data)
dfr
```

	name	birth	score
0	Kim	1990	70
1	Lee	1992	80
2	Park	1990	90
3	Kang	1993	60

```
dfr.index
```

```
RangeIndex(start=0, stop=4, step=1)
```

```
dfr.columns
```

```
Index(['name', 'birth', 'score'], dtype='object')
```

```
dfr.values
```

```
array([['Kim', 1990, 70],
       ['Lee', 1992, 80],
       ['Park', 1990, 90],
       ['Kang', 1993, 60]], dtype=object)
```

```
list(map(int, dfr['birth']))
```

```
[1990, 1992, 1990, 1993]
```

만일 dfr.head()를 실행하면 상위 5개, dfr.tail()은 후위 5개 자료가 나타난다. 다음의 info()는 자료의 정보 그리고 describe()는 연속변수 및 명목변수에 대해 각각 요약한 것을 보여준다.

```
dfr.info()
```

```
<class 'pandas.core.frame.DataFrame'>
RangeIndex: 4 entries, 0 to 3
Data columns (total 3 columns):
name     4 non-null object
birth    4 non-null int64
score    4 non-null int64
dtypes: int64(2), object(1)
memory usage: 224.0+ bytes
```

```
dfr.describe()
```

	birth	score
count	4.00	4.000000
mean	1991.25	75.000000
std	1.50	12.909944
min	1990.00	60.000000
25%	1990.00	67.500000
50%	1991.00	75.000000
75%	1992.25	82.500000
max	1993.00	90.000000

```
import numpy as np
dfr.describe(include = [np.object, pd.Categorical])          # 명목변수
```

	name
count	4
unique	4
top	Kim
freq	1

```
dfr['score']                         # dfr.score와 동일한 결과, array
```

```
0    70
1    80
2    90
3    60
Name: score, dtype: int64
```

```
dfr[['score']]                                                    # df
```

	score
0	70
1	80
2	90
3	60

```
dfr[['birth','score']]                                            # df
```

	birth	score
0	1990	70
1	1992	80
2	1990	90
3	1993	60

```
dfr['gender'] = ['male', 'female', 'male', 'female']
dfr
```

	name	birth	score	gender
0	Kim	1990	70	male
1	Lee	1992	80	female
2	Park	1990	90	male
3	Kang	1993	60	female

```
dfr.columns
```

```
Index(['name', 'birth', 'score', 'gender'], dtype='object')
```

```
dfr.score.groupby(dfr.gender).describe().T                    # T: transpose
```

gender	female	male
count	2.000000	2.000000
mean	70.000000	80.000000
std	14.142136	14.142136
min	60.000000	70.000000
25%	65.000000	75.000000
50%	70.000000	80.000000
75%	75.000000	85.000000
max	80.000000	90.000000

```
dfr_rename = dfr.rename(columns={"score": "points"})
dfr_rename
```

	name	birth	points	gender
0	Kim	1990	70	male
1	Lee	1992	80	female
2	Park	1990	90	male
3	Kang	1993	60	female

```
dfr1 = dfr
dfr1.index.name='beonho'
dfr1.columns.name='student'
dfr1
```

student	name	birth	score	gender
beonho				
0	Kim	1990	70	male
1	Lee	1992	80	female
2	Park	1990	90	male
3	Kang	1993	60	female

 # 필요한 자료 불러오기

```
dfr = pd.DataFrame(data)
dfr['gender'] = ['male', 'female', 'male', 'female']
dfr[0:3]
```

	name	birth	score	gender
0	Kim	1990	70	male
1	Lee	1992	80	female
2	Park	1990	90	male

시퀀스 슬라이스 주소

시퀀스 슬라이스 주소는 [start : end : step]로 작성되며 start, stop 또는 end를 선택할 수 있다. 예를 들어, range(10)[::3] => outputs [0, 3, 6, 9]이다.

```
dfr[::1]                                                    # slice step: 1씩
```

	name	birth	score	gender
0	Kim	1990	70	male
1	Lee	1992	80	female
2	Park	1990	90	male
3	Kang	1993	60	female

```
dfr[::2]                                                    # slice step: 2씩
```

	name	birth	score	gender
0	Kim	1990	70	male
2	Park	1990	90	male

dfr[::3]의 경우는 index 0과 3이 출력된다. 그 이후는 해당 숫자가 없다.

```
dfr.loc[1]                                                  # locate
```

```
name          Lee
birth        1992
score          80
gender     female
Name: 1, dtype: object
```

```
dfr.loc[1:3]
```

	name	birth	score	gender
1	Lee	1992	80	female
2	Park	1990	90	male
3	Kang	1993	60	female

```
dfr.loc[1:3, 'birth']
```

```
1     1992
2     1990
3     1993
Name: birth, dtype: int64
```

```
dfr.loc[:,['name','birth']]
```

	name	birth
0	Kim	1990
1	Lee	1992
2	Park	1990
3	Kang	1993

```
dfr.loc[0:2,'birth':'gender']
```

	birth	score	gender
0	1990	70	male
1	1992	80	female
2	1990	90	male

```
dfr4 = dfr
dfr4.loc[4,:]= ['Choi', 1993, 65, 'male']
dfr4
```

	name	birth	score	gender
0	Kim	1990.0	70.0	male
1	Lee	1992.0	80.0	female
2	Park	1990.0	90.0	male
3	Kang	1993.0	60.0	female
4	Choi	1993.0	65.0	male

dfr 데이터프레임에서 출생연도(birth)를 정수로 바꾼다.

```
dfr['birth']=list(map(int, dfr['birth']))                    # 먼저 dfr 확인 바람
dfr
```

	name	birth	score	gender
0	Kim	1990	70.0	male
1	Lee	1992	80.0	female
2	Park	1990	90.0	male
3	Kang	1993	60.0	female
4	Choi	1993	65.0	male

```
dfr.iloc[0:2, 0:2]
```

	name	birth
0	Kim	1990
1	Lee	1992

```
dfr.iloc[[0,1,3],[1,2]]
```

	birth	score
0	1990	70.0
1	1992	80.0
3	1993	60.0

```
dfr.iloc[:,1:4]
```

	birth	score	gender
0	1990	70.0	male
1	1992	80.0	female
2	1990	90.0	male
3	1993	60.0	female
4	1993	65.0	male

```
dfr.iloc[1, 2]
```

```
80.0
```

```
dfr['score'] > 80                                    # boolean indexing
```

```
0    False
1    False
2     True
3    False
4    False
Name: score, dtype: bool
```

```
dfr.loc[dfr['score'] > 70,:]
```

	name	birth	score	gender
1	Lee	1992	80.0	female
2	Park	1990	90.0	male

```
dfr.loc[dfr['name']=='Kim',['name','score']]
```

	name	score
0	Kim	70.0

```
dfr.loc[(dfr['score'] >= 90) | (dfr4['score'] <= 60),:]          # | 부호는 또는(or)을 뜻함
```

	name	birth	score	gender
2	Park	1990	90.0	male

```
dfr.loc[dfr['score'] < 70,'score'] = 70
dfr                                                           # dfr changed
```

	name	birth	score	gender
0	Kim	1990	70.0	male
1	Lee	1992	80.0	female
2	Park	1990	90.0	male
3	Kang	1993	70.0	female
4	Choi	1993	70.0	male

```
dfr.drop(2, axis=0)                                              # index 2의 행 제거
```

	name	birth	score	gender
0	Kim	1990	70.0	male
1	Lee	1992	80.0	female
3	Kang	1993	70.0	female
4	Choi	1993	70.0	male

```
dfr.drop('birth', axis=1)                                        # 변수 birth의 열 제거
```

	name	score	gender
0	Kim	70.0	male
1	Lee	80.0	female
2	Park	90.0	male
3	Kang	70.0	female
4	Choi	70.0	male

2. 두 데이터프레임 결합하기

다음과 같이 3개의 데이터프레임이 있다고 하자.

```
import pandas as pd
df1= pd.DataFrame ({'name':['Kim','Lee','Park','Kang'],
        'birth':[1990, 1992, 1990, 1993],
        'math':[70, 80, 90, 60]},
        index = [1, 2, 3, 4])
df2 = pd.DataFrame({'name':['Jeong', 'Jang'], 'birth':[1992, 1994], 'math':[65, 72]},
                   index=[5, 6])
df3 = pd.DataFrame({'name':['Jeong3', 'Jang3'], 'korean':[75, 77]}, index=[1, 2])
df1
```

	name	birth	math
1	Kim	1990	70
2	Lee	1992	80
3	Park	1990	90
4	Kang	1993	60

```
df2
```

	name	birth	math
5	Jeong	1992	65
6	Jang	1994	72

```
df3
```

	name	korean
1	Jeong3	75
2	Jang3	77

```
df12 = pd.concat([df1, df2])                # concatenate: 연쇄시키다
df12
```

	name	birth	math
1	Kim	1990	70
2	Lee	1992	80
3	Park	1990	90
4	Kang	1993	60
5	Jeong	1992	65
6	Jang	1994	72

```
df12_axis1 = pd.concat([df1, df2], axis=1)
df12_axis1
```

	name	birth	math	name	birth	math
1	Kim	1990.0	70.0	NaN	NaN	NaN
2	Lee	1992.0	80.0	NaN	NaN	NaN
3	Park	1990.0	90.0	NaN	NaN	NaN
4	Kang	1993.0	60.0	NaN	NaN	NaN
5	NaN	NaN	NaN	Jeong	1992.0	65.0
6	NaN	NaN	NaN	Jang	1994.0	72.0

(주) axis=0인 경우를 각자 확인하기 바란다.

아래에서는 변수 이름이 일치되지 않아 korean이 추가되었다. 그리고 나서 변수 이름들을 다시 정렬하는 방식을 보여준다.

```
df13 = pd.concat([df1, df3])                                   # concatenate
df13
```

	birth	korean	math	name
1	1990.0	NaN	70.0	Kim
2	1992.0	NaN	80.0	Lee
3	1990.0	NaN	90.0	Park
4	1993.0	NaN	60.0	Kang
1	NaN	75.0	NaN	Jeong3
2	NaN	77.0	NaN	Jang3

```
df13.sort_index(axis=1, ascending=False, inplace=True)
df13
```

	name	math	korean	birth
1	Kim	70.0	NaN	1990.0
2	Lee	80.0	NaN	1992.0
3	Park	90.0	NaN	1990.0
4	Kang	60.0	NaN	1993.0
1	Jeong3	NaN	75.0	NaN
2	Jang3	NaN	77.0	NaN

```
df13 = df13[['name', 'birth', 'korean', 'math']]
df13
```

	name	birth	korean	math
1	Kim	1990.0	NaN	70.0
2	Lee	1992.0	NaN	80.0
3	Park	1990.0	NaN	90.0
4	Kang	1993.0	NaN	60.0
1	Jeong3	NaN	75.0	NaN
2	Jang3	NaN	77.0	NaN

위에서 변수 이름의 위치를 바꾸었다. 만일 내용 변경 없이 변수 이름만 바꾼다면 df13.columns =['name', 'birth', 'math', 'korean']으로 한다.

다음에서는 append 함수를 이용하여 두 데이터프레임을 결합하였다.

```
df12_append = df1.append(df2)
df12_append
```

	name	birth	math
1	Kim	1990	70
2	Lee	1992	80
3	Park	1990	90
4	Kang	1993	60
5	Jeong	1992	65
6	Jang	1994	72

```
import numpy as np
df12_np = np.append(df1, df2, axis=0)
df12_np
```

```
array([['Kim', 1990, 70],
       ['Lee', 1992, 80],
       ['Park', 1990, 90],
       ['Kang', 1993, 60],
       ['Jeong', 1992, 65],
       ['Jang', 1994, 72]], dtype=object)
```

```
import pandas as pd
df12_df = pd.DataFrame(df12_np)
df12_df
```

	0	1	2
0	Kim	1990	70
1	Lee	1992	80
2	Park	1990	90
3	Kang	1993	60
4	Jeong	1992	65
5	Jang	1994	72

다음에서는 math 변수 기준으로 내림차순으로 정렬하였으나 인덱스가 제대로 정렬되어 있지 않다. 이때 reset하면 자료를 인덱스 번호를 순서대로 보여준다.

```
df12_sort = df12_append.sort_values(["math"], ascending=[False])
df12_sort
```

	name	birth	math
3	Park	1990	90
2	Lee	1992	80
6	Jang	1994	72
1	Kim	1990	70
5	Jeong	1992	65
4	Kang	1993	60

```
df12_reset = df12_sort.reset_index(drop=True)
df12_reset
```

	name	birth	math
0	Park	1990	90
1	Lee	1992	80
2	Jang	1994	72
3	Kim	1990	70
4	Jeong	1992	65
5	Kang	1993	60

3. 결측치 자료 해결하기

결측치(NaN: Not a Number)를 다루는 일은 자료 전처리과정에서 중요하다. 많은 실제 자료는 결측치를 포함하고 있기 때문이다. 자료가 빈칸이기도 하고 9999같은 숫자를 넣기도 한다. 이것에 대해 미리 정의를 내린 후 다음을 진행한다.

가장 쉬운 처리 방법은 Null이 포함된 행을 모두 제거하면 된다. 표본 수가 많으면 별문제가 없으나, 충분하지 않을 경우에는 적절한 값을 채워 넣는다. 연속 자료에서는 평균(mean)이나 중앙값(median)을 이용하고 명목자료에서는 최빈값(mode)이나 예측치로 값을 대체하기도 한다.

```
import pandas as pd
import numpy as np

dfr= pd.DataFrame ({'name':['Kim','Lee','Park','Kang'],
        'birth':[1990, 9999, 9999, 1993],
        'math':[70, 80, 90, 9999],
        'gender':['m', 'm', 'f', 'f']})
dfr
```

	name	birth	math	gender
0	Kim	1990	70	m
1	Lee	9999	80	m
2	Park	9999	90	f
3	Kang	1993	9999	f

```
dfr.loc[[1, 2], 'birth'] = None                # inserting missing values
dfr.loc[3, 'math'] = np.nan
dfr
```

	name	birth	math	gender
0	Kim	1990.0	70.0	m
1	Lee	NaN	80.0	m
2	Park	NaN	90.0	f
3	Kang	1993.0	NaN	f

```
dfr.iloc[[1, 2], 1] = None                     # 상동
dfr.iloc[3, 2] = np.nan
dfr                                            # 결과 상동
```

```
dfr.isnull()
```

	name	birth	math	gender
0	False	False	False	False
1	False	True	False	False
2	False	True	False	False
3	False	False	True	False

```
dfr.dropna(axis=0)                                    # na 있는 행 제거, 원본 유지
```

	name	birth	math	gender
0	Kim	1990.0	70.0	m

```
dfr.dropna(axis=1)                                    # na 있는 열 제거
```

	name	gender
0	Kim	m
1	Lee	m
2	Park	f
3	Kang	f

```
dfr.dropna(how='all')                                    # 자료가 모두 na이면 제거
```

	name	birth	math	gender
0	Kim	1990.0	70.0	m
1	Lee	NaN	80.0	m
2	Park	NaN	90.0	f
3	Kang	1993.0	NaN	f

```
dfr.dropna(how='any', axis=1)                            # na가 있는 열 제거
```

	name	gender
0	Kim	m
1	Lee	m
2	Park	f
3	Kang	f

결측치를 평균으로 대체하기

여기서는 먼저 전체 평균을 구하고, 결측치를 평균으로 대체한다. 그리고 나서 성별(gender)로 평균을 구한다.

```
dfr.math.mean()                                          # math 평균
```

```
80.0
```

```
dfr_ma = dfr['math'].fillna(dfr.math.mean())          # 결측치를 평균으로 대체
dfr_ma
```

```
0    70.0
1    80.0
2    90.0
3    80.0
Name: math, dtype: float64
```

```
dfr['math'] = dfr_ma
dfr
```

	name	birth	math	gender
0	Kim	1990.0	70.0	m
1	Lee	NaN	80.0	m
2	Park	NaN	90.0	f
3	Kang	1993.0	80.0	f

남녀 집단별 평균 구하기

```
dfr['gender'].unique()
```

```
array(['m', 'f'], dtype=object)
```

```
dfr_group = dfr.groupby('gender')
math_mean = dfr_group['math'].mean()
math_mean
```

```
gender
f    85.0
m    75.0
Name: math, dtype: float64
```

```
dfr_group['math'].describe()
```

	count	mean	std	min	25%	50%	75%	max
gender								
f	2.0	85.0	7.071068	80.0	82.5	85.0	87.5	90.0
m	2.0	75.0	7.071068	70.0	72.5	75.0	77.5	80.0

참고

실제 자료에서는 결측치가 많이 발생하므로 주의를 요한다. 다음을 참고하기 바란다.

① 결측치가 하나도 없는 변수만 선택하기: `df[df.isnull().any(axis=1)]`

② 결측치를 중앙값(median)으로 대체하기: `df.fillna(value=df.med())`

③ 명목자료의 결측치를 최빈값(mode)으로 대체하기:

```
from sklearn.preprocessing import Imputer
imp = Imputer(missing_values = 'NaN', strategy='most_frequent', axis=0)
df['X'] = imp.fit_transform(df['X'])
```

python 생각

머신러닝 준비 과정이 좀 지루할 수도 있었겠지만, 역시 기초를 잘 닦으면 앞으로 나아가기가 수월할 것이다. 지식 내용(know-how)을 머리 속에 넣으면서 동시에 어디에 있는지(know-where)도 안다면 여정(旅程)의 불확실성에 충분히 머무를 수 있을 것이다.

이제부터 머신러닝 분석방법은 가능하면 다음과 같이 진행한다. 통계적인 능력뿐만 아니라 연구 주제에 관련된 상황을 잘 인식하기 바란다.

1 서론
2 자료 준비
3 목표
4 자료 전처리
5 자료의 시각화
6 분석
7 결론

CHAPTER 22
회귀분석

제1절 단순 회귀분석

1. 서론

알타 기업 경영자는 매출액 대비 광고비의 변화에 관심을 갖고 있다. 기업에서 광고는 제품이나 서비스의 판매 촉진을 위한 중요한 기능이다. 이미 경험한 고객들에게 자부심을 갖게 하거나 아직 경험하지 못한 사람들의 관심을 이끌어 내는 역할을 한다. 효과적이고 핵심적인 광고 내용도 중요하지만 사내에서 얼마나 많은 예산을 투입할 것인가에 따라 경영자의 관심을 가늠할 수 있다.

2. 자료 준비

다음은 알타기업에서 최근 8개월간 집행된 가상 자료에서 x는 광고비(백만 원), y=매출액(단위: 억 원)으로 정한다.

[도표 22.1] 광고비와 매출액 자료

월	1	2	3	4	5	6	7	8
광고비(x)	6	7	2	4	8	6	3	4
매출액(y)	22	21	8	17	27	18	9	14

```
import pandas as pd
adv = [6, 7, 2, 4, 8, 6, 3, 4]
sales = [22, 21, 8, 17, 27, 18, 9, 14]
data = pd.DataFrame({'adv': adv, 'sales': sales})
print(data)
```

```
   adv  sales
0    6     22
1    7     21
2    2      8
3    4     17
4    8     27
5    6     18
6    3      9
7    4     14
```

```
data.describe()
```

	adv	sales
count	8.000000	8.000000
mean	5.000000	17.000000
std	2.070197	6.502747
min	2.000000	8.000000
25%	3.750000	12.750000
50%	5.000000	17.500000
75%	6.250000	21.250000
max	8.000000	27.000000

두 변수의 자료에서 평균과 표준편차 등을 구해 보았다. 8개월 동안 광고비와 매출액의 평균은 각각 5백만 원, 17억 원으로 계산되었다.

3. 목표

회귀분석은 머신러닝의 가장 대표적인 지도학습 알고리즘이다. 선형 회귀분석은 회귀모형의 1차함수적인 관계를 뜻한다. 회귀분석은 변수들 간의 인과관계를 설명하는 기술(記述)과 예측(豫測)의 목적을 가진다. 다시 말해서 독립변수(설명변수, 원인변수)가 종속변수(예측변수, 반응변수)에 미치는 영향력의 크기를 파악하여, 독립변수의 일정한 값에 대응되는 종속변수의 값을 예측하기 위한 분석 기법이다. 단순 회귀분석(simple regression analysis)은 반응변수(매출액)와 설명변수(광고비)가 각각 하나인 경우 실시한다. 따라서 매출액이 광고비에 의해 영향을 받는 관계를 발견할 수 있으며, 또한 광고비 수준이 결정되면 회귀식을 통하여 매출액을 예상할 수 있다.

4. 자료 전처리

이상치나 결측치가 발견되지 않기 때문에 다음 단계로 진행한다. 표본자료가 간단하여 시각적인 판단이 가능하다.

5. 자료의 시각화

회귀분석에서 자료를 보여주는 가장 간명한 방법은 산점도이다. 이 그림표는 두 변수의 관계를 시각적으로 잘 나타내 준다. 아래에서 보면 두 변수는 거의 일직선적인 관계를 갖는다고 해도 별 무리가 없어 보인다. 만일 비선형적인 관계를 보여준다면 회귀모형을 이에 따라 수정해야 할 것이다. 여기서는 회귀직선을 구한다.

```
import seaborn as sns
sns.regplot(x=data['adv'], y=data['sales'], fit_reg=True)
import matplotlib.pyplot as plt
plt.title('Scatter Plot with Regression Line', fontsize=10)
plt.show()
```

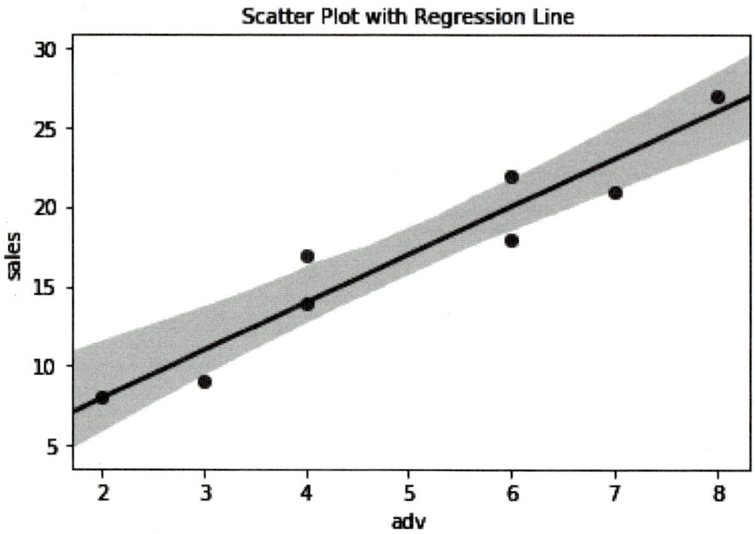

참고

다음은 한글 입력 시에 알아둘 내용이다.

```
import matplotlib.pyplot as plt
from matplotlib import font_manager, rc
font_name = font_manager.FontProperties(fname="c:/Windows/Fonts/malgun.ttf").get_name()
plt.rc('font', family=font_name)                                    # 그래프에서 한글깨짐 방지용
plt.matplotlib.rcParams['axes.unicode_minus'] = False               # 좌표에 출력된 음수 깨짐 방지

plt.scatter([6, 7, 2, 4, 8, 6, 3, 4], [22, 21, 8, 17, 27, 18, 9, 14])
plt.title("광고비와 매출액 관계")
plt.xlabel("광고비(백만원)")
plt.ylabel("매출액(억원)")
plt.axis([0,10, 0,30])
plt.show()
```

6. 분석

패키지 statsmodels를 이용한 OLS(Ordinary Least Square)로 회귀분석을 실행한다.

```
import statsmodels.api as sm
model = sm.OLS.from_formula("sale ~ adv", data).fit()
model.summary()
```

OLS Regression Results

Dep. Variable:	sales	**R-squared:**	0.912
Model:	OLS	**Adj. R-squared:**	0.898
Method:	Least Squares	**F-statistic:**	62.31
Date:	Wed, 07 Aug 2019	**Prob (F-statistic):**	0.000219
Time:	11:04:47	**Log-Likelihood:**	-16.066
No. Observations:	8	**AIC:**	36.13
Df Residuals:	6	**BIC:**	36.29
Df Model:	1		
Covariance Type:	nonrobust		

	coef	std err	t	P>|t|	[0.025	0.975]
Intercept	2.0000	2.038	0.981	0.364	-2.986	6.986
adv	3.0000	0.380	7.894	0.000	2.070	3.930

Omnibus:	0.986	**Durbin-Watson:**	1.769
Prob(Omnibus):	0.611	**Jarque-Bera (JB):**	0.627
Skew:	0.256	**Prob(JB):**	0.731
Kurtosis:	1.728	**Cond. No.**	15.3

선형회귀모형은 유의하며 ($p = 0.000219 < 0.05$)이며, 결정계수 $R^2 = 0.912$이다. 그리고 $\hat{y} = 2 + 3x$의 회귀식을 얻었으며, x(광고비)가 한 단위(백만 원) 증가하면 y(매출액)은 3단위(억 원) 증가할 것이다. 그리고 광고비를 5로 책정한다면 매출액은 $2 + 3(5) = 17$(억 원) 정도로 예상된다.

7. 결론

매출액에 대한 광고비의 영향력은 유의미하다. 그렇다고 해서 광고비를 계속 증가시킬 수는 없다. 주어진 자료의 범위 내에서 조심스럽게 평가해야 하기 때문이다. 회귀모형의 잔차에 대한 검정은 생략하고, 제3절에서 다루기로 한다.

머신러닝 분석은 기본적으로 행렬의 연산이다. 다음에서 간단히 살펴 본 후에 제3절로 넘어가 보자.

제2절 회귀모형의 행렬 표현

다차원 자료를 다루는 데에 행렬의 이해는 필수적이다. 회귀분석에 있어 행렬의 사용은 편리한 점을 가져다준다. 독립변수의 수가 몇 개가 되든지 간에 행렬에 포함시킬 수 있기 때문이다. 앞 절의 단순회귀모형을 보면

$$Y_i = \beta_0 + \beta_2 X_i + \varepsilon_i$$

이다. n개의 관찰치를 한꺼번에 나타내면,

$$\begin{aligned} Y_1 &= \beta_0 + \beta_1 X_1 + \varepsilon_1 \\ Y_2 &= \beta_0 + \beta_1 X_2 + \varepsilon_2 \\ &\vdots \\ Y_n &= \beta_0 + \beta_1 X_n + \varepsilon_n \end{aligned}$$

이다. 이것을 벡터(밑줄 긋기)와 행렬(대문자)로 표기하면

$$\underline{Y} = \begin{bmatrix} Y_1 \\ Y_2 \\ \vdots \\ Y_n \end{bmatrix} \quad X = \begin{bmatrix} 1 & X_1 \\ 1 & X_2 \\ \vdots & \vdots \\ 1 & X_n \end{bmatrix} \quad \underline{\beta} = \begin{bmatrix} \beta_0 \\ \beta_1 \end{bmatrix} \quad \underline{\varepsilon} = \begin{bmatrix} \varepsilon_1 \\ \varepsilon_2 \\ \vdots \\ \varepsilon_n \end{bmatrix}$$

이고, 간단하게 다음과 같이 나타낼 수 있다.

$$\underset{(n\times1)}{\underline{Y}} = \underset{(n\times2)(2\times1)}{X\underline{\beta}} + \underset{(n\times1)}{\underline{\varepsilon}}$$

이제 k개의 변수를 생각해 보면,

$$Y_1 = \beta_0 + \beta_1 X_{1i} + \beta_2 X_{2i} + \cdots + \beta_k X_{ki} + \varepsilon_i$$

이다. n개의 표본에 대해서는 다음과 같이 나타낼 수 있다.

$$Y_1 = \beta_0 + \beta_1 X_{11} + \beta_2 X_{12} + \cdots + \beta_k X_{1k} + \varepsilon_1$$
$$Y_2 = \beta_0 + \beta_1 X_{21} + \beta_2 X_{22} + \cdots + \beta_k X_{2k} + \varepsilon_2$$
$$\vdots$$
$$Y_n = \beta_0 + \beta_1 X_{n1} + \beta_2 X_{n2} + \cdots + \beta_k X_{nk} + \varepsilon_n$$

위 식을 행렬로 표시하면,

$$\begin{bmatrix} Y_1 \\ Y_2 \\ \vdots \\ Y_n \end{bmatrix} = \begin{bmatrix} 1 & X_{11} & X_{12} & \cdots & X_{1k} \\ 1 & X_{21} & X_{22} & \cdots & X_{2k} \\ & & \vdots & & \\ 1 & X_{n1} & X_{n2} & \cdots & X_{nk} \end{bmatrix} \begin{bmatrix} \beta_0 \\ \beta_1 \\ \vdots \\ \beta_k \end{bmatrix} + \begin{bmatrix} \varepsilon_1 \\ \varepsilon_2 \\ \vdots \\ \varepsilon_n \end{bmatrix}$$

이며, 따라서

$$\underset{(n\times1)}{\underline{Y}} = \underset{\{n\times(k+1)\}\{(k+1)\times1\}}{X\underline{\beta}} + \underset{(n\times1)}{\underline{\varepsilon}}$$

오차항 조건은 $E(\varepsilon_i) = 0$, $Var(\varepsilon_i) = \sigma^2$ 그리고 $Cov(\varepsilon_i, \varepsilon_j) = 0$으로서 독립적인 정규확률변수이다. 따라서 행렬로 표시된 모형의 가정을 살펴보면 다음과 같다.

① $E(\underline{\varepsilon}) = E\begin{bmatrix} \varepsilon_1 \\ \varepsilon_2 \\ \vdots \\ \varepsilon_n \end{bmatrix} = \begin{bmatrix} 0 \\ 0 \\ \vdots \\ 0 \end{bmatrix} = \underline{0}$

② $Cov(\underline{\varepsilon}) = E[\underline{\varepsilon} - E(\underline{\varepsilon})][\underline{\varepsilon} - E(\underline{\varepsilon})]' = E(\underline{\varepsilon}\,\underline{\varepsilon}')$

$$= E\begin{bmatrix} \varepsilon_1^2 & \varepsilon_1\varepsilon_2 & \cdots & \varepsilon_1\varepsilon_n \\ \varepsilon_2\varepsilon_1 & \varepsilon_2^2 & \cdots & \varepsilon_2\varepsilon_n \\ \vdots & & & \vdots \\ \varepsilon_n\varepsilon_1 & \varepsilon_n\varepsilon_2 & \cdots & \varepsilon_n^2 \end{bmatrix} = \begin{bmatrix} \sigma^2 & 0 & \cdots & 0 \\ 0 & \sigma^2 & \cdots & 0 \\ \vdots & & & \vdots \\ 0 & 0 & \cdots & \sigma^2 \end{bmatrix}$$

$$= \sigma^2 \begin{bmatrix} 1 & 0 & \cdots & 0 \\ 0 & 1 & \cdots & 0 \\ \vdots & & & \vdots \\ 0 & 0 & \cdots & 1 \end{bmatrix} = \sigma^2 I$$

즉, $\underline{\varepsilon} \sim N(\underline{0}, \sigma^2 I)$

③ 행렬 X는 고정된 값을 갖는다.

④ X의 계수(階數), $r(x) = 1 + k < n$으로서 X에서 어떤 열도 선형독립이다.

이 가정 하에서 $E(\underline{Y}) = X\underline{\beta}$이며 $\underline{b}$를 $\underline{\beta}$의 추정벡터라 하면 $\hat{\underline{Y}} = X\underline{b}$이고 $\underline{Y} = X\underline{b} + \underline{e}$이다. 여기서 $\underline{e}$는 잔차벡터이며, $\underline{e} = \underline{Y} - X\underline{b} = \underline{Y} - \hat{\underline{Y}}$ 이 된다.

이제 회귀계수벡터 $\underline{\beta}$와 오차분산 σ^2의 값을 최소제곱법으로 구해 본다. 계수벡터 $\underline{\beta}$를 $\underline{b}$로 추정할 수 있으므로,

$$\hat{\underline{Y}} = X\underline{b}$$

이고 잔차벡터는 $\underline{e} = \underline{Y} - \hat{\underline{Y}}$이 된다. 잔차제곱의 합을 최소로 하는 추정량 $\underline{b}$를 구하면,

$$\sum \underline{e}_i^2 = \underline{e}'\underline{e} = (\underline{Y} - X\underline{b})'(\underline{Y} - X\underline{b}) = \underline{Y}'\underline{Y} - 2\underline{b}'X'\underline{Y} + \underline{b}'X'\underline{b}$$

이다. 이것을 $\underline{b}$에 관하여 미분한 후에 $\underline{0}$으로 놓으면,

$$\frac{\partial \underline{e}'\underline{e}}{\partial \underline{b}} = -2X'\underline{Y} + 2X'X\underline{b} = \underline{0}$$

이다. $\underline{b}$에 관하여 정리하면 다음과 같다.

$$\underline{b} = (X'X)^{-1}X'Y$$

여기서 X'X 행렬은 양정치행렬이며, 그의 계수는 $r(X'X) = k + 1$이다. 계속해서 $\underline{e}'\underline{e}$ 을 $\underline{b}$에 관하여 2차미분하면,

$$\frac{\partial \underline{e}'\underline{e}}{\partial \underline{b}^2} = 2X'X > \underline{0}$$

이므로 X가 극소치임이 밝혀진다.

그런데 단순회귀모형의 정규방정식을 다시 옮겨보면,

$$nb_0 + b_1\sum X_i = \sum Y_i$$
$$b_0\sum X_i + b_1\sum X_i^2 = \sum X_i Y_i$$

에서

$$\begin{bmatrix} n & \sum X_i \\ \sum X_i & \sum X_i^2 \end{bmatrix}\begin{bmatrix} b_0 \\ b_1 \end{bmatrix} = \begin{bmatrix} \sum Y_i \\ \sum X_i Y_i \end{bmatrix}$$

이다. 여기에서 $\underline{b} = \begin{bmatrix} b_0 \\ b_1 \end{bmatrix}$, $X'X = \begin{bmatrix} n & \sum X_i \\ \sum X_i & \sum X_i^2 \end{bmatrix}$이고 $X'\underline{Y} = \begin{bmatrix} \sum Y_i \\ \sum X_i Y_i \end{bmatrix}$이라고 할 수 있으므로

$$(X'X)\underline{b} = X\underline{Y}$$

$$\underline{b} = (X'X)^{-1}X'\underline{Y}$$

이다. 즉, 행렬표기의 식은 정규방정식과 동일하다.

그러면 앞 [도표 22.1]의 자료에서 행렬을 이용하여 최소제곱 추정치를 구해 보자. 먼저 $\underline{b}$를 구하기 전에 $(X'X)^{-1}$를 구하려면,

$$X'X = \begin{bmatrix} 1 & 1 & 1 & 1 & 1 & 1 & 1 & 1 \\ 6 & 7 & 2 & 4 & 8 & 6 & 3 & 4 \end{bmatrix}\begin{bmatrix} 1 & 6 \\ 1 & 7 \\ 1 & 2 \\ 1 & 4 \\ 1 & 8 \\ 1 & 6 \\ 1 & 3 \\ 1 & 4 \end{bmatrix}$$

$$= \begin{bmatrix} 8 & 40 \\ 40 & 230 \end{bmatrix}$$

$$(XX')^{-1} = \frac{1}{8\times230-40\times40}\begin{bmatrix} 120 & -40 \\ -40 & 8 \end{bmatrix} = \frac{1}{240}\begin{bmatrix} 120 & -40 \\ -40 & 8 \end{bmatrix}$$

제5장 역행렬 참조

그리고,

$$X'\underline{Y} = \begin{bmatrix} 1 & 1 & 1 & 1 & 1 & 1 & 1 & 1 \\ 6 & 7 & 2 & 4 & 8 & 6 & 3 & 4 \end{bmatrix}\begin{bmatrix} 22 \\ 21 \\ 8 \\ 17 \\ 27 \\ 18 \\ 9 \\ 14 \end{bmatrix} = \begin{bmatrix} 136 \\ 770 \end{bmatrix}$$

이다. 따라서

$$\underline{b} = \begin{bmatrix} b_0 \\ b_1 \end{bmatrix} = (X'X)^{-1} X'\underline{Y} = \frac{1}{240}\begin{bmatrix} 120 & -40 \\ -40 & 8 \end{bmatrix}\begin{bmatrix} 136 \\ 770 \end{bmatrix} = \begin{bmatrix} 2 \\ 3 \end{bmatrix}$$

가 된다. 최소제곱법에 의하여 구해진 선형회귀식은 $\underline{\hat{Y}} = 2 + 3X$가 되어 앞의 풀이에서 구한 것과 같다.

위의 예제처럼 독립변수가 하나인 단순회귀모형에서 계산기로 답을 구하는 것은 힘든 일이 아니다. 독립변수가 늘어나면 행렬의 크기가 커지면 손으로 풀기 어려워진다. 특히 (X'X)의 역행렬을 구하는 것이 문제가 된다.

제3절 trees 자료 분석

1. 서론

벌목회사에서는 벌목한 나무의 부피가 얼마나 큰가에 관심이 있다. 벌목하기 전에 나무를 선정하려면 무엇을 기준으로 할 것인가를 결정해야 한다. 나무의 길이와 둥치에 따라서 부피가 결정되므로 어떤 변수를 관리해야 하는가는 중요한 주제가 될 것이다.

2. 자료 준비

자료 trees는 R의 datasets 패키지 안에 들어있다. 이것을 파이썬에서 이용하려면 다음의 단계를 거친다.

(1) R에서 자료 파일을 꺼내어 내 컴퓨터 폴더에 저장한다. 여기서는 csv 파일로 저장한다.

```
# R에서 실행
data(trees)
trees(head)
write.csv(iris, "d:/PyR/trees.csv")
```

(2) 파이썬(주피터 노트북)에서 자료 검토를 실시한다.

```
# Python에서 실행
import pandas as pd
trees = pd.read_csv('d:/PyR/trees.csv')
```

(3) 자료에 대한 정보를 알기 위해 다음을 실행한다.

```
trees.info()
print(trees.head())
print(trees.tail())
```

```
<class 'pandas.core.frame.DataFrame'>
RangeIndex: 31 entries, 0 to 30
Data columns (total 4 columns):
Unnamed: 0     31 non-null int64
Girth          31 non-null float64
Height         31 non-null int64
Volume         31 non-null float64
dtypes: float64(2), int64(2)
memory usage: 1.0 KB
   Unnamed:    0    Girth   Height   Volume
0              1     8.3     70      10.3
1              2     8.6     65      10.3
2              3     8.8     63      10.2
3              4    10.5     72      16.4
4              5    10.7     81      18.8
   Unnamed:    0    Girth   Height   Volume
26            27    17.5     82      55.7
27            28    17.9     80      58.3
28            29    18.0     80      51.5
29            30    18.0     80      51.0
30            31    20.6     87      77.0
```

다운받은 자료 trees는 4개의 변수와 표본 수 31개로 구성된 데이터프레임이다. 여기서 Girth, Height, Volume 세 변수만 선택하여 다시 데이터프레임을 만든다.

```
trees = trees[['Girth', 'Height', 'Volume']]
print(trees.head())
```

```
     Girth   Height   Volume
0     8.3      70      10.3
1     8.6      65      10.3
2     8.8      63      10.2
3    10.5      72      16.4
4    10.7      81      18.8
```

3. 연구 목표

회귀분석을 실시하기 위해 y 변수는 Volume, X 변수는 Girth, Height로 선정하고, 설명변수(X)의 유의성 여부와 반응변수(y)의 예측치를 구한다.

4. 자료의 전처리

```
trees.isna()
```

	Girth	Height	Volume
0	False	False	False
1	False	False	False
2	False	False	False
3	False	False	False
4	False	False	False

```
trees.isna().sum()                                    # 결측치 개수 세기
```

```
Girth     0
Height    0
Volume    0
dtype: int64
```

```
trees.describe()
```

	Girth	Height	Volume
count	31.000000	31.000000	31.000000
mean	13.248387	76.000000	30.170968
std	3.138139	6.371813	16.437846
min	8.300000	63.000000	10.200000
25%	11.050000	72.000000	19.400000
50%	12.900000	76.000000	24.200000
75%	15.250000	80.000000	37.300000
max	20.600000	87.000000	77.000000

자료가 깨끗하여 수정 없이 분석이 가능하다.

5. 자료의 시각화

세 변수의 상관행렬을 구해서 조사하였다.

```
trees.corr()
```

	Girth	Height	Volume
Girth	1.000000	0.51928	0.967119
Height	0.519280	1.00000	0.598250
Volume	0.967119	0.59825	1.000000

Girth와 Volume의 상관관계는 매우 강한 것으로 보인다. 나머지 변수들의 관계는 비교적 강해 보인다.

6. 분석

```
import statsmodels.api as sm
model = sm.OLS.from_formula('Volume ~ Girth + Height', trees).fit()
model.summary()
```

OLS Regression Results

Dep. Variable:	Volume	R-squared:	0.948
Model:	OLS	Adj. R-squared:	0.944
Method:	Least Squares	F-statistic:	255.0
Date:	Wed, 26 Jun 2019	Prob (F-statistic):	1.07e-18
Time:	08:56:04	Log-Likelihood:	-84.455
No. Observations:	31	AIC:	174.9
Df Residuals:	28	BIC:	179.2
Df Model:	2		
Covariance Type:	nonrobust		

	coef	std err	t	P>|t|	[0.025	0.975]
Intercept	-57.9877	8.638	-6.713	0.000	-75.682	-40.293
Girth	4.7082	0.264	17.816	0.000	4.167	5.249
Height	0.3393	0.130	2.607	0.014	0.073	0.606

Omnibus:	0.923	Durbin-Watson:	1.266
Prob(Omnibus):	0.630	Jarque-Bera (JB):	0.950
Skew:	0.310	Prob(JB):	0.622
Kurtosis:	2.408	Cond. No.	959.

위 결과에서 회귀계수는 p-value < 0.05이므로 모두 유의하다. 그러나 계수 크기로 본다면 Girth는 Height에 비해 15배 이상 영향력이 있어 보인다. 여기서 두 설명변수를 올바르게 비교하려면 측정단위를 동일하게 갖거나 아니면 표준화작업을 거쳐야 한다. 후자에 대한 설명은 차후에 제시하기로 한다. 결정계수 R-squared 값은 94.8%로 설명력이 높으며 모형에 대한 유의확률 p-value = 1.07e-18 < 0.05이므로 통계적으로 유의하다.

다음은 Volume에 대한 예측치이다.

```
print('Predicted values', model.predict())
```

```
Predicted values [ 4.83765965  4.55385163  4.81698127 15.87411523 19.86900844 21.01832696
 16.19268807 19.24594918 21.4130214  20.18758128 22.01540227 21.46846462
 21.46846462 20.50615413 23.95410969 27.8522029  31.58396648 33.80648192
 30.6009776  28.69703501 34.38818439 36.00831896 35.38525971 41.768998
 44.87770232 50.94286776 52.22375109 53.42851283 53.89932888 53.89932888
 68.51530482]
```

계속해서 모형의 잔차에 대한 검정을 진행해 보자. 먼저 잔차의 정규분포 여부를 살펴보면, 잔차가 대각선에 놓여있어 정규분포를 보인다고 할 수 있으며, 가설검정에서도 "잔차가 정규분포이다"라는 귀무가설을 채택한다(p-value = 0.63>0.05).

```
import scipy as sp
sp.stats.probplot(model.resid,plot=plt)
plt.show()
```

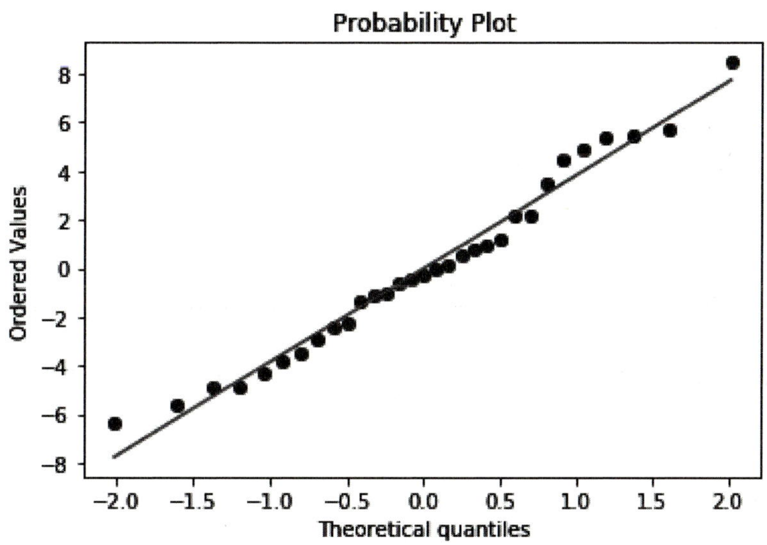

```
test=sm.stats.omni_normtest(model.resid)
for xi in zip(['Chi^2','P-value'],test):
    print("%-12s: %6.3f"%xi)
```

```
Chi^2        : 0.923
P-value      : 0.630
```

다음으로 잔차가 독립변수에 대해 무작위성을 보이므로, 잔차의 등분산성을 확인할 수 있다.

```
plt.plot(trees['Girth'], model.resid, 'o')
plt.axhline(y=0,c='k')
plt.xlabel("Girth")
plt.ylabel("Residual")
plt.show()
```

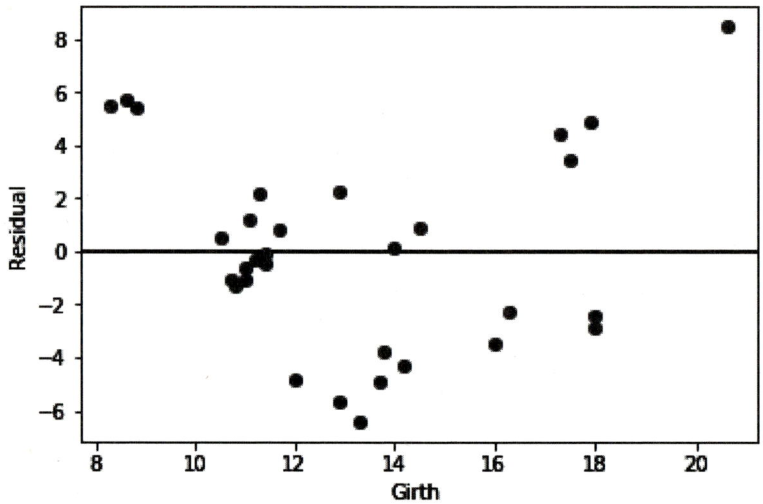

```
plt.plot(trees['Height'], model.resid, 'o')
plt.axhline(y=0,c='k')
plt.xlabel('Height')
plt.ylabel('Residual')
plt.show()
```

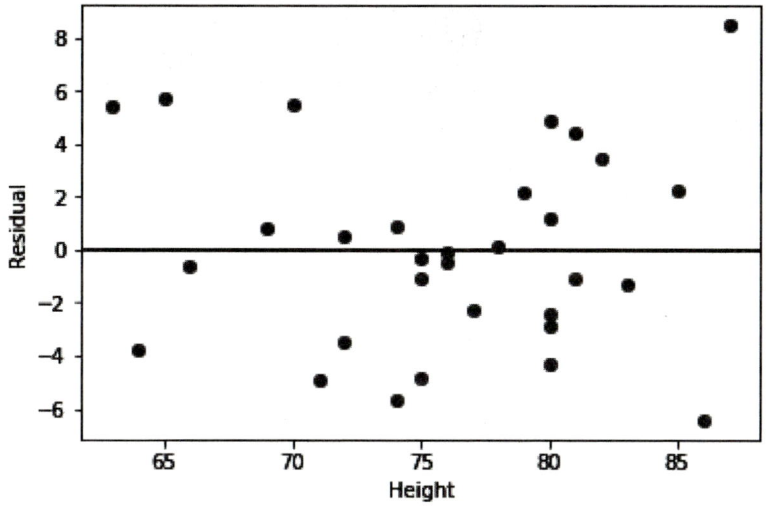

7. 결론

벌목 사업 경영자는 나무의 길이보다는 둥치에 더 큰 관심을 보여야 할 것으로 보인다.

참고

다음은 파이썬에서 엑셀자료 다루기 예시이다.

```
import pandas as pd
trees = pd.read_excel('d:/PyR/trees.xlsx', sheet_name='new')
print(trees)
```

참고

주피터 노트북에서 R 실행하기*

(1) 초기화면 [시작단추] → [Anaconda3] → [Anaconda prompt]에서 다음을 실행한다.

```
conda install -c r r-essentials
```

(2) 주피터 노트북 초기화면에서 [New] → [R]을 선택한다.

(3) R 환경에서 trees 자료를 분석하면 된다.

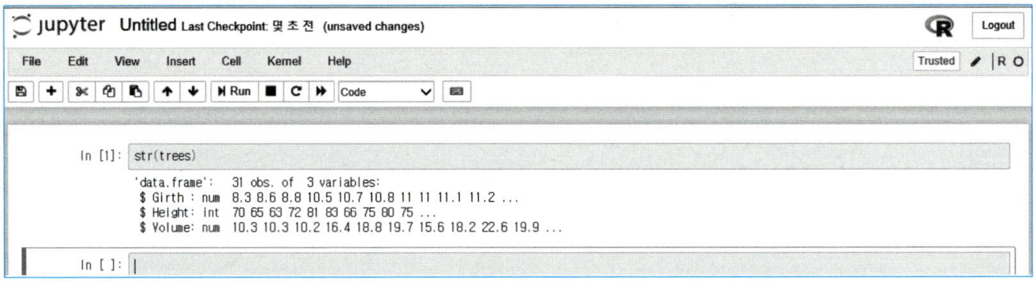

(4) 파이썬 환경으로 돌아가려면 [File] -> [New Notebook] -> [Python 3]을 선택한다.

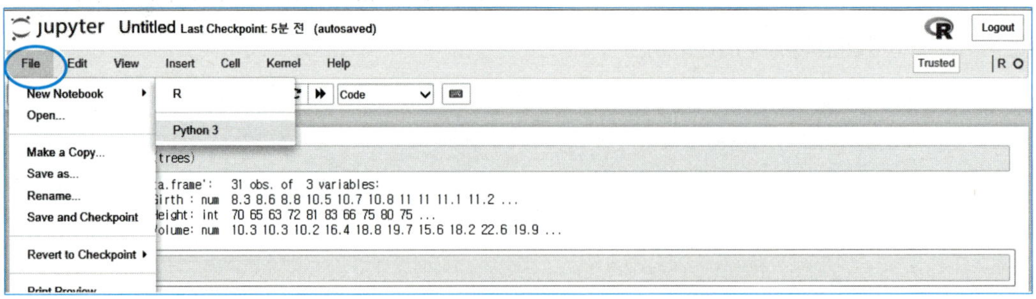

* rpy2 패키지를 이용할 수도 있다.

제4절 Boston House Prices 자료 분석

1. 서론

세계 어디든 대도시 집값은 주택 구매자들을 유혹한다. 대도시는 기회의 땅이기 때문이다. 미국 동북부의 보스턴도 예외는 아니다. 이 지역은 미국의 5대 도시권으로 경제 문화의 중심지이다. 따라서 집값의 예상은 관련 사업가나 일반 수요자에게 모두 관심있는 주제가 될 것이다.

2. 자료 준비

다음은 싸이킷런의 datasets 안에 내장되어 있는 미국 보스턴 지역의 집값 변화에 대한 506개 자료(boston)를 모아 놓은 것이다. 이 자료는 원래 UCI Machine Learning Repository 안에 내장되어 있다(부록 참고).

```
from sklearn.datasets import load_boston
boston = load_boston()
boston.keys()                                        # 핵심 주제
```

```
dict_keys(['data', 'target', 'feature_names', 'DESCR', 'filename'])
```

여기서 'data'는 설명변수의 측정 자료, 'target'은 반응변수의 측정 자료, 'feature_names'는 설명변수의 라벨, 'DESCR'은 자료에 대한 서술부분(describe), 'filename'은 자료 출처를 나타낸다.

```
boston
```

```
핵심주제(keys)에 따라 자료 현황을 제시한다.
결과 생략
```

```
print(boston.DESCR)                                        # R의 str()와 유사함
```

```
.. _boston_dataset:

Boston house prices dataset
---------------------------

**Data Set Characteristics:**

   :Number of Instances: 506

   :Number of Attributes: 13 numeric/categorical predictive. Median Value
(attribute 14) is usually the target.

   :Attribute Information (in order):
      - CRIM     per capita crime rate by town
      - ZN       proportion of residential land zoned for lots over 25,000 sq.ft.
      - INDUS    proportion of non-retail business acres per town
      - CHAS     Charles River dummy variable (= 1 if tract bounds river; 0 otherwise)
      - NOX      nitric oxides concentration (parts per 10 million)
      - RM       average number of rooms per dwelling
      - AGE      proportion of owner-occupied units built prior to 1940
      - DIS      weighted distances to five Boston employment centres
      - RAD      index of accessibility to radial highways
      - TAX      full-value property-tax rate per $10,000
      - PTRATIO pupil-teacher ratio by town
      - B        1000(Bk - 0.63)^2 where Bk is the proportion of blacks by town
      - LSTAT    % lower status of the population
      - MEDV     Median value of owner-occupied homes in $1000's

   :Missing Attribute Values: None

   :Creator: Harrison, D. and Rubinfeld, D.L.

This is a copy of UCI ML housing dataset.
https://archive.ics.uci.edu/ml/machine-learning-databases/housing/
```

(주) 반응변수는 MEDV(다주택 소유자의 중앙값 주택가격: 단위 1,000달러)이 된다.

이 자료에서 설명변수 행렬 X(data라고 함), 반응변수 y(target이라고 함)로 나누어서 분석을 실행한다. 분석하기 전에 자료를 검토해 본다.

```
import numpy as np
X, y = boston.data, boston.target
print('Size of data : %s' % (X.shape, ))
print(X[0:3, :])
print(y[0:3])
```

```
Size of data : (506, 13)
[[6.3200e-03 1.8000e+01 2.3100e+00 0.0000e+00 5.3800e-01 6.5750e+00
  6.5200e+01 4.0900e+00 1.0000e+00 2.9600e+02 1.5300e+01 3.9690e+02
  4.9800e+00]
 [2.7310e-02 0.0000e+00 7.0700e+00 0.0000e+00 4.6900e-01 6.4210e+00
  7.8900e+01 4.9671e+00 2.0000e+00 2.4200e+02 1.7800e+01 3.9690e+02
  9.1400e+00]
 [2.7290e-02 0.0000e+00 7.0700e+00 0.0000e+00 4.6900e-01 7.1850e+00
  6.1100e+01 4.9671e+00 2.0000e+00 2.4200e+02 1.7800e+01 3.9283e+02
  4.0300e+00]]
[24.  21.6 34.7]
```

```
boston.feature_names                                          # 설명변수 이름
```

```
array(['CRIM', 'ZN', 'INDUS', 'CHAS', 'NOX', 'RM', 'AGE', 'DIS', 'RAD',
       'TAX', 'PTRATIO', 'B', 'LSTAT'], dtype='<U7')
```

3. 목표

집값(MEDV)에 영향을 미치는 유의한 설명변수를 찾는다.

4. 자료의 전처리

결측치가 없는 자료라고 boston.DESCR에서 설명하고 있다.

5. 자료 시각화

히트맵을 통한 상관행렬은 시각적 판단에 도움을 준다. 색상이 진할수록 강한 정의 상관관계, 약할수록 강한 부의 상관관계를 보여준다. 다음은 13개의 설명변수에 대한 것이다.

```
import pandas as pd
dfX0 = pd.DataFrame(boston.data, columns=boston.feature_names)
dfX0.corr()                                                    # 결과 생략
```

```
import numpy as np
import seaborn as sns
import matplotlib.pyplot as plt

corr_m = dfX0.corr()                                           # 상관행렬

plt.figure(figsize=(12,12))
sns.heatmap(corr_m, annot=True, fmt='.2f', linewidths=.5, cmap='Blues')
plt.title('correlation matrix', fontsize=20)
plt.show()
```

(주) cmap = 'Blues' 대신 'hot'나 'Reds'도 가능하다.

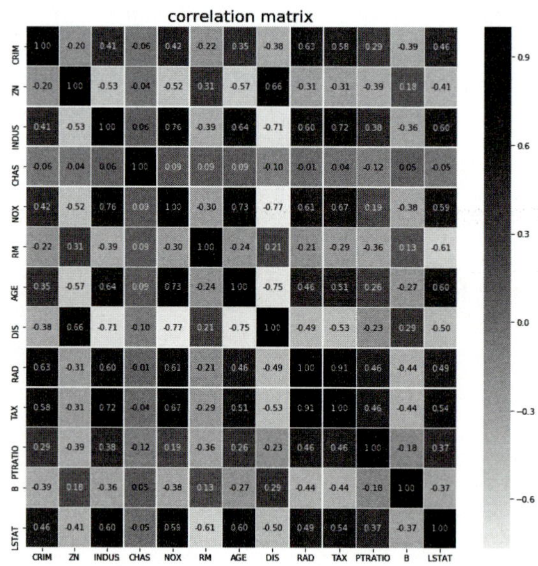

(주) 인쇄 제약 상 흑백으로 출력한다.

6. 분석

여기서는 두 가지의 방법으로 회귀분석을 보여준다. 하나는 sm.OLS 다른 하나는 LinearRegression 방식이다. 결과는 동일하다. 먼저 sm.OLS로 분석해 보자.

```
from sklearn import datasets
boston = datasets.load_boston()
import statsmodels.api as sm
import pandas as pd

dfX0 = pd.DataFrame(boston.data, columns=boston.feature_names)
dfX = sm.add_constant(dfX0)                                  # 상수항을 별도로 넣음
dfy = pd.DataFrame(boston.target, columns=["MEDV"])

boston_model = sm.OLS(dfy, dfX)
boston_result = boston_model.fit()
print(boston_result.summary())
```

```
OLS Regression Results
==============================================================================
Dep. Variable:                   MEDV   R-squared:                       0.741
Model:                            OLS   Adj. R-squared:                  0.734
Method:                 Least Squares   F-statistic:                     108.1
Date:                Sat, 10 Aug 2019   Prob (F-statistic):         6.72e-135
Time:                        09:35:37   Log-Likelihood:                -1498.8
No. Observations:                 506   AIC:                             3026.
Df Residuals:                     492   BIC:                             3085.
Df Model:                          13
Covariance Type:            nonrobust
==============================================================================
                 coef    std err          t      P>|t|      [0.025      0.975]
------------------------------------------------------------------------------
const         36.4595      5.103      7.144      0.000      26.432      46.487
CRIM          -0.1080      0.033     -3.287      0.001      -0.173      -0.043
ZN             0.0464      0.014      3.382      0.001       0.019       0.073
INDUS          0.0206      0.061      0.334      0.738      -0.100       0.141
CHAS           2.6867      0.862      3.118      0.002       0.994       4.380
NOX          -17.7666      3.820     -4.651      0.000     -25.272     -10.262
RM             3.8099      0.418      9.116      0.000       2.989       4.631
```

```
AGE          0.0007      0.013      0.052      0.958      -0.025      0.027
DIS         -1.4756      0.199     -7.398      0.000      -1.867     -1.084
RAD          0.3060      0.066      4.613      0.000       0.176      0.436
TAX         -0.0123      0.004     -3.280      0.001      -0.020     -0.005
PTRATIO     -0.9527      0.131     -7.283      0.000      -1.210     -0.696
B            0.0093      0.003      3.467      0.001       0.004      0.015
LSTAT       -0.5248      0.051    -10.347      0.000      -0.624     -0.425
==============================================================================
Omnibus:                      178.041   Durbin-Watson:                   1.078
Prob(Omnibus):                  0.000   Jarque-Bera (JB):              783.126
Skew:                           1.521   Prob(JB):                    8.84e-171
Kurtosis:                       8.281   Cond. No.                     1.51e+04
==============================================================================

Warnings:
[1] Standard Errors assume that the covariance matrix of the errors is
correctly specified.
[2] The condition number is large, 1.51e+04. This might indicate that there are
strong multicollinearity or other numerical problems.
```

이 회귀모형의 결정계수 R^2 = 0.741로 비교적 높은 설명력을 보여준다. 그러나 중회귀분석에서 문제가 되는 것은 다중공선성이다. 변수 중에서 vif 값이 3 이상인 변수를 제거하면 된다.

```
from statsmodels.stats.outliers_influence import variance_inflation_factor

vif = [variance_inflation_factor(dfXc.values, i) for i in range(dfXc.shape[1])]
vif_df = pd.DataFrame(vif, dfXc.columns)
vif_df.columns =['vif']
vif_df
```

	vif
const	585.265238
CRIM	1.792192
ZN	2.298758
INDUS	3.991596
CHAS	1.073995
NOX	4.393720
RM	1.933744
AGE	3.100826
DIS	3.955945
RAD	7.484496
TAX	9.008554
PTRATIO	1.799084
B	1.348521
LSTAT	2.941491

위 결과에서 INDUS(2), NOX(4), AGE(6), DIS(7), RAD(8), TAX(9) 변수를 제거하고, 다시 회귀분석을 실행하였다.

```
fn = boston.feature_names[[0, 1, 3, 5, 10, 11, 12]]
bdata = boston.data[:, [0, 1, 3, 5, 10, 11, 12]]

dfX0_red = pd.DataFrame(bdata, columns=fn)
dfX0.head()

dfX_red = sm.add_constant(dfX0_red)
dfy = pd.DataFrame(boston.target, columns=["MEDV"])

boston_model_red = sm.OLS(dfy, dfX_red)
boston_result_red = boston_model_red.fit()
print(boston_result_red.summary())
```

```
OLS Regression Results
==============================================================================
Dep. Variable:                   MEDV   R-squared:                       0.697
Model:                            OLS   Adj. R-squared:                  0.693
Method:                 Least Squares   F-statistic:                     163.6
Date:                Thu, 05 Sep 2019   Prob (F-statistic):          9.66e-125
Time:                        16:35:02   Log-Likelihood:                -1538.2
No. Observations:                 506   AIC:                             3092.
Df Residuals:                     498   BIC:                             3126.
Df Model:                           7
Covariance Type:            nonrobust
==============================================================================
              coef    std err          t      P>|t|      [0.025      0.975]
------------------------------------------------------------------------------
const      11.7437      4.251      2.762      0.006       3.391      20.096
CRIM       -0.0365      0.031     -1.172      0.242      -0.098       0.025
ZN         -0.0046      0.011     -0.407      0.684      -0.027       0.017
CHAS        3.2600      0.908      3.592      0.000       1.477       5.043
RM          4.7001      0.422     11.138      0.000       3.871       5.529
PTRATIO    -0.8518      0.122     -6.999      0.000      -1.091      -0.613
B           0.0093      0.003      3.345      0.001       0.004       0.015
LSTAT      -0.5058      0.047    -10.699      0.000      -0.599      -0.413
==============================================================================
Omnibus:                      214.236   Durbin-Watson:                   0.970
Prob(Omnibus):                  0.000   Jarque-Bera (JB):             1199.801
Skew:                           1.780   Prob(JB):                    2.93e-261
Kurtosis:                       9.651   Cond. No.                     6.95e+03
==============================================================================
Warnings:
[1] Standard Errors assume that the covariance matrix of the errors is
correctly specified.
[2] The condition number is large, 6.95e+03. This might indicate that there are
strong multicollinearity or other numerical problems.
```

경고가 있지만 여기서 분석을 멈추는 것이 적절해 보인다. 결정계수 값이 0.70에 가깝기 때문에 적절한 모형이라고 판단할 수 있다. 여기서 집값에 유의한 영향을 미치는 긍정적인 변수는 CHAS, RM, B이며, 부정적인 변수는 PRATIO, LSTAT으로 밝혀졌다.

```
Attribute Information에서:
    - CHAS     Charles River dummy variable (= 1 if tract bounds river; 0 otherwise)
    - RM       average number of rooms per dwelling
    - PTRATIO  pupil-teacher ratio by town
    - B        1000(Bk - 0.63)^2 where Bk is the proportion of blacks by town
    - LSTAT    % lower status of the population
    - MEDV     Median value of owner-occupied homes in $1000's
```

이 중에서 CHAS와 RM 변수 영향이 제일 크다고 볼 수 있다. 그리고 PTRATIO와 LSTAT 변수의 부호가 부정적으로 유의하게 나왔다. 그러나 다음에서 변수들을 민맥스 정규화한 후에 분석한 결과에서는 긍정적인 RM 변수 만큼이나 LSTAT변수가 부정적으로 큰 영향을 미치고 있다.

```
# MinMax Normalization

fn = boston.feature_names[[0, 1, 3, 5, 10, 11, 12]]
bdata = boston.data[:,[0, 1, 3, 5, 10, 11, 12]]

from sklearn.preprocessing import MinMaxScaler as Scaler
sc = Scaler()

bdata_sc = sc.fit_transform(bdata)

dfX0_sc = pd.DataFrame(bdata_sc, columns=fn)
dfX_sc = sm.add_constant(dfX0_sc)
dfy = pd.DataFrame(boston.target, columns=["MEDV"])

boston_model_sc = sm.OLS(dfy, dfX_sc)
boston_result_sc = boston_model_sc.fit()
print(boston_result_sc.summary())
```

```
OLS Regression Results
==============================================================================
Dep. Variable:                   MEDV   R-squared:                       0.697
Model:                            OLS   Adj. R-squared:                  0.693
Method:                 Least Squares   F-statistic:                     163.6
Date:                Thu, 05 Sep 2019   Prob (F-statistic):          9.66e-125
Time:                        17:14:22   Log-Likelihood:                -1538.2
No. Observations:                 506   AIC:                             3092.
Df Residuals:                     498   BIC:                             3126.
Df Model:                           7
Covariance Type:            nonrobust
==============================================================================
                 coef    std err          t      P>|t|      [0.025      0.975]
------------------------------------------------------------------------------
const         16.8763      2.147      7.860      0.000      12.658      21.095
CRIM          -3.2465      2.769     -1.172      0.242      -8.688       2.195
ZN            -0.4560      1.121     -0.407      0.684      -2.659       1.747
CHAS           3.2600      0.908      3.592      0.000       1.477       5.043
RM            24.5300      2.202     11.138      0.000      20.203      28.857
PTRATIO       -8.0067      1.144     -6.999      0.000     -10.254      -5.759
B              3.7009      1.107      3.345      0.001       1.527       5.875
LSTAT        -18.3301      1.713    -10.699      0.000     -21.696     -14.964
==============================================================================
Omnibus:                      214.236   Durbin-Watson:                   0.970
Prob(Omnibus):                  0.000   Jarque-Bera (JB):             1199.801
Skew:                           1.780   Prob(JB):                    2.93e-261
Kurtosis:                       9.651   Cond. No.                         22.8
==============================================================================

Warnings:
[1] Standard Errors assume that the covariance matrix of the errors is
correctly specified.
```

다음에서는 LinearRegression으로 분석을 실행하고 계속해서 예측치를 구한다.

```
from sklearn.linear_model import LinearRegression
import numpy as np

X, y = boston.data, boston.target
model_boston = LinearRegression().fit(X, y)
print(model_boston.coef_)
print(model_boston.intercept_)
```

```
[-1.08011358e-01  4.64204584e-02  2.05586264e-02  2.68673382e+00
 -1.77666112e+01  3.80986521e+00  6.92224640e-04 -1.47556685e+00
  3.06049479e-01 -1.23345939e-02 -9.52747232e-01  9.31168327e-03
 -5.24758378e-01]
36.459488385089855
```

이 결과는 앞의 것과 다르지 않다.

회귀모형에 의한 예측치를 구하고, 이것을 실제값과 비교하였다.

```
predictions = model_boston.predict(boston.data)
print(predictions[0:5])
```

```
[30.00384338 25.02556238 30.56759672 28.60703649 27.94352423]
```

```
plt.scatter(boston.target, predictions)
plt.xlabel("Predicted")
plt.ylabel("Actual")
plt.title("Predicted vs Actual")
plt.show()
```

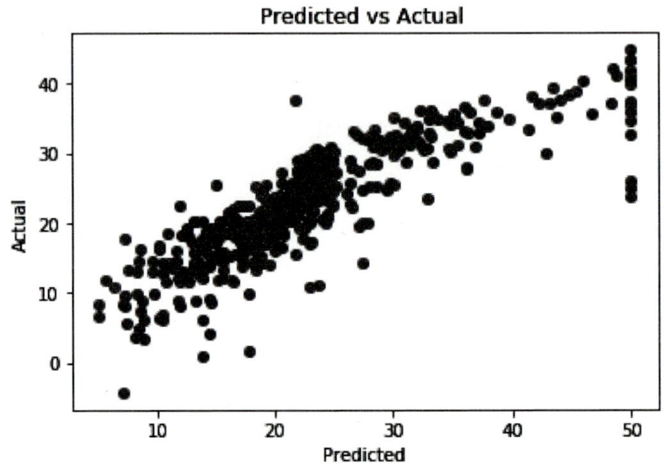


```
plt.plot(predictions)
```

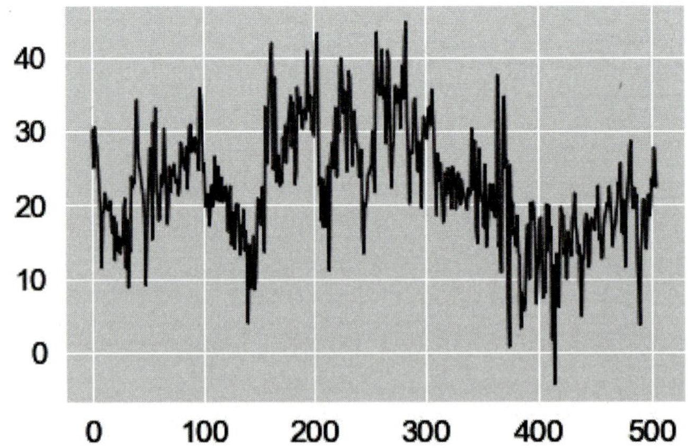

7. 결론

결론적으로 집값에 유의하게 긍정적인 영향을 미치는 변수는 RM(방의 개수)이므로 방이 많을수록 집값은 올라간다. 그리고 부정적인 변수는 LSTAT(저소득층 구성비)가 높을수록 집값이 낮아지는 경향이 있다.

회귀분석의 목적은 설명변수가 반응변수에 미치는 영향력을 조사하고, 예측치를 구하는 데에 있다. 따라서 자료를 훈련자료와 검정자료를 구분하는 일은 회귀 알고리즘보다는 분류알고리즘에서 적절하다. 그럼에도 불구하고 다음에서는 자료 구분의 예시를 보여 준다. 자료를 2개로 구분하여 R제곱 값을 비교하였다. 일반적으로 검정자료는 전체 양의 30%로 정한다.

```
from sklearn.linear_model import LinearRegression
from sklearn.datasets import load_boston
boston = load_boston()

from sklearn.model_selection import train_test_split
X_train, X_test, y_train, y_test = train_test_split(X, y, test_size=0.3, random_
state=123)
print('Size of data : %s' % (X_train.shape, ))
fit_m = LinearRegression().fit(X_train, y_train)

print('fit_m.coef_: {}'.format(fit_m.coef_))
print('fit_m.intecept_:{}'.format(fit_m.intercept_))
```

```
Size of data : (354, 13)
fit_m.coef_: [-1.00993843e-01  3.99582498e-02  7.53760168e-02  2.64563972e-01
 -1.43409174e+01   4.83318293e+00  -7.44105854e-03  -1.32674018e+00
  2.73495492e-01  -1.30440007e-02  -9.56625955e-01   6.42468925e-03
 -4.86570773e-01]
fit_m.intecept_:28.981270388095655
```

```
print('훈련자료 점수: {:.2f}'.format(fit_m.score(X_train, y_train)))
print('검정자료 점수: {:.2f}'.format(fit_m.score(X_test, y_test)))
```

```
훈련자료 점수: 0.76
검정자료 점수: 0.65
```

python 생각 회귀분석은 설명변수가 반응변수에 미치는 영향력을 조사할 뿐만 아니라, 반응변수의 예측치를 계산할 수 있어 편리하고 유익한 기법이다. 이 기법은 트렌드를 예측하는데 자주 이용된다. 그리고 표준화 자료는 회귀계수의 비교를 쉽게 해준다. 조심할 점은 설명변수의 올바른 선택과 회귀모형의 잔차에 대한 엄격한 가정이 있다는 사실이다. 고급 수준의 연구에서는 설명변수들의 관계나 잔차에 대한 검정이 요구된다. 그러나 문제 해결에 대한 통찰력을 원한다면 비교적 자유롭게 활용해도 무방할 것이다.

CHAPTER 23
로지스틱 회귀분석

제1절 엑셀자료 분석
제2절 breast cancer 자료

제1절 엑셀자료 분석

1. 서론

로지스틱 회귀분석(logistic regression analysis)은 종속변수 Y가 1, 0 상황에서 유용한 분석 기법이다. 현실적으로 이러한 사례는 도처에서 발견된다. 예를 들어, 종교의 유무, 환자의 질병 검사에서 양성 또는 음성 반응을 보인다든지, 특정 제품에 대한 구매 경험 여부, 자가(自家) 소유 여부, 스포츠 경주에서 승패 등은 모두가 1, 0의 범주에 들어간다. 이 때 Y를 다음과 같이 정의한다.

$$Y = \begin{cases} 1, & \text{만일 성공이라면} \\ 2, & \text{만일 실패라면} \end{cases}$$

종교는 우리 삶에 필요한 것인가? 현대 사람들은 물질적인 풍요로움 속에서 자신을 의식하고 물신 숭배 사상이 강한 것 같다. 그럼에도 불구하고 본질적인 두려움과 나약함은 신에 대한 믿음을 갖게 하는 것으로 보인다. 종교를 어떻게 해서 가지 가지게 되는가에 대한 연구는 흥미있는 주제가 될 것이다.

2. 자료 준비

다음은 종교(유=1, 무=0)를 갖는 설명변수로서 월평균 소득(income), 친구 수(friend), 성별(gender; 남=1, 여=0), 연령대(age; 30대, 40대, 50대)에 관해 가상 자료를 엑셀에 입력한 것이다. 연령대는 가변수(dummy variable)로 변환하여 aD1과 aD2를 만들어서 표기하였다.

[도표 23.1] 종교유무(religion)와 설명변수의 가상 자료

	A	B	C	D	E	F	G
1	religion	income	friend	gender	age	aD1	aD2
2	1	260	2	1	50	0	1
3	1	150	3	1	50	0	1
4	1	200	4	1	30	0	0
5	1	400	5	1	40	1	0
6	1	350	3	1	40	1	0
7	1	380	2	0	30	0	0
8	1	450	2	0	50	0	1
9	1	230	3	0	50	0	1
10	1	400	2	0	50	0	1
11	1	300	5	0	50	0	1
12	0	350	0	1	30	0	0
13	0	200	1	1	30	0	0
14	0	210	2	1	30	0	0
15	0	310	2	1	30	0	0
16	0	350	0	1	40	1	0
17	0	500	1	0	40	1	0
18	0	400	3	0	40	1	0
19	0	420	5	0	30	0	0
20	0	220	2	0	30	0	0
21	0	240	1	0	50	0	1

엑셀 파일은 아래와 같이 저장된 파일을 파이썬에서 불러오면 된다.

```
import pandas as pd
rel = pd.read_excel("D:/PyR/logist.xlsx", sheet_name=0)          # sheet 1의 index=0
print(rel.head())
```

```
   religion  income  friend  gender   age     aD1     aD2
0         1     260       2       1    50       0       1
1         1     150       3       1    50       0       1
2         1     200       4       1    30       0       0
3         1     400       5       1    40       1       0
4         1     350       3       1    40       1       0
```

```
rel_df = pd.DataFrame(rel)                                            # df로 변환
rel_df.head()
```

	religion	income	friend	gender	age	aD1	aD2
0	1	260	2	1	50	0	1
1	1	150	3	1	50	0	1
2	1	200	4	1	30	0	0
3	1	400	5	1	40	1	0
4	1	350	3	1	40	1	0

```
rel_df.columns                                          # rel_df.key() 동일 결과
```

```
Index(['religion', 'income', 'friend', 'gender', 'age', 'aD1', 'aD2'],
dtype='object')
```

```
rel_df.values
```

```
array([[ 1, 260,   2,   1,  50,   0,   1],
       [ 1, 150,   3,   1,  50,   0,   1],
       [ 1, 200,   4,   1,  30,   0,   0],
       [ 1, 400,   5,   1,  40,   1,   0],
       [ 1, 350,   3,   1,  40,   1,   0],
       [ 1, 380,   2,   0,  30,   0,   0],
       [ 1, 450,   2,   0,  50,   0,   1],
       [ 1, 230,   3,   0,  50,   0,   1],
```

```
[ 1, 400,   2,   0, 50,   0,    1],
[ 1, 300,   5,   0, 50,   0,    1],
[ 0, 350,   0,   1, 30,   0,    0],
[ 0, 200,   1,   1, 30,   0,    0],
[ 0, 210,   2,   1, 30,   0,    0],
[ 0, 310,   2,   1, 30,   0,    0],
[ 0, 350,   0,   1, 40,   1,    0],
[ 0, 500,   1,   0, 40,   1,    0],
[ 0, 400,   3,   0, 40,   1,    0],
[ 0, 420,   5,   0, 30,   0,    0],
[ 0, 220,   2,   0, 30,   0,    0],
[ 0, 240,   1,   0, 50,   0,    1]], dtype=int64)
```

3. 목표

종교 유무에 영향을 미치는 변수로서 소득, 친구 수, 성별, 연령대 등을 고려해 보았다. 여기서는 주로 소득과 친구 두 변수에 초점을 맞추기로 한다.

4. 자료의 시각화

종교 여부에 따른 산점도를 그려 보면 다음과 같다.

```
# scatter plot
import seaborn as sns
sns.pairplot(x_vars=["friend"], y_vars=["income"], data=rel_df, hue="religion",
height=5)
import numpy as np
from matplotlib import pyplot as plt
plt.plot([0, 5],[np.mean(rel.income),np.mean(rel.income)], color='g', linestyle =
'--')
plt.plot([np.mean(rel.friend),np.mean(rel.friend)], [150, 500], color='g',
linestyle = '--')
plt.show()
```

평균을 기준으로 4분면을 만들었다. 비록 적은 수의 표본이지만, 수입(income)이 평균보다 적고 친구(friend)가 평균보다 많은 경우에 종교를 가질 기회가 더 많아 보인다.

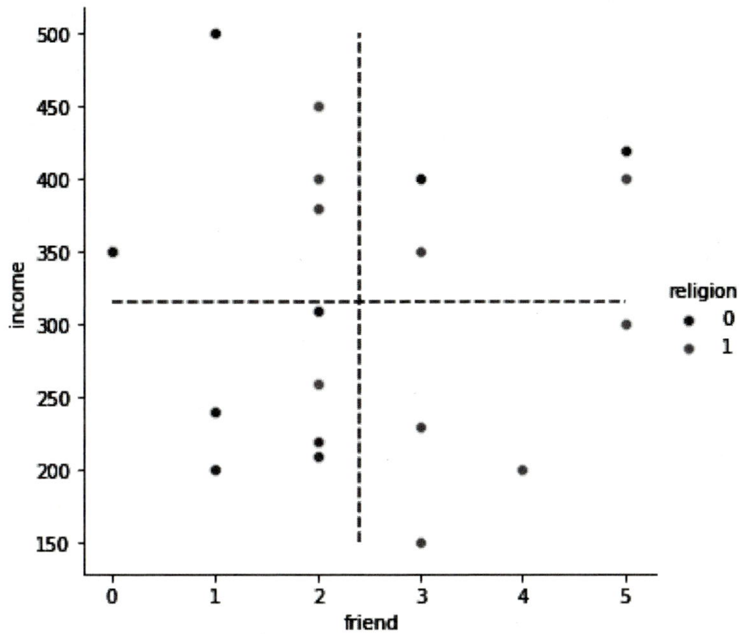

5. 분석

```
from sklearn.linear_model import LogisticRegression
import statsmodels.api as sm
X, y = rel_df[["income", "friend"]], rel_df[["religion"]]
Xc = sm.add_constant(X)                                    # 행렬 X에 상수 1을 삽입

model = LogisticRegression()
rel_mod = sm.Logit(y, Xc)
rel_res = rel_mod.fit(disp=0)
print(rel_res.summary())

model.fit(X, y)
print(model.fit)
print(format(model.score(X,y)))
```

```
Logit Regression Results
==============================================================================
Dep. Variable:               religion   No. Observations:                   20
Model:                          Logit   Df Residuals:                       17
Method:                           MLE   Df Model:                            2
Date:                Tue, 03 Sep 2019   Pseudo R-squ.:                  0.1858
Time:                        16:24:08   Log-Likelihood:                -11.288
converged:                       True   LL-Null:                       -13.863
                                        LLR p-value:                   0.07615
==============================================================================
                 coef    std err          z      P>|z|      [0.025      0.975]
------------------------------------------------------------------------------
const         -1.6778      2.013     -0.834      0.405      -5.623      2.267
income        -0.0009      0.005     -0.167      0.868      -0.011      0.009
friend         0.8290      0.440      1.884      0.060      -0.033      1.692
==============================================================================
0.65
```

결과에서 income은 종교에 영향을 미치지 못하나($p = 0.868 > 0.05$), friend는 비교적 유의미한 변수이다($p = 0.06 < 0.10$). 따라서 친구는 종교가 있는 사람이 종교가 없는 사람에 비해 승산율[1]이 2.29배 높은 영향을 미친다. 즉, 친구는 종교를 가질 가능성을 2배 이상 높게 해 준다. 그리고 모형의 설명력은 0.65 수준이다.

```python
from math import exp
round(exp(0.8290), 2)
```

```
2.29
```

1 승산율은 간단히 (일어날 확률)/(일어나지 않을 확률) 이다. 예컨대 어떤 게임에서 이길 확률이 0.75, 질 확률이 0.25라고 하면 승산율은 0.75/0.25 = 3이다. 이것은 이길 가능성이 질 가능성 보다 3배 높은 게임이다.

6. 결론

인간의 종교 문제는 쉽지 않아 보인다. 확신, 맹신, 무신, 우유부단 등 여러 단어가 있는 것을 보면 사람마다 다른 종교적 지식을 가지고 있는 것 같다. 이 가상자료에서 종교에는 돈보다 친구가 더 중요한 것으로 보인다. 어차피 인간의 모임이 "세속적"이라면 이러한 분석도 나름대로 의미가 있을 것이다. 그러나 성직자들이 이에 동의할지는 잘 모르겠다.

참고

C값을 조정하여 과적합을 막을 수 있다. 그러나 C값이 높을수록 과적합 위험이 커진다.

```
from sklearn.linear_model import LogisticRegression
model = LogisticRegression(C=100)
model.fit(X=rel_df[["income", "friend"]], y=rel_df[["target"]])
print(model.coef_)
print(model.intercept_)
```

```
[[-0.00102155  0.81984893]]
[-1.60867259]
```

연습문제

자료의 모든 변수를 포함시켜(단, age 제외) full model을 만들어 보아라. 그리고 "제8장 로지스틱 회귀분석"의 결과를 참고하면서 해석하라.

제2절 breast cancer 자료 분석

1. 서론

우리나라의 경우 암 관련 발생율과 사망건수는 꾸준히 늘고 있다. 최근 국가질병 통계에서 유방암이 갑상선암을 추월하여 여성암 1위로 올라섰다는 보고가 있어, 사회적으로 중요한 잇슈가 되고 있다. 발병에 대한 불안감 해소도 중요하지만, 만일 양성(良性; benign) 종양이라면 불필요한 치료를 받지 않아도 될 것이다. 따라서 악성(malignant)과 양성(benign)의 분류 연구는 관심있는 주제가 되고 있다.

2. 자료 준비

이 자료는 무료로 제공되는 UCI Machine Learning Repository에서 다운로드를 받을 수 있다(상세한 절차는 [부록] 참고).

http://archive.ics.uci.edu/ml/datasets/breast+cancer+wisconsin+%28diagnostic%29

그러나 싸이킷런에서 다음을 입력 실행하면 자료를 손쉽게 얻는다.

```
from sklearn.linear_model import LogisticRegression
from sklearn.svm import LinearSVC
import matplotlib.pyplot as plt

from sklearn.datasets import load_breast_cancer
cancer = load_breast_cancer()
cancer.keys()
```

```
dict_keys(['data', 'target', 'target_names', 'DESCR', 'feature_names', 'filename'])
```

여기서 'data'는 설명변수의 자료, 'target'은 반응변수의 자료, 'target_names'는 설명변수의 이름, 'DESCR'은 자료에 대한 서술부분(describe), 'feature_names'는 반응변수의 라벨, 'filename'은 자료 출처를 나타낸다.

'DESCR'를 실행하여 자료에 대한 요약 정보를 얻는다.

```
print(cancer.DESCR)
```

```
.. _breast_cancer_dataset:
Breast cancer wisconsin (diagnostic) dataset
--------------------------------------------
**Data Set Characteristics:**

   :Number of Instances: 569
   :Number of Attributes: 30 numeric, predictive attributes and the class

   :Attribute Information:
      - radius (mean of distances from center to points on the perimeter)
      - texture (standard deviation of gray-scale values)
      - perimeter
      - area
      - smoothness (local variation in radius lengths)
      - compactness (perimeter^2 / area - 1.0)
      - concavity (severity of concave portions of the contour)
      - concave points (number of concave portions of the contour)
      - symmetry
      - fractal dimension ("coastline approximation" - 1)

      The mean, standard error, and "worst" or largest (mean of the three
      largest values) of these features were computed for each image,
      resulting in 30 features. For instance, field 3 is Mean Radius, field
      13 is Radius SE, field 23 is Worst Radius.

      - class:
            - WDBC-Malignant
            - WDBC-Benign
```

```
    :Summary Statistics:

    ===================================== ====== ======
                                           Min    Max
    ===================================== ====== ======
    radius (mean):                         6.981  28.11
    texture (mean):                        9.71   39.28
    중략
    symmetry (worst):                      0.156  0.664
    fractal dimension (worst):             0.055  0.208
    ===================================== ====== ======

    :Missing Attribute Values: None
    :Class Distribution: 212 - Malignant, 357 - Benign
    :Creator: Dr. William H. Wolberg, W. Nick Street, Olvi L. Mangasarian
    :Donor: Nick Street
    :Date: November, 1995

This is a copy of UCI ML Breast Cancer Wisconsin (Diagnostic) datasets.
https://goo.gl/U2Uwz2
```

'Data'에 569개의 행과 30개의 열이 포함되어 있고, 반응변수 Class에서 암이 212명의 악성 사례와 357명의 양성 사례를 나타낸다.

```
from collections import Counter
Counter(cancer)
```

```
Counter({0:212, 1:357})
```

```
print(format(cancer.data.shape))
print(format(cancer.feature_names))
```

```
(569, 30)
['mean radius' 'mean texture' 'mean perimeter' 'mean area'
 'mean smoothness' 'mean compactness' 'mean concavity'
 'mean concave points' 'mean symmetry' 'mean fractal dimension'
 'radius error' 'texture error' 'perimeter error' 'area error'
 'smoothness error' 'compactness error' 'concavity error'
 'concave points error' 'symmetry error' 'fractal dimension error'
```

```
'worst radius' 'worst texture' 'worst perimeter' 'worst area'
'worst smoothness' 'worst compactness' 'worst concavity'
'worst concave points' 'worst symmetry' 'worst fractal dimension']
```

```
cancer.target_names
```

```
array(['malignant', 'benign'], dtype='<U9')
```

3. 목표

자료에서 로짓분석을 통해 유의미한 주요 변수를 추출하고 악성(惡性)/양성(良性)을 예측하고자 한다.

4. 자료 전처리

```
from sklearn.datasets import load_breast_cancer
cancer = load_breast_cancer()
import statsmodels.api as sm
import pandas as pd

dfX0 = pd.DataFrame(cancer.data, columns=cancer.feature_names)
dfX = sm.add_constant(dfX0)
dfy = pd.DataFrame(cancer.target, columns=["target"])

dfX0.corr()
```

	mean radius	mean texture	mean perimeter	mean area	mean smoothness
mean radius	1.000000	0.323782	0.997855	0.987357	0.170581
mean texture	0.323782	1.000000	0.329533	0.321086	-0.023389
mean perimeter	0.997855	0.329533	1.000000	0.986507	0.207278
mean area	0.987357	0.321086	0.986507	1.000000	0.177028
mean smoothness	0.170581	-0.023389	0.207278	0.177028	1.000000

(주) 30x30 상관행렬 중에서 일부만 제시하였다.

이 상관행렬에서 동일한 변수 이름을 갖는 변수들 간에 상관계수가 매우 높음을 보여준다. 변수 "radius"의 예를 들어 보자.

```
dfX0_radius = dfX0[['mean radius', 'radius error', 'worst radius']]
dfX0_radius.corr()
```

	mean radius	radius error	worst radius
mean radius	1.000000	0.679090	0.969539
radius error	0.679090	1.000000	0.715065
worst radius	0.969539	0.715065	1.000000

따라서 mean 값을 갖는 변수들만 가지고 분석하기로 한다.

5. 분석

```
from sklearn.datasets import load_breast_cancer
cancer = load_breast_cancer()
import statsmodels.api as sm
import pandas as pd

dfX0 = pd.DataFrame(cancer.data, columns=cancer.feature_names)
dfX0_m = dfX0[['mean radius', 'mean texture', 'mean perimeter', 'mean area',
               'mean smoothness', 'mean compactness', 'mean concavity',
               'mean concave points', 'mean symmetry', 'mean fractal
dimension']]

dfX = sm.add_constant(dfX0_m)
dfy = pd.DataFrame(cancer.target, columns=["target"])

model_m = sm.Logit(dfy, dfX)
result_m = model_m.fit()
print(result_m.summary())
```

```
Optimization terminated successfully.
         Current function value: 0.128410
         Iterations 11
Logit Regression Results
==============================================================================
Dep. Variable:                 target   No. Observations:                  569
Model:                          Logit   Df Residuals:                      558
Method:                           MLE   Df Model:                           10
Date:                Fri, 06 Sep 2019   Pseudo R-squ.:                  0.8055
Time:                        10:49:40   Log-Likelihood:                -73.065
converged:                       True   LL-Null:                       -375.72
                                        LLR p-value:                1.282e-123
==============================================================================
                            coef    std err          z      P>|z|      [0.025      0.975]
------------------------------------------------------------------------------
const                     7.3595     12.853      0.573      0.567      17.831      32.550
mean radius               2.0493      3.716      0.551      0.581      -5.234       9.332
mean texture             -0.3847      0.065     -5.961      0.000      -0.511      -0.258
mean perimeter            0.0715      0.505      0.142      0.887      -0.919       1.062
mean area                -0.0398      0.017     -2.377      0.017      -0.073      -0.007
mean smoothness         -76.4323     31.955     -2.392      0.017    -139.063     -13.802
mean compactness          1.4624     20.342      0.072      0.943     -38.408      41.333
mean concavity           -8.4687      8.120     -1.043      0.297     -24.384       7.446
mean concave points     -66.8218     28.529     -2.342      0.019    -122.738     -10.906
mean symmetry           -16.2782     10.631     -1.531      0.126     -37.114       4.557
mean fractal dimension   68.3370     85.557      0.799      0.424     -99.351     236.025
==============================================================================
```

유방암의 증상에 유의한 영향을 미치는 변수 중에서 부정적인 것은 mean texture, mean area, mean smoothness, mean concave points 등으로 나타났다.

이 자료를 표준화하여 훈련자료와 검정자료로 나누어 분석을 실시한 결과, 매우 높은 정확도를 보여준다.

```
import mglearn
from sklearn.datasets import load_breast_cancer
from sklearn.model_selection import train_test_split
from sklearn.preprocessing import StandardScaler

cancer = load_breast_cancer()
ss = StandardScaler()

X_train, X_test, y_train, y_test = train_test_split(dfX, dfy, test_size=0.3,
random_state=123)
X_train_ss = ss.fit_transform(X_train)
X_test_ss = ss.fit_transform(X_test)

from sklearn.linear_model import LogisticRegression
model = LogisticRegression(C=10)

model.fit(X_train_ss, y_train)
predictions = model.predict(X_test_ss)

print('훈련자료 정확도: {:.3f}'.format(model.score(X_train_ss, y_train)))
print('검정자료 정확도: {:.3f}'.format(model.score(X_test_ss, y_test)))
```

```
훈련자료 정확도: 0.940
검정자료 정확도: 0.942
```

6. 결론

유방암의 경우 smoothness, concave points 변수에 대해서 더 많은 관심을 가져야 할 것이다. 추가적으로 6개의 변수를 가지고 실행하여 보자.

```
dfX0_6 = dfX0[['mean smoothness', 'mean concave points', 'smoothness error',
'concave points error', 'worst smoothness', 'worst concave points' ]]
```

이 결과에서 유의한 변수는 mean smoothness, mean concave points 이외에 concave points error, worst concave points 변수가 추가된다(결과 출력 생략).

CHAPTER 24
써포트 벡터 머신(SVM)

제1절 iris 자료 분석

1. 서론

생물학에서 식물이나 동물의 분류는 흥미있는 과제이다. iris 자료는 머신러닝의 대표적인 연습 자료이다. 이를 가지고 여러 방법론을 적용할 수 있기 때문이다.

2. 자료 준비

머신러닝에서 iris 자료는 손쉽게 구할 수 있으며, 여기서는 싸이킷런의 datasets에서 구한다. 이 자료는 세 종류의 붓꽃을 꽃잎 길이와 너비, 꽃받침 길이와 너비 등 네 변수로 되어 있다.

```
import numpy as np
import pandas as pd
from sklearn.datasets import load_iris
iris = load_iris()
iris.keys()
```

```
dict_keys(['data', 'target', 'target_names', 'DESCR', 'feature_names', 'filename'])
```

여기서 'data'는 설명변수의 자료, 'target'은 반응변수의 자료, 'target_names'는 설명변수의 이름, 'DESCR'은 자료에 대한 서술부분(describe), 'feature_names'는 반응변수의 라벨, 'filename'은 자료 출처를 나타낸다.

```
print(iris.data[:5]); print(iris.feature_names); print(iris.target);
print(iris.target_names)
```

```
[[5.1 3.5 1.4 0.2]
 [4.9 3.  1.4 0.2]
 [4.7 3.2 1.3 0.2]
 [4.6 3.1 1.5 0.2]
 [5.  3.6 1.4 0.2]]
['sepal length (cm)', 'sepal width (cm)', 'petal length (cm)', 'petal width (cm)']
[0 0 0 0 0 0 0 0 0 0 0 0 0 0 0 0 0 0 0 0 0 0 0 0 0 0 0 0 0 0 0 0 0 0 0 0 0
 0 0 0 0 0 0 0 0 0 0 0 0 0 1 1 1 1 1 1 1 1 1 1 1 1 1 1 1 1 1 1 1 1 1 1 1 1
 1 1 1 1 1 1 1 1 1 1 1 1 1 1 1 1 1 1 1 1 1 1 1 1 1 1 2 2 2 2 2 2 2 2 2 2 2
 2 2 2 2 2 2 2 2 2 2 2 2 2 2 2 2 2 2 2 2 2 2 2 2 2 2 2 2 2 2 2 2 2 2 2 2 2
 2 2]
['setosa' 'versicolor' 'virginica']
```

```
iris_df = pd.DataFrame(iris.data, columns=iris.feature_names)
iris_df["Class"] = iris.target_names[iris.target]
iris_df[:5]
```

	sepal length (cm)	sepal width (cm)	petal length (cm)	petal width (cm)	Class
0	5.1	3.5	1.4	0.2	setosa
1	4.9	3.0	1.4	0.2	setosa
2	4.7	3.2	1.3	0.2	setosa
3	4.6	3.1	1.5	0.2	setosa
4	5.0	3.6	1.4	0.2	setosa

3. 목표

네 변수를 이용하여 세 종류의 붓꽃이 어느 정도 정확하게 분류되는가를 SVM 방식으로 분석한다.

4. 자료의 시각화

네 설명변수를 모두 포함시켜 상관행렬로 나타내 보자.[1]

```
iris_df = pd.DataFrame(iris.data, columns=iris.feature_names)
iris_df.corr()
```

	sepal length (cm)	sepal width (cm)	petal length (cm)	petal width (cm)
sepal length (cm)	1.000000	-0.117570	0.871754	0.817941
sepal width (cm)	-0.117570	1.000000	-0.428440	-0.366126
petal length (cm)	0.871754	-0.428440	1.000000	0.962865
petal width (cm)	0.817941	-0.366126	0.962865	1.000000

1 다음 블로그에 iris에 대한 그림표 설명이 잘 나와 있다.
https://datascienceschool.net/view-notebook/372443a5d90a46429c6459bba8b4342c/

petal length와 petal width 두 변수를 골라 산점도를 그려보자.

```
# 산점도
import matplotlib.pyplot as plt
import numpy as np

X = iris.data[:,[2,3]]
y = iris.target

plt.scatter(X[:50, 0],X[:50, 1], color='blue', marker='o', label='setosa')
plt.scatter(X[50:100, 0],X[50:100, 1], color='red', marker='x', label='versicolor')
plt.scatter(X[100:150, 0],X[100:150, 1], color='green', marker='D',
label='verginica')

plt.xlabel('Petal Length')
plt.ylabel('Petal Width')
plt.legend(loc='upper left')
plt.tight_layout()
plt.show()
```

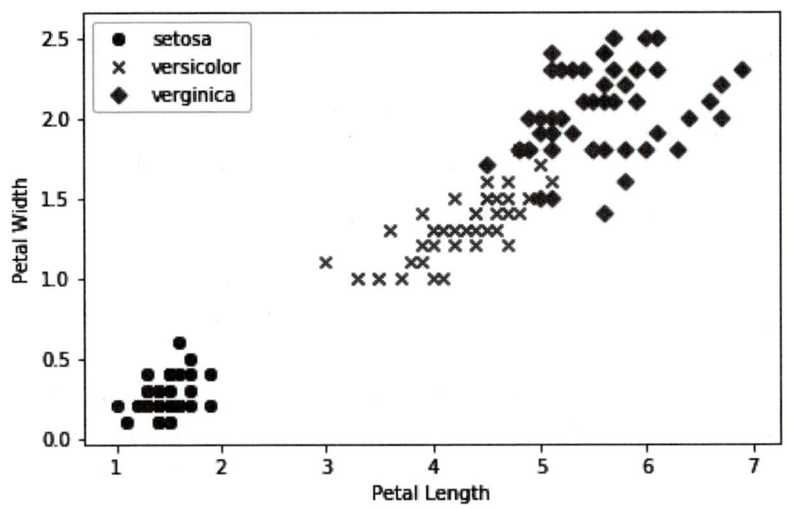

6. 분석

초기 다운로드 자료에서 petal length와 petal width를 기준하여 SVM을 구해 본다.

```
X = iris.data[:, [2,3]]                                    # PL, PW
y = iris.target
print('붓꽃 종류 라벨:', np.unique(y))                     # iris.target의 고유 자료
```

```
붓꽃 종류 라벨: [0 1 2]
```

```
from mlxtend.plotting import plot_decision_regions
import matplotlib.pyplot as plt
from sklearn import datasets
from sklearn.svm import SVC

iris = datasets.load_iris()
X = iris.data[:, [2, 3]]
y = iris.target

svm = SVC(kernel='linear', C=1)                            # training a classifier
svm.fit(X, y)

plot_decision_regions(X, y, clf=svm, legend=2)             # plotting decision regions
plt.xlabel('Petal Length')
plt.ylabel('Petal Width')
plt.title('SVM of Iris')
plt.show()
```

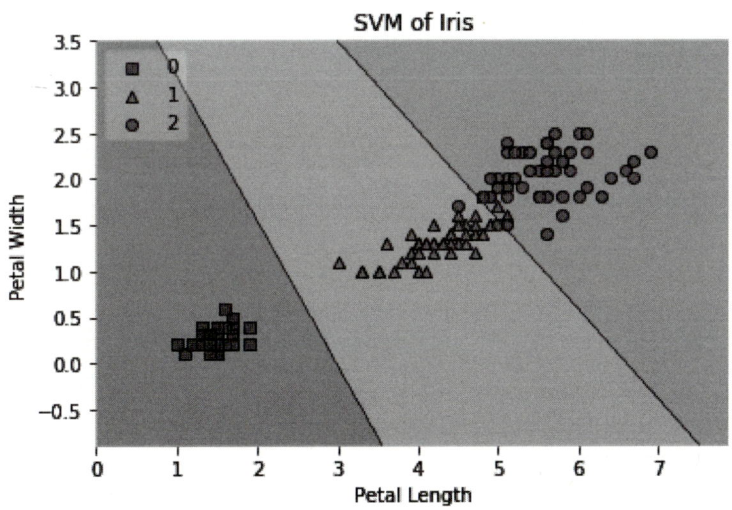

본격적으로 네 변수를 고려하여 SVM을 구하고, 훈련자료와 검정자료의 정확도를 구해 본다. 그리고 나서 혼동행렬로 나타내 보았다.

```
from sklearn.model_selection import train_test_split
X_train, X_test, y_train, y_test = train_test_split(X, y, test_size=0.3, random_
state=123, stratify=y)                                              # 계층화

np.bincount(y_test)

svm = SVC(C=1, kernel='linear', gamma='scale')
svm.fit(X_train, y_train)

print('훈련자료 점수: {:.3f}'.format(svm.score(X_train, y_train)))
print('검정자료 점수: {:.3f}'.format(svm.score(X_test, y_test)))
```

```
훈련자료 점수: 0.971
검정자료 점수: 0.978
```

```
y_pred = svm.predict(X_test)
from sklearn.metrics import confusion_matrix
cm = confusion_matrix(y_test, y_pred)
print(cm)
```

```
[[15  0  0]
 [ 0 14  1]
 [ 0  0 15]]
```

위의 혼동행렬에서 setosa와 virginica는 전부 올바르게 분류되었고, versicolor는 15개 중 14개만 올바르게 분류되었다. 따라서 정확도는 (15+14+15)/45 = 97.8(%)를 기록한다.

```
from sklearn.metrics import classification_report
print(classification_report(y_test, y_pred, target_names=iris.target_names))
```

```
              precision    recall  f1-score   support

      setosa       1.00      1.00      1.00        15
  versicolor       1.00      0.93      0.97        15
   virginica       0.94      1.00      0.97        15

    accuracy                           0.98        45
   macro avg       0.98      0.98      0.98        45
weighted avg       0.98      0.98      0.98        45
```

이 결과는 위의 혼동행렬과 조금 차이가 나지만, 대체로 일치한다. 정확도(precision)는 예측이 실제와 얼마나 일치하는가를 보여주는데 여기서는 98%를 보이다. 그리고 재현율(recall)은 올바르게 분류된 자료의 비율을 말해 준다. F1점수(f1-score)는 정확률과 재현율의 평균이다.

7. 결론

지도학습에서 SVM은 분류 문제를 선형적으로 잘 해결해 주며, 비선형적인 방법으로도 가능하다. 관심있는 사람은 더 연구해 보도록 한다.

제2절 breast cancer 자료 분석

1. 자료 준비

이 자료는 잘 아는 바와 같이 569x31(target 포함) 규모이다. 이전 장에서 다루었던 것이므로 자료에 대한 설명은 간단히 한다.

```
from sklearn.svm import SVC
from sklearn.datasets import load_breast_cancer
cancer = load_breast_cancer()
cancer.keys()
```

```
dict_keys(['data', 'target', 'target_names', 'DESCR', 'feature_names', 'filename'])
```

```
cancer.data.shape
```

```
(569, 30)
```

여기서는 원래 자료를 변형하여 분석하기로 한다. 측정단위가 다른 경우에 여러 방식으로 변형할 수 있으며, 이것은 연산에 도움을 준다. 표준화와 민맥스 정규화에 대해서 설명한다.

① 표준화: 훈련자료가 정규분포를 한다면, 평균과 표준편차를 구한 후에 다음 공식을 이용한다. 대개 −3~+3 사이의 값을 갖는다.

numpy : z = (x − mean())/std()

sklearn.preprocessing : StandardScaler().fit_transform()

② 민맥스 정규화: 0~1 사이의 값을 갖는다.

민맥스 정규화: xn = (x-min(x))/(max(x)−min(x))

2. 목표

자료 변환 후 성과와 원래 자료 성과를 비교하며, 혼동행렬을 통하여 분석을 실시한다.

3. 분석

```
from sklearn.svm import SVC
from sklearn.model_selection import train_test_split

X_train, X_test, y_train, y_test = train_test_split(cancer.data, cancer.target,
test_size=0.3, random_state=123)
svc = SVC (gamma='scale')
svc.fit(X_train, y_train)

print('훈련자료 점수: {:.3f}'.format(svc.score(X_train, y_train)))
print('검정자료 점수: {:.3f}'.format(svc.score(X_test, y_test)))
```

```
훈련자료 점수: 0.907
검정자료 점수: 0.901
```

검정 자료에 대한 SVC 분석의 정확도는 0.901이며 이전 장의 로짓분석에서는 0.941이다. 따라서 후자가 전자보다 분류 능력이 약간 우수하다.

이제 혼동행렬을 이용하여 분류에 대해 알아본다.

```
from collections import Counter
Counter(y_test)
```

```
Counter({1:103, 0:68})
```

```
from sklearn.svm import SVC
svc_b = SVC(gamma='scale')
svc_b.fit(X_train, y_train)
y_pred = svc_b.predict(X_test)

from sklearn.metrics import confusion_matrix
cm = confusion_matrix(y_test, y_pred)
print(cm)
```

```
[[ 52  16]
 [  1 102]]
```

또는 다음과 같이 crosstab 함수를 이용할 수 있다.

```
from sklearn.svm import SVC
svc_b = SVC(gamma='scale')
svc_b.fit(X_train, y_train)
y_pred = svc_b.predict(X_test)

import pandas as pd
cm = pd.crosstab(y_true, y_pred, rownames=['True'], colnames=['Predicted'],
margins=True)
cm
```

Predicted	0	1	All
True			
0	52	16	68
1	1	102	103
All	53	118	171

악성(malignant)과 양성(benign)에 대한 판단 정확도(accuracy)는 (52+102)/171 = 0.90으로 나타난다. 이것은 다음 계산 결과와 일치한다.

```
from sklearn import metrics
print(metrics.accuracy_score(y_test, y_pred))
```

```
0.9005847953216374
```

다음은 더 상세한 정보를 보여준다.

```
from sklearn.metrics import classification_report
print(classification_report(y_test, y_pred, target_names=cancer.target_names))
```

```
              precision    recall  f1-score   support

   malignant       0.98      0.76      0.86        68
      benign       0.86      0.99      0.92       103

    accuracy                           0.90       171
   macro avg       0.92      0.88      0.89       171
weighted avg       0.91      0.90      0.90       171
```

알고리즘 평가의 경우 정확도 지표는 자료의 분류를 포괄적으로 나타내기 때문에 정보의 효과성이 떨어진다. 이를 보완하기 위해 민감도(sensitivity), 특이도(specificity), 정밀도(precision), 재현율(recall)을 계산한다. 다음은 정확도를 네 지표로 나누어서 계산한 결과이다.

```
TP = cm[0,0]
TN = cm[1,1]
FP = cm[1,0]
FN = cm[0,1]

print("민감도: %.3f" %(TP/float(TP+FN)))
print("특이도: %.3f" %(TN/float(TN+FP)))
print("정밀도: %.3f" %(TP/float(TP+FP)))
print("재현율: %.3f" %(TP/float(TP+FN)))
```

```
민감도: 0.765
특이도: 0.990
정밀도: 0.981
재현율: 0.765
```

검정자료에 대한 분류 예측과 확률을 계산하면 다음과 같다. 확률이 0.5를 넘으면 분류가 확정되는 셈이다. 표본 10개 중에서 악성(惡性)이 2개, 양성(良性)이 8개로 예측되었다. 그리고 검정자료에 대한 확률분포를 히스토그램으로 나타내었다. 전반적으로 높은 확률에 빈도수가 몰려 있어 양성인 환자가 많아 보이는 것 같다.

```
svc_b.predict(X_test[0:10])
```

```
array([1, 1, 0, 1, 0, 1, 1, 1, 1, 1])
```

```
svc_b.predict_proba(X_test[0:10])
```

```
array([[3.19775672e-02, 9.68022433e-01],
       [2.50076796e-02, 9.74992320e-01],
       [9.92210707e-01, 7.78929333e-03],
       [4.97293896e-02, 9.50270610e-01],
       [9.99714439e-01, 2.85560519e-04],
       [4.27238246e-01, 5.72761754e-01],
       [3.58920179e-02, 9.64107982e-01],
       [4.43581108e-02, 9.55641889e-01],
       [6.64761102e-01, 3.35238898e-01],
       [3.89869947e-02, 9.61013005e-01]])
```

```
# histogram of predicted probabilities

pred_prob = svc_b.predict_proba(X_test)[:,1]

plt.hist(pred_prob, bins=10)
plt.xlim(0,1)                                          # x 축 범위: 0~1
plt.title('Histogram of Predicted Probability')
plt.xlabel('Predicted Probability')
plt.ylabel('Frequency')
plt.show()
```

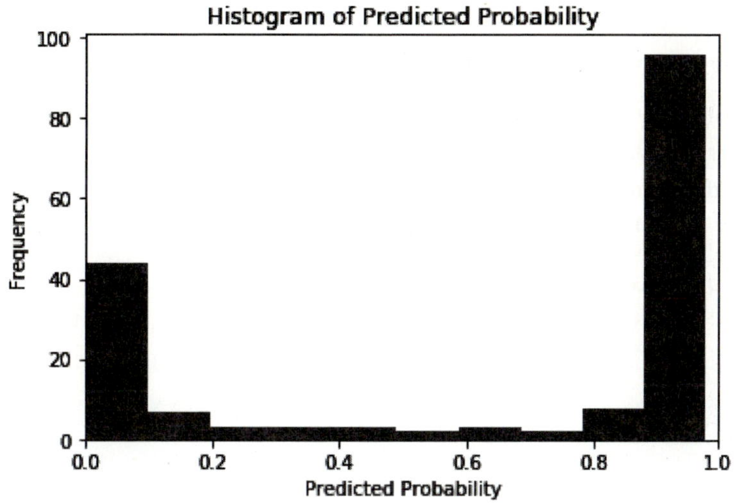

다음에서는 표준화와 정규화 방식으로 코딩을 실행한다.

① 표준화 방식

```
from sklearn.preprocessing import StandardScaler as StdScaler

scaler = StdScaler()
scaler.fit(X_train)
X_train_scaled = scaler.transform(X_train)
X_test_scaled = scaler.transform(X_test)

svm.fit(X_train_scaled, y_train)
print('검정자료 정확도: {:.3f}'.format(svm.score(X_test_scaled, y_test)))
```

```
검정자료 정확도: 0.982
```

② 민맥스 정규화 방식

```
from sklearn.preprocessing import MinMaxScaler as Scaler

scaler = Scaler()
scaler.fit(X_train)
X_train_scaled = scaler.transform(X_train)
X_test_scaled = scaler.transform(X_test)

svm.fit(X_train_scaled, y_train)
print('검정자료 정확도: {:.3f}'.format(svm.score(X_test_scaled, y_test)))
```

```
검정자료 정확도: 0.982
```

두 방식에는 차이가 발견되지 않았지만, 원래 자료 사용 시보다 정확도가 높아졌다.

4. 결론

자료 분류에서 확률적인 사고는 매우 중요하다. 예를 들어 50%보다 낮은 확률의 환자에게 오류(false)가 발생한다면 의사나 환자 입장에서 애석한 일이 발생할 수 있기 때문이다.

제3절 Pima Indian Diabetes 자료 분석

1. 서론

당뇨병(糖尿病, diabetes mellitus, DM, diabetes)은 포도당을 포함한 에너지 대사에 이상이 생기고 이로 인해 고혈당 및 여러 합병증이 유발되는 질환이다. 고혈당이 있으면 소변이 잦아지고, 갈증과 배고픔이 심해진다. 당뇨 환자의 경우 일반인에 비해 평균 수명은 8년이 감소하며 총사망률은 2~3배 높다. 원인은 주로 불균형적인 식생활에서 유발된다. 미국 아리조나주의 원주민 피마 인디언의 경우 전통적인 농경 생활의 곡물 습관에서 현대화된 가공 음식 섭취로 인해 당뇨병이 발생하고 있다. 보건당국은 이에 대한 원인을 규명하고 대책을 강구해야 할 것으로 보인다.

2. 자료 준비

구글에서 pima-indians-diabetes을 검색하면 이 자료를 구할 수 있다. 이 자료를 다음과 같이 내 PC에 저장하고 내용을 검토하였다. 아래 변수 이름은 개명하였다.

```
# pima-indians-diabetes
var_info = { 'numPreg': 'Number of times pregnant',
             'gluConc': 'Plasma glucose concentration a 2 hours in an oral
             glucose tolerance test',
             'bp': 'Diastolic blood pressure (mm Hg)',
             'skinThick': 'Triceps skin fold thickness (mm)',
             'insulin': '2-Hour serum insulin (mu U/ml)',
             'BMI': 'Body mass index (weight in kg/(height in m)^2)',
             'diaPedFunc': 'Diabetes pedigree function',
             'age': 'Age (years)',
             'diabetes_NY': 'Class variable (0 or 1)'}
```

```
import pandas as pd
import numpy as np
pima=pd.read_csv('d:/PyR/pima-indians-diabetes.csv', header=None)
print(pima.head())
print(pima.tail())
```

```
     0    1   2   3    4     5      6   7   8
0    6  148  72  35    0  33.6  0.627  50   1
1    1   85  66  29    0  26.6  0.351  31   0
2    8  183  64   0    0  23.3  0.672  32   1
3    1   89  66  23   94  28.1  0.167  21   0
4    0  137  40  35  168  43.1  2.288  33   1
     0    1   2   3    4     5      6   7   8
763 10  101  76  48  180  32.9  0.171  63   0
764  2  122  70  27    0  36.8  0.340  27   0
765  5  121  72  23  112  26.2  0.245  30   0
766  1  126  60   0    0  30.1  0.349  47   1
767  1   93  70  31    0  30.4  0.315  23   0
```

```
pima.shape
```

```
(768, 9)
```

이 자료의 경우 header에 변수 이름이 없기 때문에 메타 정보를 이용하여 변수 이름을 나중에 추가한다.

3. 목표

당뇨 환자 발병에 관련된 변수들의 영향력을 조사하고, 올바른 분류 알고리즘을 개발한다.

4. 자료의 전처리

이 pima 자료는 이전의 파이썬 내부 자료 형식과 다르므로, 연구자가 다시 정리해야 한다. 핵심주제(keys)를 보면 csv 파일에서 변수 이름 대신에 숫자로 되어 있다. 우선 데이터프레임의 칼럼(열)에 변수 이름을 넣는다.

```
pima.keys()
```

```
Int64Index([0, 1, 2, 3, 4, 5, 6, 7, 8], dtype='int64')
```

```
pima.columns=["numPreg", "gluConc", "bp", "skinThick", "insulin", "BMI",
"diaPedFunc", "age", "diabetes_NY"]
pima.info()
```

```
<class 'pandas.core.frame.DataFrame'>
RangeIndex: 768 entries, 0 to 767
Data columns (total 9 columns):
numPreg        768 non-null int64
gluConc        768 non-null int64
bp             768 non-null int64
skinThick      768 non-null int64
insulin        768 non-null int64
BMI            768 non-null float64
diaPedFunc     768 non-null float64
age            768 non-null int64
diabetes_NY    768 non-null int64
dtypes: float64(2), int64(7)
memory usage: 54.1 KB
```

당뇨병이 없는 여자는 500명, 있는 여자는 268명이 표본으로 선정되었다.

```
pima.groupby("diabetes_NY").size()
```

```
diabetes_NY
0     500
1     268
dtype: int64
```

먼저 결측치 여부를 조사해 보자. 파이썬(Python)의 판다스(pandas)는 결측치를 'NaN'으로 표기하며, 'None'도 결측치로 인식한다.

```
pima.isnull().sum()                                          # 결측치 개수 세기
```

```
numPreg        0
gluConc        0
bp             0
skinThick      0
insulin        0
BMI            0
diaPedFunc     0
age            0
diabetes_NY    0
dtype: int64
```

(주) pima.isna().sum()도 동일한 결과를 보여준다.

자료에 결측치는 없어 보인다. 그러나 다음에서 보면 자료에 0이 들어가 있기 때문에 이 문제를 다음과 같이 해결하기로 한다.

```
pima.describe()
```

	numPreg	gluConc	bp	skinThick	insulin	BMI	diaPedFunc	age	diabetes_NY
count	768.000000	768.000000	768.000000	768.000000	768.000000	768.000000	768.000000	768.000000	768.000000
mean	3.845052	120.894531	69.105469	20.536458	79.799479	31.992578	0.471876	33.240885	0.348958
std	3.369578	31.972618	19.355807	15.952218	115.244002	7.884160	0.331329	11.760232	0.476951
min	0.000000	0.000000	0.000000	0.000000	0.000000	0.000000	0.078000	21.000000	0.000000
25%	1.000000	99.000000	62.000000	0.000000	0.000000	27.300000	0.243750	24.000000	0.000000
50%	3.000000	117.000000	72.000000	23.000000	30.500000	32.000000	0.372500	29.000000	0.000000
75%	6.000000	140.250000	80.000000	32.000000	127.250000	36.600000	0.626250	41.000000	1.000000
max	17.000000	199.000000	122.000000	99.000000	846.000000	67.100000	2.420000	81.000000	1.000000

예를 들어 혈압(bp)의 경우 0으로 처리된 경우는 age 변수 관점에서 볼 때, 모두 35명이 되어 있다. 살아있는 사람에게 혈압이 없다는 것은 어불성설이므로 이에 대해 조치를 취하기로 한다.

```
print("Total : ", pima[pima.bp == 0].shape[0])
print(pima[pima.bp == 0].groupby('diabetes_NY')['age'].count())
```

```
Total :  35
diabetes_NY
0    19
1    16
Name: age, dtype: int64
```

위 자료의 gluConc, bp, skinThick, insulin, BMI 등 5개의 변수들에서 결측치가 0으로 처리되어 있어 보인다. 여기서는 이 값을 중앙값(median)으로 보정하고 데이터세트를 다시 준비한다.

```
pima_origin = pima.copy()                                        # 원래 파일 복사

zero_vars = ["gluConc", "bp", "skinThick","insulin", "BMI"]
pima_data[zero_vars] = pima_data[zero_vars].replace(0, np.nan)
pima_data[zero_vars] = pima_data[zero_vars].fillna(pima_data.median())
pima_data.describe()                     # check that there are no invalid values left
```

	numPreg	gluConc	bp	skinThick	insulin	BMI	diaPedFunc	age	diabetes_NY
count	768.000000	768.000000	768.000000	768.000000	768.000000	768.000000	768.000000	768.000000	768.000000
mean	3.845052	121.681605	72.254807	26.606479	118.660163	32.450805	0.471876	33.240885	0.348958
std	3.369578	30.436016	12.115932	9.631241	93.080358	6.875374	0.331329	11.760232	0.476951
min	0.000000	44.000000	24.000000	7.000000	14.000000	18.200000	0.078000	21.000000	0.000000
25%	1.000000	99.750000	64.000000	20.536458	79.799479	27.500000	0.243750	24.000000	0.000000
50%	3.000000	117.000000	72.000000	23.000000	79.799479	32.000000	0.372500	29.000000	0.000000
75%	6.000000	140.250000	80.000000	32.000000	127.250000	36.600000	0.626250	41.000000	1.000000
max	17.000000	199.000000	122.000000	99.000000	846.000000	67.100000	2.420000	81.000000	1.000000

이제는 pima_data 자료를 시각화하고 분석을 실행할 수 있을 것으로 보인다.

5. 자료의 시각화

우선 변수들의 막대그림표를 그려서 관찰한다.

```
import matplotlib.pyplot as plt pima_data.hist(bins=10, figsize=(10, 10))
plt.show()
```

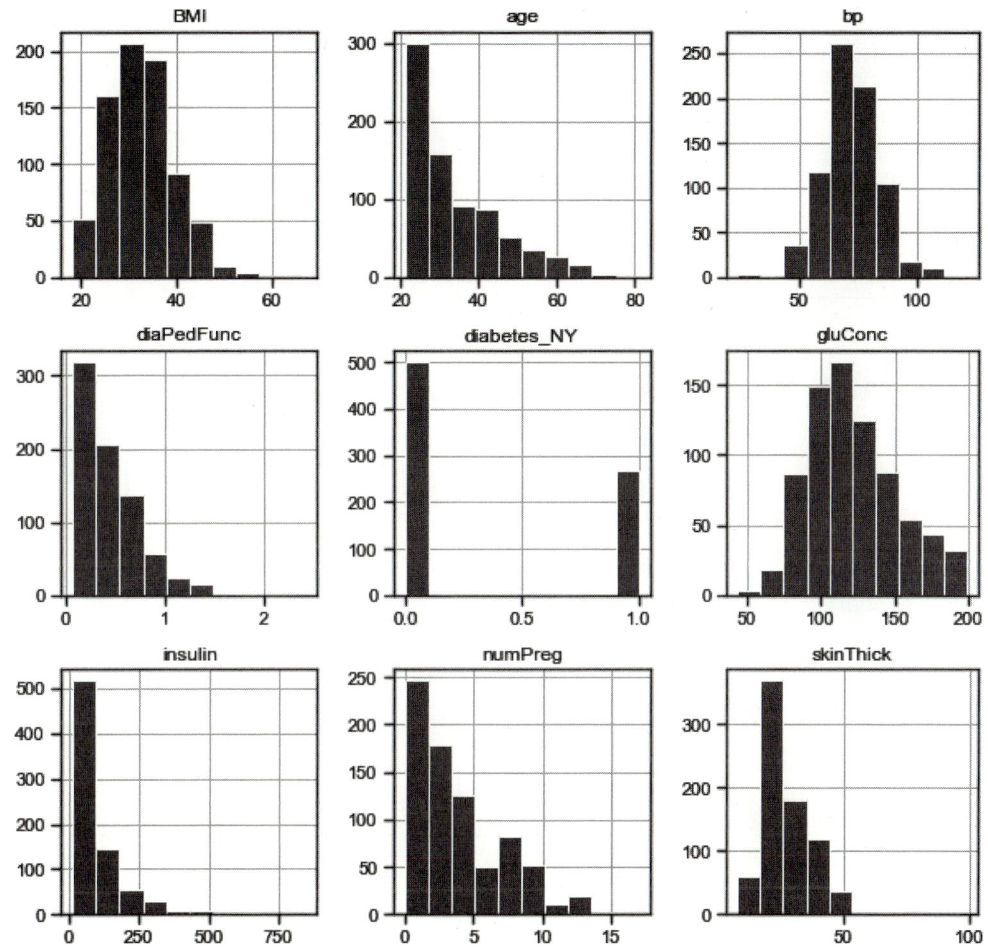

전체 자료의 산점도를 나타낸다.

```
import seaborn as sns
import matplotlib.pyplot as plt
%matplotlib inline

sns.set(style='ticks')
plt.figure(figsize=(10, 10))
sns.pairplot(pima_data, hue='diabetes_NY')
```

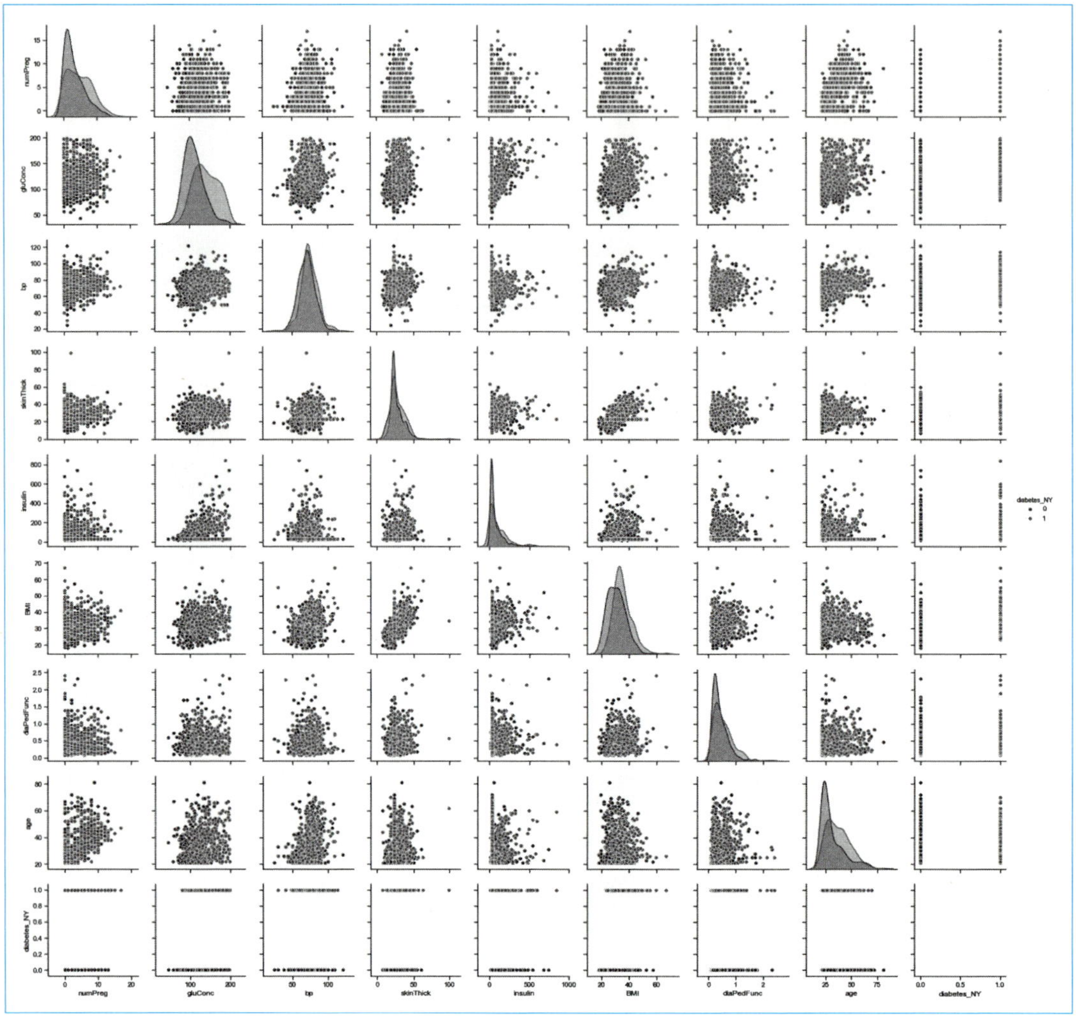

다음은 X변수의 상관행렬이다. 대체로 변수들 간에 상관관계는 높아 보이지 않는다.

```
Xvars = ["numPreg","gluConc", "bp", "skinThick","insulin", "BMI", "diaPedFunc",
"age"]
X = pima[Xvars]
Xc = X.corr()
Xc
```

	numPreg	gluConc	bp	skinThick	insulin	BMI	diaPedFunc	age
numPreg	1.000000	0.129459	0.141282	-0.081672	-0.073535	0.017683	-0.033523	0.544341
gluConc	0.129459	1.000000	0.152590	0.057328	0.331357	0.221071	0.137337	0.263514
bp	0.141282	0.152590	1.000000	0.207371	0.088933	0.281805	0.041265	0.239528
skinThick	-0.081672	0.057328	0.207371	1.000000	0.436783	0.392573	0.183928	-0.113970
insulin	-0.073535	0.331357	0.088933	0.436783	1.000000	0.197859	0.185071	-0.042163
BMI	0.017683	0.221071	0.281805	0.392573	0.197859	1.000000	0.140647	0.036242
diaPedFunc	-0.033523	0.137337	0.041265	0.183928	0.185071	0.140647	1.000000	0.033561
age	0.544341	0.263514	0.239528	-0.113970	-0.042163	0.036242	0.033561	1.000000

여러 변수 중에서, 일례를 들어 최저혈압이 당뇨에 미치는 상태를 막대그림표로 나타내었다.

```
import matplotlib.pyplot as plt
from matplotlib import font_manager, rc
font_name = font_manager.FontProperties(fname="c:/Windows/Fonts/malgun.ttf").
get_name()
plt.rc('font', family=font_name)                          # 그래프에서 한글깨짐 방지용
plt.matplotlib.rcParams['axes.unicode_minus'] = False

plt.figure(figsize=(20,3))
bp_value = pima_data.groupby('bp').diabetes_NY.mean().reset_index()

sns.barplot(bp_value.bp, bp_value.diabetes_NY)
plt.title('최저혈압이 당뇨 발병에 미칠 가능성(%)')
plt.show()

plt.figure(figsize=(14,3))
sns.distplot(pima_data[pima_data.diabetes_NY == 0]['bp'], color='blue',
kde=False, label='0 당뇨 없음')
sns.distplot(pima_data[pima_data.diabetes_NY == 1]['bp'], color='green',
kde=False, label='1 당뇨 있음')
plt.legend()
plt.title('최저혈압에 따른 당뇨 발병 빈도수')
plt.show()
```

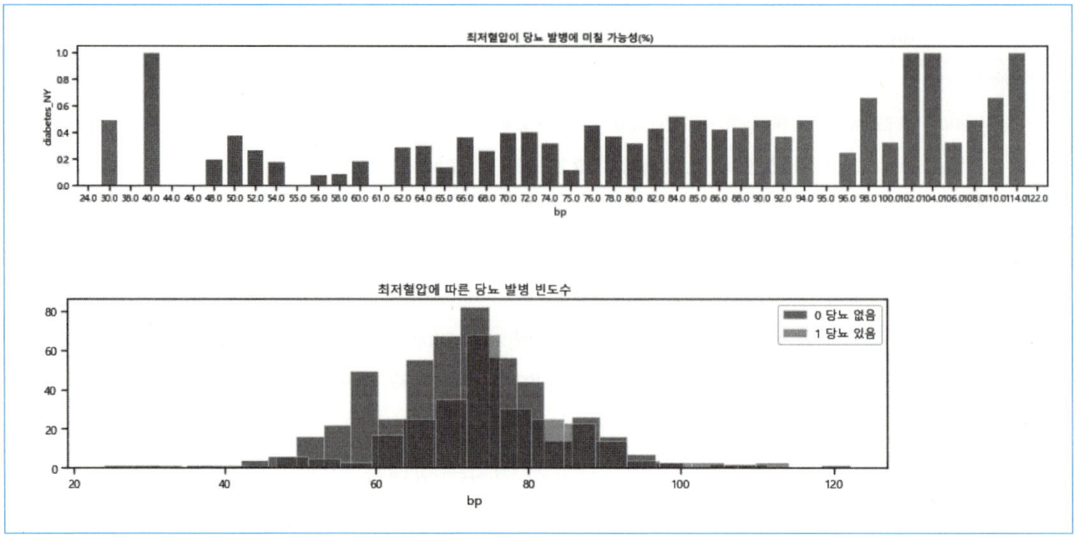

다른 변수들에 대해서도 각자 시도해 보기 바란다.

끝으로 당뇨 발병 여부에 따른 빈도수를 비교해 변수별로 비교해 보기로 한다.

```
df = pima_data
df_0 = df[df['diabetes_NY']==0]
df_1 = df[df['diabetes_NY']==1]
mean_0 = df_0.mean()
mean_1 = df_1.mean()
list_0 = []
list_1 = []

for col in df.columns:
    list_0.append(mean_0[col])
    list_1.append(mean_1[col])

index = np.arange (len(df.columns))
bar_width = 0.35
opacity = 0.8

plt.bar (index, list_0, bar_width, alpha = opacity, color = 'g', label = 'diabetes_
No')
plt.bar (index + bar_width, list_1, bar_width, alpha = opacity, color = 'r',
label = 'diabetes_Yes')
```

```
plt.title ('Pima Indians Diabetes')
plt.xticks (index + bar_width, tuple(df.columns))
plt.legend ()
plt.tight_layout ()
plt.show ()
```

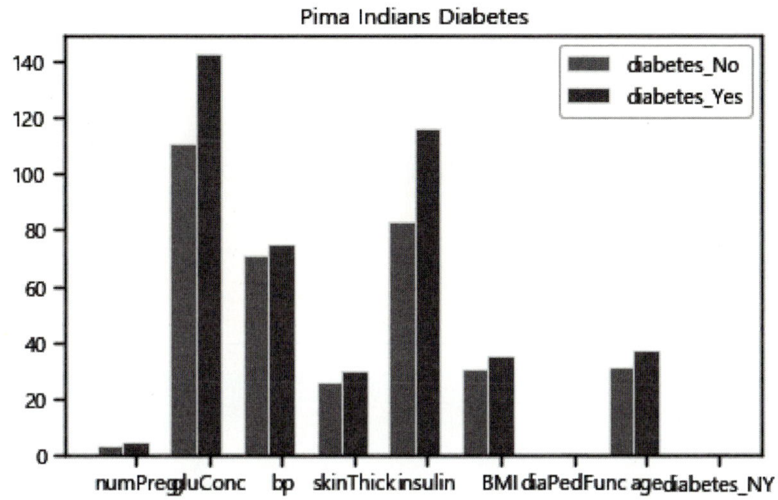

위 그림표에서 gluConc와 insulin 변수에서 당뇨병이 더 많이 유발되고 있음을 보여준다.

6. 분석

이제 9개의 변수를 X, y 두 부류로 나누어서 자료를 준비한다.

```
Xvars = ['NumTimesPrg', 'PlGlcConc', 'BloodP', 'SkinThick', 'TwoHourSerIns', 'BMI',
'DiPedFunc', 'Age']
X = pima[Xvars]
X.tail()
```

	numPreg	gluConc	bp	skinThick	insulin	BMI	diaPedFunc	age
763	10	101.0	76.0	48.0	180.0	32.9	0.171	63
764	2	122.0	70.0	27.0	125.0	36.8	0.340	27
765	5	121.0	72.0	23.0	112.0	26.2	0.245	30
766	1	126.0	60.0	29.0	125.0	30.1	0.349	47
767	1	93.0	70.0	31.0	125.0	30.4	0.315	23

(주) X = pima_data.iloc[:, :7]도 가능하다.

결과적으로 0 값을 중앙값으로 대체했기 때문에 자료규모가 768개 원상대로 유지되었다.

```
y = pima_data.diabetes_NY
y.head()
```

```
0      1
1      0
2      1
3      0
4      1
Name: diabetes_NY, dtype: int64
```

이제 본격적으로 분석하면 다음과 같다.

```
from sklearn.svm import SVC
from sklearn.model_selection import train_test_split

X_train, X_test, y_train, y_test = train_test_split(X, y, test_size=0.3, random_
state=123)
svc = SVC (gamma='scale')
svc.fit(X_train, y_train)

print('훈련자료 점수: {:.3f}'.format(svc.score(X_train, y_train)))
print('검정자료 점수: {:.3f}'.format(svc.score(X_test, y_test)))
```

```
훈련자료 점수: 0.752
검정자료 점수: 0.775
```

다음에서 자료를 표준화하였으나, 검정자료의 점수에서 큰 차이를 보이지 않는다.

```
from sklearn.preprocessing import StandardScaler as StdScaler

scaler = StdScaler()
scaler.fit(X_train)

X_train_scaled = scaler.transform(X_train)
X_test_scaled = scaler.transform(X_test)
svc.fit(X_train_scaled, y_train)

print('훈련자료 점수: {:.3f}'.format(svc.score(X_train_scaled, y_train)))
print('검정자료 점수: {:.3f}'.format(svc.score(X_test_scaled, y_test)))
```

```
훈련자료 점수: 0.831
검정자료 점수: 0.762
```

다음 혼동행렬에서 정확도는 (135+44)/231 = 77.5(%)를 보여준다.

```
from sklearn.svm import SVC
svc_d = SVC(gamma='scale')
svc_d.fit(X_train, y_train)
y_pred = svc_d.predict(X_test)

from sklearn.metrics import confusion_matrix
cm = confusion_matrix(y_test, y_pred)
print(cm)
```

```
[[ 135    8]
 [  44   44]]
```

7. 결론

여기서 SVM은 비교적 낮은 정확도를 보여 주었다. 그리고 연구자 입장에서 어떤 변수가 당뇨병에 영향을 미치는가에 대해서도 보여주지 못하였다. 이것은 제23장의 로지스틱 분석을 통해서 유용한 결론을 내릴 수 있을 것이다.

CHAPTER 25
k근접이웃(kNN)

제1절 iris 자료 분석
제2절 spamdata 자료 분석

제1절 iris 자료 분석

1. 자료 준비

지도학습의 kNN(k-Nearest Neighbor) 방식에 대해 설명한다. 자료는 앞에서 여러 차례 다루었던 iris 이다.

```
from sklearn import datasets
iris = datasets.load_iris()
print(format(iris.keys()))
```

```
dict_keys(['data', 'target', 'target_names', 'DESCR', 'feature_names', 'filename'])
```

```
print(iris.DESCR)
```

```
.. _iris_dataset:

Iris plants dataset
--------------------
**Data Set Characteristics:**

   :Number of Instances: 150 (50 in each of three classes)
   :Number of Attributes: 4 numeric, predictive attributes and the class
   :Attribute Information:
      - sepal length in cm
      - sepal width in cm
      - petal length in cm
      - petal width in cm
      - class:
              - Iris-Setosa
              - Iris-Versicolour
              - Iris-Virginica

   :Summary Statistics:
   ============== ==== ==== ======= ===== ====================
                   Min  Max   Mean    SD   Class Correlation
   ============== ==== ==== ======= ===== ====================
   sepal length:   4.3  7.9   5.84   0.83    0.7826
   sepal width:    2.0  4.4   3.05   0.43   -0.4194
   petal length:   1.0  6.9   3.76   1.76    0.9490  (high!)
   petal width:    0.1  2.5   1.20   0.76    0.9565  (high!)
   ============== ==== ==== ======= ===== ====================

   :Missing Attribute Values: None
   :Class Distribution: 33.3% for each of 3 classes.
   :Creator: R.A. Fisher
   :Donor: Michael Marshall (MARSHALL%PLU@io.arc.nasa.gov)
   :Date: July, 1988

The famous Iris database, first used by Sir R.A. Fisher. The dataset is taken
from Fisher's paper. Note that it's the same as in R, but not as in the UCI
Machine Learning Repository, which has two wrong data points.
이하 생략
```

```
iris.data.shape
```

```
(150, 4)
```

```
iris.target.shape
```

```
(150, )
```

```
iris.target_names
```

```
array(['setosa', 'versicolor', 'virginica'], dtype='<U10')
```

```
iris.feature_names
```

```
['sepal length (cm)',
 'sepal width (cm)',
 'petal length (cm)',
 'petal width (cm)']
```

2. 목표

kNN 방식으로 개체들을 분류한다.

3. 자료 시각화

여기에서는 chart-studio와 plotly 패키지를 이용하여 상호작용(interacitve) 산점도 행렬을 만든다.

```
pip install chart-studio
```

```
pip install plotly
```

```
import seaborn as sns
iris = sns.load_dataset('iris')

import chart_studio.plotly as cp                                    # chart_studio 철자 유의
import plotly.figure_factory as pf
from plotly.offline import iplot

spm = pf.create_scatterplotmatrix(iris, height=800, width=800, diag='box',
index='species')                                                    # box 대신 histogram도 가능
iplot(spm)
```

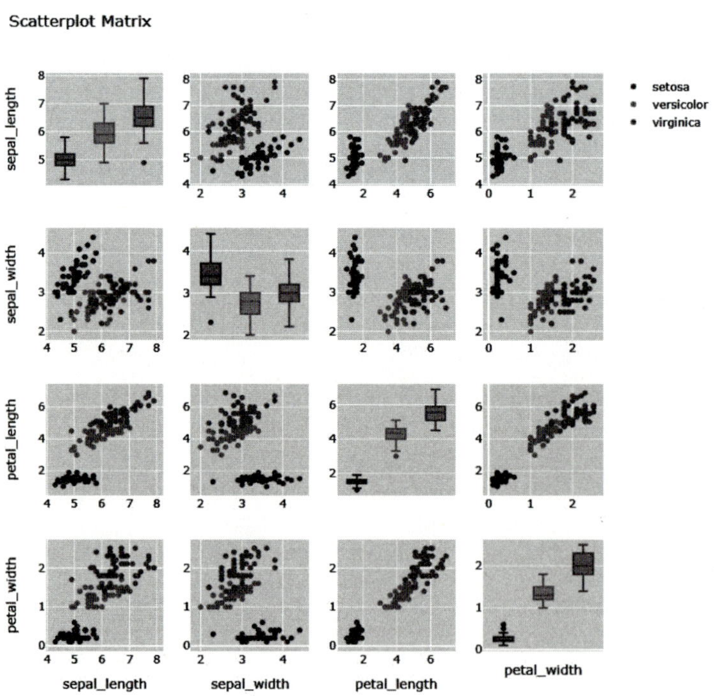

다음도 가능하다(결과 생략).

```
import seaborn as sns
import matplotlib.pyplot as plt
iris=sns.load_dataset("iris")
sns.pairplot(iris, hue="species", markers=["o", "s", "X"])
plt.title("")
plt.show()
```

```
iris_corr = iris.corr()
round(iris_corr, 2)
```

	sepal_length	sepal_width	petal_length	petal_width
sepal_length	1.00	-0.12	0.87	0.82
sepal_width	-0.12	1.00	-0.43	-0.37
petal_length	0.87	-0.43	1.00	0.96
petal_width	0.82	-0.37	0.96	1.00

```
import numpy as np
X, y = iris.data, iris.target
X[0:5, :]
```

```
array([[5.1, 3.5, 1.4, 0.2],
       [4.9, 3. , 1.4, 0.2],
       [4.7, 3.2, 1.3, 0.2],
       [4.6, 3.1, 1.5, 0.2],
       [5. , 3.6, 1.4, 0.2]])
```

```
np.unique(y)                                    # target(y) values
```

```
array([0, 1, 2])
```

4. 분석

```
from sklearn import datasets
iris = datasets.load_iris()
from sklearn.model_selection import train_test_split
X_train, X_test, y_train, y_test = train_test_split(iris.data, iris.target, test_
size=0.3, random_state=123)

from sklearn.neighbors import KNeighborsClassifier
knn_m = KNeighborsClassifier(n_neighbors=1)
knn_m.fit(X_train, y_train)
y_pred = knn_m.predict(X_test)
print(format(knn_m.score(X_test, y_pred)))

print('훈련자료 정확도: {:.3f}'.format(knn_m.score(X_train, y_train)))
print('검정자료 정확도: {:.3f}'.format(knn_m.score(X_test, y_test)))
```

```
1.0
훈련자료 정확도: 1.000
검정자료 정확도: 0.911
```

```
import pandas as pd
ct = pd.crosstab(y_test, y_pred, margins=True)
ct.columns.names=['Predicted']
ct.index.names=['Actual']
ct
```

Predicted	0	1	2	All
Actual				
0	18	0	0	18
1	0	9	1	10
2	0	3	14	17
All	18	12	15	45

5. 결론

여기서는 비교적 높은 성과를 보여준다.

참고

자료를 훈련세트와 검정세트로 나누어서 혼동행렬을 구하는 과정을 보여준다.

```
# 훈련세트와 검정세트 나누기
from sklearn.model_selection import train_test_split
train_set, test_set = train_test_split(iris_df, test_size = 0.3, random_state
= 123)
print(train_set.shape); print(test_set.shape)
```

```
(105, 6)
(45, 6)
```

```
Xvar = ['sepal length (cm)', 'sepal width (cm)', 'petal length (cm)', 'petal
width (cm)']
X_train = train_set[Xvar]
y_train = train_set.target
X_test = test_set[Xvar]
```

```
import sklearn.neighbors as nn
knn = nn.KNeighborsClassifier(n_neighbors = 1)
knn.fit(X = X_train, y = y_train)
y_pred = knn.predict(X = X_test)
```

```
# 성능테스트
from sklearn.metrics import confusion_matrix
from sklearn.metrics import classification_report
cm = confusion_matrix(test_set.target.values, y_pred)
print('\n\nConfusion Matrix\n', cm)
print('\nClassification Report\n', classification_report(test_set.target.
values, pred,
target_names=iris.target_names))
```

```
Confusion Matrix
 [[18  0  0]
 [ 0  9  1]
 [ 0  3 14]]
```

```
Classification Report
              precision    recall  f1-score   support

      setosa       1.00      1.00      1.00        18
  versicolor       0.75      0.90      0.82        10
   virginica       0.93      0.82      0.87        17

    accuracy                           0.91        45
   macro avg       0.89      0.91      0.90        45
weighted avg       0.92      0.91      0.91        45
```

제2절 Spambase 자료 분석

1. 서론

최근 조직이나 개인은 헤아리기 어려울 정도의 많은 분량의 광고, 연쇄편지 등의 스팸 메일을 받는다. 이를 처리하는 것이 보통 문제가 아닌 것 같다. 적절한 프로그램으로 이를 미리 제거해 준다면 업무 효율성을 올리기가 쉬울 것 같다. 따라서 스팸 메일의 처리는 중요한 과제가 된다.

2. 자료 준비

이 자료 Spambase는 http://www.ics.uci.edu/~mlearn/MLRepository.html의 UCI Machine Learning Repository에 있다.

Hewlett-Packard Labs에서는 데이터세트는 4,601개의 이메일을 스팸 또는 비스팸으로 분류한다. 이 클래스 라벨 외에 전자 우편의 특정 단어 및 문자 빈도를 나타내는 57개의 변수가 있다. 처음 48개의 변수에는 전자 메일의 변수 이름(예: 비즈니스) 빈도가 포함된다. 변수 이름이 num(예: num650)으로 시작하면 해당 숫자(예: 650)의 빈도를 나타낸다. 변수 49-54는 문자 ';', '(', '[', '!', '\$' 및 '\#'의 빈도를 나타낸다. 변수 55-57에는 평균, 최장 및 총계가 포함된다. 목적변수 58은 메일의 유형을 나타내며 "nonspam" 또는 "spam"으로 나눈다. 여기서 spam은 원치 않는 상업성 전자메일을 의미한다.

3. 목표

여러 분류 알고리즘의 성과를 비교하여, 우수한 알고리즘을 추천한다.

4. 자료 전처리

```
import pandas as pd
spamdata = pd.read_table("d:RPy/spamD.tsv")
spamdata.head()
spamdata.tail()
```

	word.freq.make	word.freq.address	word.freq.all	word.freq.3d	word.freq.our	word.freq.over	word.freq.remove	word.freq.internet	word.freq.order	word.fr
4596	0.31	0.0	0.62	0.0	0.00	0.31	0.0	0.0	0.0	
4597	0.00	0.0	0.00	0.0	0.00	0.00	0.0	0.0	0.0	
4598	0.30	0.0	0.30	0.0	0.00	0.00	0.0	0.0	0.0	
4599	0.96	0.0	0.00	0.0	0.32	0.00	0.0	0.0	0.0	
4600	0.00	0.0	0.65	0.0	0.00	0.00	0.0	0.0	0.0	

5 rows × 59 columns

(주) 아래 수평바를 오른쪽으로 움직이면 다른 변수들도 볼 수 있다.

Spambase 자료에 결측치가 있다는 정보가 있으므로, 분석 전에 자료를 정제한다.

```
spamdata = spamdata.dropna()
spamdata.tail()
```

결과 동일

결과가 동일하여 원래 자료 그대로 분석한다.

```
spamdata.shape
```

```
(4601, 59)
```

```
spamdata.groupby("spam").size()
```

```
spam
non-spam      2788
spam          1813
dtype: int64
```

이 자료 세트에는 분류된 2788개의 "nonspam" 이메일과 1813개의 "spam" 이메일이 포함되어 있다.

```
spamdata.keys()
```

```
Index([ 'word.freq.make', 'word.freq.address', 'word.freq.all', 'word.freq.3d',
       'word.freq.our', 'word.freq.over', 'word.freq.remove',
       'word.freq.internet', 'word.freq.order', 'word.freq.mail',
       'word.freq.receive', 'word.freq.will', 'word.freq.people',
       'word.freq.report', 'word.freq.addresses', 'word.freq.free',
       'word.freq.business', 'word.freq.email', 'word.freq.you',
       'word.freq.credit', 'word.freq.your', 'word.freq.font', 'word.freq.000',
       'word.freq.money', 'word.freq.hp', 'word.freq.hpl', 'word.freq.george',
       'word.freq.650', 'word.freq.lab', 'word.freq.labs', 'word.freq.telnet',
       'word.freq.857', 'word.freq.data', 'word.freq.415', 'word.freq.85',
       'word.freq.technology', 'word.freq.1999', 'word.freq.parts',
       'word.freq.pm', 'word.freq.direct', 'word.freq.cs', 'word.freq.meeting',
       'word.freq.original', 'word.freq.project', 'word.freq.re',
       'word.freq.edu', 'word.freq.table', 'word.freq.conference',
       'char.freq.semi', 'char.freq.lparen', 'char.freq.lbrack',
       'char.freq.bang', 'char.freq.dollar', 'char.freq.hash',
       'capital.run.length.average', 'capital.run.length.longest',
       'capital.run.length.total', 'spam', 'rgroup'],
       dtype='object')
```

5. 분석

```
X = spamdata.iloc[:,:57]
y = spamdata.spam

from sklearn.model_selection import train_test_split
X_train, X_test, y_train, y_test = train_test_split(X, y, test_size=0.3, random_
state=123)

from sklearn.neighbors import KNeighborsClassifier
knn_spam = KNeighborsClassifier(n_neighbors=1)
knn_spam.fit(X_train, y_train)
y_pred = knn_spam.predict(X_test)

print('훈련자료 정확도: {:.3f}'.format(knn_spam.score(X_train, y_train)))
print('검정자료 정확도: {:.3f}'.format(knn_spam.score(X_test, y_test)))
```

```
훈련자료 정확도: 1.000
검정자료 정확도: 0.815
```

```
ct = pd.crosstab(y_test, y_pred, margins=True)
ct.columns.names=['predicted']
ct
```

predicted	non-spam	spam	All
spam			
non-spam	691	131	822
spam	124	435	559
All	815	566	1381

정확도 = (691+435)/1381 = 0.815

6. 결론

스팸 메일을 사전에 제거하는 것은 어려운 문제인 것 같다. 만일 올바른 메일을 스팸으로 처리한다면(제1종 오류를 범한다면), 큰 실수가 될 수 있기 때문이다.

참고

나누어진 자료 파일을 재통합하는 경우

```
X=np.append(X_train.X_test,axis=0)
y=np.append(y_train.y_test.axis=0)
```

CHAPTER 26
의사결정나무

제1절 iris 자료 분석

1. 자료 준비 및 분석

여기서는 이미 여러 군데에서 다루었던 앞의 Fisher의 붓꽃(iris) 자료를 이용하여 의사결정나무를 만들어 본다.

```
from sklearn import datasets
from sklearn.model_selection import train_test_split
from sklearn.preprocessing import StandardScaler
import numpy as np
import pandas as pd

iris = datasets.load_iris()

X = iris.data
y = iris.target
```

```
X_train, X_test, y_train, y_test = train_test_split(X, y, test_size=0.3, random_
state=123)

from sklearn import tree
itree = tree.DecisionTreeClassifier(criterion='entropy', max_depth=3, random_
state=0)
itree.fit(X_train, y_train)

print('훈련자료 정확도: %.3f' % itree.score(X_train, y_train))
print('검정자료 정확도: %.3f' % itree.score(X_test, y_test))
```

```
훈련자료 정확도: 0.981
검정자료 정확도: 0.933
```

```
from sklearn.metrics import accuracy_score
y_pred = itree.predict(X_test)

print('검정자료 정확도: %.3f' % accuracy_score(y_test, y_pred))
```

```
검정자료 정확도: 0.933
```

```
ct = pd.crosstab(y_test, y_pred, margins=True)
ct.columns.names=['Predicted']
ct.index.names=['Actual']
ct
```

Predicted	0	1	2	All
Actual				
0	18	0	0	18
1	0	10	0	10
2	0	3	14	17
All	18	13	14	45

```
from sklearn.tree import export_graphviz
import pydotplus
from IPython.display import Image

dot_data = export_graphviz(itree, out_file = None, feature_names = iris.
feature_names, class_names = iris.target_names, filled = True, rounded = True,
special_characters = True)
graph = pydotplus.graph_from_dot_data(dot_data)
Image(graph.create_png())
```

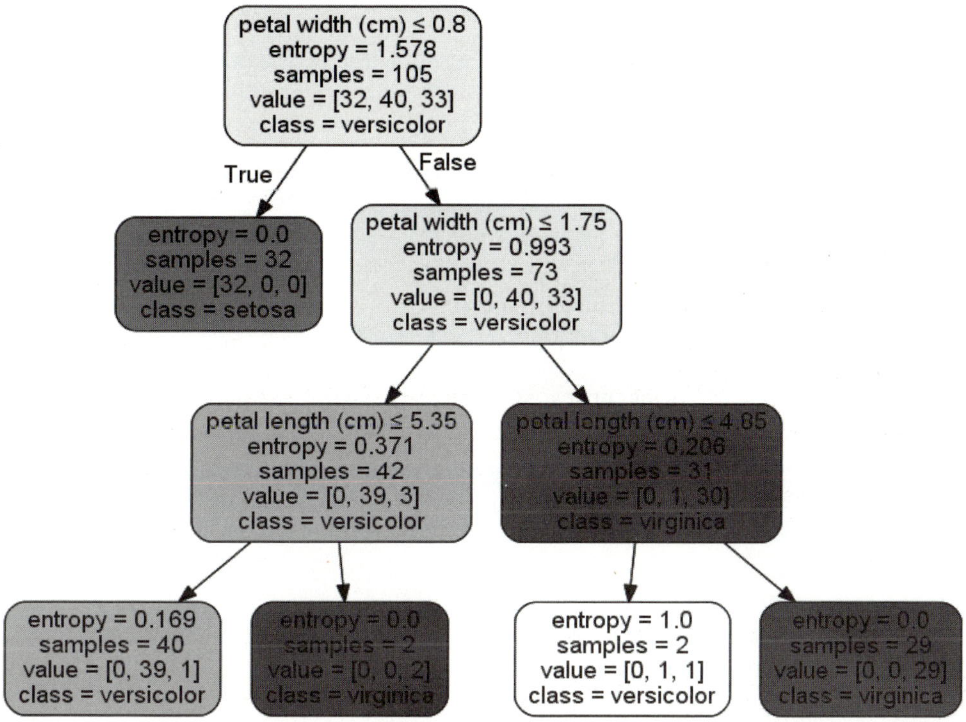

네 변수 중에서 petal width가 가장 변별력이 높으며 그 다음으로 petal length로 보인다.

2. 전체 자료의 분석

전체 자료 150개에 대해 의사결정나무를 그려 보았다.

```
from sklearn import datasets
from sklearn.model_selection import train_test_split
from sklearn.preprocessing import StandardScaler
import numpy as np
import pandas as pd

iris = datasets.load_iris()

X = iris.data
y = iris.target

from sklearn import tree
alltree = tree.DecisionTreeClassifier(criterion = 'entropy', max_depth = 3,
random_state = 123)
alltree.fit(X, y)

from sklearn.metrics import accuracy_score
y_pred = alltree.predict(X)

print('전체자료 정확도: %.3f' % accuracy_score(y, y_pred))
```

```
전체자료 정확도: 1.000
```

```
ct = pd.crosstab(y_test, y_pred, margins=True)
ct.columns.names=['Predicted']
ct.index.names=['Actual']
ct
```

Predicted	0	1	2	All
Actual				
0	50	0	0	50
1	0	50	0	50
2	0	0	50	50
All	50	50	50	150

```
from sklearn.tree import export_graphviz
import pydotplus
from IPython.display import Image

dot_data = export_graphviz(alltree, out_file = None, feature_names = iris.
feature_names, class_names = iris.target_names, filled = True, rounded = True,
special_characters = True)
graph = pydotplus.graph_from_dot_data(dot_data)
Image(graph.create_png())
```

결과 아래 제시

alltree 모형에서 max_depth=5로 하면 정확도는 100%가 된다.

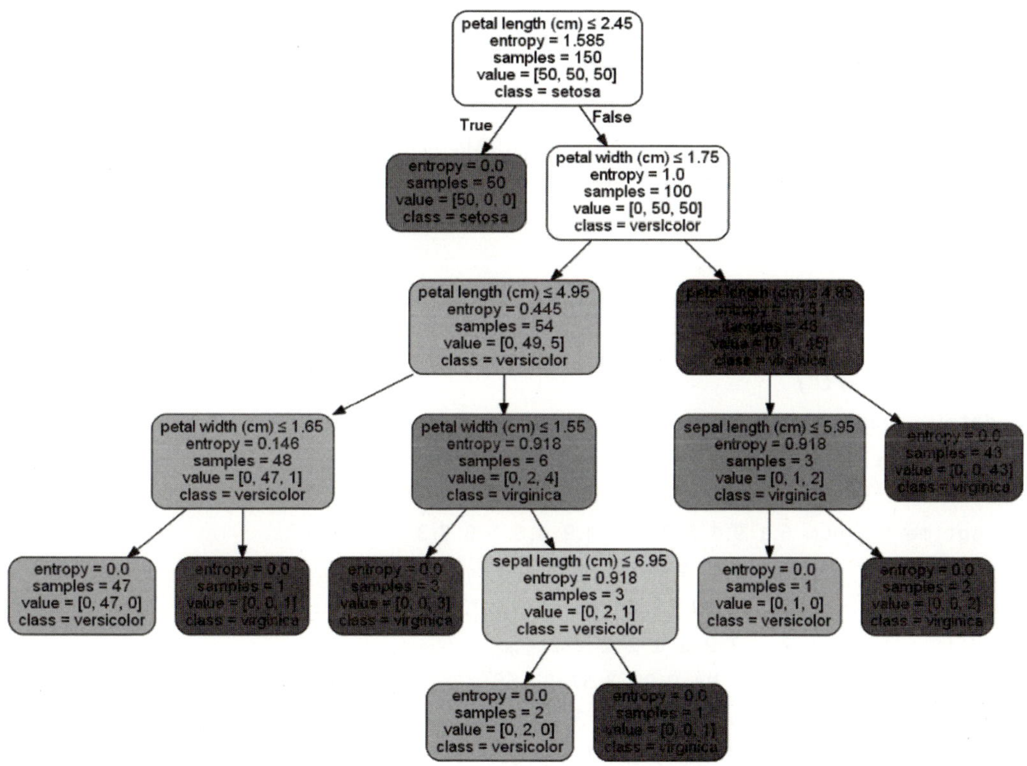

제2절 stagec 자료 분석

1. 서론

전립선은 남성에게만 있는 장기로 정액의 일부를 생산하며 방광에서 나오는 요도를 둘러싼 듯한 밤 열매와 같은 모양이다. 이 전립선에 암세포가 발생한 것을 전립선암이라고 한다. 증상으로서는 소변이 잘 나오지 않거나 소변 횟수가 잦으며, 잔뇨감, 야간다뇨, 요의 절박, 하복부 불쾌감 등을 들 수 있다. 전립선암의 정확한 원인은 밝혀지지 않았지만, 고령, 아프리카계 미국인 혈통, 가족력, 생활양식 요인(비만과 고지방 식사, 특히 동물 지방이 많은 식사) 등을 들 수 있다(출처: 서울 아산병원). 전립선 발병을 예방은 남자 및 노인이 조심해야 할 과제이다.

2. 자료 준비

이 자료(stagec)는 이미 12장에서 다룬 146명의 전립선(Prostate) 암 환자에 관한 것이다. R에 내장되어 있어 쉽게 접근이 가능하다.

(1) 먼저 R에서 자료 불러와 내 PC에 입력하기

```
> library("rpart")
> data(stagec)
> str(stagec)
'data.frame': 146 obs. of 8 variables:
 $ pgtime   : num 6.1 9.4 5.2 3.2 1.9 4.8 5.8 7.3 3.7 15.9 ...
 $ pgstat   : int 0 0 1 1 1 0 0 0 1 0 ...
 $ age      : int 64 62 59 62 64 69 75 71 73 64 ...
 $ eet      : int 2 1 2 2 2 1 2 2 2 2 ...
 $ g2       : num 10.26 NA 9.99 3.57 22.56 ...
 $ grade    : int 2 3 3 2 4 3 2 3 3 3 ...
 $ gleason  : int 4 8 7 4 8 7 NA 7 6 7 ...
 $ ploidy   : Factor w/ 3 levels "diploid","tetraploid",..: 1 3 1 1 2 1 2 3 1 2 ...
> write.csv(stagec, "d:/PyR/stagec.csv")
```

(2) 입력 파일을 Python 주피터 노트북에서 불러오기

```
import pandas as pd
import numpy as np

stagec = pd.read_csv("d:/PyR/stagec.csv")
stagec.head()                                      # 한 열 더 생김(unamed: 0)
```

	Unnamed: 0	pgtime	pgstat	age	eet	g2	grade	gleason	ploidy
0	1	6.1	0	64	2.0	10.26	2	4.0	diploid
1	2	9.4	0	62	1.0	NaN	3	8.0	aneuploid
2	3	5.2	1	59	2.0	9.99	3	7.0	diploid
3	4	3.2	1	62	2.0	3.57	2	4.0	diploid
4	5	1.9	1	64	2.0	22.56	4	8.0	tetraploid

전체 7개의 설명변수를 이용하여 범주형 자료의 반응변수(ploidy: 염색체 배수성(倍數性))를 예측하고자 의사결정나무 분석을 실시한다. 배수성의 정도(ploidy level)에 따라, 일배성(monoploidy, 1세트의 염색체, 반수성이라고도 함), 이배성(diploid, 2세트의 염색체), 삼배성(triploid, 3세트의 염색체), 사배성(tetraploid, 4세트 염색체) 등으로 구분할 수 있다. 그리고 염색체 이수성(aneuploidy)은 염색체수가 반수체의 정확한 배수가 되지 않는 경우를 말한다. 사람의 체세포는 이배성(diploidy, 염색체 46개, 2n으로 표기)을 보이며, 이 세포를 이배체(diploid)라고 할 수 있다(출처: 네이버 지식백과).

3. 목표

자료를 이용하여 의사결정나무 알고리즘으로 정확도를 계산해 보고, 지금까지 공부한 여러 알고리즘들의 성능을 비교해 본다. 여기에 포함된 알고리즘은 다음과 같다.

```
from sklearn.linear_model import LogisticRegression
from sklearn.svm import SVC
from sklearn.svm import LinearSVC
from sklearn.neighbors import KNeighborsClassifier
from sklearn.tree import DecisionTreeRegressor
```

4. 자료의 전처리

```
stagec = stagec.drop("Unnamed: 0", axis=1)                    # 첫 변수 제거
stagec.describe()
```

	pgtime	pgstat	age	eet	g2	grade	gleason
count	146.000000	146.000000	146.000000	144.000000	139.000000	146.000000	143.000000
mean	6.323973	0.369863	63.000000	1.750000	14.275252	2.609589	6.349650
std	3.624425	0.484429	5.821482	0.434524	8.223844	0.591588	1.349276
min	0.300000	0.000000	47.000000	1.000000	2.400000	1.000000	3.000000
25%	3.700000	0.000000	59.000000	1.750000	9.215000	2.000000	5.000000
50%	5.900000	0.000000	63.000000	2.000000	13.010000	3.000000	6.000000
75%	7.900000	1.000000	67.000000	2.000000	16.715000	3.000000	7.000000
max	17.700000	1.000000	75.000000	2.000000	54.930000	4.000000	10.000000

자료에서 결측치 여부를 확인한다.

```
stagec.isnull().sum()
```

```
pgtime       0
pgstat       0
age          0
eet          2
g2           7
grade        0
gleason      3
ploidy       0
dtype: int64
```

세 변수 eet, g2, gleson 등의 결측치를 제거하고 자료를 재확인한다.

```
stage = stagec.dropna()
print(stage)                                                    # 결과 생략
stage.describe()
```

	pgtime	pgstat	age	eet	g2	grade	gleason
count	134.000000	134.000000	134.000000	134.000000	134.000000	134.000000	134.000000
mean	6.282836	0.365672	62.738806	1.761194	14.383433	2.604478	6.298507
std	3.637142	0.483425	5.826991	0.427954	8.330112	0.588341	1.343488
min	0.300000	0.000000	47.000000	1.000000	2.400000	1.000000	3.000000
25%	3.700000	0.000000	59.000000	2.000000	9.462500	2.000000	5.000000
50%	5.850000	0.000000	63.000000	2.000000	12.970000	3.000000	6.000000
75%	7.775000	1.000000	67.000000	2.000000	16.805000	3.000000	7.000000
max	17.700000	1.000000	75.000000	2.000000	54.930000	4.000000	10.000000

참고

다음은 age 변수에 0이 있는지 여부를 검토하는 코드이다. 이 중에서 하나 골라 쓰면 된다

```
print(stage[stage.g2 == 0].shape[0])
print(stage[stage.g2 == 0].index.tolist())
print(stage[stage.g2 == 0].groupby('ploidy')['age'].count())
```

이제 stage 자료를 가지고 시각화와 분석을 시작한다.

5. 자료의 시각화

```
import seaborn as sns
sns.set(style='ticks')
plt.figure(figsize=(10, 10))
sns.pairplot(stage, hue='ploidy')
```

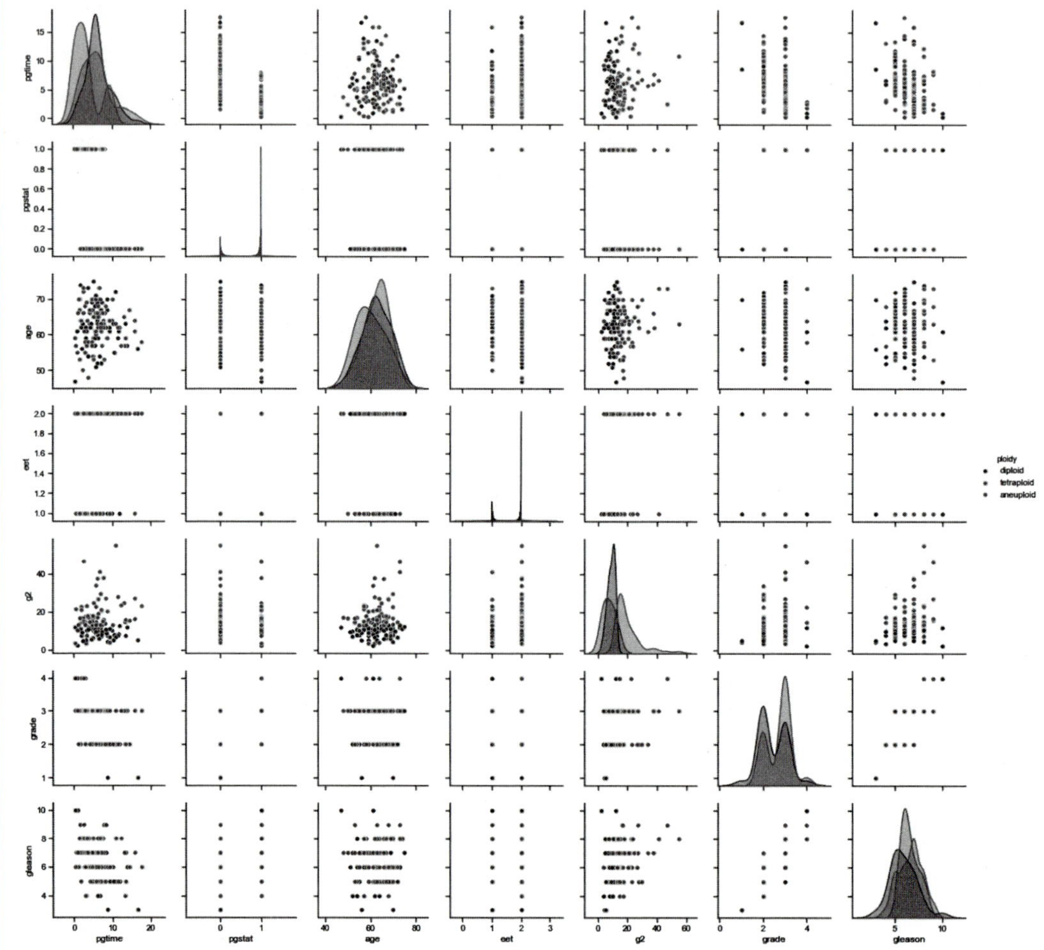

5. 분석

먼저 의사결정나무 알고리즘으로 평가해 본다.

```
X = stage.iloc[:, :7]
X.head()
```

	pgtime	pgstat	age	eet	g2	grade	gleason
0	6.1	0	64	2.0	10.26	2	4.0
2	5.2	1	59	2.0	9.99	3	7.0
3	3.2	1	62	2.0	3.57	2	4.0
4	1.9	1	64	2.0	22.56	4	8.0
5	4.8	0	69	1.0	6.14	3	7.0

참고

다음도 동일한 결과를 주며, 참고할 만하다(결과 생략).

```
X = stage.drop('ploidy', axis=1)
print(X.head())
print(X.columns)
```

```
y = stage.ploidy
y.head()
```

```
0          diploid
2          diploid
3          diploid
4       tetraploid
5          diploid
Name: ploidy, dtype: object
```

```
stage.groupby("ploidy").size()
```

```
ploidy
aneuploid     5
diploid      65
tetraploid   64
dtype: int64
```

```
from sklearn.model_selection import train_test_split
X_train, X_test, y_train, y_test = train_test_split(X, y, test_size=0.3,
stratify=stage.ploidy, random_state=123)

from sklearn import tree
stree = tree.DecisionTreeClassifier(criterion='entropy', max_depth=3, random_
state=123)
stree.fit(X_train, y_train)

print('훈련자료 정확도: %.3f' % stree.score(X_train, y_train))
print('검정자료 정확도: %.3f' % stree.score(X_test, y_test))
```

```
훈련자료 정확도: 0.989
검정자료 정확도: 0.902
```

```
from sklearn.metrics import accuracy_score
y_pred = stree.predict(X_test)
print('분류 정확도: %.3f' % accuracy_score(y_test, y_pred))
```

```
분류 정확도: 0.902
```

```
ct = pd.crosstab(y_test, y_pred, margins=True)
ct.columns.names=['Predicted']
ct.index.names=['Actual']
ct
```

Predicted	diploid	tetraploid	All
Actual			
aneuploid	1	0	1
diploid	17	3	20
tetraploid	0	20	20
All	18	23	41

의사결정나무 알고리즘의 정확도는 (0+17+20)/41 = 0.902의 높은 수준을 보여준다. 아래의 의사결정나무를 보면 분류 과정에서 g2변수가 ploidy에 영향을 미치는 중요한 변수임을 보여 준다.

```
from sklearn.tree import export_graphviz
import pydotplus
from IPython.display import Image

dot_data = export_graphviz( stree, out_file=None, feature_names=X.columns,
                           filled=True, rounded=True, special_characters=True)
graph = pydotplus.graph_from_dot_data(dot_data)
Image(graph.create_png())
```

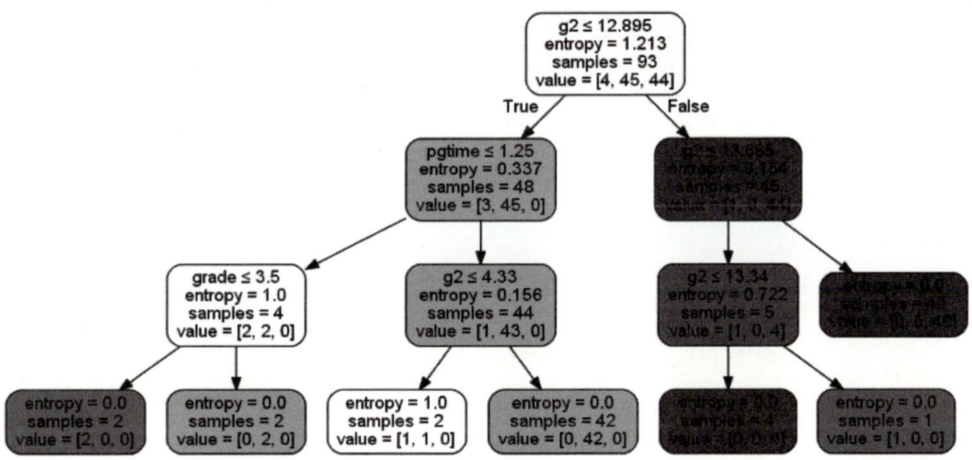

다음에서는 동일한 자료를 이용하여 SVC, kNN, Logistic Regression 알고리즘의 성과를 비교하였다. 이 중에서 로지스틱 회귀분석의 검정자료 정확도가 0.878로 가장 높지만, 앞의 의사결정나무에 조금 못 미친다.

```
from sklearn.svm import SVC
svm_model = SVC (gamma='scale')
svm_model.fit(X_train, y_train)

print('훈련자료 정확도: {:.3f}'.format(svm_model.score(X_train, y_train)))
print('검정자료 정확도: {:.3f}'.format(svm_model.score(X_test, y_test)))
```

```
훈련자료 정확도: 0.849
검정자료 정확도: 0.780
```

```
from sklearn.neighbors import KNeighborsClassifier
knn_model = KNeighborsClassifier(n_neighbors=1)
knn_model.fit(X_train, y_train)

print('훈련자료 정확도: {:.3f}'.format(knn_model.score(X_train, y_train)))
print('검정자료 정확도: {:.3f}'.format(knn_model.score(X_test, y_test)))
```

```
훈련자료 정확도: 1.000
검정자료 정확도: 0.829
```

```
from sklearn.linear_model import LogisticRegression
lr_model = LogisticRegression(C=10)
lr_model.fit(X_train, y_train)

print('훈련자료 정확도: {:.3f}'.format(lr_model.score(X_train, y_train)))
print('검정자료 정확도: {:.3f}'.format(lr_model.score(X_test, y_test)))
```

```
훈련자료 정확도: 0.935
검정자료 정확도: 0.878
```

6. 결론

의사결정나무의 가지 깊이를 더 연장하면 정확도가 높아질 것이다. 만일 max_depth=3에서 4로 증가시키면, 훈련자료의 정확도는 100%가 된다. 그러나 검정자료의 경우는 그대로 머문다. 자료 특성과 작은 표본크기 때문에 더 이상 향상되지 않는 것 같다. 끝으로 다른 세 알고리즘에서도 조건을 최적화한다면 향상된 값을 보일 것이다.

PART 6 파이썬 비지도학습

CHAPTER 27
계층적 군집분석

제1절 iris 자료 분석

1. 자료 준비

이미 앞에서 소개한 바와 같이 iris(붓꽃)는 머신러닝 학습용으로 잘 정리해놓은 자료이다. 이 자료는 sklearn 라이브러리 안에 샘플 자료로 제공되고 있다.

```
from sklearn.datasets import load_iris
iris = load_iris()
iris.keys()
```

```
dict_keys(['data', 'target', 'target_names', 'DESCR', 'feature_names', 'filename'])
```

Python 안에 내장되어 있는 자료는 data(X)와 target(y)으로 잘 분리되어 있으며, 또한 변수도 features_names(X 변수)와 target(y 변수 내용)로 나누어져 있다. 그리고 DESCR는 자료 전체를 요약하여 설명한다.

```
iris.data.shape
```

```
(150, 4)
```

```
iris.target
```

```
array([0, 0, 0, 0, 0, 0, 0, 0, 0, 0, 0, 0, 0, 0, 0, 0, 0, 0, 0, 0, 0, 0,
       0, 0, 0, 0, 0, 0, 0, 0, 0, 0, 0, 0, 0, 0, 0, 0, 0, 0, 0, 0, 0, 0,
       0, 0, 0, 0, 0, 0, 1, 1, 1, 1, 1, 1, 1, 1, 1, 1, 1, 1, 1, 1, 1, 1,
       1, 1, 1, 1, 1, 1, 1, 1, 1, 1, 1, 1, 1, 1, 1, 1, 1, 1, 1, 1, 1, 1,
       1, 1, 1, 1, 1, 1, 1, 1, 1, 1, 1, 1, 2, 2, 2, 2, 2, 2, 2, 2, 2, 2,
       2, 2, 2, 2, 2, 2, 2, 2, 2, 2, 2, 2, 2, 2, 2, 2, 2, 2, 2, 2, 2, 2,
       2, 2, 2, 2, 2, 2, 2, 2, 2, 2, 2, 2, 2, 2, 2, 2, 2, 2])
```

```
iris.feature_names
```

```
['sepal length (cm)',
 'sepal width (cm)',
 'petal length (cm)',
 'petal width (cm)']
```

```
iris.target_names
```

```
array(['setosa', 'versicolor', 'virginica'], dtype='<U10')
```

```
print(iris.DESCR)
```

```
.. _iris_dataset:

Iris plants dataset
--------------------

**Data Set Characteristics:**

   :Number of Instances: 150 (50 in each of three classes)
   :Number of Attributes: 4 numeric, predictive attributes and the class
   :Attribute Information:
      - sepal length in cm
      - sepal width in cm
      - petal length in cm
      - petal width in cm
      - class:
              - Iris-Setosa
              - Iris-Versicolour
              - Iris-Virginica

   :Summary Statistics:

   ============== ==== ==== ======= ===== ====================
                   Min  Max   Mean    SD   Class Correlation
   ============== ==== ==== ======= ===== ====================
   sepal length:   4.3  7.9   5.84   0.83    0.7826
   sepal width:    2.0  4.4   3.05   0.43   -0.4194
   petal length:   1.0  6.9   3.76   1.76    0.9490  (high!)
   petal width:    0.1  2.5   1.20   0.76    0.9565  (high!)
   ============== ==== ==== ======= ===== ====================

   :Missing Attribute Values: None
   :Class Distribution: 33.3% for each of 3 classes.
   :Creator: R.A. Fisher
   :Donor: Michael Marshall (MARSHALL%PLU@io.arc.nasa.gov)
   :Date: July, 1988
```

이하 생략

2. 목표

이 자료에서 비지도학습의 방식을 익혀보고, 덴드로그램을 그린다. 그리고 혼동행렬을 만들어 설명한다.

3. 분석

```
from scipy.cluster.hierarchy import linkage, dendrogram
import matplotlib.pyplot as plt
import numpy as np
import pandas as pd

iris_df = pd.DataFrame(iris.data, columns=iris.feature_names)
targets = pd.DataFrame(iris.target)
targets.columns = ['Target']

iris_link = linkage(iris_df, method='complete')

# plot a dendrogram
plt.figure(figsize=(30,15))
dendrogram(iris_link, leaf_rotation=90, leaf_font_size=20)
plt.show()
```

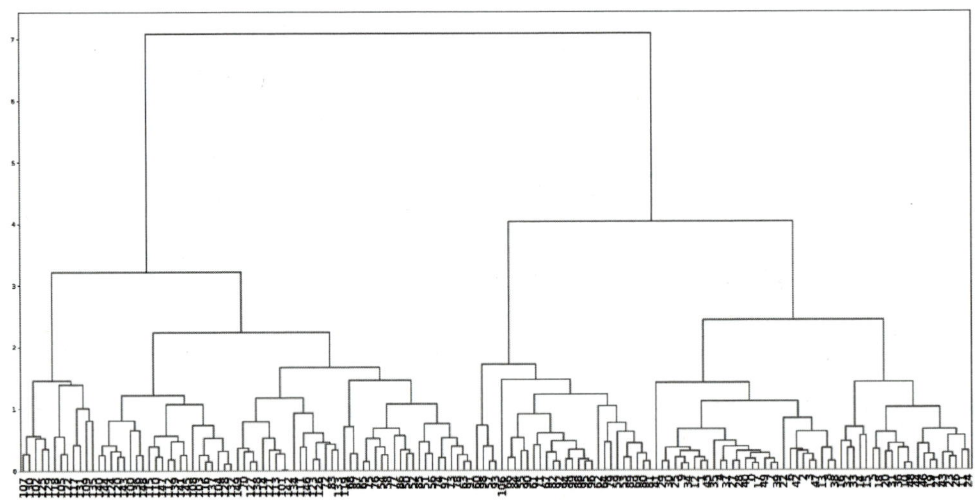

```
from scipy.cluster.hierarchy import fcluster

predict = pd.DataFrame(fcluster(iris_link, 3, criterion='distance'))
predict.columns=['Predicted']
ctab = pd.crosstab(targets['Target'], predict['Predicted'], margins=True)
print(ctab)
```

```
Predicted     1    2    3    4   All
Target
0             0    0    0   50    50
1             0   23   27    0    50
2            12   37    1    0    50
All          12   60   28   50   150
```

4. 결론

자료 iris를 가지고 개체들을 번호로 집단화하여 군집분석을 맛보았다. 세 종류의 붓꽃이 있음에도 불구하고, 2단계 분류에서는 두 종류로 나누어지며, 3단계에서는 거의 네 종류로 분류된다. 이 경우 계층적 군집분석은 추천할만한 알고리즘으로 보이지 않는다.

제2절 USArrests 자료 분석

1. 서론

사회의 강력범죄는 치안에 위협을 주고 많은 사람들을 불안하게 만든다. 범죄는 개인적, 가정적, 지역적 등의 성향으로 발생한다. 다행히 우리나라는 강력범죄가 심각하게 발생하는 것 같지는 않다. 상당히 안전한 국가로 분류되고 있어 다행이다. 미국의 경우 해가 지고 어두워지면 개인 혼자 외출을 자제해야 할 정도로 강력 범죄가 심하다. 기본적으로 총기 휴대가 자유롭기 때문인 것 같다. 물론 지역적으로 편차가 심하다. 안전한 집과 지역에서 산다는 것은 생활의 안녕을 위해 필요한 것 같다.

2. 자료 준비

R에는 미국의 주(state)별 강력범죄 자료(USAressts)가 있다. 이를 이용하여 군집분석을 실시해 보자. 이 자료는 살인(Murder), 강도(Assault), 강간(Rape) 그리고 도시인구(UrbanPop) 등에 관한 정보를 제공한다.

```
> data(USArrests)
> str(USArrests)
'data.frame': 50 obs. of 4 variables:
 $ Murder   : num 13.2 10 8.1 8.8 9 7.9 3.3 5.9 15.4 17.4 ...
 $ Assault  : int 236 263 294 190 276 204 110 238 335 211 ...
 $ UrbanPop : int 58 48 80 50 91 78 77 72 80 60 ...
 $ Rape     : num 21.2 44.5 31 19.5 40.6 38.7 11.1 15.8 31.9 25.8 ...
> head(USArrests)
             Murder  Assault  UrbanPop   Rape
Alabama       13.2     236       58      21.2
Alaska        10.0     263       48      44.5
Arizona        8.1     294       80      31.0
Arkansas       8.8     190       50      19.5
California     9.0     276       91      40.6
Colorado       7.9     204       78      38.7
```

위의 정보를 얻기 위해 다음을 진행한다. 주피터 노트북에서 R 모드로 전환하였다.

(1) R에서 USArrests 자료를 가져와 내 PC의 PyR 폴더에 저장한다.

```
# R에서
data(USArrests)
write.csv(USArrests, “d:/PyR/USArrests.csv”)
```

(2) 내 PC에서 파일을 열고 첫 열에 변수 이름 State를 삽입한 후 저장한다.

A1 State

	A	B	C	D	E
1	State	Murder	Assault	UrbanPop	Rape
2	Alabama	13.2	236	58	21.2
3	Alaska	10	263	48	44.5
4	Arizona	8.1	294	80	31
5	Arkansas	8.8	190	50	19.5
6	California	9	276	91	40.6

(3) 파이썬 모드에서 이 파일을 불러오고, 이것이 데이터프레임임을 확인한다.

```
import pandas as pd
Us_df = pd.read_csv(“d:/PyR/USArrests.csv”)
Us_df.info()
```

```
<class ‘pandas.core.frame.DataFrame’>
RangeIndex: 50 entries, 0 to 49
Data columns (total 5 columns):
State        50 non-null object
Murder       50 non-null float64
Assault      50 non-null int64
UrbanPop     50 non-null int64
Rape         50 non-null float64
dtypes: float64(2), int64(2), object(1)
memory usage: 2.0+ KB
```

```
Us_df.head()
```

	State	Murder	Assault	UrbanPop	Rape
0	Alabama	13.2	236	58	21.2
1	Alaska	10.0	263	48	44.5
2	Arizona	8.1	294	80	31.0
3	Arkansas	8.8	190	50	19.5
4	California	9.0	276	91	40.6

```
Us_df.keys()
```

```
Index(['State', 'Murder', 'Assault', 'UrbanPop', 'Rape'], dtype='object')
```

이 USArrests 자료는 외부자료이므로 sklearn 패키지의 iris와 다른 특성의 핵심단어(keys)를 가지고 있다. 다시 말해서, data와 feature가 없기 때문에 X와 y를 별도로 만들어야 한다. 분석 과정에서 상세하게 설명할 것이다.

```
Us_df.describe()
```

	Murder	Assault	UrbanPop	Rape
count	50.00000	50.000000	50.000000	50.000000
mean	7.78800	170.760000	65.540000	21.232000
std	4.35551	83.337661	14.474763	9.366385
min	0.80000	45.000000	32.000000	7.300000
25%	4.07500	109.000000	54.500000	15.075000
50%	7.25000	159.000000	66.000000	20.100000
75%	11.25000	249.000000	77.750000	26.175000
max	17.40000	337.000000	91.000000	46.000000

자료에 결측치나 이상치가 없어 보인다.

3. 목표

미국 50개 지역을 범죄 성향에 따라 집단별로 분류하기로 한다.

4. 자료의 시각화

```
import seaborn as sns
import matplotlib.pyplot as plt
sns.pairplot(Us_df)
plt.show()
```

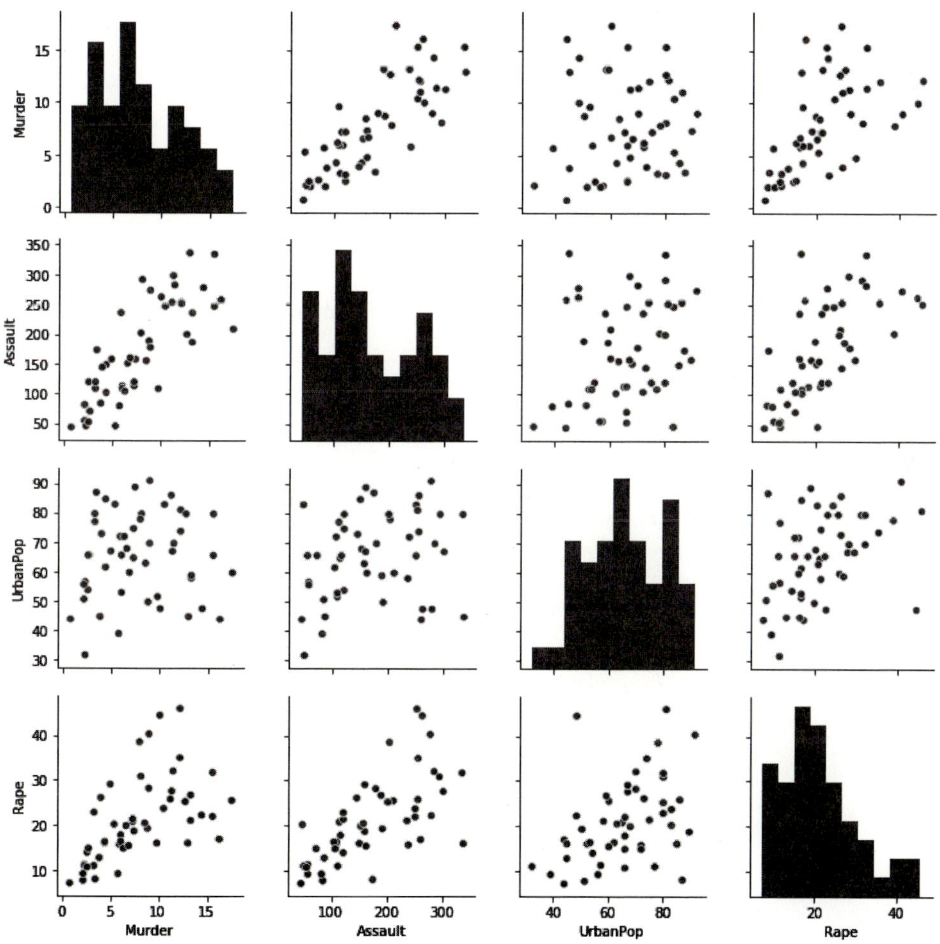

```
Us_df.corr()
```

	Murder	Assault	UrbanPop	Rape
Murder	1.000000	0.801873	0.069573	0.563579
Assault	0.801873	1.000000	0.258872	0.665241
UrbanPop	0.069573	0.258872	1.000000	0.411341
Rape	0.563579	0.665241	0.411341	1.000000

위 상관행렬에서 보면 강도와 살인의 상관계수는 매우 높고, 다른 범죄 변수들 간의 상관계수도 상당히 높다. 하나의 범죄 발생이 다른 범죄로 연결되는 것으로 보인다.

5. 분석

```
Us_df3 = Us_df[['Murder', 'Assault', 'Rape']]          # X에 해당
target = Us_df[['State']]                               # y에 해당

from scipy.cluster.hierarchy import linkage, dendrogram
import matplotlib.pyplot as plt
import numpy as np
import pandas as pd
Us_link = linkage(Us_df3, method='single')

plt.figure(figsize=(30, 15))
dendrogram(Us_link, labels = target.as_matrix(columns=['State']), leaf_
rotation=90, leaf_font_size=20)
plt.show()
```

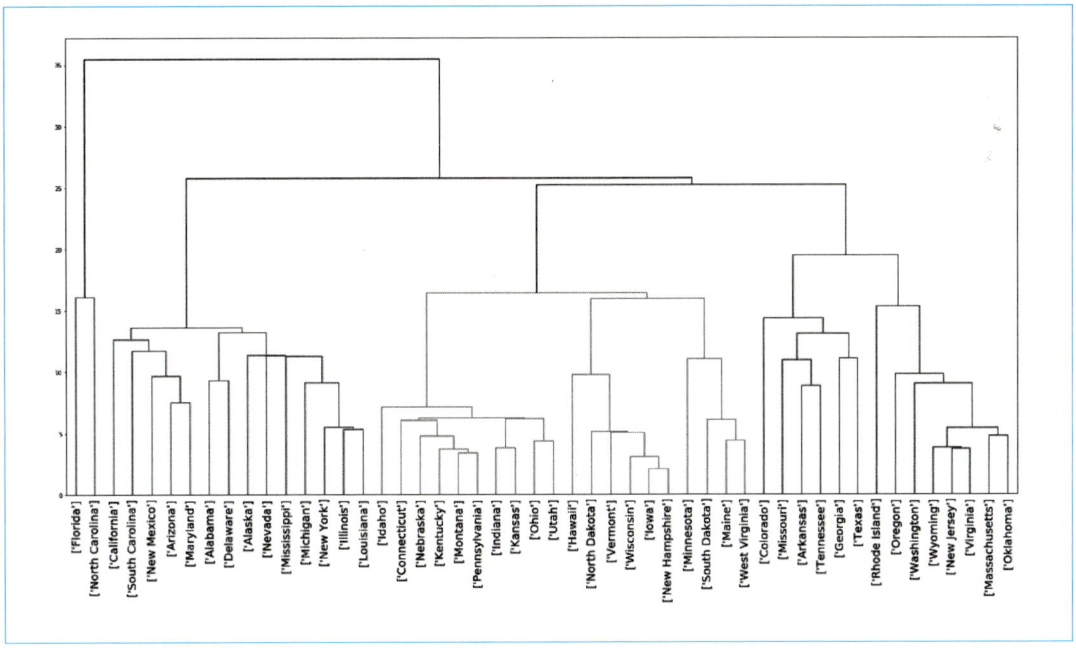

주별로 분류되었다. 대체로 4개의 특성 집단으로 나누어 볼 수 있다. 집단의 수를 결정하는 규칙도 여기서 고려해 봐야 할 것이다. 그리고 추가적인 분석을 위해 집단의 평균을 구해서 비교하는 것도 흥미있는 과제일 것이다. 여기서는 생략한다. 결과는 13장을 참조하기 바란다.

6. 결론

미국의 특성을 범죄 발생 측면에서 주 단위의 집단 분류로 이해하려고 하였다. 다른 특성, 예컨대 스포츠, 예술공연 등과 같은 문화적 변수들을 기준으로 분류해 보는 것도 의미 있을지도 모르겠다.

CHAPTER 28
비계층적 군집분석

제1절 iris 자료 분석

1. 목표

군집(clustering)분석은 특성이 비슷한 것들을 묶어주는 비지도학습의 머신러닝 기법이다. 여러 기법 중에서 kMeans 군집 알고리즘은 k개의 중심점을 찍은 후에, 이 중심점에서 각 점 간의 거리의 합이 가장 최소화가 되는 중심점의 위치를 찾고, 이 중심점에서 가까운 점들을 중심점을 기준으로 묶는 군집 알고리즘이다. 이전 앞장에서 소개한 iris 자료를 이용해 설명한다.

2. 중심점 찾기

먼저 2차원 그림표에서 중심점 찾는 과정을 살펴보자.

```
from sklearn.datasets import load_iris
iris = load_iris()

import pandas as pd
iris_df = pd.DataFrame(iris.data, columns=iris.feature_names)
iris_df.columns=['SL', 'SW', 'PL', 'PW']

X_df = iris_df[['SL', 'SW', 'PL', 'PW']]
X_df.head()
```

	SL	SW	PL	PW
0	5.1	3.5	1.4	0.2
1	4.9	3.0	1.4	0.2
2	4.7	3.2	1.3	0.2
3	4.6	3.1	1.5	0.2
4	5.0	3.6	1.4	0.2

두 변수를 선택하여 데이터프레임으로 만든다.

```
X_df2 = X_df[['SL', 'SW']]

from sklearn.cluster import KMeans
K2_model = KMeans(n_clusters=3, algorithm='auto')
K2_model.fit(X_df2)

pred = pd.DataFrame(K2_model.predict(X_df2))
pred.columns=['prediction']

pred_df2 = pd.concat([X_df2, pred], axis=1)          # 두 데이터프레임 결합하기
pred_df2.head()
```

	SL	SW	prediction
0	5.1	3.5	0
1	4.9	3.0	0
2	4.7	3.2	0
3	4.6	3.1	0
4	5.0	3.6	0

(주) concat() 함수는 시리즈나 데이터프레임에서만 작동한다.

다음에서는 다이아몬드 ◆로 세(n_clusters=3) 집단의 중심점 위치를 보여준다.

```
import matplotlib.pyplot as plt
import seaborn as sns

plt.scatter(pred_df2['SL'], pred_df2['SW'], c = pred_df2['prediction'], alpha=0.5)
centers = pd.DataFrame(K2_model.cluster_centers_, columns= ['SL','SW'])
center_x = centers['SL']
center_y = centers['SW']
plt.scatter(center_x,center_y, s=50, marker='D', c='r')
plt.xlabel('sepal Length')
plt.ylabel('sepal Width')
plt.show()
```

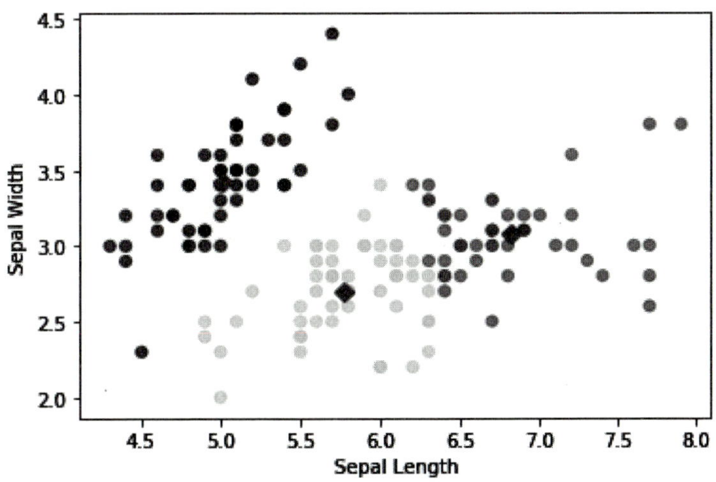

3. 분석

이제 본격적으로 분석에 들어가 본다.

```
from sklearn.datasets import load_iris
iris = load_iris()
iris.keys()
```

```
dict_keys(['data', 'target', 'target_names', 'DESCR', 'feature_names', 'filename'])
```

```
iris.data.shape
```

```
(150, 4)
```

```
iris.target_names
```

```
array(['setosa', 'versicolor', 'virginica'], dtype='<U10')
```

```
iris.feature_names
```

```
['sepal length (cm)',
 'sepal width (cm)',
 'petal length (cm)',
 'petal width (cm)']
```

```
from sklearn.cluster import KMeans
import pandas as pd

X = iris.data
y = iris.target

KM_model = KMeans(n_clusters=3, max_iter=300)                    # algorithm='auto'
KM_model.fit(X)

pred = pd.DataFrame(KM_model.predict(X))
pred.columns=['Predicted']

xtab = pd.crosstab(iris['target'], tred['Prediction'], rownames=['Target'],
colnames=['Predicted'])
print(xtab)
```

```
Predicted    0    1    2
Target
0           50    0    0
1            0   48    2
2            0   14   36
```

위의 혼동행렬을 여러 번 실행해 보면 위치가 바뀐다. 중심점을 측정할 때 그 위치가 랜덤하게 정해지므로 불안정하여 변하기 때문이다. 지역적 최적해로 수렴하기 쉽다. 그리고 집단(클러스터)의 수를 미리 정해줘야 하는 것도 KMeans의 약점이다.

다음에서 이 알고리즘의 실루엣 점수를 알아보자.

```
from sklearn.datasets import make_blobs
from sklearn.cluster import KMeans
from sklearn.metrics import silhouette_samples, silhouette_score

import matplotlib.pyplot as plt
import matplotlib.cm as cm
import numpy as np

ss = silhouette_score(X, KM_model.labels_, metric = 'euclidean')
print('실루엣 점수: %0.3f' %ss)
```

```
실루엣 점수: 0.553
```

아래 실루엣 점수의 민감도 분석은 집단의 수를 몇 개로 정해야 하는지에 대해 적절한 답을 제시해 준다. k=2에서 제일 크며, 그 다음의 값인 k=3으로 휴리스틱하게 정한다.

```
from sklearn.metrics import silhouette_samples, silhouette_score

for k in range(2, 10):
     KM_model = KMeans(n_clusters=k, algorithm='auto')              # max_iter=300)
     KM_model.fit(X)
     ss = silhouette_score(X, KM_model.labels_, metric = 'euclidean')
     print('k=', k, '실루엣 점수: %0.3f' %ss)
```

```
k= 2 실루엣 점수: 0.681
k= 3 실루엣 점수: 0.553
k= 4 실루엣 점수: 0.498
k= 5 실루엣 점수: 0.489
k= 6 실루엣 점수: 0.366
k= 7 실루엣 점수: 0.354
k= 8 실루엣 점수: 0.350
k= 9 실루엣 점수: 0.346
```

```
import matplotlib.pyplot as plt

ks = range(1,10)
inertias = []
for k in ks:
    model = KMeans(n_clusters=k)
    model.fit(X)
    inertias.append(model.inertia_)

# Plot ks vs inertias
plt.plot(ks, inertias, '-o')
plt.xlabel('k: number of clusters')
plt.ylabel('inertia')
plt.xticks(ks)
plt.show()
```

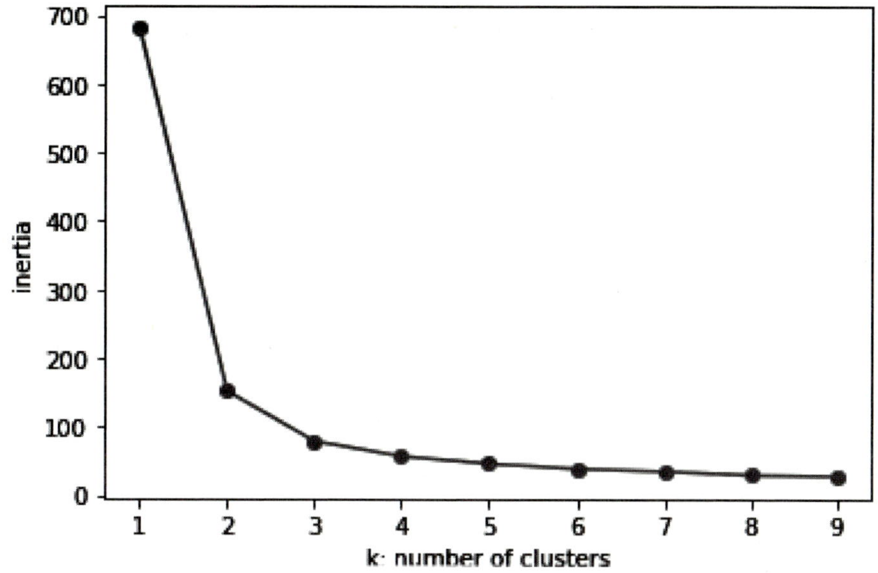

위의 엘보우 그림표에서 k=3에서 기울기가 급격히 변하고 있다. 따라서 이 값이 최적이라고 할 수 있다.

4. 결론

여기서는 비계층적 군집분석에서 KMeans 방식을 소개하였고, 각자 Medoids 알고리즘을 연구하여 시도해 보기 바란다.

제2절 wine 자료 분석

1. 서론

와인은 신이 인간에게 주신 위대한 선물 중의 하나이다. 한 잔의 술은 기쁨을 주고 지인들과 즐거운 대화를 나눌 수 있다. 그러나 과도한 술은 뇌세포의 죽음, 무절제, 만용의 위험에 처할 수 있다. 와인이 생활에서 필수품으로 생각하는 사람들에게는 종류나 등급의 선택에 높은 관심이 갈 것이다.

2. 자료 준비

여기서는 UCI Machine Learning Repository의 wine 자료를 url로 직접 불러와서 데이터프레임 자료로 변환시킨다. 이 자료에는 wine.data와 wine.names 두 파일이 있다. 전자는 자료세트이고 후자는 변수 이름이다. 이를 결합하여 분석해야 한다.

```
import urllib.request

winedata = urllib.request.urlopen("http://archive.ics.uci.edu/ml/machine-
learning-databases/wine/wine.data")
print(winedata.read().decode("utf-8"))
```

```
1,14.23,1.71,2.43,15.6,127,2.8,3.06,.28,2.29,5.64,1.04,3.92,1065
1,13.2,1.78,2.14,11.2,100,2.65,2.76,.26,1.28,4.38,1.05,3.4,1050
1,13.16,2.36,2.67,18.6,101,2.8,3.24,.3,2.81,5.68,1.03,3.17,1185
하략
```

```
import urllib.request

wine_names = urllib.request.urlopen("http://archive.ics.uci.edu/ml/machine-
learning-databases/wine/wine.names")
print(wine_names.read().decode("utf-8"))
```

결과 일부

```
4. Relevant Information:
   -- The attributes are (dontated by Riccardo Leardi,
      riclea@anchem.unige.it)
      1)  Alcohol
      2)  Malic acid
      3)  Ash
      4)  Alcalinity of ash
      5)  Magnesium
      6)  Total phenols
      7)  Flavanoids
      8)  Nonflavanoid phenols
      9)  Proanthocyanins
      10) Color intensity
      11) Hue
      12) OD280/OD315 of diluted wines
      13) Proline

6. Number of Attributes
      13

7. For Each Attribute:
      All attributes are continuous

8. Missing Attribute Values:
      None

9. Class Distribution: number of instances per class
      class 1 59
      class 2 71
      class 3 48
```

```
# Class label 변환하기: (1 2 3) => (0 1 2)
from sklearn.preprocessing import LabelEncoder
class_le = LabelEncoder()
y = class_le.fit_transform(wine_df['Class'].values)
wine_df['Class'] = y
print(wine_df)
```

```
[일부 결과]
     Class   Alcohol  Malic acid   Ash  Alcalinity of ash  Magnesium
0      0      14.23      1.71     2.43        15.6            127
1      0      13.20      1.78     2.14        11.2            100
2      0      13.16      2.36     2.67        18.6            101
3      0      14.37      1.95     2.50        16.8            113
4      0      13.24      2.59     2.87        21.0            118
```

```
wine_df.shape
```

```
(178, 14)
```

```
import pandas as pd
wine_df = pd.read_csv('https://archive.ics.uci.edu/ml/machine-learning-databases/wine/wine.data', header=None)
wine_df.columns = ['Class', 'Alcohol', 'Malic acid', 'Ash', 'Alcalinity of ash',
'Magnesium', 'Total phenols',
'Flavanoids', 'Nonflavanoid phenols', 'Proanthocyanins', 'Color intensity', 'Hue',
'OD280/OD315 of diluted wines', 'Proline']
wine_df.head()
```

	Class	Alcohol	Malic acid	Ash	Alcalinity of ash	Magnesium	Total phenols	Flavanoids	Nonflavanoid phenols	Proanthocyanins	Color intensity	Hue	OD280/OD315 of diluted wines	Proline
0	1	14.23	1.71	2.43	15.6	127	2.80	3.06	0.28	2.29	5.64	1.04	3.92	1065
1	1	13.20	1.78	2.14	11.2	100	2.65	2.76	0.26	1.28	4.38	1.05	3.40	1050
2	1	13.16	2.36	2.67	18.6	101	2.80	3.24	0.30	2.81	5.68	1.03	3.17	1185
3	1	14.37	1.95	2.50	16.8	113	3.85	3.49	0.24	2.18	7.80	0.86	3.45	1480
4	1	13.24	2.59	2.87	21.0	118	2.80	2.69	0.39	1.82	4.32	1.04	2.93	735

3. 목표

url 자료를 직접 다운받고, 변수 이름을 첨부한 후에 군집분석을 실시한다.

4. 분석

```
from sklearn.cluster import KMeans
import pandas as pd

X = wine_df.drop('Class', axis=1)
y = wine_df.Class

w_model = KMeans(n_clusters=3, algorithm='auto')
w_model.fit(X)

pred = pd.DataFrame(w_model.predict(X))
pred.columns=['Predicted']

xtab = pd.crosstab(y, w_model.labels_, rownames=['Target'],
colnames=['Predicted'])
print(xtab)
```

```
Predicted    0    1    2
Target
1           46    0   13
2            1   50   20
3            0   19   29
```

혼동행렬에서 (46+50+29)/178 = 0.702의 정확도를 보인다. 이후 분석은 본 장의 "제1절 iris 자료 분석"을 참고하기 바란다.

5. 결론

잘 아는 바와 같이 자료 구조 측면에서 wine과 iris는 다르다. 후자는 이미 잘 짜여져 있어 쉽게 분석이 가능하지만, 전자처럼 외부에서 가져와 사용하는 경우에는 신경을 써야 한다. 자료 구조의 차이점을 인식하면서 X, y를 만든다면 알고리즘 분석은 별로 어렵지 않을 것이다.

CHAPTER 29
차원 축소 알고리즘

제1절 주성분분석

1. 서론

어떤 문제를 해결하는데 있어 고민할 것은 그 문제에 영향을 미치는 원인적인 요소들이다. 예컨대 우리나라 국가 발전 과제에서는 정치, 경제, 사회, 문화 등의 요소들을 고려해야 한다. 개인적으로 식당을 선택한다면 어떠한 요소들을 고려할 것인가? 간단히 가격과 맛으로 생각해 볼 수 있다. 그러나 이것보다는 더 포괄적인 개념의 요소들로서 음식, 서비스, 시설, 주인 리더십 등을 고려하는 것이 문제를 해결하는 데 도움을 줄 것이다. 식당 책임자는 이러한 요소들을 연구 모형에 어떻게 포함시켜야 하며 수집된 자료에서 어떻게 발견할 것인가를 생각해야 한다.

2. 자료 준비

원인이 되는 여러 요인들을 나열하였지만 무엇보다도 관련된 변수들을 모아 자료를 만들어야 한다. 요인은 개념적이지만 변수는 측정에 관련된 것이기 때문이다. 여기서는 이미 15장에서 소개한 음식점 관련 가상 자료를 이용하여 엑셀에 다음과 같이 정리하였다.

	A	B	C	D	E	F	G	H
1	응답자	성별	음식맛	대기시간	음식양	청결	친절	이용횟수
2	1	남	2	5	1	4	4	5
3	2	남	3	6	2	5	4	5
4	3	남	3	5	3	5	3	5
5	4	남	2	4	2	4	3	4
6	5	남	4	3	5	2	4	3
7	6	남	5	3	4	3	4	1
8	7	남	1	5	1	5	5	5
9	8	남	4	1	4	1	2	2
10	9	여	3	2	4	1	2	2
11	10	여	4	2	6	2	2	2
12	11	여	5	1	5	1	1	2
13	12	여	6	2	7	3	2	4
14	13	여	6	3	6	3	3	2
15	14	여	7	4	7	4	4	5
16	15	여	5	5	6	4	5	5

3. 목표

자료의 차원 축소를 위해서 주성분 기법을 설명한다. 위에서 음식맛, 대기시간, 음식양, 청결, 친절 등 5개의 변수들을 과연 몇 개로 집단화하여 축소할 수 있는지 분석한다.

```
import pandas as pd
food = pd.read_excel('d:/PyR/food.xlsx', sheet_name=0)
food.tail()
```

	응답자	성별	음식맛	대기시간	음식양	청결	친절	이용횟수
10	11	여	5	1	5	1	1	2
11	12	여	6	2	7	3	2	4
12	13	여	6	3	6	3	3	2
13	14	여	7	4	7	4	4	5
14	15	여	5	5	6	4	5	5

```
food.keys()
```

```
Index(['응답자', '성별', '음식맛', '대기시간', '음식양', '청결', '친절', '이용횟수'], dtype='object')
```

이 자료는 data, target, DESCR 등을 포함하지 않고 있다. 정보를 얻기 위해 다음과 같이 실행 결과를 얻었다.

```
food.info()                                              # 자료 구조는 df이다.
```

```
<class 'pandas.core.frame.DataFrame'>
RangeIndex: 15 entries, 0 to 14
Data columns (total 8 columns):
응답자     15 non-null int64
성별      15 non-null object
음식맛     15 non-null int64
대기시간    15 non-null int64
음식양     15 non-null int64
청결      15 non-null int64
친절      15 non-null int64
이용횟수    15 non-null int64
dtypes: int64(7), object(1)
memory usage: 1.1+ KB
```

```
food.describe()
```

	응답자	음식맛	대기시간	음식양	청결	친절	이용횟수
count	15.000000	15.000000	15.000000	15.000000	15.000000	15.000000	15.000000
mean	8.000000	4.000000	3.400000	4.200000	3.133333	3.200000	3.466667
std	4.472136	1.690309	1.594634	2.042408	1.457330	1.207122	1.505545
min	1.000000	1.000000	1.000000	1.000000	1.000000	1.000000	1.000000
25%	4.500000	3.000000	2.000000	2.500000	2.000000	2.000000	2.000000
50%	8.000000	4.000000	3.000000	4.000000	3.000000	3.000000	4.000000
75%	11.500000	5.000000	5.000000	6.000000	4.000000	4.000000	5.000000
max	15.000000	7.000000	6.000000	7.000000	5.000000	5.000000	5.000000

```
print(food.성별.value_counts())
```

```
남        8
여        7
Name: 성별, dtype: int64
```

4. 자료의 시각화

변수들의 히스토그램과 산점도를 그려 보았다.

```
import matplotlib.pyplot as plt
from matplotlib import font_manager, rc
font_name = font_manager.FontProperties(fname="c:/Windows/Fonts/malgun.ttf").
get_name()
plt.rc('font', family=font_name)                          # 그래프에서 한글깨짐 방지용
plt.matplotlib.rcParams['axes.unicode_minus'] = False     # 좌표에 출력된 음수 깨짐 방지

import numpy as np
import seaborn as sns
import matplotlib.pyplot as plt
%matplotlib inline
```

```
f, axes = plt.subplots(2, 3, figsize=(15, 10), sharex=False)
sns.distplot(food["음식맛"], color="blue", ax=axes[0, 0])
sns.distplot(food["대기시간"], color="blue", ax=axes[0, 1])
sns.distplot(food["음식양"], color="blue", ax=axes[0, 2])
sns.distplot(food["청결"], color="green", ax=axes[1, 0])
sns.distplot(food["친절"], color="green", ax=axes[1, 1])
sns.distplot(food["이용횟수"], color="green", ax=axes[1, 2])
plt.show()
```

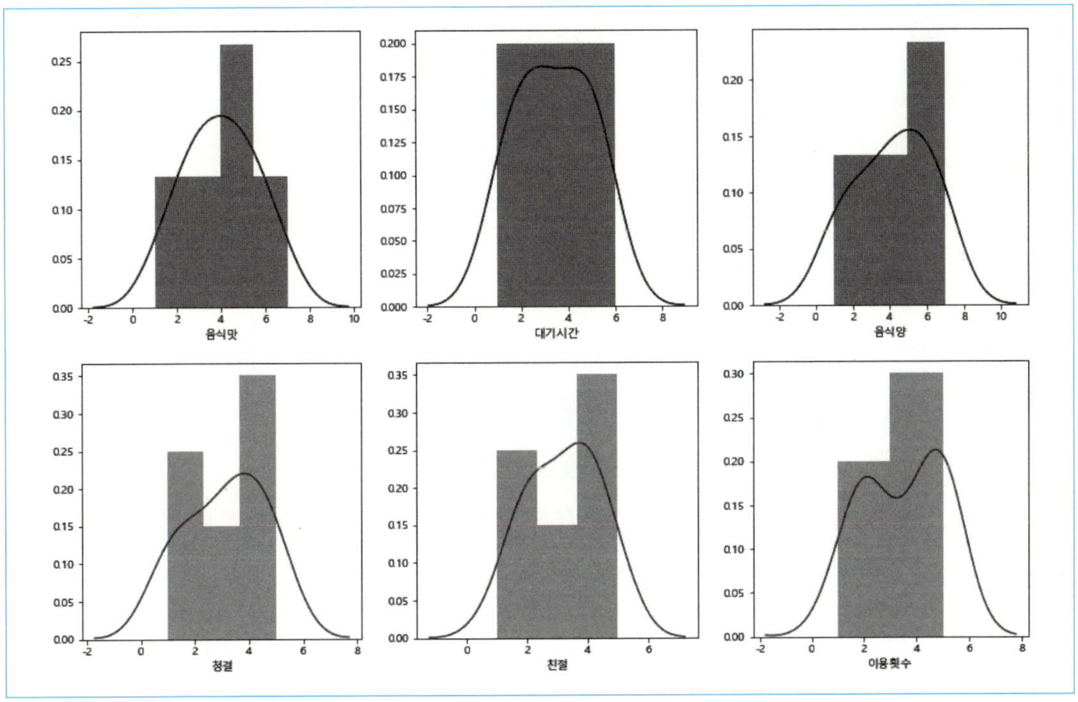

```
import seaborn as sns
import matplotlib.pyplot as plt
food5 = food[['음식맛', '대기시간', '음식양', '청결', '친절', '성별']]
sns.pairplot(food5, hue="성별", markers=["o", "s"])
plt.title("")
plt.show()
```

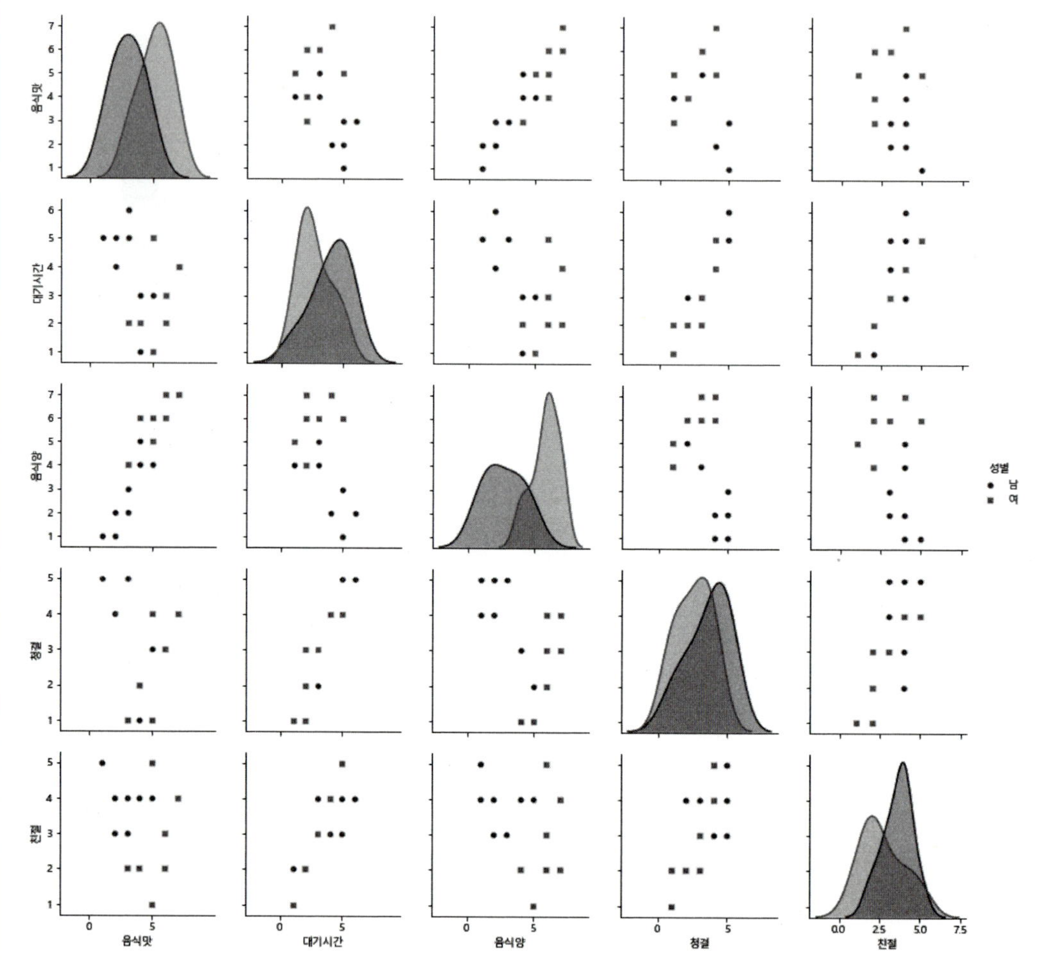

5. 분석

```
X = food[['음식맛', '대기시간', '음식양', '청결', '친절']]
X.head()
```

	음식맛	대기시간	음식양	청결	친절
0	2	5	1	4	4
1	3	6	2	5	4
2	3	5	3	5	3
3	2	4	2	4	3
4	4	3	5	2	4

```
y = food['성별']
y.head()
```

```
0        남
1        남
2        남
3        남
4        남
Name: 성별, dtype: object
```

이제 자료를 표준화하여 고유치와 고유벡터를 구한다. 표준화 작업은 변수 척도가 동일한 경우 구태여 실행할 필요가 없다. 그러나 척도가 다른 경우에 유용하며, 알고리즘을 더 효율적으로 실행할 수 있는 장점이 있다.

```
# 자료 표준화
from sklearn.preprocessing import StandardScaler
sc = StandardScaler()
X_std = sc.fit_transform(X)
```

```
# 표준화 자료의 공분산

import numpy as np
cov_std = np.cov(X_std.T)                      # T: transpose, 함수에 맞는 파라미터로 사용함
print('covariance matrix')
print(cov_std)

eigen_vals, eigen_vecs = np.linalg.eig(cov_std)

print('\neigenvalues \n%s' % eigen_vals)
print('\neigen vectors \n%s' % eigen_vecs)
```

```
covariance matrix
[[ 1.07142857  -0.42589201  0.97539265 -0.31067866 -0.22504501]
 [-0.42589201  1.07142857 -0.54515473  0.99454255  0.86672163]
 [ 0.97539265  -0.54515473  1.07142857 -0.44738791 -0.32903916]
 [-0.31067866  0.99454255 -0.44738791  1.07142857  0.76566537]
 [-0.22504501  0.86672163 -0.32903916  0.76566537  1.07142857]]

eigenvalues
[  3.46040967  1.44191389  0.31683989  0.08606901  0.0519104 ]

eigen vectors
[[-0.36691576  0.62467834  0.10712465 -0.66684962 -0.13778858]
 [ 0.51908274  0.25450824  0.19765663  0.14534931 -0.77819285]
 [-0.41832332  0.5396805   0.00836113  0.7296532   0.03587278]
 [ 0.48151426  0.31689821  0.58169936  0.00679191  0.57384603]
 [ 0.4348282   0.39156482 -0.78167264 -0.04177606  0.2117642 ]]
```

만일 상관행렬을 이용한다면 위와 동일한 결과를 얻는다. 상관행렬은 공분산행렬을 표준화한 개념이기 때문이다.

참고

다음은 원래 자료를 사용하는 경우이다(결과 생략).

```
import numpy as np
cov_m = np.cov(X.T)
print('covariance matrix')
print(cov_m)
eigen_vals, eigen_vecs = np.linalg.eig(cov_m)
print('\neigenvalues \n%s' % eigen_vals)
print('\neigen vectors \n%s' % eigen_vecs)
```

이제 고유치가 설명하는 분산비율을 계산해 보자.

```
tot = sum(eigen_vals)
print('고유치 합계: %.3f' %tot)
var_exp = [(i / tot) for i in sorted(eigen_vals, reverse=True)]
print('고유치의 분산 설명 비율: %s' %(var_exp))
cum_var_exp = np.cumsum(var_exp)                                    # 누적 백분위

import matplotlib.pyplot as plt                                     # 그림표 그리기
%matplotlib inline

plt.bar(range(1, 6), var_exp, alpha=0.5, align='center', label='individual')
plt.step(range(1, 6), cum_var_exp, where='mid', label='cumulative')
plt.ylabel('explained variance ratio')
plt.xlabel('principal components')
plt.legend(loc='best')
plt.tight_layout()

plt.show()
```

```
고유치 합계: 5.357
고유치의 분산 설명 비율: [0.6459431376514323, 0.26915725931843104, 0.05914344541680934, 0.016066216027259647, 0.009689941586067636]
```

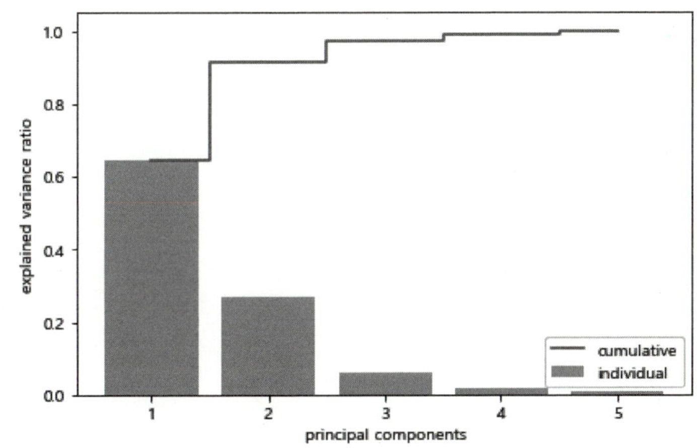

위에서 고유치가 설명하는 비율은 2번째 주성분까지 충분해 보인다. 제1 주성분과 제2 주성분의 합을 구하면

$$0.646 + 0.269 = 0.915$$

가 된다. 따라서 두 주성분으로 전체 자료를 설명한다면 그 비율이 91.5%에 해당하므로 충분하다고 볼 수 있다.

이전 앞에서 구한 두 주성분의 고유벡터를 가지고 투영행렬을 만든다. 이 투영행렬은 5차원의 공간을 2차원의 축소공간으로 투영한다. 그리고 개인 고객별 주성분 점수 배열을 만든다.

```
ev = eigen_vecs[:, :2]
ev
```

```
array([[-0.36691576, 0.62467834 ],
       [ 0.51908274, 0.25450824 ],
       [-0.41832332, 0.5396805  ],
       [ 0.48151426, 0.31689821 ],
       [ 0.4348282 , 0.39156482]])
```

```
import numpy as np

X_std_pca = np.dot(X_std, ev)                        # 두 행렬 (15x5)와 (5x2)의 곱셈 결과
X_std_pca
```

```
array([[ 2.26160642, -0.91229792],
       [ 2.50385881,  0.1340378 ],
       [ 1.58204558, -0.09341928],
       [ 1.33979319, -1.139755  ],
       [-0.39369992,  0.16624413],
       [-0.06437607,  0.50035168],
       [ 3.20116303, -0.73398617],
       [-1.94330921, -1.33428866],
       [-1.38167651, -1.55161972],
       [-1.68837525, -0.39697702],
       [-2.75286794, -1.01400521],
       [-2.00775556,  0.86668976],
       [-1.08594232,  1.09414684],
       [-0.47082783,  2.47624663],
       [ 0.9003636 ,  1.93863212]])
```

```
import pandas as pd
X_std_pca_df = pd.DataFrame(X_std_pca)
X_std_pca_df.head()
```

	0	1
0	2.261606	-0.912298
1	2.503859	0.134038
2	1.582046	-0.093419
3	1.339793	-1.139755
4	-0.393700	0.166244

```
y = food.iloc[:, 1].values                                            # 성별
y
```

```
array(['남', '남', '남', '남', '남', '남', '남', '남', '여', '여', '여', '여', '여',
       '여', '여'], dtype=object)
```

끝으로 두 주성분 좌표로 고객들을 남녀로 구분하여 산포도를 그려 보았다.

```
import matplotlib.pyplot as plt
import mglearn

from matplotlib import font_manager, rc
font_name = font_manager.FontProperties(fname="c:/Windows/Fonts/malgun.ttf").
get_name()
plt.rc('font', family=font_name)                              # 그래프에서 한글깨짐 방지용
plt.matplotlib.rcParams['axes.unicode_minus'] = False         # 좌표에 출력된 음수 깨짐 방지

plt.figure(figsize = (80,8))
mglearn.discrete_scatter(X_std_pca[:, 0], X_std_pca[:, 1], y)
plt.xlabel('제1주성분')
plt.ylabel('제2주성분')
plt.legend(['남자', '여자'], loc='best')
plt.gca().set_aspect('equal')
```

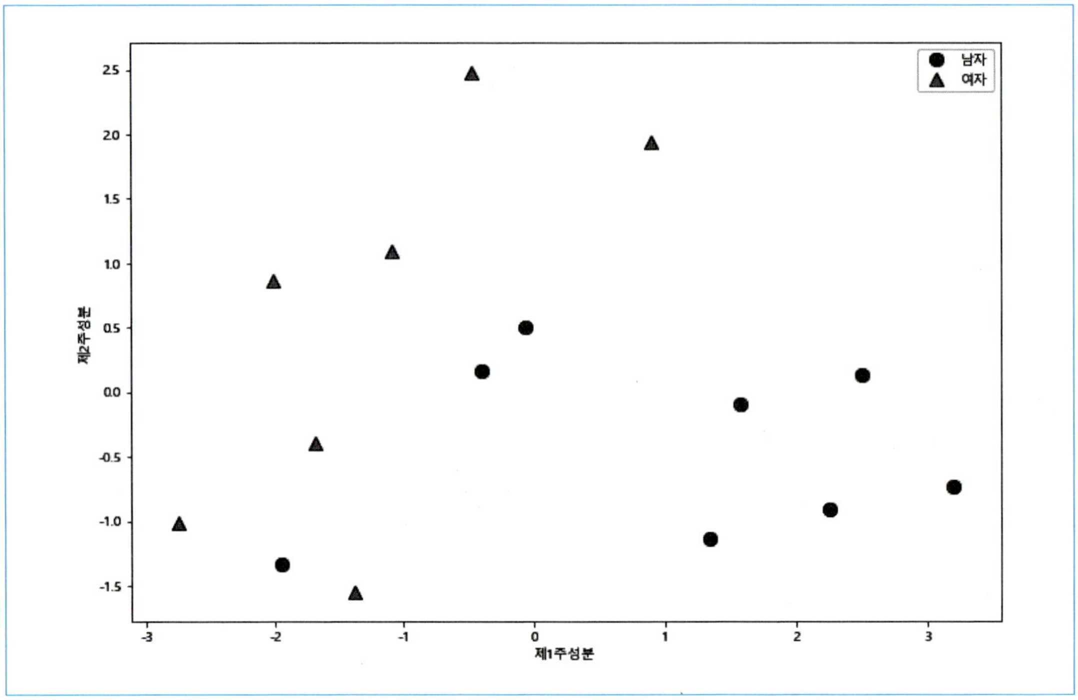

남자들은 대체로 제1주성분에, 여자들은 제2주성분에 가깝게 산포되어 있다.

6. 결론

주성분분석은 자료 분석을 위한 예비 작업이다. 변수 5개인 자료를 2개의 성분으로 축소시키면서, 분산 설명력을 90% 이상 갖는 것은 그 만큼 효율적인 기법이라고 할 수 있다. 다음 요인분석에서는 이 주성분분석 기법으로 본격적인 분석을 시작한다.

제2절 요인분석

1. 분석

음식점 선택에서 회귀분석을 통해 어떤 요인이 유의한 영향을 미치는지, 그리고 남녀 간의 차이가 있는지 여부를 분석한다. 탐색적 요인분석을 실행하자.

```
import pandas as pd
from factor_analyzer import FactorAnalyzer
food = pd.read_excel('d:/PyR/food.xlsx', sheet_name=0)

X = food[['음식맛', '대기시간', '음식양', '청결', '친절']]
y_visit = food['이용횟수']

fa = FactorAnalyzer(rotation='varimax', n_factors=2)
fa.fit(X)
```

```
FactorAnalyzer(bounds=(0.005, 1), impute='median', is_corr_matrix=False,
               method='minres', n_factors=2, rotation='varimax',
               rotation_kwargs={}, use_smc=True)
```

다음은 요인부하량 행렬과 공통분산이다.

```
fa_lo = fa.loadings_
print(fa_lo)

fa.get_communalities()
```

```
[[-0.11934652   0.97739226]
 [ 0.9663041   -0.28450534]
 [-0.26386527   0.89933968]
 [ 0.89298659  -0.19508837]
 [ 0.78977925  -0.11512203]]

array([0.96953922, 1.0146869 , 0.87843675, 0.83548452, 0.63700434])
```

```
iimport numpy as np

fa_df = pd.DataFrame(fa_lo)
X_fa = np.dot(X, fa_df)                          # 두 행렬 (15x5)와 (5x2)의 곱셈 결과
X_fa
```

```
array([[11.06002551,  0.19075592],
       [12.53610441,  1.58789415],
       [10.51615579,  2.8868612 ],
       [ 9.0400769 ,  1.48972297],
       [ 6.04729   ,  6.70208659],
       [ 7.08479534,  6.58505079],
       [12.86213787, -1.09684674],
       [ 1.906002  ,  6.79709001],
       [ 2.99165262,  5.53519241],
       [ 3.23756214,  8.11617567],
       [ 0.73301096,  8.78894398],
       [ 3.62799041, 10.7752115 ],
       [ 5.64793903,  9.47624445],
       [ 7.91379716, 10.75826065],
       [10.17243883,  7.50450909]])
```

```
X_fa_df = pd.DataFrame(X_fa)
X_fa_df.columns=['서비스요인','음식요인']
X_fa_df.head()
```

	서비스요인	음식요인
0	11.060026	0.190756
1	12.536104	1.587894
2	10.516156	2.886861
3	9.040077	1.489723
4	6.047290	6.702087

```
food_fa = pd.concat([food, X_fa_df], axis=1)
food_fa.head()
```

	응답자	성별	음식맛	대기시간	음식양	청결	친절	이용횟수	서비스요인	음식요인
0	1	남	2	5	1	4	4	5	11.060026	0.190756
1	2	남	3	6	2	5	4	5	12.536104	1.587894
2	3	남	3	5	3	5	3	5	10.516156	2.886861
3	4	남	2	4	2	4	3	4	9.040077	1.489723
4	5	남	4	3	5	2	4	3	6.047290	6.702087

```
import statsmodels.api as sm
model = sm.OLS.from_formula("이용횟수 ~ 서비스요인 + 음식요인", food_fa).fit()
model.summary()
```

OLS Regression Results

Dep. Variable:	이용횟수	R-squared:	0.629
Model:	OLS	Adj. R-squared:	0.567
Method:	Least Squares	F-statistic:	10.18
Date:	Sun, 15 Sep 2019	Prob (F-statistic):	0.00260
Time:	12:25:35	Log-Likelihood:	-19.466
No. Observations:	15	AIC:	44.93
Df Residuals:	12	BIC:	47.06
Df Model:	2		
Covariance Type:	nonrobust		

	coef	std err	t	P>|t|	[0.025	0.975]
Intercept	0.5334	1.157	0.461	0.653	-1.987	3.054
서비스요인	0.3521	0.094	3.728	0.003	0.146	0.558
음식요인	0.0801	0.097	0.825	0.426	-0.132	0.292

Omnibus:	12.592	Durbin-Watson:	2.236
Prob(Omnibus):	0.002	Jarque-Bera (JB):	8.861
Skew:	-1.483	Prob(JB):	0.0119
Kurtosis:	5.321	Cond. No.	42.6

서비스요인과 음식요인 모두 유의하게 나타났으며, 전자는 후자보다 4배 이상(0.3521/0.0801) 높다.

끝으로 남녀별로 두 요인의 평균을 구하고, 평균 차이가 있는지 분산분석을 실행한다.

```
print(food_fa.서비스요인.groupby(food_fa.성별).mean())
print(food_fa.음식요인.groupby(food_fa.성별).mean())
```

```
성별
남        8.881573
여        4.903484
Name: 서비스요인, dtype: float64
성별
남        3.142827
여        8.707791
Name: 음식요인, dtype: float64
```

서비스요인의 만족도에서 남자의 평균이 여자 평균보다 2배 가까이 높고, 음식요인에서는 그와 반대이다. 이것을 다음에서 통계적으로 검정하면 모두 유의한 차이를 보인다($p < 0.05$).

```
import statsmodels.api as sm                                    # 서비스요인 분석
from statsmodels.formula.api import ols

model = ols('서비스요인 ~ C(성별)', food_fa3).fit()              # C: categoric var
table = sm.stats.anova_lm(model, typ=2)                # Type 2는 ANOVA DataFrame
print(table)
```

```
              sum_sq    df         F    PR(>F)
C(성별)     59.080718   1.0  4.818634  0.046914
Residual  159.391505  13.0       NaN       NaN
```

```
import statsmodels.api as sm                                    # 음식요인 분석
from statsmodels.formula.api import ols

model = ols('음식요인 ~ C(성별)', food_fa3).fit()
table = sm.stats.anova_lm(model, typ=2)
print(table)
```

```
              sum_sq    df          F    PR(>F)
C(성별)   115.616954   1.0  16.568497  0.001325
Residual   90.715554  13.0        NaN       NaN
```

두 요인의 평균 차이가 남녀 간에 유의하다고 하겠다. 서비스요인에서는 남자가, 음식요인에서는 여자가 더 큰 만족도를 보인다.

2. 결론

동일한 음식점에 대한 평가라도 성별에 따라 만족도가 매우 다르기 때문에 경영자는 고객만족 서비스에서 차별화 전략을 세련되게 추구해야 할 것이다. 고객세분화의 중요성을 일깨워 준다. 요인분석에서 자료 변동의 설명력을 손실하지 않고 고차원을 단순차원으로 "단순화"하는 작업은 배울 만하다. 단순함이 진실되고 아름다운 것이리라.

CHAPTER 30
연관규칙 분석

제1절 가구 자료 분석
제2절 Titanic 자료 분석

제1절 가구 자료 분석

1. 서론

가구를 사려는 사람은 방 또는 기존 가구와 잘 어울릴지 여부를 고민할 것이다. 가구는 관여도가 높아서 쉽게 구매하기 어렵다. 예를 들어 책상을 사면 의자 또는 조명등을 곁들여 구매하려고 생각할지도 모른다. 그런데 의자를 먼저 사면서 책상을 나중에 사려는 사람은 얼마나 될지 모르겠다. 연관규칙분석에서 어떤 물건 구매가 다른 물건 구매로 연결될지에 대해 아는 것은 중요한 과제이다.

2. 자료 준비 및 분석

```
import pandas as pd
from mlxtend.preprocessing import TransactionEncoder
from mlxtend.frequent_patterns import apriori

gagu_sales=[['책상'],
          ['의자'],
          ['책상','의자'],
          ['조명등'],
          ['책상', '조명등'],
          ['책상'],
          ['책상', '의자'],
          ['의자', '조명등'],
          ['책상', '의자'],
          ['책상', '의자', '조명등']
          ]

te = TransactionEncoder()
te_ary = te.fit(gagu_sales).transform(gagu_sales)
df = pd.DataFrame(te_ary, columns=te.columns_)
df
```

	의자	조명등	책상
0	False	False	True
1	True	False	False
2	True	False	True
3	False	True	False
4	False	True	True
5	False	False	True
6	True	False	True
7	True	True	False
8	True	False	True
9	True	True	True

apriori 라이브러리는 연관규칙 분석에서 지지도를 계산한다. 세 가구 중에서 책상의 지지도가 가장 높다.

```
frequent_itemsets = apriori(df, min_support=0.1, use_colnames=True)
print(frequent_itemsets)
```

```
  support          itemsets
0     0.6              (의자)
1     0.4             (조명등)
2     0.7              (책상)
3     0.2         (조명등, 의자)
4     0.4          (의자, 책상)
5     0.2         (조명등, 책상)
6     0.1     (조명등, 의자, 책상)
```

아래 분석 결과는 선행 가구와 후행 가구의 연결 가능성을 보여준다. 이를 위해 지지도(support), 신뢰도(confidence), 향상도(lift) 등을 계산한다. 책상 ⇒ 의자, 의자 ⇒ 책상의 규칙이 상당히 높다고 볼 수 있다.

```
from mlxtend.frequent_patterns import association_rules
association_rules(frequent_itemsets, metric="confidence", min_threshold=0.3)
```

	antecedents	consequents	antecedent support	consequent support	support	confidence	lift	leverage	conviction
0	(조명등)	(의자)	0.4	0.6	0.2	0.500000	0.833333	-0.04	0.800000
1	(의자)	(조명등)	0.6	0.4	0.2	0.333333	0.833333	-0.04	0.900000
2	(의자)	(책상)	0.6	0.7	0.4	0.666667	0.952381	-0.02	0.900000
3	(책상)	(의자)	0.7	0.6	0.4	0.571429	0.952381	-0.02	0.933333
4	(조명등)	(책상)	0.4	0.7	0.2	0.500000	0.714286	-0.08	0.600000
5	(조명등, 의자)	(책상)	0.2	0.7	0.1	0.500000	0.714286	-0.04	0.600000
6	(조명등, 책상)	(의자)	0.2	0.6	0.1	0.500000	0.833333	-0.02	0.800000

3. 결론

자료들을 충분히 준비하여 고객군으로 나누어 분석한다면 흥미있는 마케팅 전략을 세울 수 있을 것이다.

제2절 Titanic 자료 분석

1. 자료 준비

먼저 R에서 자료를 가져와 내 PC에 저장한 후에 파이썬 모드에서 분석한다.

```
# R에서

data(Titanic)
ftable(Titanic)
install.packages("arules")
library(arules)
install.packages("epitools")
library(epitools)
Titanic_df <- expand.table(Titanic)                    # epitools는 데이터프레임을 만든다.
head(Titanic_df)
tail(Titanic_df)
write.csv(Titanic_df, file="d:/PyR/Titanic_df")
```

```
> head(Titanic_df)
      Class   Sex     Age    Survived
1      1st    Male    Child     Yes
2      1st    Male    Child     Yes
3      1st    Male    Child     Yes
4      1st    Male    Child     Yes
5      1st    Male    Child     Yes
6      1st    Male    Adult     No
> tail(Titanic_df)
      Class   Sex     Age    Survived
2196  Crew   Female   Adult     Yes
2197  Crew   Female   Adult     Yes
2198  Crew   Female   Adult     Yes
2199  Crew   Female   Adult     Yes
2200  Crew   Female   Adult     Yes
2201  Crew   Female   Adult     Yes
```

```
# 파이썬에서

import numpy as np
import matplotlib.pyplot as plt
import pandas as pd
from apyori import apriori
Titanic = pd.read_csv("d:/PyR/Titanic_df")
Titanic.head()
```

	Unnamed: 0	Class	Sex	Age	Survived
0	1	1st	Male	Child	Yes
1	2	1st	Male	Child	Yes
2	3	1st	Male	Child	Yes
3	4	1st	Male	Child	Yes
4	5	1st	Male	Child	Yes

```
Titanic = pd.read_csv("d:/PyR/Titanic_df", header=None)
Titanic.head()
```

	0	1	2	3	4
0	NaN	Class	Sex	Age	Survived
1	1.0	1st	Male	Child	Yes
2	2.0	1st	Male	Child	Yes
3	3.0	1st	Male	Child	Yes
4	4.0	1st	Male	Child	Yes

```
Titanic = Titanic[[1, 2, 3, 4]]
Titanic.head()
```

	1	2	3	4
0	Class	Sex	Age	Survived
1	1st	Male	Child	Yes
2	1st	Male	Child	Yes
3	1st	Male	Child	Yes
4	1st	Male	Child	Yes

```
Titanic.tail()
```

	1	2	3	4
2197	Crew	Female	Adult	Yes
2198	Crew	Female	Adult	Yes
2199	Crew	Female	Adult	Yes
2200	Crew	Female	Adult	Yes
2201	Crew	Female	Adult	Yes

2. 목표

이 재난에서 어떤 규칙으로 사람들의 생사가 갈렸는가를 살펴본다.

3. 분석

본격적인 분석에 앞서 타이타닉 그림표는 다음을 참조하기 바란다.

https://imworld.tistory.com/entry/데이터-시각화-종류-기초-matplotlibseaborn?category=837731

```
records = []
for i in range(0, 2202):
    records.append([str(Titanic.values[i,j]) for j in range(4)])

association_rules = apriori(records, min_support=0.5, min_confidence=0.9,
min_lift=1, min_length=2)
association_results = list(association_rules)

print(len(association_results))
```

```
5
```

여기서는 5개의 연관규칙을 생성하였다.

```
print(association_results[1])                                    # 두 번째 규칙 예시
```

```
RelationRecord(items=frozenset({'Male', 'Adult'}), support=0.757039055404178,
ordered_statistics=[OrderedStatistic(items_base=frozenset({'Male'}),
items_add=frozenset({'Adult'}), confidence=0.9630271519352975,
lift=1.013664334876446)])
```

```
for item in association_results:
    print("Rule: " + str(list(item[2][0][0])) + " -> " + str(list(item[2][0][1])))
    print("Support: " + str(item[1]))
    print("Confidence: " + str(item[2][0][2]))
    print("Lift: " + str(item[2][0][3]))
    print("========================================")
```

```
Rule: [] -> ['Adult']
Support: 0.9500454132606722
Confidence: 0.9500454132606722
Lift: 1.0
========================================
Rule: ['Male'] -> ['Adult']
Support: 0.757039055404178
Confidence: 0.9630271519352975
Lift: 1.013664334876446
========================================
Rule: ['No'] -> ['Adult']
Support: 0.6530426884650318
Confidence: 0.9651006711409396
Lift: 1.0158468823385989
========================================
Rule: ['No'] -> ['Male']
Support: 0.6194368755676658
Confidence: 0.9154362416107383
Lift: 1.1645237458271784
========================================
Rule: ['No', 'Adult'] -> ['Male']
Support: 0.603542234332425
Confidence: 0.9242002781641168
Lift: 1.1756724509054794
========================================
```

지지도 > 0.5, 신뢰도 > 0.9에서 5개의 연관규칙이 발견되었다. 그리고 16장을 참조하면 여러 정보를 얻을 수 있다.

APPENDIX

머신러닝 자료 원천

1. R 내장 자료

R에는 자료가 거의 무궁무진하다. 자료가 없어 공부 못하는 시대는 지나갔다. 이 자비로운 오픈 소스는 초보자를 감사하게 만든다. R 내장자료를 알고 싶으면 [소스 창]에서 다음을 입력 실행하면 접근 가능하다.

```
data(package = .packages(all.available = TRUE))
```

여러 패키지 중에서 가장 널리 알려진 것은 "datasets"이다.

```
Data sets in package 'datasets':

AirPassengers                    Monthly Airline Passenger Numbers 1949-1960
BJsales                          Sales Data with Leading Indicator
BJsales.lead (BJsales)           Sales Data with Leading Indicator
중략
iris                             Edgar Anderson's Iris Data
하략
```

이 패키지는 디폴트 접근이 가능하다. 예를 들어, iris 자료는 이곳에 있어 [소스 창]에서 직접 다음과 같이 실행하면 된다.

```
data(iris)
head(iris)
str(iris)
```

그러나 생소한 Adult라는 자료는 이 datasets 패키지에 있지 않다. 이에 접근하려면 다음과 같이 실행한다.

① [소스 창]	data(Adult)
[콘솔 창]	`Warning message:` `In data(Adult):` 데이터세트 'Adult'을 찾을 수 없습니다

② [소스 창]	??Adult
[도움 창]	`No results found`

<table>
<tr><td>③ [도움 창]</td><td>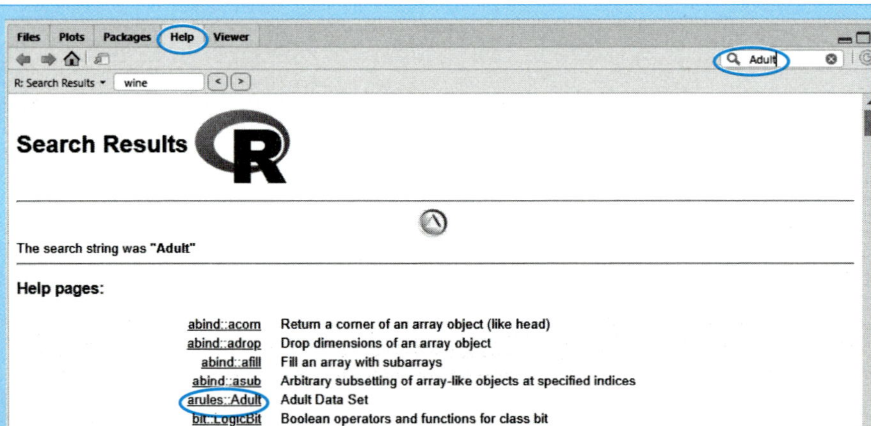
</td></tr>
<tr><td>[소스 창]</td><td>install.packages("arules") # 해당 패키지 설치하기
library(arules) # 패키지 불러오기
data(Adult)
head(Adult)
str(Adult)</td></tr>
</table>

이렇게 검색하고 불러오기를 하면 자료 접근이 수월하다.

2. 파이썬 내장 자료

파이썬도 R처럼 많은 자료를 무료로 제공한다. 싸이킷런(scikit-learn) 라이브러리(패키지)는 기계학습 오픈소스로서 독보적인 패키지이다. 이 패키지의 장점은 호환성이 좋고 내부적으로 통일된 인터페이스를 가지고 있다. 따라서 여러 기법 적용이 가능하고 쉽고 빠르게 좋은 결과를 얻을 수 있다. 다음은 이 패키지의 url이다.

http://scikit-learn.org/stable/

아래와 같이 홈에 다양한 머신러닝 예제가 등장한다. 이 예제들은 산업 현장이나 학계에서 널리 사용되고 있는 것들이다.

초기 화면의 우상단에서 iris를 검색하면 자료는 물론 다양한 분석 코드와 결과를 다운로드 받을 수 있다. 이 자료를 다운받으려면 주피터 노트북에서 다음과 같이 실행하면 된다.

```
from sklearn.datasets import load_iris
iris = load_iris()
iris.keys()                                        # 실행
```

```
print(iris.DESCR)                                  # 실행
```

(주) 파이썬의 iris.DESCR은 R의 str(iris)에 해당된다.

다음도 좋은 예이다.

```
from sklearn.datasets import fetch_california_housing
california = fetch_california_housing()
california.keys()
```

아무튼 이 패키지에는 다양한 자료가 있으며, Anaconda에서도 불러올 수 있다.

C:\Users\user\Anaconda3\lib\site-packages\sklearn\datasets__init__.py

을 실행하면 자료 목록이 수십편 뜬다. 다음은 그 중 일부이다.

```
from .base import load_breast_cancer
from .base import load_boston
from .base import load_diabetes
from .base import load_wine
하략
```

여기서 boston 자료를 불러오려면 다음과 같이 한다.

```
from sklearn.datasets.base import load_boston
boston = load_boston()
boston.keys()
```

그리고 위 초기화면의 [documentation]은 풍성하게 예시를 보여준다.

파이썬에는 이 외에도 다음과 같은 수학, 통계, 머신러닝 관련 모듈 싸이트가 있다. 여기서 특히 "statsmodels"는 머신러닝의 알고리즘을 잘 설명해 준다.

```
http://www.numpy.org/
http://pandas.pydata.org/
http://matplotlib.org/
http://scipy.org/
https://docs.scipy.org/doc/
http://scikit-learn.org/stable
http://statsmodels.sourceforge.net
https://datascienceschool.net/
```

3. UCI(University of California Irbine)의 Machine Learning Repository

이 싸이트에 들어가면 멋진 머신러닝 자료를 다운받을 수 있다.

http://archive.ics.uci.edu/ml/datasets.php

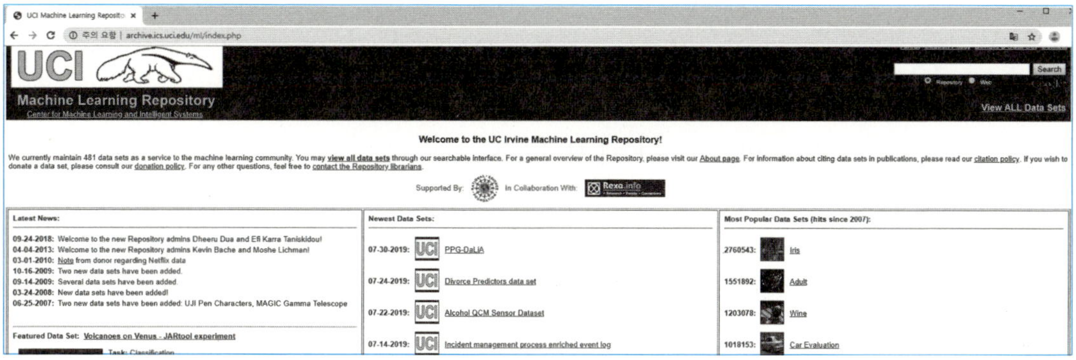

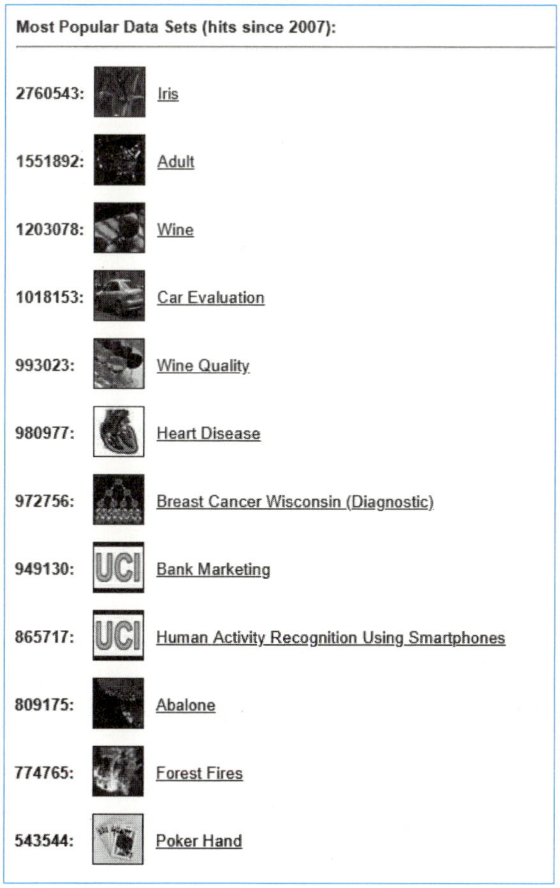

이외 대학의 머신러닝 연구소에 자료 접근이 가능하다. 두 대학만 소개한다.

UCLA	https://stats.idre.ucla.edu/stat/data/binary.csv
숭실대학	https://sites.google.com/site/ssudslab/datasets

4. top 10 great sites with free data sets

다음은 자료를 다운받을 수 있는 주요 10개 사이트를 소개한다.

https://www.google.com/search?q=top+10+great+sites+with+free+data+sets&rlz=1C1NHXL_koKR823KR823&oq=Top+10+Great+Sites&aqs=chrome.1.69i57j0l2.16102j0j7&sourceid=chrome&ie=UTF-8

(1) data.world(데이터.세계)

(2) Kaggle

(3) FiveThirthyEight

(4) BuzzFeed

(5) data.gov

(6) Socrata OpenData

(7) Quandl

(8) reddit의 R/datasets

(9) UCI Machine Learning Repository

(10) Academic Torrents

5. 기타

기타 유익한 머신러닝 관련 블로그나 깃허브의 컨텐츠가 무수하게 있으며, 그 중에서는 저작자표시, 비영리, 변경금지 등에 따라 이용할 수 있다. 그리고 우리나라의 공공 자료를 얻을 수 있는 곳을 몇 군데 소개해 보자.

(1) 정부(공공데이터포럼): www.data.go.kr

(2) 서울시(서울열린데이터광장): www.data.seoul.go.kr

(3) 국민건강보험공단: nhiss.nhis.or.kr

(4) 한국복지패널: www.koweps.re.kr[1]

(5) 네이버 포털 사이트: datalab.naver.com/opendata.naver — 여기에서 e-나라지표, 공공데이터 포털, 경기도 공공데이터, 국가기록원, 문화재청, 서울열린데이터광장, 열린재정, 통계청, 특허청 등 다양한 공공데이터 접근 가능

참고

깃허브에서 url 데이터를 가져오기

```
import urllib.request
import numpy as np
url = 'https://raw.githubusercontent.com/thomas-haslwanter/statsintro_python/master/ipynb/
Data/data_altman/altman_910.txt'
data = np.genfromtxt(urllib.request.urlopen(url), delimiter=',')
print(data)
```

1 이 자료의 체계적인 분석 과정은 "알기 쉬운 R 데이터 분석(2019), 신종섭과 강병서, 한경사, pp. 325-357"에 예시되어 있다.

참고문헌

강병서, 스크래치와 R 코딩 어드벤처, 한경사, 2019.

강병서, 다변량 통계학, 한경사, 2005.

강병서, 김계수, SPSS 17.0 사회과학 통계분석, 한나래 아카데미, 2009.

강병서, 조철호, 연구조사방법론, 무역경영사, 2006.

강병서 외, 현대통계학, 무역경영사, 2019.

강전형 옮김, 알고리즘 중심의 머신러닝 가이드, S. 마슬랜드 원저, 제이펍, 2016.

권정민 옮김, 빅데이터 분석도구 R 프로그래밍, 노만 매트로프 원저, 에이존, 2013.

김계수, 가치창출을 위한 R 빅데이터 분석, 한나래 아카데미, 2017.

김영우, 쉽게 배우는 R 데이터 분석, 이지스퍼블리싱, 2017.

김의석 옮김, 10대를 위한 첫코딩, Young Rewired State 원저, 반니, 4판, 2017.

김의중, 인공지능, 머신러닝, 딥러닝 입문, 위키북스, 2018.

박유진, With R, 한경사, 2017.

박해선 옮김, 머신러닝 교과서 with 파이썬, 사이킷런, 텐서플로, S. 라시카와 V. 미자리리 원저, 길벗, 2019.

박해선 옮김, 파이썬 라이브러리를 활용한 머신러닝, A. 뮐러와 S. 가이도 원저, 한빛 미디어, 2017

신종섭과 강병서, 알기 쉬운 R 데이터 분석, 한경사, 2019.

유충현, 예제로 배우는 R 프로그래밍, 자유아카데미, 2010.

임대경 옮김, R로 배우는 실무 데이터 과학, 니나줌멜과 존마운트 원저, 제이펍, 2017.

이병욱 옮김, 머신러닝과 통계, 프라탑 단게티 원저, 에이콘, 2018.

장삼용, 초보자를 위한 파이썬 200제, 정보문화사, 2018.

한희선, 데이터 분석 분석도구, 구민사, 2016.

찾아보기

바

사

아

자

차

카

타

파

하

번호 및 기호

O

P

Q

R

S